배반당한 혁명

카이로스총서 51

배반당한 혁명
The Revolution Betrayed

지은이 레온 뜨로츠키
옮긴이 김성훈

펴낸이 조정환
책임운영 신은주
편집 김정연
디자인 조문영
홍보 김하은

펴낸곳 도서출판 갈무리 등록일 1994. 3. 3. 등록번호 제17-0161호
초판1쇄 1995년 11월 30일
2판 2쇄 2025년 8월 28일

종이 타라유통 인쇄·제본 영신사 라미네이팅 금성산업

주소 서울 마포구 동교로18길 9-13 [서교동 464-56]
전화 02-325-1485 팩스 070-4275-0674
website http://galmuri.co.kr e-mail galmuri94@gmail.com

ISBN 978-89-86114-09-6 03920 / 978-89-86114-27-5 (세트)
도서분류 1.사회과학 2.정치학 3.사회학 4. 문화이론 5.경제학 6.역사학 7.철학
  8.사회사상

값 22,000원

배반당한 혁명

소련은 무엇이며
어디로 가고 있는가?

The Revolution Betrayed
by Leon Trotsky

레온 뜨로츠키 지음
김성훈 옮김

갈무리

차례

역자 서문 : 뜨로츠키와 노동자국가 7
서문 48

1장   그동안 무엇이 성취되었는가? 53
    1. 공업 성장의 주요 지수들 54
    2. 소련이 이룩한 업적에 대한 비교 평가 58
    3. 인구 일인당 생산량 66

2장   경제성장과 당 지도부의 좌충우돌 72
    1. "전시 공산주의", "신경제정책", 쿨락에 대한 정책 73
    2. 급선회: "4년 내에 5개년 계획을 완수하자"와 "완벽한 집단화" 86

3장   사회주의 체제와 국가 100
    1. 이행기 체제 101
    2. 강령과 현실 106
    3. 노동자국가의 이중적 성격 109
    4. "일반화된 결핍"과 경찰기구 113
    5. "사회주의의 완전한 승리"와 "프롤레타리아 독재의 강화" 118

4장　노동생산성을 향한 투쟁 124
　1. 화폐와 계획 125
　2. "사회주의적" 인플레 129
　3. 루블화의 복권 136
　4. 스타하노프 운동 140

5장　소련에서의 테르미도르 반동 148
　1. 왜 스딸린은 승리했는가 149
　2. 볼셰비키당의 퇴보 158
　3. 테르미도르 반동의 사회적 기반 170

6장　불평등과 사회적 적대관계의 증대 181
　1. 궁핍, 사치, 투기 182
　2. 노동자계급의 계층적 분화 190
　3. 집단화 농촌의 사회적 모순 197
　4. 관료 지배층의 사회적 외관 203

7장　소련의 가족, 청년, 문화 212
　1. 가족 내부의 테르미도르 반동 213
　2. 청년에 대한 관료집단의 억압 229
　3. 민족과 문화 241

8장　소련의 대외정책과 군대 260
　1. "세계혁명"에서 "현상유지"로 261
　2. 국제연맹과 코민테른 269
　3. 적군과 그 군사이론 282
　4. 민병대의 해체와 장교계급의 부활 293
　5. 전쟁 상황의 소련 303

9장 소련의 사회적 관계 313
   1. 소련이 국가자본주의 체제인가? 325
   2. 관료집단이 지배계급인가? 329
   3. 소련의 사회 성격은 아직도 결정되지 않았다. 333

10장 새로운 헌법을 통해서 바라본 소련 338
   1. "능력에 따른" 일과 개인 재산 339
   2. 소비에트와 민주주의 342
   3. 민주주의와 당 348

11장 소련은 어디로 가고 있는가 357
   1. 보나파르트 체제: 정치적 위기의 산물 358
   2. "계급의 적"에 대한 관료집단의 투쟁 365
   3. 새로운 혁명의 불가피성 371

보론 "일국 사회주의" 이론 379
후기 400
뜨로츠키 연보 405
찾아보기 411

:: 역자 서문 : 뜨로츠키와 노동자국가

　　1995년 러시아의 수도 모스크바. 현지 시각으로 10월 14일 오후 5시 30분. 러시아 남부지방 출신의 남자 한 명이 관광버스에 타고 있던 한국의 현대전자 연수직원들을 인질로 잡고 경찰과 대치하였다. 그는 미화 1백만 달러를 인도할 것을 요구하면서 8시간 가량 인질극을 벌였다. 그러나 곧이어 출동한 러시아의 정예 특수부대인 알파 부대와 국가보안국 요원들과 충격을 벌이던 중 총탄을 맞고 사망하였다. 서울의 주요 일간지들은 이 사건을 일면 톱기사로 처리하였다. 그리고 러시아와 동구를 여행하는 한국인들이 이런 범죄사건의 희생자가 되지 않도록 여행 시 주의해야 할 사항들까지 친절하게 실었다.

　　10월 19일자 『조선일보』는 「특파원 현장 〈범죄천국 러시아〉」란 제목의 특집 시리즈 기사에서 러시아의 무법상황을 자세히 보도하였다. 러시아 정부 통계에 의하면 1994년 러시아 내에서 일어난 각종 범죄 건수는 2백63만여 건에 이른다. 그리고 작년 한 해 동안 가장 끔찍한 살인사건만도 3만 2천 건이 발생했다. 즉 하루 평균 100건의 살인사건이 일어난 셈이었다. 그리고 올해 12월에 있을 총선에서 안정과 질서가 최대의 쟁점이 되고 있다고 이 신문의 특파원은 보도했다. 그러나 현지의 정치전문가들은 조직범죄 두목들이 의회로 대거 진입할 것이라고 우려 섞인 전망을 하고 있다. 막대한 자금이 들어가는 선거판에 돈줄을 장악하고 있는 마피아들이 활개를 칠 수밖에 없다는 것이었다.

물론 우리는 과거 '현실 사회주의' 국가들에서 발생하고 있는 이런 유의 소식에 이미 익숙해져 있다. 1989년 8월 19일 폴란드의 야루젤스키 군사정부가, 바웬사가 이끄는 연대노조에 정부를 이양하면서 '현실 사회주의'의 붕괴는 시작되었다. 이후 지금까지 세계 언론은 동구와 러시아에서 인민들이 겪고 있는 전쟁, 실업, 기근, 전염병, 범죄, 자살 등 온갖 끔찍한 현상들을 상세하게 보도해 왔다. 그리고 이들 사회가 애초에 사회주의를 실시한 대가를 이제 치르고 있다고 은근히 암시하면서 소위 자본주의의 우월성을 기정사실로 받아들이게 만들고 있다.

1989년에 시작되어 어쩌면 지금까지도 계속되고 있는 동구와 러시아의 사회적 격동은 인류 역사의 커다란 사건임이 틀림없는 것 같다. 온갖 정치세력들이 다들 이 격동의 시기에 대해서 한마디씩 하는 것만 보아도 이 사실은 확인된다.

미국 국무부의 연구원 후쿠야마Fukuyama는 "역사의 종언"을 선언하며 이제 갈등과 폭력의 세계 역사는 끝나고 민주주의와 경제적 번영의 시대가 도래할 것이라고 전망했다. 그리고 그의 견해는 제국주의 세력의 공식 입장이 되었다. 미국 대통령 부시는 '신세계 질서'의 시대를 선언했다.

한편 노동자계급 운동 내에서 부르주아 계급의 부관 노릇을 수행해 온 각국의 사회민주주의 정당들도 이 기회를 놓치지 않았다. 자본주의 체제 내의 개선만이 인류의 문제들을 해결할 수 있는 유일한 길임이 재확인되었다고 공언하며 모든 정치세력들이 자기의 길을 따를 것을 권유하고 있다. 과거처럼 보수당들과의 차별성을 거짓선전하는 일도 이들에게는 더 이상 필요 없는 일이 되어 버렸다. 소련과 동구의 붕괴 이후 최근 유럽과 미국 보수세력들에 의해서 주도되고 있는 사회복지 프로그램 제거 운동에 이들은 보수당들만큼 열성적으로 앞장서고 있다. 영국 노동당은 "신노동당 운동"을 시작하였다. 새 당수 토니 블레어Tony Blair는 최근 당 대회에서 당헌 제4조 가운데 사회주의 소유를 명시한 부분을 삭제했다. 독일 사민당은 독일 내 다른 보수정당들과 마찬가지로 망명법의 개악에 나서고 있다. 그리고 독일 사회의 존속을 위해서 없어서는 안 되는 외국인 노동자들에 대한 시민적 권리에 대해서는 일언반구도 없다. 쫓아내지 않는 것에 만족하고 무권리와 차별대우를 감수하라는 것이다.

그리고 소련 스탈린주의 체제를 공공연하게 또는 은밀하게 지지해온 각국의 공산당들은 현재 앞을 다투어 사회민주주의자들의 개량주의 노선을 추종하고 있다. 영국 공산당은 당의 간판을 내리고 노동당으로 합류한 지 이미 오래되었다. 유럽에서 가장 강력한 공산당이었던 이탈리아 공산당은 좌익민주당과 재건공산당으로 갈라졌다. 그러나 이들의 정치노선은 사회민주당과 하등의 다를 바가 없다. "혁명 대신 개혁"이 이들의 한결같은 구호이다. 최근 11월 5일에 실시된 폴란드 대통령 선거 1차 투표에서 소위 신新공산주의자인 크바시니에프스키 민주좌파연합 당수는 비공식 집계에서 유효투표의 34.8퍼센트를 얻어 1위를 기록하였다. 그는 1989년 이후 소위 공산당 내의 개혁을 주도해 왔으며 유세기간 중에 "국영기업의 급속한 사유화보다는 사회복지에 정책의 중점을 둘 것"이라고 강조하며 자신을 사회민주주의자로 내세웠다. 12월에 있을 총선에서 러시아 공산당은 "위대한 러시아의 재건", "법과 질서"를 구호로 내세우며 과거 공산당의 모습을 조금도 보이지 않기 위해 노력하고 있다.

한편 우리나라의 소위 지성인들도 이제 사회주의에 대해서 조심스러워졌다. 어느 노 교수는 사회주의적 인간형이 인간이 도달할 수 없는 고고한 관념에 지나지 않을지도 모른다고 한탄했다. 여기에 한술 더 떠 일부 '진보적' 학자들은 사회주의의 역사는 인간의 역사에서 현실로 구현될 수 없는 성질의 것이라고 단정했다.

그렇다면 우리는 위와 같은 견해들에 동의할 수밖에 없는가? 아니면 이들의 견해를 극복할 과학적인 시각이 존재하고 있는가? 이러한 일련의 질문들에 대해서, "모르겠다, 지성의 총체적 혼란 상황이다"라고 독백하는 독자가 혹시 있을지도 모르겠다. 그러나 성급한 단정은 득보다 실이 많다고 생활의 지혜는 우리에게 가르쳐 주고 있다. 뜨로츠키의 『배반당한 혁명』은 사회주의가 단순한 유토피아적 이상에 지나지 않는지 아니면 살아 움직이며 투쟁하는 인간들의 현실적 대안인지를 다시 한번 생각할 수 있게 해주는 기회를 우리에게 제공할 수 있을 것이다.

『배반당한 혁명』과 당시의 국제정세

『배반당한 혁명』은 1936년 여름에 완성된 것으로 알려지고 있다. 아이작 도이쳐Issac Deutscher는 3권으로 이루어진 뜨로츠키 전기를 완성하면서 뜨로츠키 연구의 권위자로 알려졌다. 그의 저술 중 제3권 『추방당한 예언자』[1]의 297쪽에는 다음과 같은 내용이 있다.

트로츠키는 1935년 노르웨이에 도착했다. 도착 직후 그는 『배반당한 혁명』의 집필을 시작했다. … 그러나 그는 이 해 9월 신열과 전신쇠약으로 오슬로 시립병원에 입원하였다. 그는 12월 스키장에서 휴가를 보낸 후 귀가하여 다시 집필을 계속하였다. 이후 6개월 동안 그는 이 일에 몰두하여 바쁜 나날을 보내었다. 이로부터 6개월 후 이 저작의 원고는 완성되었다.

이 저작이 집필되는 동안 소련에서는 스딸린 정권에 의해 악명높은 모스크바 재판Moscow Trials이 준비되고 있었다. 1936년 8월에 시작된 제1차 모스크바 재판은 지노비에프와 카메네프를 비롯한 레닌 당시의 볼셰비키당 중앙위원 16명을 피고인으로 하여 진행되었다. 당국의 기소 내용에 의하면 트로츠키가 주도한 이들 그룹은 소련을 전복하기 위해 제국주의 세력의 첩자가 되었다는 것이다. 트로츠키와 그의 아들 세도프는 궐석 피고인이 되었다. 이 재판은 결국 피고인 전원이 국가반역죄를 저질렀음을 인정하는 것으로 종결되었다. 피고인들 전원은 이후 처형되었다. 트로츠키와 그의 아들 세도프는 소련 비밀경찰의 자객들에 의해서 각각 멕시코와 프랑스에서 살해되었다.

당연히 트로츠키는 이 재판을 비판했다. 그러나 노르웨이 정부는 소련 당국의 압력에 굴복하여 트로츠키를 가택연금에 처했다. 이 조치로 인해 그는 기자들을 만나거나 글을 출판할 수가 없

---

1. 제1권 『무장한 예언자』(*The Prophet Armed*)가 1985년 두레출판사에 의해 『트로츠키』라는 제목으로 번역되어 나온 바 있다.

었다. 그리고 법정에 출두하여 증언을 할 수도 없었다.

뜨로츠키가 살해된 후 프랑스에서는 뜨로츠키 전집*LTW*이 출간되었다. 이 전집의 제36권과 제37권에는 『'사회주의 정권'의 노르웨이』라는 제목의 글이 실려 있다. 이 글은 그가 노르웨이에 체류한 당시를 자세하게 기술하고 있는데 노르웨이에서 추방당한 직후 멕시코에서 쓴 것으로 알려지고 있다. 이 글의 일부는 다음과 같다.

> 병이 호전되는 동안 『배반당한 혁명』을 계속 써나갔다. 이 저작을 통해 당, 소비에트, 인민에 대항하여 스딸린 관료집단이 어떻게 승리했는지 그 원인들을 정확히 밝히고자 했다. 그리고 소련 체제의 발전 전망을 개략적으로 조망하려고 했다. 1936년 8월 5일 완성된 원고의 첫 복사본이 미국과 프랑스의 번역자들에게 보내졌다.… 집필이 끝난 후 다음날 나는 친구들과 해안으로 휴양을 떠났다. 그러나 바로 다음날 파시스트 깡패들이 나의 빈 집에 무단으로 침입했다. 이들은 내가 보관하고 있던 문서들을 손에 넣어 추방의 구실을 삼고자 했다.… 소련 정부는 노르웨이 상선들의 소련 무역을 금지하겠다고 위협했다. 상선의 선주들은 노르웨이 사회에서 결정적인 지위를 차지하고 있었다. 이들은 노르웨이 정부에 압력을 가했다. 결국 스딸린은 외국무역 독점이라는 무기를 이용하여 모스크바 재판의 전모를 밝히려는 나의 시도를 봉쇄할 수 있었다.

소련 당국의 압력에 직면한 노르웨이 정부는 재판을 열어 뜨로츠키가 망명조건을 어긴 사실들을 입증하려고 했다. 뜨로츠키는 검사와의 대질신문에서 "프랑스 언론과 독자들이 『배반당한 혁명』에 대해 많은 관심을 보였다"고 증언했다. 그러나 결국 뜨로츠키는 노르웨이 정부의 계획을 좌절시킬 다른 방도가 없었기 때문에 멕시코로 추방당할 수밖에 없었다.

당시 소련 인민의 일상현실과 소련 당국의 '사회주의적 민주주의' 선전 사이에는 커다란 괴리가 존재했다. 이러한 상황에서 스딸린 정권은 모스크바 재판을 열어 사회의 여론을 호도하고자 했다. 뜨로츠키는 1938년 3월 6일 프랑스의 쎌라리Celarie 여사에게 보내는 편지에서 『배반당한 혁명』과 모스크바 재판에 대해서 다음과 같이 밝히고 있다.

> … 스딸린과 나 사이에 존재하는 정치적 견해의 화해할 수 없는 차이는 간단히 한마디로 표현할 수는 없을 것입니다. 『배반당한 혁명』에는 이 주제에 대한 나의 견해가 자세하게 나와 있습니다. 간략하게 말하면, 나의 정치는 10월 혁명을 이룩한 러시아 노동대중들의 이해를 대변한다고 할 수 있습니다. 반면 스딸린의 정치는 벼락출세하여 인민을 지배하고 억압하는 관료집단의 이해를 대변하고 있습니다. … 현재 소련의 대중들은 관료집단에 대한 증오심을 표출하고 있습니다. 관료집단은 무소불위의 권력과 특권을 이용하여 모든 정치적 반대, 비판, 불만 등을 압살하려고 시도하고 있습니다. 이들은 좌익반대파가 인민에게 자유와 복지를 더 많이 허용해야 한다고 주장했다는 사실을 범죄 이유로 삼을 수 없습니다. 모스크바 재판이 열리는 이유가 바로 여기에 있습니다.[2]

그리고 이 책의 해당 주˚는 "『배반당한 혁명』은 뜨로츠키에 의해서 『러시아 혁명사』의 새로운 서문으로 계획되었으나 독립된 저작으로 발전했다"고 설명하고 있다. 뜨로츠키는 1936년 11월 10일 그의 노르웨이 추방을 저지하는 노력을 편 노르웨이 작가 하콘 마이어Haakon Meyer에게 편지를 보냈다. 이 편지에서, "이 책의 프랑스어판이 이미 나왔습니다. 그러나 안타깝게도 나에게 지금 한 권밖에 없으므로 보내드릴 수가 없습니다"라고 썼다.

한편 그가 이 저작을 집필하고 있던 당시의 국제적인 상황을 잠시 살펴보자. 이 저서의 제8장에 비교적 자세하게 나와 있듯이 당시는 2차 세계대전의 전운이 감돌고 있었다. 동양에서 일본은 1932년 만주를 침략하여 만주국 괴뢰정권을 수립하면서 계속 중국을 점령해 들어가고 있었다. 독일의 히틀러와 그의 추종세력은 1930년 독일 의회에 진출하였다. 그리고 곧이어 1933년 의회 의사당 방화사건을 조작하면서 쿠데타를 일으켰다. 히틀러는 정권을 장악했으며 제국주의 호적수들과의 일전을 준비하고 있었다. 일본과 독일은 이 해 4월과 10월 각각 국제연맹을 탈퇴하였다. 1935년 독일은 자아르Saar 지방을 전승국들로부터 다시 돌려받았다. 그리고 독일 내 유태인들의 시민권을 박탈했다. 같은 해에 이탈리아는 아비시니아를 침략했다. 그리고 바로 다음 해에 이 아프리카의 왕국을 점령하는 데 성공했다. 이 동안 국제연맹은 아무 손도 쓸 수 없었다. 결국 국제연맹은 세계평화의 기구가 아니라 강대

---

2. 『레온 뜨로츠키 저작 보충판(1934~1940)』, 패스파인더 출판사, 뉴욕, 1979년, 765쪽.

국 외교의 협상 기구에 불과하다는 사실이 드러났다. 영국은 1931년 금융위기에 직면했다. 이 결과 경제의 가장 중요한 기초 원리였던 금본위제를 포기했다. 그리고 국제적으로 이탈리아와 독일 등의 도전에 대응하느라 전전긍긍하게 된다. 프랑스의 경우 1934년 2월 파시스트들이 히틀러를 모방하여 쿠데타를 기도하지만 실패로 돌아간다. 그러나 이 결과 프랑스 정부는 더욱 우경화되었다. 1936년 봄에 파업의 물결이 프랑스를 강타했다. 그러나 당시 레옹 블랭이 주도하는 인민전선 정부가 이 파업을 파괴하는 데 성공한다. 동시에 스페인에서는 내전이 발발했다. 이듬해에 프랑코가 이끄는 파시스트 반란군은 수도 마드리드를 포위하여 공화국 정부의 붕괴를 재촉했다.

제국주의 국가들 사이의 2차 세계 분할 전쟁이 다가오자 스딸린은 소련의 안보를 최대한 도모하기 위해 모든 노력을 기울이고 있었다. 그는 제국주의 국가들과 밀실협상을 계속해 나가면서 가장 좋은 조건으로 평화조약을 맺을 기회를 찾고 있었다. 이미 1934년에 소련은 국제연맹에 가입한 바 있었다.

한편 러시아에서 추방당한 좌익반대파 성원들은 스딸린의 코민테른에 대항하는 국제 조직을 건설하는 일에 노력을 기울였다. 1933년 독일 공산당은 스딸린의 지령에 따라 총 한 방 쏘지 않은 채 히틀러의 집권을 허용한 바 있었다. 이것을 계기로 뜨로츠키는 코민테른이 프롤레타리아 세계혁명을 수행할 수 있는 능력을 상실했음을 인정하고 새로운 인터내셔널을 구상하게 된다. 이 해 7월 국제 공산주의자 동맹International Communist League이 파리에서 결성되었다. 그리고 뜨로츠키가 『배반당한 혁명』을 탈고하기 한 달 전인 1936년 7월 첫 대회가 유럽에서 열렸다. 이 움직임은 1938년 9월 제4인터내셔널의 창립으로 이어진다.

소련 체제 및 스딸린주의 관료집단의 사회적 성격

『배반당한 혁명』은 저자 서문과 일국사회주의 이론에 대한 비판적 논평이 담긴 보론補論을 제외하면 총 11개의 장章으로 이루어져 있다. 이 저작은 당시 스딸린주의 관료집단이 지배하고 있던 소련의 실상을 혁명적 맑스주의의 이론적 전통에 기초하여 다각적으로 분석하고 있다. 그리고 이 체제의 시초가 된 러시아 혁명 직후의 상황들 역시 자세하게 소개되어 있다. 이러한 구체적인 서술은 그가 소련에서 추방당할 때까지 혁명 지도부의 일원이었으며 이후 스딸린 관료집단에 대항한 투쟁을 주도했다는 사실에 의해 가능했다고 보인다.

따라서 이 저작은 다양한 주제들을 다루고 있다. 대외정책이나 군사 문제에 대해서 관심 있는 독자들은 제8장을, 그리고 사회 문화 일반에 대해 관심을 가지고 있는 독자들은 제7장을 흥미 있게 읽을 수 있을 것이다.

그러나 이 저작의 핵심적인 내용은 뜨로츠키 자신이 친구들에게 보낸 편지 내용과 저작의 부제에서 드러나고 있듯이 소련 체제의 성격 규정과 그 전망에 있다. 실제로 이 저작을 통해 뜨로츠키는 소련 스딸린주의 체제에 대한 이론을 완결했다. 바로 이 사실 때문에 제4인터내셔널과 이후 국제 뜨로츠키주의 혁명운동은 이 저작의 주요 내용에 기초하여 자신들의 투쟁을 전개해 왔다.

그리고 이 저작의 내용을 현실의 구체적인 사건에 적용하는 과정에서 온갖 논쟁이 뜨로츠키주의 운동 내부에서 전개되어 왔다.

이 저작 전체에 걸쳐서 뜨로츠키는 스딸린 정권의 "완벽하고도 되돌릴 수 없는 사회주의 체제의 승리"에 대한 선전을 낱낱이 비판하고 있다. 우선 그는 이 책의 3장에서 소련을 사회주의 체제가 아니라 자본주의에서 사회주의로 넘어가는 이행기 체제라고 주장하고 있다.[3]

그리고 이 저서는 곳곳에서 소련의 노동생산성이 선진 자본주의국가들보다 뒤지고 있기 때문에 나타나는 현상들을 구체적으로 나열하고 있다.[4] 서방 자본주의 선진국에서 좋은 기계를 도입했으나 이것을 제대로 사용할 수 있는 숙련도를 가진 노동자들이 없다; 기계는 너무나 자주 고장을 일으켜서 수리비용이 생산성 증가분을 앞지르고 있다; 아직도 많은 수의 농민들은 신발이 없이 맨발로 생활하고 있다; 혁명 직후 볼셰비키당은 여성의 사회적 해방을 앞당기기 위해 탁아소, 유치원, 공공식당 등을 대대적으로 설립하는 일에 착수하였다; 그러나 이 영웅적인 노력도 자원의 부족과 문화 수준의 낙후 상태로 인해 그 목적을 달성할 수 없었다 등등.

이러한 구체적인 현실을 거론한 후 뜨로츠키는 맑스, 엥겔스, 레닌의 저서들을 인용하면서 당대 자본주의 최고의 생산력을 구비하고 있지 못한 소련이 사회적 소유형태를 보유하고 있더라도 자본주의의 분배 규범에 충실할 수밖에 없다고 주장한다. 그리고

---

3. 이 책 104쪽 참조.
4. 이 책 59~71쪽 참조.

당대 최고의 생산력을 구비한 미국조차도 사회혁명이 성공된 후 즉시 인민들의 요구를 원하는 대로 충족시킬 정도의 생산력 수준에 도달할 수 없다고 설명하였다. 결국 모든 사람들이 가능한 한 노동생산성을 높이도록 장려, 고무하는 체제가 당분간 지속될 수밖에 없다는 것이다. 이러한 논리를 통해 그는 소련 체제가 이중적 성격을 지니고 있다고 주장한다.[5]

그리고 소련이라는 노동자국가가 왜 관료집단을 여전히 필요로 하는가에 대해서 레닌의 『국가와 혁명』을 인용하면서 설명한다. 생산력의 불충분한 수준 때문에 "만인에 대한 만인의 투쟁"으로 표현되는 개인적 생존투쟁은 여전히 현실로서 존재한다. 따라서 사회의 질서를 유지하기 위해서는 국가라는 억압기구와 이 기구의 기능을 수행하는 관료집단이 존재할 수밖에 없다.

그러나 진정한 노동자국가는 관료집단 즉 국가기구의 사멸을 위해서 모든 노력을 기울여야 한다고 그는 강조하고 있다. 그리고 10월 혁명이 승리한 직후 볼셰비키당의 정책을 예로 들면서 스딸린 정권의 반사회주의적 정책을 비판한다. 그는 10월 혁명이 있기 바로 전 레닌이 『국가와 혁명』이란 저술을 통해 (1) 선거와 피선출자의 소환이 언제나 가능해야 한다, (2) 관리들은 노동자와 같은 수준의 봉급을 받는다, (3) 사회 성원 모두가 사회통제와 감독 기능을 수행하여 모두가 잠시 '관료'가 되어서 어느 누구도 그야말로 '관료'가 되지 않을 체제로 즉시 이행해야 한다 등 프롤레타리아 독재 체제의 혁명적 원칙을 제창한 바 있으며 이것이 곧 볼셰비

---

5. 이 책 111쪽 참조.

키당의 정책이 되었다고 주장한다.[6]

그러나 뜨로츠키가 보기에 당시 소련 관료기구는 사멸의 길을 걷고 있기는커녕 말로는 사회주의가 완성되었다고 하면서 더욱더 비대해지고 무소불위의 권력을 휘두르고 있었다. 그러나 그는 관료집단에 대해서 도덕적인 비난을 가하고 있지는 않다. 다만 관료기구의 증대가 어떤 객관적인 요인에 의해서 가능하게 되었는지를 논증하고 있을 뿐이다.

그는 사회주의 혁명을 성취한 소련의 국가권력이 노동자계급이 아니라 관료집단에 의해 독점되고 있는 이유를 국제적 계급투쟁의 상황 및 러시아 국내 상황으로 설명한다. 우선 프롤레타리아 혁명이 국제적으로 확산되지 못하면서 소련은 제국주의 세력에 의해서 포위되어 국내외 반혁명 세력과 내전을 치르지 않을 수 없었다. 이 결과 소련의 경제적 토대는 무너졌으며 노동자계급은 전멸하다시피 하였다. 그리고 독일을 비롯한 유럽의 여러 나라와 중국에서 전개되었던 1918~28년의 혁명적 상황이 노동자계급의 패배로 귀결되면서 러시아 인민은 지칠 대로 지쳐 더 이상 혁명에 대한 열정을 간직할 수 없었다. 더욱이 그나마 내전에서 살아남았던 혁명적 노동자들은 국가기구의 행정적 필요를 담당하면서 대중과 멀어지게 되었다. 이제 러시아에는 자본가계급과 노동자계급의 양대 계급 중 어느 쪽도 사회를 지배할 수 없는 상황이 전개되었다. 이 틈을 타서 과거 짜르 체제의 관료, 전문가, 장교 등 중간계급이 농촌의 부농(쿨락)과 결탁하면서 이 공백을 비집고 들어와 사회

---

6. 이 책 107쪽 참조.

의 지배력을 장악해 나가기 시작했다. 그리고 이 사회세력의 입장을 대변하면서 국가를 경영할 관료집단과 지도자가 필요했다. 이 역할은 스딸린과 그의 하수인들에 의해 수행된다.

이러한 일련의 과정을 통해 사회주의 혁명으로 집단적 소유가 정착되었음에도 불구하고 소련의 국가권력은 집단적 소유형태에 걸맞은 노동자계급이 아니라 기생적 관료집단이 장악하였다. 뜨로츠키는 이러한 모순적 현실을 사회주의 강령과 혼동해서는 안 된다고 주장하면서 소련 체제의 성격을 "자본주의와 사회주의의 중간에 위치한 모순적인 사회체제"[7]라고 규정하고 있다.

이러한 뜨로츠키의 분석을 우리는 "퇴보한 노동자국가"degenerated workers state 이론이라고 부르고 있다. 그런데 그는 여기에 그치지 않는다. 뜨로츠키는 소련의 노동자계급이 정치혁명을 수행하여 관료집단을 타도하지 못할 경우 노동자 민주주의에 의해서만 온전히 운영될 수 있는 집단적 계획경제 체제가 붕괴할 것이라고 주장하였다. 그리고 계획경제 체제가 붕괴한 사회는 산업과 문화가 대규모로 쇠퇴하는 자본주의 복귀의 길을 걸을 수밖에 없다고 예상하였다. 이러한 그의 예상은 현재 러시아와 동구가 겪고 있는 미증유의 사회적 혼란과 문화수준의 급격한 하락 현상들이 명확한 원인들을 가지고 있는 것임을 입증하고 있다. 즉 집단적 소유체제가 다시 반동적인 사적 소유체제로 전환하는 과정에서 노동자와 인민의 생존은 자본주의의 본원적 축적과 산업혁명이 진행되었던 16세기 이후의 상황처럼 무자비하게 짓밟히게 된다. 그리고 이러

---

7. 이 책 337쪽 참조.

한 역사적 반동기에 인류의 문화 자체가 대대적인 혼란과 파괴 현상을 경험할 수밖에 없다. 세계 트로츠키주의 운동이 집단적 소유체제의 자본주의적 복귀를 세계 노동자계급의 커다란 패배로 보면서 이러한 상황을 막기 위해 노동자국가 체제에 대한 무조건적인 방어 노선을 주창하여 온 이유가 바로 여기에 있다.

이제 이러한 소련 사회의 성격 분석에 따라 트로츠키는 다음과 같은 정치 노선을 제창한다. 우선 10월 혁명의 성과로 집단적 소유형태가 유지되고 있는 소련은 더 이상 제국주의 세력의 착취와 억압에 놓이지 않는 체제가 되었다. 이 결과 소련 인민들은 주택, 의료, 교육 등에 있어서 국가가 보장하는 복지를 누릴 수 있게 되었다. 그리고 집단적 소유체제의 현실적 토대를 통해 누구나 사회적 보호를 받아야 한다는 권리의식을 갖게 되었다. 따라서 10월 혁명의 성과가 보존되고 있는 이 체제를 제국주의 세력은 다시 자본주의적 착취와 억압의 영역으로 되돌려 놓으려는 온갖 시도를 하게 된다. 이럴 때 혁명적 사회주의자들은 소련 체제를 무조건적으로 방어해야 할 군사적 임무를 가진다. 트로츠키는 이러한 임무를 "이미 차지한 진지를 방어하지 않고 새로운 진지를 차지할 수 없다"는 격언으로 표현하였다.

그리고 그의 분석은 그의 사후 트로츠키주의자들에 의해 2차 세계대전이 끝나면서 소련이 점령하거나 영향력을 행사하는 국가들에 대해서도 확대 적용된다. 동구, 북한, 중국, 쿠바, 베트남 등지에서 성립된 체제를 당시 제4인터내셔널로 결집된 트로츠키주의자들은 기형화된 노동자국가 deformed workers state라고 규정하였다. 즉 (1) 소련의 군사적 점령, (2) 소련의 지지를 등에 업은 토착세력의 정권 장악, (3) 쁘띠부르주아 지식인 집단이 주도한 토착 게릴라 운동의 자본주의 지배계급에 대한 승리 등의 과정을 통해 이들 국가들은 지주와 자본가들을 일소하면서 자본주의적 사적 소유를 철폐하고 집단적 소유를 확립하게 되었다. 그러나 집단적 소유의 진정한 담지자인 노동자계급의 혁명이 없이 이루어진 체제 변화였기 때문에 관료집단이 노동자 민주주의를 억압하고 사회 전체를 자신의 이해에 복속시키는 정치체제가 확립된다. 이러한 체제의 모순은 그 주요한 특징들에서 소련의 스딸린주의 체제와 유사하다는 것이 그동안 이미 입증된 바 있다. 현재 동구와 소련이 비슷한 사회 상황에 놓인 점이나 북한, 중국, 베트남, 쿠바 등이 고르바초프의 페레스트로이카와 동일한 성격의 소위 경제개혁을 실시하고 있는 점 등은 허다한 사례의 한두 가지에 지나지 않는다.

이러한 분석에 기초하여 국제 뜨로츠키주의 운동은 한국전쟁, 월남전, 중국, 쿠바, 동구 등지에서 토착 스딸린주의 지배세력과 서방 제국주의 세력이 무력으로 충돌할 경우 이들 토착세력들에 대한 군사적 동맹과 방어 입장을 주창해 왔다.

그러나 이러한 군사적 방어가 곧 스딸린주의 관료집단에 대한 정치적 지지를 뜻하는 것은 아니다. 군사적 방어와 정치적 지지를 혼동하거나 이해하지 못하면서 그동안 뜨로츠키의 논지에 대한 허다한 오해와 비방이 있어 왔다. 그리고 이 문제와 관련하여 뜨로츠키는 다른 저작들에서도 구체적인 상황을 언급하며 자신의 입장을 누누이 강조한 바 있다.

소련의 관료집단은 근본적으로 보수적인 집단이었다. 오직 자신들의 물질적 이해와 정치권력을 유지, 확대하기 위해 모든 정책을 펴왔기 때문이었다. 따라서 이 집단은 사회의 사회주의적 발전에는 전혀 관심이 없게 되며 사회주의 실현을 향한 노동자계급의 정치적 행동을 가장 두려워하게 되었다. 소련 내에서 존재하던 모든 비판과 반대 움직임에 대해서 소련 당국이 경찰국가적 조치를 통해 대대적인 탄압을 가해온 이유가 바로 여기에 있다.

그리고 소련의 관료집단이 가장 무서워하는 것이 또 하나 있었다. 소련 국외에서 노동자계급이 정권을 장악할 경우 이 여파가 소련 내의 노동자계급을 정치적으로 분기奮起시키는 상황이 발생하는 것이었다. 따라서 스딸린은 코민테른을 통해 각국의 공산당을 조종하여 이들 나라에서 노동자 대중의 혁명적 진출을 온갖 방법을 사용하여 저지하였다. 스딸린이 코민테른을 장악한 이후 각국 공산당의 정치적 기록을 추적하면 이 점은 쉽게 입증된다. 즉 소위 '진보적' 부르주아지와 정치적 연합을 이루는 인민전선 people's front, popular front 정책을 통해 노동자계급의 혁명적 공세를 교묘하게 차단하고 대외정책에 있어서는 제국주의 세력과 평화공존을 추구하는 것이 공산당들의 노선이 되어 왔다. 티토의 유고슬라비아, 유럽식 공산주의 Euro-communism, 중국 등이 소련과 다투며 독자노선을 추구한 경우에도 이러한 관료집단의 정치적 목적은 근본적으로 변화가 없었다. 1989년 봄 중국의 천안문 봉기 과정에서 중국 공산당 정부가 보인 노동자와 학생들에 대한 무력진압은 스딸린주의 관료집단의 정치적 성격을 여지없이 보여주었다. 특히 북한 김일성 정권의 기이한 개인숭배 조장 행태와 모든 정치적 반대세력에 대한 극렬한 탄압 역시 이런 맥락에서 이해될 수 있을 것이다.

따라서 트로츠키에 따르면 혁명적 사회주의자들은 소련의 노동자계급이 정치혁명을 통해 스탈린주의 관료집단을 타도하고 다시 정권을 장악할 수 있도록 모든 힘을 기울여야 했다. 그리고 각국에서 노동자계급이 사회주의 혁명을 성공시켜 이 여파가 소련에 미치도록 투쟁해야 했다. 결국 트로츠키주의는 스탈린주의 정치체제에 대한 가장 준열한 적대 이론이 되어 왔다. 수십 년 동안 스탈린주의 공산당 정부들의 테러, 비방, 날조 등이 트로츠키주의자들에게 가해진 이유가 바로 여기에 있다.

그러나 트로츠키의 정치 노선과 관련하여 관료집단의 정치적 성격을 다시 한번 살펴볼 필요가 있다. 이 문제로 인해 세계 트로츠키 정치조직들 간에 치열한 논쟁이 있어 왔기 때문이다.

트로츠키는 관료집단이 근본적으로 노동자계급의 이해에 적대적이라고 보았다. 그러나 특정한 객관적 상황에서는 10월 혁명의 성과를 방어하려는 행보를 취할 것이라고 생각하였다. 즉 자신들의 물질적 이해와 정치권력이 집단적 소유에 기초하고 있기 때문에 이 기초가 유실될 위기 상황에서 관료집단은 나름의 방식으로 이 기초를 방어한다는 것이다. 즉 어느 특정 상황에서 관료집단은 진보적인 정치적 행동을 취할 수도 있다. 트로츠키는 자신의 주장을 좀 더 현실성 있게 설명하기 위해서 스탈린주의 관료집단이 장악하고 있는 소련을 노동관료들이 장악하고 있는 서구의 노동조합들에 비유하기도 하였다.

프랑스, 영국, 미국 그리고 다른 나라들의 (관료화된) 노동조합들은 자국 부르주아 지배계급의 반혁명적 정책을 완전히 지지하고 있다. 그렇다고 우리가 이들 조직들을 노동조합이라고 부르지 않는 것은 아니다. 우리는 이 조직들의 진보적인 노선에 대해서는 지지하고 있으며 이들을 자본가계급의 공격으로부터 방어한다. 소련이라는 반혁명적 노동자국가에 대해서는 왜 같은 태도를 취할 수 없는가? 결국 노동자국가는 국가권력을 장악한 노동조합이라고 볼 수 있다.[8]

서구의 노동조합 관료들은 노동자 대중의 조직인 노동조합이라는 토대를 가지고서만 자신의 사회적 지위와 물질적 특권을 보장받을 수 있다. 그래서 대개의 경우 노동자 대중의 이익에 위배되는 행위를 하면서도 노동조합의 존립 자체가 위협을 받을 때에는 노동자 대중과 함께 자본가계급과 국가에 대항해서 투쟁한다.

노동관료들의 모순적인 성격은 남한 부르주아 국가의 노동통제 기구인 한국노총이 최근 보이고 있는 모습에서도 드러나고 있다. 노동조합의 존립을 위협하는 파견근로법에 대해서 한국노총은 민주노조 진영 이상으로 반대하면서 정부가 이 법안을 국회에 상정하여 통과시키려고 할 경우 모든 조직력을 동원하여 투쟁하겠다고 공언하고 있다. 노동자에 대한 기업의 정리해고 요건을 완화하는 법안에 대해서도 마찬가지의 입장을 정한 바 있다.

사실 70년이 넘는 생명을 통해서 소련의 관료집단은 특정 상황에서 진보적인 역할을 수행할 수밖에 없었던 적이 여러 차례 있었다. 가장 극명한 예가 2차 세계대전에 의해 주어졌다. 제국주의

---

8. *In Defense of Marxism*, p. 25.

세계 전쟁의 상황에서 스딸린은 소련의 노동자국가를 제국주의 세력의 침략으로부터 지켜냈다. 그리고 여세를 몰아 동구와 아시아의 일부에 자신의 영역을 확장했다. 그리고 관료적이고 군사적인 방식을 통해 자신의 영향권에 들어간 나라들에서 사적 소유를 철폐시켰다. 물론 이러한 진보적인 행보는 객관적 상황이 관료집단을 강제하였기 때문에 가능했다. 이 과정을 뜨로츠키는 나폴레옹의 진보적 역할에 비유한다.

> 나폴레옹은 군사 독재체제를 통해 프랑스 혁명의 전진을 정지시켰다. 그러나 그가 이끄는 프랑스 군대가 폴란드를 침략하자 그는 농노해방령을 선포하였다. 그가 농민들이나 민주주의 원칙에 대해서 공감을 가지고 있었기 때문이 아니었다. 그의 독재체제가 봉건적 소유관계가 아니라 부르주아적 소유관계에 기초하고 있었기 때문이었다. 스딸린의 독재체제가 사적 소유가 아니라 국가적 소유에 기초하고 있는 한 적군의 폴란드 진입은 부르주아적 사적 소유의 철폐를 가지고 올 수밖에 없었다. 자신이 점령한 영역들을 소련의 체제와 동화시켜야 했기 때문이었다.[9]

이행기 체제인가 아닌가

그리고 자신의 이론과 전혀 다른 정치적 결론을 도출하는 '국가자본주의' 이론에 대해서도 뜨로츠키는 간략히 비판을 가하고

---

9. *In Defense of Marxism*, p. 18.

있다. 현재 남한에 널리 소개되고 있는 국가자본주의 이론은 토니 클리프Tony Cliff에 의해서 1947년 처음 체계적으로 제기되었다. 그러나 뜨로츠키가 『배반당한 혁명』을 저술할 당시에도 이와 유사한 이론은 이미 그 모습을 드러내고 있었다. 히틀러가 정권을 장악한 직후 독일의 '좌파 공산주의자' 휴고 우르반스Hugo Urbahns는 자본주의 대신 '국가 자본주의'라는 새로운 역사적 시대가 개막되었다고 결론 내렸다. 그리고 이탈리아, 소련, 독일 등을 이 새로운 시대의 선두 주자들로 보았다. 이 이론에 대한 비판은 이 저작에서 그리 상세하게 다루어지고 있지는 않고 다만 비교적 간략한 논평 정도가 실려 있을 뿐이다.[10]

그리고 국가자본주의 이론이 소련 관료집단을 (자본주의적) 지배계급으로 규정하는 것에 대해서도 그는 간략하게 비판하고 있다. 즉 이 집단은 개별 자본가들처럼 주식이나 채권을 소유하고 있지도 않으며 국가기구를 통해서만 자신의 성원을 충원하고 갱신한다는 것이었다. 더욱이 자본주의적 법률에 의해서 보장된 상속권이 없기 때문에 자신의 특권을 남용하면서 기득권을 자식에게 물려주려고 시도할 수 있을 뿐이었다. 이러한 불안정한 사회적 지위를 감추기 위해 스딸린주의 관료집단은 노동자계급의 이해를 옹호하는 듯한 온갖 미사여구를 동원하면서 소득 수준이나 그 밖에 자신들의 정체를 드러내는 모든 사항들을 비밀로 유지하려고 애쓴다.

한편 그는 다른 기회를 통해서 소련을 국가자본주의 체제나

---

10. 이 책 326쪽 참조.

기타 다른 체제로 바라보는 견해에 대해서 자세하게 비판하였다. 그리고 이때의 정치적 상황으로 인해 이들 여타 이론들의 정치적 의도가 확연히 드러났다.

2차 세계대전의 돌발을 며칠 앞두고 1939년 8월 22일 히틀러와 스탈린은 뜨로츠키가 예상한 대로 독소 불가침조약을 체결하였다. 그러자 심정적으로나마 소련 체제에 대해서 우호적이었던 급진주의자들과 뜨로츠키 조직 내의 일부 분파들이 파시스트 세력과 손잡은 체제를 노동자국가로 인정할 수 없다고 선언했다. 즉 이들은 소련을 또 다른 제국주의 세력으로 바라보고 이 체제에 대한 군사적 방어 임무를 포기한 것이었다. 이런 정황에서 뜨로츠키는 다음과 같이 말했다.

> 우리는 현재 노동자국가라는 역사적 실험을 처음으로 목도하고 있다. 이 현상은 언제 어디서도 결코 분석의 대상이 되어본 적이 없다. 전에 말한 바대로 소련의 사회성격을 규정하는 것과 관련하여 오류들이 흔히 발견된다. 즉 역사적 (실제) 사실을 강령적 규범programmatic norm으로 바꿔치기하려는 오류가 이것이다. 구체적인 사실은 규범으로부터 이탈한다. 그러나 그렇다고 해서 전자가 후자를 의미 없게 만드는 것은 아니다. 정반대로, 전자는 후자의 올바름을 부정적인 방식으로 재확인시키고 있을 뿐이다. 우리가 그동안 주장하고 설명한 바대로, 역사상 첫 노동자국가의 퇴보degeneration는 특정한 역사적 조건 속에서 노동자국가가 어떠해야 하며, 어떤 모습을 띨 수 있으며, 어떤 모습이 되기를 원하는지를 더욱더 뚜렷하게 보여주었을 뿐이다. 구체적 사실과 규범

사이의 모순은 우리에게 규범을 포기하라고 강요하기는커녕, 차라리 정반대로 혁명적 노선을 통해 규범을 쟁취하도록 재촉하고 있을 뿐이다. 앞으로 전개될 소련에서의 혁명 전략은 객관적 현실로 존재하는 소련에 대한 분석과 노동자국가의 규범적 내용에 의해 결정되어진다. 우리는, "모든 것이 상실되었다. 우리는 다시 시작해야만 한다"고 말하지 않는다. 현 단계에서 건져내고, 보존하고 더 발전시킬 노동자국가의 요소들을 명확히 인정하는 가운데서 출발할 것이다.[11]

당시 미국, 영국, 프랑스 등 선진자본주의 제국들의 지배계급은 1차 세계대전 때와 마찬가지로 대대적인 호전 분위기를 조성하며 노동자와 인민을 제국주의 전쟁의 전장으로 몰아가고 있었다. 그리고 임박한 제국주의 세력들의 세계 재분할 전쟁을 파시스트 세력들의 도발에 맞서서 '민주주의'를 사수하는 성스러운 싸움이라고 치장하고 있었다.

바로 이런 상황에서 소련의 스딸린은 독일의 히틀러와 불가침 조약을 맺었다. 히틀러와 스딸린에게 이 조약의 체결은 너무도 당연한 전술이었다. 히틀러의 경우 미국, 영국, 프랑스 등과 싸우기 위해서는 배후에 위치한 소련을 적대국으로 둘 수 없는 처지에 있었다. 그리고 스딸린의 경우 제국주의 세력들 간의 전쟁에서 소련의 안보를 최대한 도모해야 하는 처지에서 가장 좋은 조건을 제시하는 서방 제국주의 국가와 일시적으로 손을 잡을 수밖에 없었

---

11. *In Defense of Marxism*, p. 3.

다. 실제로 그는 독일과 조약을 체결하기 전에 영국과 프랑스의 고위 외교관들과 비밀리에 협상을 진행한 바 있었다. 그러나 결국에는 독일이 가장 좋은 조건을 제시했을 뿐이었다.

이제 '민주주의적' 제국주의 세력들은 소련을 나치 독일과 동일시하였다. 이런 상황에서 소련에 대한 군사적 방어를 포기한다는 것은 이들 '민주주의적' 제국주의 세력의 선전에 동의하는 것이나 다름없었다. 실제로 급진적 자유주의자들과 자칭 맑스주의자들은 모두 자국 지배계급의 선전에 동의하여 소련을 또 다른 파시스트 국가 또는 초강대 제국주의 세력으로 규정하였다.

그리고 이러한 입장 변화는 정치적으로 아주 유리했다. 어차피 대중들은 지배계급의 전쟁 선전에 갇혀 있으니 이들 속에서 활동하기 위해서는 이들과 같은 입장을 갖는 것이 조직의 세를 유지, 확대하는 데 유리하였다. 그리고 소련에 대한 군사적 방어라는 뜨로츠키주의자의 원칙을 지킬 경우 전쟁 히스테리가 몰아치는 나라에서 지배계급의 엄혹한 탄압과 대중들로부터의 고립을 자초할 수밖에 없었다. 레닌과 룩셈부르크는 1차 세계대전 초 전쟁반대와 혁명적 패배주의를 주창하면서 대중들로부터 일시적으로 고립을 당한 바 있었다. 실제로 당시 제4인터내셔널의 미국 지부였던 사회주의노동자당Socialist Workers Party의 지도부 18인은 소련에 대한 군사적인 방어를 주창한 대가로 미국 경찰에 의해 구속되어 감옥으로 직행했다.

한편 미국 사회주의노동자당에서 막스 샤흐트먼Max Shachtman과 제임스 버넘James Burnham 등이 이끌던 소수 분파는 소련에 대한 군사적인 방어를 포기하면서 탈당하였다. 그리고 자국 부르주아 지배계급에 대한 투항을 정치적 내용으로 하는 이론을 이미 창조해 내고 있었다. 즉 소련을 관료적 집산주의 체제bureaucratic collectivist system로 보는 견해였다. 원래 이 이론은 제4인터내셔널의 성원이었다가 탈퇴한 이탈리아의 '좌파 공산주의자' 브루노 알Bruno R에 의해서 제창되었다. 그는 1939년 파리에서 출간된 『세계의 관료주의화』*La Bureaucratisation du Monde*라는 책자에서 자신의 이론을 체계적으로 제시하였다. 그에 따르면 소련의 관료집단은 명확한 계급이며 집단적인 착취체제를 근로인민에게 강제하고 있다. 그리고 노동자계급은 전체주의 착취자들의 노예로 변모하였다. 그의 논리에 따르면 소련 체제는 형식적인 민주주의적 장치라도 존재하는 자본주의 체제보다도 더 반동적인 사회였다. 따라서 소련이 서방의 '민주주의적' 제국주의 세력에 의해 타도되는 것이 역사의 진보를 위해 바람직하다는 결론이 성립되었다. 이후 이들은 월남전에서 제국주의 침략자 미국을 정치적으로 지지하였다.

결국 자국 부르주아 지배계급에 투항하고 대중의 비혁명적 의식에 추종하는 세력들은 소련에 대한 군사적 방어를 포기하지 않을 수 없었다. 이러한 정치적 의도와 정황은 똑같이 토니 클리프식 국가자본주의 이론이 발명되는 배경이 되었다.

1940년대 말 토니 클리프는 제4인터내셔널 영국 지부인 혁명적 공산주의자당Revolutionary Communist Party 내에 분파를 형성했다. 이 분파는 소련과 동구 여러 나라들에서 생산수단의 사적 소유가 존재하지 않았음에도 불구하고 이들 국가들을 "국가자본주의" 체제라고 주장했다. 즉 이들 국가들이 서방과 "군사적 경쟁"을 하고 있으며 생산수단을 증대시키고 있기 때문에 자본주의 체제에 속한다는 것이었다. 그러나 이 이론은 모든 사회에 존재하는 생산수단과 사회적 관계인 자본을 근본적으로 혼동한 데에 기초하고 있다. 또한 군사적 경쟁이 인류 역사에 등장한 모든 국가들의 주요한 기능 중의 하나임에도 불구하고 자본주의 국가들에만 고유하다는 식의 주장을 하고 있다. 만약 이 이론이 올바르다면 레닌과 뜨로츠키의 소련도 국가자본주의 체제라고 인정해야 했다. 왜냐하면 이들 볼셰비키당의 지도자들은 체제의 유지를 위해 생산수단을 최대한 증대시키려는 노력을 기울였기 때문이었다. 심지어 레닌은 소련의 노동생산성을 올리기 위해 미국의 테일러 시스템을 연구한 적도 있었다. 노동생산성의 증가는 생산수단의 빠른 증대를 가져올 수 있었기 때문이었다. 그리고 1918년부터 1921년까지 진행되었던 내전에서 제국주의 간섭 군대와 백군 세력들에 대항하여 소련은 치열한 군사적 경쟁과 대결을 벌이지 않을 수 없었기 때문이었다.

그러나 클리프의 발명은 곧 그 효용성이 입증되었다. 한국전쟁이 발발한 것이었다. 이때 제4인터내셔널은 북한에 대한 군사적 방어를 주창하였다. 스딸린의 지지를 등에 업고 북한에 등장한 김일성 정권은 스딸린의 소련 체제를 따라 사적 소유를 철폐하고 집단적 소유를 실시하였다. 이 조치에 반대하는 과거 친일 지주들과 자본가들은 제거되었다. 그러나 이 조치에 협조하는 '애국적' 자본가와 지주들은 보호하려고 하였다. 문제는 이들이 38선 남쪽으로 전부 도망갔다는 데에 있었다. 이 결과 토지개혁을 비롯한 진보적인 조치들로 인해 농민과 노동자들은 좀 더 좋은 상황을 맞게 되었다. 소련에서와 마찬가지로 의료, 주택, 교육 등에서 무상혜택이 주어졌다. 러시아 10월 혁명의 성과가 소련의 영향력 확대로 인해 북한을 변화시킨 것이었다. 이제 노동자계급의 혁명이 없는 가운데 집단적 소유가 정착된 기형화된 관료적 노동자국가 deformed workers state가 북한에도 성립되었다. 따라서 혁명적 사회주의자들은 유엔 깃발을 앞세우고 세계의 '민주주의'를 수호하기 위해 한반도에 들어온 제국주의 군대에 대항한 북한을 군사적으로 방어할 의무가 있었다.

그러나 클리프는 제4인터내셔널의 노선을 공개적으로 비판함으로써 레닌주의 조직의 규율을 어겼다. 그는 곧 조직에서 축출당했다. 그러자 그는 추종자들을 이끌고 노동당에 들어갔다. 여기서 그의 분파는 『사회주의 평론』*Socialist Review*이라는 이름의 잡지를 발간하였다. 그리고 "미국과 소련으로부터 독립된 외교정책을 구사할 노동당"의 가능한 한 빠른 집권을 주창했다. 한편 이 잡지의 제2호에는 어느 스리랑카 출신 클리프 추종자의 글이 실렸다.

> 남한과 북한의 정권이 두 강대국의 괴뢰정권으로 남아 있는 한 한국의 사회주의자들은 이들 괴뢰정권의 어느 쪽도 지지할 수가 없다.[12]

제국주의 연합군의 한반도 진주, 미 공군의 대대적인 인종주의적 공중폭격, 원자폭탄을 중국에 투하하겠다는 트루먼 미국 대통령의 위협 등도 이들의 마음을 바꿀 수 없었다.

---

12. V. Karalsingham, 'The War in Korea', *Socialist Review*, 1951. 1.

한국은 3차 세계대전에 대비하여 두 강대국 연합세력들이 자기들의 힘을 실험하는 전장이 되었다. 이 전쟁의 어느 쪽에 대해서도 지지를 표명하는 자들은 아무리 좋은 의도를 가지고 있더라도 사회주의나 한국 인민의 이해에 도움을 주지 못한다.[13]

해방공간에서 한국 사회를 뒤흔들었던 노동자와 인민의 혁명적 투쟁이나 북한 정권이 실시한 진보적인 조치들에 대해서 『사회주의 평론』은 한국전쟁과 무관한 사항이라고 일축하였을 뿐이었다.

1950년대 초기 서방 제국주의 국가들에서 몰아쳤던 반공 히스테리의 와중에서 이 입장만큼 보신에 도움이 되는 것은 없는 것 같았다. 영국도 유엔군의 일원으로 한국에 군대를 보냈다. 그리고 영국의 지배계급은 이 조치를 민주주의와 평화를 위한 성전이라고 대중들에게 호도하고 있었다. 이런 상황에서 북한에 대한 군사적 방어를 주창한다는 것은 고립과 탄압을 자초하는 행위일 뿐이었다. 클리프와 그의 추종자들에게 혁명적 사회주의 원칙은 필요할 때가 따로 있었다.

그리고 이때는 곧 찾아왔다. 한국전쟁이 끝난 지 10년 후 미국은 월남에서 또 다른 제국주의 전쟁을 치르게 되었다. 한국에서와 마찬가지로 제국주의 세력은 월남을 자의적으로 분할하고 남쪽의 제국주의 괴뢰정권이 인민의 지지를 받지 못하자 선거조차 실시하지 않았다. 한국전쟁과 마찬가지로 월남전쟁도 남쪽의 반

---

13. 'Korea : End this "Liberating!"', *Socialist Review*, 1952. 11.

에서 인민의 봉기가 시작되면서 발생하였다. 그리고 이 두 전쟁에서 적대 세력들의 성격 역시 동일하였다. 한쪽에는 토착 게릴라운동이 지지하는 스딸린주의 정권이 있었다. 또 한쪽에는 제국주의 연합세력과 그 괴뢰정권이 있었다. 그리고 두 전쟁에서 제국주의 세력은 자유를 수호한다는 미명하에 토착인민들에 대한 대대적인 학살전쟁을 똑같이 자행했다. 즉 무차별 공중폭격이 제국주의에 저항하는 인민들을 전멸시키기 위해서 전술로 채택되었다.

이 전쟁 초기에 토니 클리프는 한국전쟁과 같이 어느 쪽도 지지하지 않는다는 입장을 보였다. 『사회주의 평론』 1952년 1·2월 합병호에는 다음과 같은 글이 실렸다.

> 한국에서와 마찬가지로 월남에서도 전쟁은 계속되고 있다. 그리고 인민은 제국주의 괴뢰 바오다이 정권과 스딸린의 하수인 호치민에게 똑같이 구역질을 느끼고 있다.

그러나 월남전은 한국전쟁과 큰 차이점을 가지고 있었다. 즉 전쟁이 진행되면서 서방 제국주의 국가들에서 대대적인 반전 캠페인이 폭발하였다. 그리고 급진적 지식인과 학생들은 자국의 제국주의 지배계급에게 대항하고 있었다.

이런 상황에서 어느 쪽에도 지지를 보낼 수 없다는 입장은 급진적인 대중들로부터 고립을 자초할 수밖에 없게 될 것이었다. 그러자 국제사회주의자IS 그룹은 호치민과 민족해방전선에 지지를 선언했다. 당시의 감격을 크리스 하먼은 『사회주의 평론』 새 시리즈 1993년 10월호에서 이렇게 표현하였다.

1968년 초에 국제사회주의자들은 3백 명 내지 4백 명 정도의 회원을 가지고 있었다. 그런데 "월남의 민족해방전선에 승리를"이라는 구호를 새긴 플래카드를 앞세우고 인터내셔널가를 부르며 2,000명의 시위대가 행진하는 대열에 합류한 때가 있었다. 그때 느꼈던 감격은 전에는 결코 경험할 수 없었던 대단한 것이었다.

소련의 붕괴와 뜨로츠키주의 좌익

그러면 지금부터 4년 전에 있었던 중대한 사건으로 돌아가자. 그리고 뜨로츠키주의 조직으로 자처하는 정치조직들이 과연 뜨로츠키의 정치적 분석을 어떤 방식으로 적용했는지를 간단히 살펴보기로 하자.

1991년 8월 20일. 당시 제국주의 서방에 의해 민주주의와 개방의 전도사로 칭송을 받은 고르바초프 소련 대통령이 소련 남부에 위치한 흑해로 여름 휴가를 갔다. 그리고 이 틈을 타서 야나예프 부통령과 그 밖의 주요 관료들이 공모하여 쿠데타를 일으켰다.

그런데 이 사건은 3일 만에 싱겁게 끝나버렸다. 쿠데타를 주도했던 국가비상위원회는 군대도 제대로 동원하지 못한 채 옐친이 이끈 수백 명의 오합지졸 군중의 무력시위에 굴복하였다. 그러나 이 사건은 용두사미로 끝나지는 않았다.

쿠데타를 제압한 옐친이 이제 전권을 장악하였다. 그는 당시까지만 해도 모든 권력을 휘두르고 있던 고르바초프 대통령에게 명령을 내려 소련 공산당을 해체시켜 버렸다. 그리고 소련 의회는 자체 투표를 통해 자진 해산하였다. 이 해 12월 옐친은 소련의 해체와 독립국가연합의 성립을 선포했다. 어느 누구도 그의 정치적 행동에 대해 이의를 제기하지 못했다. 그는 미국을 비롯한 서방 제국주의 세력의 지지를 받고 있을 뿐만 아니라 러시아 대중들의 지지도 한 몸에 안고 있는 것 같았다. 결국 성탄절에 고르바초프는 대통령직을 사임하지 않을 수 없었다. 망치와 낫이 그려진 소련 국기는 크렘린궁에서 내려졌다. 대신 1917년 10월 혁명으로 타도된 짜르를 상징하던 깃발이 이날 저녁에 다시 걸렸다.

여기서 우리에게 드는 의문이 있다. 도대체 쿠데타 세력은 무엇을 원했으며 쿠데타는 왜 그렇게 맥없이 끝나고 말았는가? 이 질문에 답하기 위해서는 우선 페레스트로이카의 의미를 되짚어볼 필요가 있다.

안드로포프와 체르넨코가 브레즈네프 사후 소련의 통치자로 등장했다. 그러나 이들은 노환으로 금방 세상을 떠났다. 1985년 고르바초프는 이들의 뒤를 이어 소련 대통령과 공산당 서기장에 올라 전권을 장악하였다. 그는 1991년 크리스마스에 대통령직을 사임할 때까지 '시장 사회주의'를 내걸며 소련의 경제와 사회를 뜯어고치고 비밀주의를 철폐하겠다고 공언해왔다.

그러나 그의 노선은 소련 체제의 붕괴를 재촉하는 서막에 불과했다. 『배반당한 혁명』에서 뜨로츠키가 내린 예측은 정확했다. 노동자계급에 고유한 집단적 소유는 노동자 민주주의를 통해서만 계획경제의 올바른 토대가 될 수 있다. 생산대중이 생산현장에서 자발성과 창조성을 발현하여 체제 전체의 계획경제에 구체성과 정확성을 부여하지 않을 경우 계획경제는 낭비와 비능률을 초래할 수밖에 없다. 스딸린주의 관료집단이 수행한 계획경제는 노동자 민주주의는커녕 경찰국가식 명령경제에 불과했다. 소련에서 생산되는 제품들의 품질이 대단히 낮고 생산비용도 서방 자본주의에 비해서 훨씬 많이 드는 이유가 여기에 있었다. 관료집단의 상명하달과 대중들의 무관심 속에 운영된 소련의 경제는 관료집단이 정치권력을 장악하는 시간이 길어짐에 따라 붕괴 일보 직전에 있었다. 고르바초프는 이 상황을 역전시켜 관료집단의 수명을 연장하려고 하였다. 국제적으로는 서방 제국주의 세력과 화해 관계를 유지하고 필요하면 이들에게 굴복하면서 군사 비용을 최대한 줄여 나갔다. 제3세계에 대한 지원을 중지하고 아프가니스탄과 앙골라 등 군사적으로 개입하던 지역에서는 군대를 철수시켰다. 국내에서는 비능률과 낭비를 청산하려는 의도를 가지고 자본주의를 일부 도입하였다. 채산성이 없는 국영기업은 민영화시키고 관료기구의 부패에 메스를 가했다.

그러나 고르바초프의 개혁은 스딸린주의 관료집단을 강화하고자 하였지 그것을 철폐하려고 시도된 것은 아니었다. 이런 한계 내에서 진행되었기 때문에 경제개혁은 자본주의 시장관계를 일부 도입하는 선에서 멈추었다. 자본주의가 복귀되면 자신이 속한 관료집단의 물질적 특권과 권력은 사라질 것이기 때문이었다. 그러나 자본주의의 요소들을 도입함으로써 구체제를 위협하는 강력한 경제적·사회적 세력이 등장하여 자본주의 복귀를 하나의 가능성으로 만드는 상황이 전개되었다.

이제 소련에는 상반된 두 세력이 형성되었다. 즉 한쪽에서는 자본주의를 한시바삐 복귀시켜 과거 10월 혁명의 모든 흔적을 쓸어 없애 버리고자 하는 세력이 등장하였다. 이 세력은 서방 제국주의의 물질적·이데올로기적 지원을 받으며 러시아와 이웃 공화국들을 자본주의 세계체제의 일부로 되돌려 놓고자 하였다. 그러나 또 한쪽에서는 구체제를 가능하면 유지시켜 그동안 누려왔던 물질적 특권과 권력을 계속 지탱하려는 세력이 있었다. 제국주의 지배 언론에 의해서 전자는 개혁파, 후자는 보수파라는 이름을 얻었다.

이제 고르바초프는 이 두 극단적 세력 사이에 끼여서 협상을 해야 하는 괴로운 위치에 놓이게 된다. 판도라 상자를 열어서 자신이 통제할 수 없는 귀신을 불러낸 것이었다. 그러나 쿠데타가 있기 전까지 그의 정책은 1985년 재임 초기의 정책에 비교하면 대단히 보수적인 수준에 머물렀다. 자본주의 복귀 세력이 대세를 장악할 경우 자신의 지위와 권력이 위협받을 것이라는 사실을 그는 너무 잘 알고 있었기 때문이었다. 발트 3국의 자본주의 복귀 세력들에 대한 소련군의 무력 진압은 그의 정치적 의도를 극명하게 보여주었다. 그러나 결국 그는 쿠데타 발발 이후 몇 개월 만에 자본주의 복귀 세력의 영주인 옐친에게 수모를 당하면서 권력과 지위를 박탈당하고 일개 시민으로 돌아가게 된다.

사실 쿠데타 이전까지 대세는 자본주의 복귀 세력 쪽에 있었다. 고르바초프의 어정쩡한 정책에도 불구하고 자본주의 복귀 세력은 서방 제국주의 세력의 지원을 받으며 공세를 취하고 있었다. 이런 상황에서 스딸린주의 관료집단 가운데 구체제를 옹호하고자 하는 분파는 진행되고 있는 상황에 대해 불만과 위기의식을 가질 수밖에 없었다. 따라서 사태를 역전시키거나 최소한 자본주의 복귀로의 대세를 정지시킬 수 있는 기회를 엿보게 된다.

그러나 이 세력은 소련의 경제와 사회 체제가 거의 붕괴 직전에 있는 상황에서 자신의 힘을 확신할 수 없었다. 그리고 이 세력의 관료적 기생생활은 이들의 주도성이나 사회적 힘을 이미 소진시킨 지 오래였다. 이들은 대중들의 지지도 받지 못했으며 자신들이 장악하고 있는 분야에서조차 통제력을 급속히 상실하고 있었다. 1991년 8월의 쿠데타가 실패할 수밖에 없었던 요인은 바로 여기에 있었다.

그러나 문제는 이 세력의 힘이 어느 정도 남아 있었는가에 있지 않았다. 이 세력이 집단적 소유 체제를 조금이나마 더 지속시키며 서방 제국주의 세력을 등에 업은 자본주의 복귀 세력에게 대항하는 한 노동자계급은 자본주의가 복귀되어 10월 혁명의 성과가 완전히 소실되는 상황보다 더 유리하게 계급투쟁을 전개할 수 있는 조건을 가질 수 있었다. 따라서 혁명적 사회주의자들은 쿠데타 세력에 대해서 군사적 방어 입장을 가지고 이들과 군사적 동맹을 맺어 공동의 적인 자본주의 복귀 세력을 타도해야 했다. 그리고 이 일이 성공하였을 경우 쿠데타 세력을 타도하는 정치혁명을 달성하여 소련을 진정한 노동자국가로 다시 소생시켜야 했다. 1917년 여름 레닌의 볼셰비키당이 코르닐로프 장군이 주도한 반혁명 쿠데타에 직면하여 혁명의 적인 케렌스키 정부와 군사적 동맹을 체결하여 공동의 적에 대항한 것과 같은 이치였다.

물론 이러한 전술이 달성될 수 있는 가능성은 높지 않았다. 수십 년 동안 스탈린주의 체제가 지속되면서 혁명적 사회주의는 소련의 대중들에게 거의 잊혀 가고 있었다. 그리고 관료집단의 경찰국가적 탄압 때문에 혁명 조직은 존재하지도 않았다. 그러나 당시 대중들이 체제에 대해 가지고 있던 불만의 수준이나 경제적·사회적 질서의 붕괴는 노동자계급의 혁명적 진출의 가능성을 미약하나마 열어 놓고 있었다.

사실 쿠데타 당시 옐친을 권좌에 올려놓은 러시아 국회의사당 앞의 옐친 지지 세력은 파시스트, 군국주의자, 짜르주의자, 암시장 상인, 자유주의자 등 잡색의 오합지졸에 지나지 않았다. 기껏해야 이들의 숫자는 수백에 지나지 않았으며 이들의 무장력도 보잘 것없었다. 만약 노동자계급이 일개의 잘 조직된 노동조합이나 군대만 움직였어도 자본주의 복귀 세력을 무력 대결에서 분쇄할 수 있었다. 그리고 쿠데타가 진행되고 있을 때 모스크바 노동자 소비에트는, "사회주의적 소유형태와 사회질서를 보존하기 위해 국가비상위원회의 명령을 이행할 노동자 민병대를 조직하자!"라는 내용의 결의문을 발표하면서 노동자계급의 투쟁을 촉구하였다. 결국 자본주의 복귀 세력, 스딸린주의 관료집단, 노동자계급 중 어느 세력도 대세를 장악할 조직력과 무장력을 채 갖추고 있지 못한 상황이 전개되었다. 이럴 때 노동자계급이 쿠데타 세력과 군사적 동맹을 맺어 자본주의 복귀 세력을 물리적으로 제거했을 경우 이후의 상황이 어느 쪽에 더 유리하게 진행되었을지는 아무도 모를 일이었다. 사실 인류 역사의 특정 시기에 보잘것없는 세력이 정치적 공백기에 대세를 장악하는 경우가 종종 있었다. 1959년 쿠바혁명을 달성한 카스트로는 몇백 명도 안 되는 게릴라부대를 지휘하여 미국의 괴뢰정권을 타도한 바가 있었다. 러시아 10월 혁명에서 전쟁과 부패로 거의 붕괴한 짜르체제를 거꾸러뜨린 볼셰비키당의 물리력도 당시 서방 제국주의 세력들이 구비한 물리력에 비교할 수 없을 정도로 허약했다.

그러나 토니 클리프의 영국 사회주의 노동자당과 국제 사회주의 경향은 1991년 8월 24일자 기관지 『사회주의 노동자』*Socialist Worker*에서 "노동자의 저항에 승리를"Victory to workers' resistence이라는 구호를 내걸며 쿠데타 세력에 저항할 것을 호소하였다. 물론 이들은 노동자들이 옐친을 믿어서는 안 된다는 충고를 빼놓지 않았다. 그리고 쿠데타가 실패로 돌아가고 옐친의 자본주의 복귀 세력이 정치권력을 장악하자 남한 국제사회주의자IS의 1991년 8월 31일자 잡지는 「소련의 '사회주의' 쿠데타」라는 제목하에 쿠데타의 실패를 소련 노동자와 인민의 승리라고 선언하였다.

그리고 에르네스트 만델이 주도하는 소위 제4인터내셔널 통합서기국United Secretariat of the Fourth International 국제조직은 자본주의 복귀 세력이 쿠데타를 주도한 세력보다 더 민주적이라고 보고 옐친에 대한 지지를 호소하였다. 그리고 미국의 이 조직 지부인 제4인터내셔널 경향The Fourth International Tendency의 잡지 『맑스주의를 옹호하는 회보』*Bulletin in Defense of Marxism* 1991년 10월호는 국제사회주의 경향과 마찬가지로, "쿠데타의 실패는 소련 인민에게 있어서 진정한 승리였다"고 선언하였다. 한편 만델 자신은 쿠데타가 끝난 지 한참 지났으며 이미 소련이 붕괴한 시점에서 자기 조직의 신문에 다음과 같은 글을 실었다.

> 쿠데타 세력은 당시 존재했던 민주적 자유를 크게 제한하거나 억압하려고 하였다. … 이 이유 때문에 쿠데타 세력에 대해 모든 수단을 동원하여 저항하는 것이 올발랐다. 그리고 바로 이 이유 때문에 쿠데타의 실패에 환호를 보냈어야 했다.[14]

만델에게는 추상적인 민주주의가 가장 훌륭한 덕목임이 틀림없는 듯하였다. 부르주아 민주주의의 형식적 평등권이 진정한 사회적 불평등을 은폐하는 연막술임을 진짜 맑스주의자들은 알고 있다. 그리고 사이비 맑스주의자들이 이 연막술의 효능을 더해주기 위해 민주주의의 계급적 성격을 은폐하는 또 다른 연막술을 친다는 사실도 알고 있다.

한편 혁명적 코민테른 동맹League for a Revolutionary Communist International 국제조직의 본부인 영국의 노동자 권력Workers Power 그룹은 쿠데타 실패의 의미를 제대로 파악하고 있었다. 1991년 12월 옐친이 손가락 끝으로 고르바초프를 공직에서 물러나게 하자 이 조직의 잡지 『노동자 권력』 1992년 1월호는, "소련은 붕괴하였다. 70년이 넘게 국제 자본가계급을 괴롭혀온 망령은 이제 무덤 속으로 다시 들어갔다"고 인정하였다. 그리고 쿠데타를 전후하여 발표된 이 조직의 국제 서기국 성명서는 쿠데타 세력이 "자본주의 소유관계 이후에 성립된 체제에 기반을 둔 자신들의 특권을 쿠데타를 통해 유지하려고 하였다"[15]고 정확히 주장하였다. 그리고 이 성명서는 옐친 세력의 성격을 다음과 같이 규정하였다.

> 소련 관료집단 내에서 민주적이며 민족적인 소수 분파는 '현실 사회주의 체제'를 개혁할 모든 신념을 상실하였다. 그리고 이제 서방 자본주의의 민주주의와 시장경제를 이상적인 모델로 간주하

---

14. *International Viewpoint*, 1992. 2. 3.
15. *Workers Power*, 1991. 9.

였다. … 이들은 고르바초프의 공상적인 '시장 사회주의' 계획에 불만을 가졌으며 보수파 세력에 대한 그의 동요와 타협에 대해 분노하였다. 이들은 자연스럽게 소련에 자본주의를 복귀시키는 세력이 되어 제국주의 세력의 앞잡이가 되었다. … 옐친, 셰바르드나제, 그리고 옐친이 거느리는 군부의 장성들과 정치인들은 구체제에 기반한 자신들의 특권과 이 특권의 원천이었던 타락한 노동자 국가degenerate workers state를 옹호하기를 거부하고 새로운 부르주아 지배계급의 주도적 세력이 되기로 결심했다.

노동자 권력 그룹은 쿠데타 당시의 적대 세력들의 성격을 정확히 파악하고 있었다. 그러나 이들은 **어쨌든** 옐친 세력을 지지하였다. 그리고 쿠데타 세력을 자본주의 복귀 세력보다 노동자계급에 더 위험한 적으로 간주하였다. 『노동자 권력』 같은 호에 이들은 자신들의 노선을 다음과 같이 설명하였다.

집단적 소유를 방어할 수 있는 유일한 세력은 노동자계급이다. 그러나 파업과 정치적 행동이 금지되고 통금과 검열 등이 존재하고 있는 상황에서는 노동자계급이 정치적 행동으로 나설 수 없다. 경찰국가라는 감옥에서 웅크리고 앉아 있는 것보다 자본주의 복귀를 준비하고 있는 관료집단 분파에 대항해서 투쟁하는 것이 유약한 노동자 조직들에는 훨씬 유리하다.

그렇다면 투쟁하는 세력인 노동자계급에게 스딸린주의 세력의 정치탄압보다 자본주의 복귀가 가지고 올 사회적 혼란과 대대적인 궁핍이 더욱 이롭다는 말인가? 노동자 권력 그룹은 옐친 세력에 지지를 보내는 자신의 입장을 옹호하기 위해서 이 질문에 대해 긍정적으로 답하고 있다. 그러나 소련의 상황과 관련된 뜨로츠키의 저작들 전체는 노동자 권력의 입장과 정면으로 배치된다. 『배반당한 혁명』은 그 대표적인 예가 될 것이다.

그리고 미국의 스파르타쿠스 동맹Spartacist League이 본부 역할을 하고 있는 국제 공산주의자 동맹International Communist League은 "국가비상위원회나 옐친이나 그놈이 그놈이다"라는 중립 노선을 주장하였다. 1991년 8월 30일 자 스파르타쿠스 동맹의 기관지 『노동자 전위당』Workers Vanguard은 다음과 같은 논리를 전개하였다.

> 쿠데타가 일어날 당시까지 가장 선진적인 노동자들의 많은 수는 옐친의 대대적인 민영화 계획과 고르바쵸프의 시장 개혁을 모두 반대하였다. 그리고 관료집단의 소위 강경파 '애국'분파에게 시선을 두었다. 그러나 이러한 환상은 이제 더 이상 지속될 수 없다. … 쿠데타 세력은 소련의 해체를 막을 계엄령 실시를 자신의 노선으로 공공연히 표방해왔다. 이것은 글라스노스트 즉 개방이 없는 페레스트로이카이다. 다시 말하면 "시장을 도입하되 너무 빠른 속도로는 안 된다. 그리고 모든 놈들은 입을 닥쳐라"가 아닌가? … 쿠데타가 진행되고 있을 때 모스크바 노동자 소비에트는 다음과 같은 내용을 촉구하였다 : 사회주의적 소유형태와 사회질서를 보존하고 국가비상위원회의 명령을 이행할 노동자 민병대를 조직하라. 그러나 이 촉구에는 국가비상위원회를 비판하는 말은 단 한 마디도 없었다. 물론 노동자 민병대가 옐친

의 반혁명 시위를 분쇄하도록 촉구하는 것이 당연히 일의 순서이다. 그러나 국가비상위원회가 국가 권력을 장악했을 경우 노동자 민병대들을 해산시키려고 시도하였을 것이다. 노동자 민병대가 자신의 정치적 통제로부터 급격히 그리고 필연적으로 이탈하였을 것이기 때문이다.

이러한 스파르타쿠스 동맹의 입장은 사실 만델의 입장과 유사한 측면이 있다. 만델은 쿠데타 세력이나 옐친 세력이나 다 같은 놈들인데 옐친이 좀 더 민주적일 것이므로 옐친 세력에게 지지를 선언한다고 주장했다. 그리고 쿠데타 세력이 정권을 장악할 경우 글라스노스트가 없는 페레스트로이카가 등장할 것이라고 주장한 바도 있었다.

그리고 스파르타쿠스 동맹은 쿠데타 이후 소련 체제가 붕괴했다는 사실을 한동안 인정하지 않았다. 즉 옐친이 퇴보할 대로 퇴보한 노동자국가인 소련의 국가권력을 장악하였다는 것이다. 그러나 이러한 주장은 쿠데타 이후 진행된 상황을 보건대 고개를 갸우뚱거리게 만들 수밖에 없다.

지금까지 1991년 쿠데타 사건을 중심으로 뜨로츠키 조직임을 자처하는 여러 국제 정치조직들의 입장을 살펴보았다. 우리는 여기서 뜨로츠키주의를 자처하는 것과 뜨로츠키의 분석을 현실에 적용할 수 있는 능력을 가지고 있는 것은 전혀 별개의 사안임을 확인할 수 있다. 그리고 순간순간 일어나는 현실의 사태를 혁명적 맑스주의의 관점에서 올바르게 해석하고 이에 따라 정치 행동을 조직할 수 없는 인사나 집단들의 맑스주의적 언사도 믿을 수 없음을 확인하였다.

물론 뜨로츠키가 진정한 혁명적 맑스주의자였는지에 대한 판단은 독자 여러분들의 연구와 성찰에 달려 있을 것이다. 본 역자는 앞으로도 열심히 노력하여 뜨로츠키의 저작을 독자 여러분의 연구와 성찰의 밑거름으로 만드는 데 일조하고자 한다. 여러분의 이해를 돕기 위해 뜨로츠키가 소련에서 추방당한 이후의 발자취와 영어로 출판된 그의 저작들을 책 뒤에 소개한다. 마지막으로 이 번역서 내의 오역은 전적으로 역자의 책임이며 독자 여러분의 가르침을 기다린다. 그리고 번역의 텍스트는 패스파인더 출판사Pathfinder Press의 1972년 영문판 *The Revolution Betrayed*를 원문으로 했음을 밝혀둔다. 이와 관련하여 러시아어 원본을 1937년 영어로 번역한 미국의 맥스 이스트먼Max Eastman 동지에게 감사의 마음을 전한다. 그의 선구자적 노력이 없었다면 이 저작을 번역하는 행운을 본 역자는 누릴 수 없었을 것이다. 그리고 어려운 출판 환경 속에서도 한국 지성계의 발전을 위해 이 저작을 번역, 출판하기로 결정한 갈무리 출판사의 서창현 대표님과 편집부 직원 여러분의 용기와 노력에 경의를 표한다.

1995년 11월 9일
김성훈

:: 서문

1. 이 저작의 목적

소련의 경제적 성공에 대해서 부르주아 세계는 일단 모르는 체했다. 물론 사회주의 체제가 인간의 이성으로만 존재하는 것이 아니라 현실로 나타날 수 있다는 증거가 실험적으로나마 마련되었기 때문이다. 자본가계급의 편에 붙은 경제학자들은 러시아 공업의 유례없이 빠른 발전 속도에 대해서 그 의미를 깊이 이해하고 있다. 그러나 겉으로 내색을 하지 않으면서 이 현상에 대해서 침묵으로 일관하려고 한다. 혹은 소련의 공업발전이 "농민에 대한 극도의 착취"를 통해 이루어졌다고 말하는 것으로 자신들의 견해를 에두르려고 애쓰고 있다. 그런데 중국, 일본, 인도가 농민에 대한 무자비한 착취를 일상적으로 수행하고 있음에도 불구하고 왜 소련의 공업발전 속도의 근처에도 가지 못하는지에 대해서는 설명하지 못하고 있다. 자신들의 견해를 밝힐 좋은 기회가 주어진다 한들 이들의 계급적 한계는 어쩔 수 없는 일이다.

그러나 온갖 비방과 은폐가 횡행한다 하여도 객관적인 사실은 결국 승리하게 마련이다. 모든 문명국들의 서점에는 소련에 관한 책들이 홍수를 이루고 있다. 그러나 이러한 현상은 하등 이상할 것이 없다. 소련의 눈부신 경제발전 같은 경이로운 일들은 그리 흔치 않기 때문이다. 소련에 대한 반동적인 증오심에 눈이 먼

채 만들어진 저작들은 급속히 그 수가 감소하고 있다. 소련에 관한 최근의 저작들 중 상당 부분은 열광적이지는 않더라도 호의적인 기조를 보여주고 있다. 갑자기 성공을 이룩한 소련이 국제적으로 명성을 회복하고 있다는 징표의 하나일 뿐이다. 따라서 소련에 대해 우호적인 저술들이 많이 나와 있다는 것은 오직 환영할 일일 뿐이다. 더욱이 파시스트 국가인 이탈리아보다 소련을 이상적인 국가로 바라보는 것은 비교할 수 없을 정도로 좋은 일이다. 그리고 이러한 저작들의 독자들은 10월 혁명의 나라에서 현재 실제로 벌어지고 있는 현상들에 대한 과학적인 평가를 이들 책들에서 구할 것이다. 그러나 이들의 바람은 보답받지 못할 것이다.

"소련의 친구들"의 저작들은 주요하게 세 가지 범주로 분류될 수 있다. 우선 이들 논문과 서적의 대부분은 어느 정도 "좌익" 성향을 가진 아마추어 저널리즘이나 르뽀들이다. 그리고 이 첫 번째 범주와 함께 권위를 인정받고자 더 허세를 부리는 저작들이 있다. 즉 인도주의적, 서정적, 반전反戰주의적 "공산주의" 서적들이 바로 이것들이다. 세 번째 범주에 들어가는 것들은 소련의 경제에 대한 도식적인 서적들이다. 이것들은 과거 독일 강단사회주의Katheder-Sozialismus풍을 이어받고 있다. 루이스 피셔Louis Fisher와 두란티Duranty는 첫 번째 범주의 잘 알려진 경우이다. 이미 고인이 된 바르뷔스Barbusse와 로맹 롤랑Romain Rolland은 "인도주의적" 친구들의 범주에 속한다. 스딸린의 편으로 넘어가기 전에 전자가 예수 전기를, 후자가 간디의 전기를 저술한 것도 우연의 일치가 아니다. 그리고 마지막으로 지칠 줄 모르는 페이비안Fabian 사회주의자 베아트리스와 시드니 웹Beatrice and Sidney Webb 부부는 보수적이면서도 현학적인 사회주의의 가장 권위 있는 대표자들이다.

위에 열거한 세 범주의 서적들은 서로 약간씩 차이가 있기는 하지만 이미 입증된 기정사실에 대해서 머리를 조아린다는 점과 사람을 마취시키는 일반화를 유독 선호한다는 점에서 모두 공통점을 가지고 있다. 자기 나라의 자본주의 질서에 반기를 드는 것은 이들에게 무리한 일이다. 따라서 이들은 퇴조기에 접어든 외국의 혁명에 대해서 자신들의 입장을 표명하는 데에는 아주 적극적이다. 10월 혁명이 시작되기 전에 그리고 이 혁명이 성취된 후 몇 년 동안 이들 중 어느 누구도 또는 이들의 정신적 시조始祖 중 어느 누구도 이 세계에서 사회주의가 어떻게 현실로 나타날 것인가에 대해서는 한 번도 문제 삼아 본 적이 없다. 그래서 이들이 현재 소련에서 존재하는 체제를 사회주의 체제라고 인정하는 것은 손쉬운 일이다. 이렇게 함으로써 이들은 시대의 발전에 발맞추어 나가는 진보적인 인물이 될 수 있고 어느 정도의 도덕적인 평온을 느낄 수 있다. 그리고 동시에 이러한 행태를 통해 혁명에 대해 털끝만치도 기여할 필요가 없다. 이런 종류의 관조적이며 낙관적인 저작들은 또한 결코 파괴적이지 않다. 이런 유의 저작들은 모든 불쾌한 과거지사를 과거 저편으로 밀쳐내어 버리므로 독자들의 심기를 적이 편안하게 해주는 효과를 가지고 있다. 그래서 즉시 독서시장에서 호평을 받는다. 교양있는 **부르주아들을 위한 볼셰비즘** 또는 좀 더 집약적으로 말해서 **급진파 관광객들을 위한 사회주의**라고 표현될 수 있는 국제적인 학파가 이렇게 해서 조용하게 형성된다.

여기서 이 학파가 생산해 내는 것들에 대해 논쟁을 시작할 필요는 없을 것이다. 왜냐하면 논쟁을 할 만한 어떤 근거를 이 학파는 가지고 있지 못하기 때문이다. 이 학파의 추종자들은 문제를 제기하는 듯하다가 용두사미가 되는 그런 부류이다. 필자의 본 저작의 목적은 미래를 더 잘 이해할 수 있도록 정확하게 현재를 파악하는 데에 있다. 따라서 미래를 투시하는 데 도움을 주는 한에서만 과거지사를 언급할 것이다. 이 저작은 비판적인 성격을 가지고 있다. 기정사실을 숭배하기만 하는 자들은 미래를 준비할 능력이 없다.

소련의 경제적·문화적 발전 과정은 이미 여러 단계들을 경과하였다. 그러나 내적인 균형을 취할 단계에는 결코 도달하지 못했다. 인간의 연대의식과 모든 욕구의 조화로운 충족에 기반하여 무계급 사회를 건설하는 것이 사회주의의 과제라고 할 수 있다. 사회주의의 근본적인 측면에서 비추어 보자면 소련에는 사회주의의 징후가 털끝만치도 존재하지 않는다. 확실히 소련 사회의 모순들은 자본주의의 모순들과는 현격한 차이가 있다. 그럼에도 불구하고 소련의 모순들은 대단히 첨예한 양상을 보이고 있다. 물질적·문화적 불평등, 정부의 탄압, 정치조직들의 존재, 분파들의 투쟁을 통해 이것들이 드러나고 있다. 경찰의 탄압은 정치투쟁을 쉬쉬 감추면서 왜곡시키고 있지만 결코 그것을 제거하지는 못한다. 금지된 사상들은 정부의 모든 행보에 영향을 미치면서 그것의 시행을 촉진하기도 하고 방해하기도 한다. 이러한 상황에서 탄압을 받으면서도 소련 전역에 걸쳐 맹렬하게 전개되고 있는 정치투쟁의 사상과 구호들을 무시한 채 소련의 사태를 분석할 수는 없다. 여기서 역사는 살아 움직이는 정치와 직접 만난다.

편안히 앉아서 입만 놀리는 "좌익" 속물들은 다음과 같이 충고하기를 즐긴다. 즉 소련에서 진행되고 있는 사회주의 건설에 해가 되지 않도록 이 체제에 대해서 비판을 하더라도 극도로 조심해서 해야 한다는 것이다. 그러나 우리는 소련이 그렇게 나약한 체제라고 보지는 않는다. 소련의 적들이 소련의 진정한 친구인 만국의 노동자들보다 소련의 상황을 더 잘 파악하고 있다. 제국주의 정부들의 총참모부는 소련의 장점과 단점에 대해 정확하게 계산을 하고 있다. 그리고 이 계산은 공개된 보도들에만 의존하고 있지 않다. 소련의 적들은 소련이라는 노동자국가의 약점들을 이용할 수 있다. 그러나 자신들이 노동자국가의 좋은 특성들이라고 간주하는 소련의 발전 경향들에 대한 비판은 자기네들의 이익에 맞게 이용할 수가 없다. 소련 정부에 의해서 공식적으로 소련의 "친구들"이라고 인정되고 있는 인사들의 대다수는 소련에 대한 비판에 대해 적대감을 가지고 있다. 그런데 이 적대감은 소련 체제의 허약함에 대한 두려움에서 나오는 것이 아니다. 차라리 소련에 대한 자신들의 공감이 허약하다는 사실을 숨기기 위한 허세에 지나지 않는다. 우리는 이러한 종류의 두려움과 경고를 모두 차분한 마음으로 무시할 것이다. 사태를 결정짓는 것은 환상이 아니라 사실이다. 우리는 가면이 아니라 진실된 모습을 드러내고자 한다.

1936년 8월 4일

1장

그동안 무엇이 성취되었는가?

1. 공업 성장의 주요 지수들

러시아에서 자본가계급은 미약한 존재에 지나지 않았다. 이 결과 전제군주제와 농민의 반봉건적 노예상태를 청산하는 과업과 같은 민주주의적 과제들은 프롤레타리아 독재를 통해서만 달성될 수 있었다. 그러나 농민 대중의 선두에 서서 정치권력을 장악한 노동자계급은 이러한 민주주의적 과제들을 성취하는 것에서 머무를 수는 없었다. 부르주아 혁명은 사회주의 혁명의 초기 단계와 직접 연관되어 있었다. 이 사실은 우연한 것이 아니었다. 최근 몇십 년간의 역사는 자본주의가 쇠퇴 단계에 들어선 상황에서 후진국들이 자본주의 종주국들이 달성했던 생산력 수준으로 올라설 수 없다는 사실을 아주 명확하게 보여주고 있다. 막다른 골목에 들어선 선진 자본주의 문명국들은 문명화의 길을 걷고 있는 후진국들의 발전을 가로막고 있다. 러시아 경제는 사회주의 혁명을 가능하게 할 정도로 여타 국가들보다 먼저 성숙한 것이 아니었다. 자본주의적 토대하에서는 더 이상 발전할 수가 없었다는 것이 맞는 말일 것이다. 이 때문에 러시아에서 사회주의 혁명이 일어난 것이다. 생산수단의 사회화는 이 나라를 야만의 상태에서 벗어나게 하는 필요조건이었다. 이것이 후진국에서의 **결합발전의 법칙**law of combined development이다. 과거 짜르의 제국이었던 이 나라는 레닌이 말한바 "자본주의 체제의 가장 약한 고리"였기 때문에 사회주의 혁명을 시작하였다. 그런데 혁명이 성공한 후 19년이 지난 지금까지도 이 나라는 유럽과 미국을 "따라잡고 추월하는" 과제에 직면하고 있다. 물론 따라잡아야 추월을 할 수 있으므로 **따라잡는 일**

이 일차적 과제이다. 다시 말하면 러시아는 자본주의 선진국들이 오래전에 해결한 기술과 생산력의 문제들을 우선 해결해야 한다.

이와 다른 방식으로 문제가 해결될 수 있는가? 구지배계급이 타도됨으로써 이 나라가 야만의 상태에서 문명상태로 진입해야 하는 과제는 해결된 것이 아니라 철저히 드러났을 뿐이다. 이와 동시에 생산수단이 국가의 손에 집중됨으로써 혁명은 새롭고 비교할 수 없이 효과적인 공업성장의 방법들을 가능하게 하였다. 아주 짧은 기간 동안에 제국주의 전쟁과 내전에 의해서 파괴된 생산력을 회복하고 거대한 기업들을 새로이 창출하였을 뿐 아니라 새로운 생산방식들을 도입하고 새로운 산업분야들을 정착시킬 수 있게 된 것은 오직 계획경제를 통해서만 가능했다.

볼셰비키 당 지도부가 기대했던 소련에 대한 국제혁명의 즉각적인 지원은 이 국제혁명이 대단히 늦어짐으로써 소련에게 엄청난 곤란들을 안겨주었다. 그러나 이러한 상황은 동시에 소련의 내적 저력과 자원의 정도를 드러나게 했다. 그러나 그동안의 성과가 위대했건 불충분했건 제대로 평가되기 위해서는 국제적인 잣대가 필요하다. 이 책은 소련의 공업발전 과정에 대한 통계의 수집에 그치는 것이 아니라 역사적이고도 사회학적인 해석을 제공할 것이다. 그러나 논의의 진전을 위해서 중요한 수학적 데이터를 어느 정도 제시하는 것이 논의의 시작을 위해 필요할 것이다.

자본주의 세계 거의 모든 곳에서 드러나고 있는 침체와 쇠퇴의 모습과는 정반대로 소련의 공업은 대단한 규모로 발전하고 있다. 아래에 제시하는 거시적 지표들은 이에 대한 반박할 수 없이 명백한 증거이다. 현재 독일의 공업생산량은 열병에 걸린 듯이 급작스럽게 진행된 전쟁 준비 때문에 1929년의 수준으로 하락하고 있다. 영국은 보호주의 장벽을 치고 있는데 지난 6년 동안 기껏해야 3퍼센트 내지 4퍼센트 정도 생산량을 늘렸을 뿐이다. 미국의 공업생산량도 약 25퍼센트 정도 하락했고 프랑스의 경우는 30퍼센트 이상의 저하를 기록했다. 자본주의 국가들 중 가장 높은 생산량 증가를 기록한 나라는 일본으로 현재 미친 듯이 전쟁준비를 하고 있으며 이웃 나라들을 약탈하고 있다. 이 나라의 생산량은 거의 40퍼센트나 증가하였다! 그러나 이 예외적인 지수조차도 소련의 극적인 공업성장에 비하면 초라해 보인다. 이 나라의 생산량은 같은 기간에 3.5배 즉 250퍼센트나 증가하였다. 중공업은 1925년부터 1935년까지 10배 이상 증가하였다. 제1차 경제개발 5개년 계획의 첫 1년 동안 자본투자량은 54억 루블이었고 1936년에는 320억 루블이 될 것으로 예상되고 있다.

루블화가 측정의 단위가 되기에는 부적절할 정도로 안정되어 있지 못하므로 화폐에 의한 추산은 그만두기로 하자. 그렇다 하더라도 반박의 여지가 전혀 없는 다른 기준들이 존재한다. 1913년 돈^{Don} 지역의 석탄 생산량은 227만 5천 톤이었는데 반해 1935년의 경우는 712만 5천 톤에 이르렀다. 지난 3년 동안 철강 생산은 2배로 증가하였고 강철과 압연의 경우 거의 2.5배가 증가하였다. 석유, 석탄, 철강의 생산은 1차 세계대전 발발 이전의 경우와 비교하여 3배에서 3.5배 증가하였다. 전기를 공급하는 첫 계획이 작성된 1920년 당시 러시아 전역에는 10군데의 지역 발전소가 있었으며 총생산량은 25만 3천 킬로와트였다. 그런데 1935년에는 95개로 발전소의 수가 증가하였고 전기의 총생산량은 435만 5천 킬로와트에 달했다. 1925년 소련은 전기 생산량에서 세계 11위였다. 그러나 1935년에는 독일과 미국 다음으로 최대생산국이 되었다. 석탄생산의 경우에는 10위에서 4위로, 강철생산에 있어서는 6위에서 3위로 뛰어올랐다. 그리고 트랙터와 설탕 생산에서는 세계 1위가 되었다.

공업에서의 엄청난 성취, 처음부터 아주 밝은 전망을 보여준 농업, 구 공업도시들의 비범한 성장과 새로운 도시들의 건설, 노동자 수의 급격한 증가, 문화적 수준의 향상과 문화적 수요의 증대 등은 모두 의심할 여지없이 10월 혁명의 결과였다. 구시대의 예언자들이 인류 문명의 종말을 알리는 징조라고 애써 주장했던 그 혁명이 이러한 성과를 올린 것이다. 따라서 부르주아 경제학자들과는 논쟁할 필요가 더 이상 존재하지 않는다. 사회주의는 승리했음을 증명했다. 맑스의 『자본론』에서가 아니라 지구 표면의 6분의 1을 차지하는 공업지역에서 이것이 증명된 것이다. 그리고 유물론의 언어로써가 아니라 강철, 시멘트, 전기라는 언어로써 승리를 표현하였다. 비록 체제 내부의 어려움, 제국주의 세력에 의한 공세, 지도부의 실책으로 인해 소련이 붕괴한다고 할지라도 (이런 일이 일어나지 않기를 우리는 진심으로 희망한다) 미래에 대한 전조前兆로서 다음과 같은 사실만은 파괴되지 않고 남을 것이다 : 오직 프롤레타리아 혁명 덕분에 어느 후진국이 10년 내에 인류 역사상 유례가 없는 업적을 달성했다.

이 사실은 또한 노동운동 내 개량주의자들과의 논쟁에 종지부를 찍었다. 개량주의자들이 노동자계급을 위해 자본주의 체제 내에서 이룬 하찮은 성과와, 혁명으로 새로운 삶을 개척하겠다고 떨쳐 일어난 인민에 의해서 이루어진 거대한 과업을 비교할 가치가 있겠는가? 단 한 순간도 비교할 필요가 없다. 1918년 독일에서 떨쳐 일어선 노동자들은 사회민주주의 지도자들에게 그들의 엄청난 힘을 위임하였다. 만약 사회민주주의자들이 자본주의의 구출을 위해서가 아니라 사회주의 혁명을 위해서 이 힘을 사용하였다면 현재 중부 및 동부 유럽 그리고 아시아의 상당한 부분으로 이루어진 사회주의 체제는 정복당할 수 없는 경제력을 소유하였을 것이다. 이 점은 러시아의 경험에 비추어 보면 쉽게 추측할 수 있을 것이다. 전 세계 인민들은 새로운 전쟁들과 혁명들을 통해 개량주의자들이 저지른 역사적 범죄의 대가를 톡톡히 치르게 될 것이다.

2. 소련이 이룩한 업적에 대한 비교 평가

소련의 공업이 나타내고 있는 역동적인 통계수치들은 역사상 유례가 없는 것들이다. 그러나 아직도 발전할 여지는 얼마든지 있다. 소련은 지극히 낮은 수준에서 스스로를 일으키고 있다. 반면에 자본주의 나라들은 아주 높은 수준에서 미끄러져 내려가고 있다. 지금 이 두 체제 사이의 역관계는 경제성장률로 결정되지 않는다. 물질적 축적, 기술, 문화 그리고 무엇보다도 인간노동의 생산성 등에 의해서 표현된 두 진영의 총체적인 힘을 비교하는 것을 통해 결정된다. 지금 열거한 요인들의 통계를 통해 사태를 바라보면 상황은 즉시 바뀐다. 이제는 소련이 지극히 불리한 입장에 놓인다.

레닌이 제기한 문제 즉 **어느 진영이 승리할 것인가**의 문제는 한편으로는 소련과 전 세계 혁명적 노동자계급과 또 한편으로는 국제 자본과 소련 내의 반혁명세력 간의 상호관계에 대한 문제이다. 경제적인 성공에 의해 소련은 제국주의 세력의 침략에 대비하여 성곽을 구축하고, 공세를 취하고, 스스로를 무장하고, 필요할 경우 후퇴해서 기다릴 수 있는 힘을 갖추고 있다. 그러나 어느 진영이 승리할 것인가의 문제는 그 본질에 있어서 군사적인 문제일 뿐만 아니라 더 커다란 의미에서 경제적인 문제이다. 지금 이 순간 소련은 이 문제를 전 세계적 차원에서 해결할 것을 강요받고 있다. 제국주의 세력에 의한 군사적 개입은 위험요소의 하나가 될 수 있다. 그러나 자본주의 체제가 생산하고 있는 값싼 상품들이 소련 영토로 유입될 경우 그 위험은 더욱더 큰 것일 수밖에 없다. 물론 서구의 한 나라에서 노동자계급이 사회주의 혁명을 성취할 경우 상호 역관계는 급격히 그리고 근본적으로 변할 것이다. 그러나 소련이 자본주의 세계에 의해서 고립되는 상황이 지속되거나 유럽의 노동자계급이 투쟁에서 패배하고 계속 후퇴하는 더 나쁜 상황이 전개되는 한 소련 체제의 생존가능성은 최종적으로 노동생산성에 의해 결정될 수밖에 없다. 그리고 이것은 시장경제하에서는 생산비용과 가격으로 표현된다. 동일 상품의 소련 국내 가격과 국제시장의 가격 차이는 이 상호 역관계를 측정하는 주요한 수단 중의 하나가 된다. 그러나 소련 당국은 통계학자들이 이 문제에 접근하는 것조차 금지하고 있다. 이유는 간단하다. 경기침체와 생산력의 정체에도 불구하고 자본주의는 기술, 조직, 노동숙련도에 있어서 소련을 여전히 훨씬 앞서고 있기 때문이다.

소련 농업의 고질적인 후진성은 너무도 잘 알려져 있다. 공업에서 이루어진 발전과 조금이라도 비교할 수 있는 상황은 농업의 어느 분야에서도 존재하지 않는다. 예를 들어 몰로토프Molotov는 1935년 말에 다음과 같이 불평을 늘어놓았다 : "사탕무 생산에서 소련은 자본주의 나라들과 비교하여 아직도 한참 뒤져 있다. 1934년 우리는 1헥타르당 8,200파운드[1]의 사탕무를 생산했다. 1935년에는 우크라이나의 대풍작으로 1헥타르당 13,100파운드를 생산했다. 그러나 체코슬로바키아와 독일은 25,000파운드 그리고 프랑스는 30,000파운드가 넘는 생산량을 보이고 있다." 몰로토프의 이러한 불평은 농업의 모든 분야에도 그대로 적용될 수 있다. 곡물생산과 섬유생산 분야뿐만 아니라 특히 목축에 있어서도 상황은 마찬가지이다. 적절한 윤작, 종자의 선택, 비료 투입, 트랙터, 콤바인, 우량종 축산농장 등 모든 농업 분야가 사회주의적 농업의 도입을 통해 진정으로 거대한 혁명을 준비하고 있다. 그러나 혁명이 시간을 필요로 하는 곳은 바로 이런 매우 보수적인 농업 분야이다. 그러나 집단화가 이루어졌음에도 불구하고 아직도 소련 농업의 과제는 서방 자본주의 농업을 따라잡는 것이다. 서방의 농업은 소농 경영이라는 약점을 안고 있음에도 불구하고 높은 생산성을 보유한 농업체제이다.

공업에서 노동생산성을 높이고자 하는 투쟁은 두 방면으로 진행된다 : 선진적인 기술을 채용하고 노동력을 더 효율적으로 사용하는 것이다. 단지 몇 년 동안 소련이 가장 현대적인 형태의 거

---

1. [옮긴이] 1 파운드는 0.45 킬로그램.

대한 공장들을 건설할 수 있게 된 요인은 한편으로는 서방 자본주의의 높은 기술수준의 채용과 또 한편으로는 소련 국내에 존재하는 계획경제 체제이다. 공업 분야에서 외국의 성과들이 수입되어 흡수되고 있다. 적군을 무장시키는 일에서뿐만 아니라 소련의 공업을 발전시키는 일도 객관적 상황에 의해서 강요되었기 때문에 그 발전 속도가 가속화되었다. 이러한 상황은 엄청난 가능성을 내포하고 있다. 공업이 영국과 프랑스의 경우처럼 구식으로 지지부진한 발전을 할 필요가 없어졌다. 군대는 구식 장비를 유지하는 운명에서 벗어났다. 그러나 동시에 이러한 급속한 성장은 부정적인 측면을 동시에 가지고 있다. 공업의 각기 다른 요소들 사이에 조화가 이루어지고 있지 않다. 특히 노동력 수준은 선진적인 기술 수준을 따라가고 있지 못하고 있다. 그리고 계획경제의 지도부는 이러한 과업을 수행할 능력이 부족하다. 이 결과 제품의 생산비용은 대단히 높으며 그 대신 제품의 품질은 떨어진다.

석유산업의 총책임자는 다음과 같이 말한다 : "소련의 유전은 미국에서 사용되고 있는 장비를 보유하고 있다. 그러나 천공穿孔에 필요한 생산조직은 뒤떨어져 있다. 노동자들의 숙련도가 충분치 못하다." 그는 천공장비가 자주 고장을 일으키는 현상을 "부주의, 숙련도의 부족, 기술 감독의 부족" 때문이라고 설명한다. 몰로토프는 또다시 불평한다 : "건설산업의 생산조직은 대단히 낙후되어 있다.⋯ 도구와 장비들이 제대로 사용되고 있지 못하고 있으며 대부분의 경우 구닥다리 방식으로 일이 이루어지고 있다." 이러한 고백은 소련의 언론에 널리 소개되고 있다. 소련에 도입된 자본주의 선진기술은 자본주의 나라들에서 볼 수 있는 생산성을 전혀 발현하고 있지 못하고 있다.

중공업의 전체적인 성공은 대단한 성과이다. 이 성공의 기반을 가지고서만 산업이 현대적으로 발전할 수 있다. 그러나 현대적 공업이 성공하고 있다는 증거는 기술적인 그리고 일반적인 문화수준을 요구하는 정밀기계의 생산에서 나타난다. 이 분야에서 소련은 아직도 대단히 뒤떨어져 있다.

의심할 여지없이 질적으로나 양적으로 가장 중요한 성과는 군수산업에서 달성되었다. 육군과 해군은 가장 영향력이 막강한 고객일 뿐만 아니라 가장 만족시키기 힘든 고객이기도 하다. 그럼에도 불구하고 일련의 공개 연설에서 전쟁성War Department의 책임자들 중의 하나인 보로실로프Voroshilov는 끊임없이 불평하고 있다: "적군赤軍에서 제공하고 있는 군수품의 품질에 대해서 항상 완전히 만족하고 있는 것은 아니다." 이러한 조심스러운 발언 뒤에 숨어 있는 불안을 감지하기는 그리 어려운 일이 아니다.

공식 보고서에서 중공업의 총책임자는 다음과 같이 말한다: "생산된 기계는 좋은 품질을 가지고 있어야 한다. 그러나 불행하게도 그렇지 못한 상태에 있다." 그리고 그는 또 말한다: "우리에게 기계의 가격은 너무 비싸다." 항상 그렇듯이 그는 기계 생산의 세계적 수준과 소련의 수준을 정확히 비교할 수 있는 데이터를 제시하지 않는다.

트랙터는 소련 공업의 자랑이다. 그러나 트랙터를 효과적으로 사용하는 정도를 나타내는 지수는 상당히 낮다. 지난 산업회계연도에 무려 81퍼센트의 트랙터가 중대한 수리를 거쳐야 했다. 더욱이 이들의 상당수가 밭을 가는 시기의 절정기에 다시 고장이

났다. 어느 계산에 의하면 1헥타르당 곡물이 2,000파운드 또는 2,200파운드 생산되어야 기계 및 트랙터 정비소의 비용이 마련된다고 한다. 그러나 현재 평균 수확량은 이 수치의 반에도 못 미치고 있다. 결국 국가는 적자를 메우기 위해 수십억 루블을 지원해야 한다.

자동차 수송 분야의 상황은 더 나쁘다. 미국의 경우 트럭은 1년에 6만 킬로미터에서 8만 킬로미터 그리고 심지어는 10만 킬로미터를 주행한다. 소련의 경우는 이 수치가 2만 킬로미터에 지나지 않는다. 즉 미국의 3분의 1 또는 4분의 1에 지나지 않는다. 매 100대의 기계 중에서 55대만이 작동 중이다. 나머지는 수리 중이거나 수리를 기다리고 있다. 이들 기계의 수리비용은 생산비용의 두 배나 된다. 국가 회계국이 다음과 같이 보고하는 것이 하등 이상할 것이 없다: "자동차 수송은 생산비용에 무거운 부담만을 지울 뿐이다."

국가 인민위원회Council of People's Commissars 의장에 따르면 철도수송량의 증가는 "수도 없이 많은 고장"을 가지고 온다. 이러한 문제들의 근본적인 원인은 동일하다 : 과거로부터 물려받은 낮은 노동숙련도이다. 선로변환기를 잘 유지하기 위한 투쟁은 그 나름대로 영웅적인 행위이다. 이 일과 관련하여 선로변환기를 담당하고 있는 일급 여성노동자들은 크렘린궁의 최고 권력층에 보고를 한다. 최근 몇 년 동안 이루어진 진전에도 불구하고 수로에 의한 수송은 철도수송에 많이 뒤져 있다. 정기적으로 신문들은 "해상수송의 끔찍한 운영", "선박수리의 지극히 낮은 수준" 등에 대한 통신문을 싣고 있다.

경공업의 경우는 중공업의 경우보다 상황이 더 나쁘다. 소련 공업의 특이한 법칙은 다음과 같이 표현될 수 있을 것이다 : 일반적으로 소비자 대중에 가까이 있는 제품일수록 품질이 더욱 나쁘다.『프라우다』*Pravda* 지에 의하면 섬유공업에는 "불량품의 비율이 부끄러울 정도로 높고 선택할 수 있는 제품의 수가 빈약하며 낮은 질의 제품이 압도적으로 생산되고 있다." 많은 사람들이 소비하는 제품의 나쁜 품질에 대한 불평은 언론에 주기적으로 등장한다 : "엉성한 철제품", "조립이 잘못되었고 마무리 손질이 부주의하게 된 흉측하게 생긴 가구", "제대로 된 단추가 없다", "식품공급체계가 절대적으로 불만족스럽게 운영되고 있다" 등등 끝이 없다.

공업 발전을 품질에 대한 고려없이 양적인 지수로만 규정짓는 다면 그것은 사람의 신체를 가슴둘레는 무시하고 신장으로만 표현하는 것과 거의 같을 것이다. 더욱이 소련공업의 역동성을 올바르게 평가하기 위해서는 질적인 고려만 가지고는 안 된다. 어떤 분야에서는 급속한 발전이 전개되는 반면 다른 분야에서는 후진성이 여전하다는 사실을 항상 염두에 둘 필요가 있다. 거대한 자동차공장의 건설은 간선도로가 부족하고 관리도 엉성하게 이루어지는 대가를 치른다. "도로의 노후화는 끔찍하다. 가장 중요한 간선도로인 모스크바-야로슬라프 간선도로에서 자동차는 시속 10 킬로미터밖에 달리지 못한다."[『이즈베스챠』*Izvestia* 지] 소련은 여전히 "도로가 없이 살았던 원시인들의 관습"을 물려받고 있다고 국가 계획위원회State Planning Commission의 의장이 주장하고 있다.

도시경제도 거의 비슷한 상황에 놓여 있다. 새로운 공업도시들이 짧은 기간에 걸쳐 건설되었다. 동시에 오래된 도시들은 수십

개나 쇠퇴기에 접어들고 있다. 수도와 공업의 중심도시들은 성장하고 있으며 스스로를 치장하고 있다. 비싼 극장과 클럽들이 전국 여러 곳에서 등장하고 있다. 그러나 거주지구의 부족은 참을 수 없을 지경에 이르렀다. 주택들은 대체로 전혀 손길이 가지 않는다. "건물을 엉터리로 건축하면서 비용은 많이 든다. 우리의 주택들은 소모될 뿐 개축되고 있지 않다. 수리는 거의 하지 않으며 되더라도 엉터리로 이루어진다."(『이즈베스챠』)

소련 경제 전체는 엄청난 불균형을 보이고 있다. 어떤 한계 내에서는 이러한 현상이 불가피하다. 가장 중요한 분야에서부터 발전이 이루어지는 것이 필요하기도 하고 과거에도 이렇게 하는 것이 필요했기 때문이다. 그러나 특정 분야의 후진성은 다른 분야의 효과적인 운영을 크게 감소시킨다. 각 분야의 최대한의 발전이 아니라 경제 전체의 최대한의 효율을 보장할 이상적인 계획경제의 관점에 의하면 제1차 시기의 공업발전의 통계지수는 낮게 나타날 것이다. 그러나 통계지수가 낮다고 하더라도 경제 전체 그리고 특히 소비자 대중은 더 많은 것을 얻을 것이다. 그리고 장기적으로 전체 산업의 역동성도 더 도모될 수 있을 것이다.

공식 통계에는 자동차의 생산과 수리가 총 산업생산량에 더해진다. 그러나 경제효율의 관점에서 보면 이 수치는 더해질 것이 아니라 빼져야 한다. 이것은 산업의 많은 부문에 대해서도 해당된다. 이 이유로 해서 총 산업생산량을 루블화로 추산하는 것은 상대적인 의미만을 가지고 있다. 루블화의 가치가 무엇인지가 일단 확실치 않다. 이 화폐수치 뒤에 무엇이 진짜 도사리고 있는지가 언제나 확실한 것은 아니다. 기계의 생산이 이루어지고 있는지 아니면 이 기계의 너무 이른 고장이 발생한 것인지 알 수가 없는 것이다. "안정된" 루블화의 추산에 따라 만약에 주요 산업의 총생산량이 1차 세계대전 발발 이전과 비교하여 6배가 증가했다면 톤 단위로 측정된 석유, 석탄, 철강의 실제 생산량은 3배 또는 3배 반 증가한 셈일 것이다. 이렇게 생산량 지수가 큰 차이를 나타내는 이유는 근본적으로 소련 산업이 짜르시대에는 없었던 새로운 공업 분야를 창조했기 때문이다. 그리고 부차적인 이유는 통계를 조작하는 경향이 있기 때문이다. 모든 관료기구 단위가 사실들을 치장할 조직적인 이유를 가지고 있다는 사실은 이미 잘 알려져 있다.

3. 인구 일인당 생산량

현재 소련의 일인당 평균 노동생산성은 여전히 매우 낮다. 가장 우수한 제련소의 공장 책임자에 의하면 노동자 일인당 강철과 선철 생산량은 미국 제련소의 **평균** 생산량의 3분의 1밖에 되지 않는다. 양국의 평균 수치는 아마 1 대 5 또는 더 벌어질 것이다. 이러한 상황에서 소련이 자본주의 국가들보다 용광로를 "더 잘" 사용한다는 당국의 발표는 의미가 없다. 기술의 기능이란 인간 노동을 절약하는 것 이외의 다른 의미가 없다. 목재와 건설 산업은 금속 산업보다 상황이 더 나쁘다. 미국 채석장에서 노동자 일인당 채취량은 1년에 5,000톤이며 소련의 경우는 500톤이다. 정확히 10 대 1의 비율이다. 이 커다란 차이는 숙련 노동자의 부족과 더불어 노동의 저열한 조직으로 설명되어질 수 있다. 관료집단은 노동자에게 모든 힘을 다해서 일하라고 독려하지만 자신들에게 할당된 노동력을 올바로 활용하지 못하고 있다. 물론 농업은 공업보다 상황이 더욱 나쁘다. 노동생산성이 낮으면 국민소득이 낮고 결국 인민 대중의 생활수준이 낮아진다.

총 공업생산량의 경우 1936년이 되면 소련이 유럽에서 선두를 기록할 것이라는 주장은 소련의 경제성장이 그 자체로도 대단하다는 것을 의미할 뿐이다. 그러나 제품의 질과 생산비용은 계산에서 제외되어 있고 인구의 규모도 전혀 고려되지 않았다. 그러나 어느 나라의 일반적 발전수준과 대중의 생활수준은 최소한 추산으로 하더라도 소비자의 수에 제품의 총량을 나누어야 한다. 그러면 여기서 간단한 산수로 계산을 해보자.

경제적·문화적·군사적 목적을 위해 철도수송이 가지는 중요성은 말할 필요가 없다. 소련의 철도 총연장은 83,000킬로미터인데 독일의 58,000킬로미터, 프랑스의 63,000킬로미터, 미국의 417,000킬로미터와 비교된다. 이 수치에 의하면 독일의 경우 인구 1만 명당 8.9킬로미터의 철도가 있다는 뜻이다. 그리고 프랑스는 15.2킬로미터, 미국은 33.1킬로미터, 소련은 5.0킬로미터이다. 따라서 철도의 지수에 따르더라도 소련은 문명국 가운데 가장 낮은 수준에 있다. 지난 5년간 규모가 3배로 늘어난 상선 보유 수의 경우 덴마크 및 스페인과 같은 수준에 있다. 여기에다 포장도로의 지극히 낮은 수치를 덧붙여야 한다. 그리고 자동차 보유에 있어서 소련은 인구 1,000명당 0.6대의 자동차를 생산한다. 1943년 영국의 경우는 8대였으며 프랑스는 약 4.5대, 미국은 23대이다. 그리고 미국의 경우는 1928년에 36.5대였는데 대공황에 의해서 이 수치가 감소하였다. 그리고 소련은 도로·수로·자동차 수송의 극심한 후진성에도 불구하고 말의 보유 수에 있어서도 프랑스나 미국을 능가하지 못하고 있다. 그리고 종자의 품질에 있어서도 이들 나라에 한참 뒤지고 있다.

그리고 가장 뛰어난 성과를 올린 중공업에서도 비교 수치들은 여전히 소련이 불리한 상황에 놓여 있음을 보여주고 있다. 1935년 소련의 석탄생산량은 일인당 0.7톤이었다. 영국은 거의 5톤, 미국은 1913년에 5.4톤이었다가 지금은 거의 3톤, 독일은 약 2톤이다. 강철의 경우 소련은 67킬로그램, 미국은 250킬로그램이다. 선철과 연철의 경우도 비율은 거의 비슷하다. 1935년 소련은 일인당 153킬로와트시의 전기를 생산했다. 1934년 영국은 443킬로와트시였으며 프랑스는 363킬로와트시, 독일은 472킬로와트시였다.

경공업에 있어서 일인당 지수는 일반적으로 중공업보다 수준이 더욱 떨어진다. 1935년 모직의 경우 일인당 생산량은 0.5미터였는데 이것은 미국이나 영국에 비해 8배 내지 10배가 뒤지는 수치이다. 모직으로 만든 옷은 소련의 특권층만 입을 수 있다. 날염용 회색 무명 옷감은 일인당 16미터가 생산되었는데 소련 인민은 이것을 가지고 겨울옷을 만들어야 한다. 신발의 생산은 일인당 0.5켤레인데 독일은 1켤레가 넘으며 프랑스는 1.5켤레, 미국은 3켤레가 된다. 그리고 이 수치는 품질 지수를 사상하고 있는데 이것까지 고려하면 소련이 선진 자본주의국가들에 비해 훨씬 뒤지고 있음을 알 수 있다. 자본주의 국가에서는 여러 켤레의 신발을 가지고 있는 사람들의 비율이 소련의 경우보다 상당히 높다는 사실은 당연하다. 그러나 불행스럽게도 소련은 여전히 맨발로 생활하는 사람들의 비율이 가장 높은 나라들 중에 속한다.

이와 비슷한 상황이 식품생산에도 적용되는데 부분적으로는 더 불리한 여건에 있다고 볼 수 있다. 의심할 여지 없는 최근의 진전에도 불구하고 파이와 과자는 말할 것도 없고 잼, 소시지, 치즈 등은 소련 대중이 전혀 구할 수 없는 것들이다. 유제품에 있어서도 상황은 전혀 나아지지 않고 있다. 프랑스와 미국의 경우 인구 5명당 1마리의 암소가 있다. 독일의 경우는 인구 6명당 1마리이며, 소련의 경우는 인구 8명당 1마리이다. 그런데 우유생산에 있어서는 소련의 암소 두 마리가 실제로는 다른 나라의 거의 한 마리에 지나지 않는다. 곡류 중 특히 호밀과 감자에 있어서만 소련은 서방 자본주의국가 대부분이나 미국을 훨씬 능가하고 있다. 그러나 전통적으로 가난의 상징인 호밀빵과 감자가 소련 인구 절대다수의 주식이다.

종이 소비량은 문화수준을 나타내는 주요한 지수이다. 1935년 소련은 일인당 4킬로그램에 못 미치는 종이를 생산하였다. 미국은 1928년의 48킬로그램에서 현재는 34킬로그램 그리고 독일은 47킬로그램을 소비하고 있다. 미국이 인구 일인당 1년에 12자루의 연필을 생산하는 반면 소련은 4자루에 지나지 않는다. 그리고 이 4자루마저 품질이 너무도 나빠서 품질이 좋은 연필 1자루 또는 기껏해야 2자루에도 미치지 못하고 있다. 입문용 교과서, 종이, 연필의 부족이 학교교육을 마비시키고 있다는 불평이 신문에 곧잘 보도된다. 10월 혁명 10주년을 맞이하여 문맹을 완전히 퇴치하겠다는 소련 당국의 목표는 아직도 성취되지 않고 있다.

좀 더 일반적인 고찰로부터 출발할 경우도 문제는 비슷한 정도로 해명될 수 있다. 소련의 일인당 국민소득은 서방에 훨씬 못

미치고 있다. 소련에는 다른 어떤 나라와도 비교할 수 없을 정도로 대규모의 자본투자가 진행되고 있다. 이 비율은 25퍼센트에서 30퍼센트에 이르는데 이 결과 대중이 누리는 소득수준은 선진 자본주의 국가들보다 훨씬 낮을 수밖에 없다.

물론 소련에는 유산계급이 존재하지 않는다. 유산계급의 사치는 일반 대중의 과소소비에 의해서 상쇄되기 마련이다. 그러나 유산계급이 없다고 해도 긍정적인 효과가 별로 발휘되지 못하고 있다. 자본주의 체제의 근본적인 해악은 자본가계급의 사치가 아니다. 물론 이 계급의 사치행태는 그 자체로만 보아도 구역질나는 것임에는 틀림없는 것이 사실이다. 사치를 부릴 수 있는 권리를 보장하기 위해 자본가계급은 생산수단의 사적 소유체제를 유지하고 있다. 이 결과 경제체제는 무정부성과 정체의 운명에 처해진다. 물론 사치의 측면에서 자본가는 당연히 소비를 독점하고 있다. 그러나 생활필수품의 소비에 있어서는 노동대중이 절대다수의 소비자이다. 엄밀한 의미에서 소련에는 유산계급이 존재하지 않지만 특권 권력층은 여전히 존재하여 소비량의 다수를 독점하고 있다. 이 사실은 나중에 좀 더 자세하게 논의하게 될 것이다. 선진 자본주의 국가들에 비해 소련의 일인당 생활필수품 생산량이 낮다고 한다면 소련 대중의 생활수준이 자본주의 국가들의 생활수준에 비해서 아직도 뒤떨어진다는 의미가 된다.

물론 이러한 상황의 역사적 책임은 러시아의 어둡고 암울한 과거, 무지와 빈곤의 유산에 있다. 따라서 러시아의 경우 진보의 길을 걷기 위해서는 자본주의를 타도하는 방법 이외의 다른 길이 존재하지 않았다. 이 점을 확신하고 싶다면 한때 짜르 제국에서 가장 선진적인 지역이었던 발트해 국가들과 폴란드를 보면 된다. 이들 국가들은 현재 후진의 수렁에서 아직도 헤어나지 못하고 있다. 소련 체제의 지울 수 없는 강점은 러시아의 천년이나 된 후진성에 대해 집요하게 그리고 성공적으로 투쟁하고 있다는 사실에 있다. 그러나 더 많은 진보를 위해서는 지금까지 달성된 성과를 올바르게 판단하는 것이 일차적 조건이 된다.

현재 소련은 서방의 기술적·문화적 성과들을 수입하고 빌리고 도용하는 가운데 사회주의체제 건설의 **준비** 단계를 경과하고 있다. 생산과 소비 수치들에 대한 비교 평가는 이러한 준비 단계가 끝나려면 아직 멀었다는 것을 증언하고 있다. 자본주의 체제가 완전하게 정체하고 있는 상황이 계속될 리는 없다. 그러나 이런 상황이 계속된다고 하더라도 이 준비 단계는 아직도 역사적 시기 전체를 소요할 수밖에 없다. 이것이 앞으로 연구를 진전시키는 데 있어서 우리에게 필요한 아주 중요한 첫 번째 결론이라고 할 수 있다.

2장

경제성장과 당 지도부의 좌충우돌

1. "전시 공산주의", "신경제정책", 쿨락에 대한 정책

소련 경제의 전개과정은 중단 없는 성장곡선이 고르게 상승하는 현상과는 거리가 멀다. 사회주의 정권이 성립한 후 첫 18년 동안 경제성장 단계를 구분 짓는 격심한 위기상황들이 여러 번 나타났다. 현 정권의 정책과 관련하여 소련 경제의 역사를 간략하게 개괄하는 것은 소련 체제를 진단하고 그 전망을 예상하는 데 절대적으로 필요하다.

사회주의 혁명 후 첫 3년은 노골적으로 잔악한 내전의 시기였다. 이때의 경제생활은 전선을 유지할 필요에 전적으로 동원되었다. 문화생활은 구석에 숨어서 상황이 좋아질 때를 기다리고 있었다. 대신 물질적 수단이 지극히 결핍된 상황에서 창조적인 지성들이 대담하게 자신들의 영역을 확장하였다. 특히 레닌의 사상은 이 시기의 전형적인 모범이 되었다. 이때가 소위 "전시 공산주의 military communism(1918~21)" 시기였다. 이 시기의 경제형태는 자본주의 국가들의 "전시 사회주의"military socialism 체제와 극단적으로 유사하였다. 이 시기 소련 정부의 경제문제는 주로 군수산업을 지원하는 문제로 귀착되었다. 그리고 과거의 유산이 남긴 부족한 자원을 군사적 목적을 위해 사용하고 도시인구를 생존시키는 문제로 귀착되었다. 본질에 있어서 전시 공산주의는 적에게 포위당한 성채城砦에서 소비를 체계적으로 통제하는 그런 체제였다.

그러나 애초에 이 정책이 입안될 때에는 좀 더 광범위한 목적을 염두에 두었다는 것을 인정할 필요가 있다. 소련 정부는 이러한 극심한 통제체제를 발전시켜 생산과 분배에 있어서 계획경제

를 직접 도입하려고 노력했다. 다른 말로 표현하면, "전시 공산주의"에서 서서히 그러나 그 체제를 파괴시키지는 않고 진정한 공산주의에 도달하기를 희망했던 것이다. 1919년 3월에 채택된 볼셰비키당의 강령은 다음과 같이 말하고 있다: "분배의 영역에서 소련 정부의 현재 과업은 계획되고 조직된 국가 차원의 분배체제를 동요없이 건설하는 것이다. 이렇게 될 경우 제품의 분배는 상거래를 대체할 것이다."

그러나 현실은 "전시 공산주의"의 강령과 점점 갈등을 일으키게 되었다. 생산은 계속해서 감소했는데 전쟁에 의한 생산수단의 파괴뿐만 아니라 생산자들의 개인적 이해가 억압당했기 때문이었다. 도시는 농촌으로부터 곡물과 원자재를 요구했다. 그러나 도시는 농촌에 과거의 기억에 따라 화폐라고 불리는 얼룩덜룩한 종이쪽지 외에는 따로 줄 것이 없었다. 따라서 농민은 자신의 생산물을 땅속에다 숨겼다. 정부는 이런 상황에서 곡물을 징발하기 위해 무기를 든 노동자 파견대를 농촌으로 보냈다. 이에 대해 농민은 파종의 규모를 축소하는 것으로 대항했다. 내전이 끝난 직후인 1921년에 총 산업생산량은 기껏해야 내전 이전의 5분의 1 수준으로 떨어졌다. 강철 생산은 4,200,000톤에서 183,000톤으로 떨어졌는데 이것은 과거 생산량의 23분의 1에 지나지 않는 수치였다. 총 곡물생산량은 801억 파운드에서 1922년의 503억 파운드로 줄었다. 이해에는 끔찍한 기근이 발생하였다. 동시에 외국과의 무역은 29억 루블에서 3천만 루블로 급속히 감소하였다. 소련의 생산력 붕괴는 인류 역사상 유례가 없었다. 나라 전체와 국가기구는 멸망 일보 직전에 있었다.

전시 공산주의 시기의 유토피아적 희망은 이후 많은 측면에서 정당하면서도 무자비한 비판의 도마 위에 올랐다. 그러나 당시 모든 계산은 서방 자본주의 국가에서 노동자 혁명이 곧 승리할 것이라는 희망에 근거한 것이었다. 이 전제를 고려하지 않는다면 볼셰비키당의 이론적인 오류는 결코 설명될 수 없을 것이다. 혁명에서 승리한 독일의 노동자들이 소련이 미래에 되갚을 식량과 원자재를 신용담보로 하여 생산기계와 제품뿐만 아니라 수만 명의 고도로 숙련된 노동자, 기사技師, 조직가들을 소련에 제공할 것이라는 희망은 당연한 상식으로 간주되었다. 그리고 독일에서 노동자계급의 혁명이 성공하였다면 독일뿐만 아니라 소련의 경제발전은 의심할 여지도 없이 너무도 대대적으로 진전되어 오늘날 유럽과 전 세계의 운명은 비교할 수 없을 정도로 더욱 전도가 밝았을 것이다. 그러나 독일의 사회민주주의 지도자들은 이런 역사의 진전을 혼자 힘으로 봉쇄하였다. 그러나 혁명이 독일에서 성공하는 행복스러운 상황에서조차 국가에 의한 생산물의 직접 분배는 폐기되고 상업에 의한 분배 방식이 필요할 것이라는 사실은 확실하게 말할 수 있다.

외부세계와 자신들의 경제적 관계를 상거래 이외의 다른 방법으로 규정하는 데 익숙하지 않은 수백만의 고립된 농민경제단위가 농촌에 분산되어 있는 사실을 지적하며 레닌은 시장 부활의 필요성을 설명했다. 상거래에 의한 물자의 순환은 농민과 국유화된 공업 간에 소위 "연결고리"를 마련해줄 것이었다. 이러한 "연결고리"에 대한 이론적인 정식은 아주 단순하다: 국가가 농민의 노동의 결실을 강제적으로 징발하는 상황이 발생하지 않도록 공업은 농촌이 필요로 하는 공업생산물을 적절한 가격으로 공급한다.

농촌과의 경제적 관계를 호전시키는 것이 신경제정책의 가장 본질적이고 시급한 과제였다는 사실은 의심할 나위가 없다. 그러나 전시 공산주의의 짧은 실험을 통해, 사회화되었음에도 불구하고 공업부문 역시 자본주의에 의해서 확립된 화폐지불 방식을 필요로 하고 있다는 사실이 밝혀졌다. 계획경제는 단순히 지적인 데이터에만 의존할 수는 없다. 공급과 수요의 법칙은 상당한 기간 동안 필요한 물질적 기초로 남아 있을 것이며 경제정책의 오류를 교정하는 데 필수불가결한 요소가 될 것이다.

신경제정책에 의해서 합법화된 시장은 국가에 의해 통제되는 화폐의 도움을 받으면서 기능을 발휘하기 시작했다. 농촌의 자극을 받아 1923년부터 공업이 소생하기 시작했다. 더욱이 이 과정은 즉시 가속도가 붙어 빠른 속도로 진행되기 시작했다. 1922년과 1923년에 총생산은 두 배로 늘어났고 1926년에 이미 내전 이전의 수준을 회복했다. 즉 1921년의 생산량보다 5배 이상이 늘어났다. 이 정도면 신경제정책이 공업에 미친 영향을 더 이상 말할 필요가 없을 것이다. 동시에 훨씬 느린 속도이기는 했지만 곡물수확량이 증가하기 시작했다.

그리고 일찍부터 볼셰비키당 내에 존재했던 공업과 농업의 관계에 대한 견해 차이는 결정적으로 중요한 해인 1923년부터 날카로운 양상으로 대립되기 시작했다. 모든 자원이 완전히 고갈된 나라에서 농민들로부터 곡물과 원자재를 빌리지 않고는 공업이 발전할 수가 없었다. 그러나 농업생산물에 대한 너무도 무거운 "강제적 채무"[1]는 농민의 노동의욕을 죽여버렸다. 미래의 번영에 대한 신념을 가지고 있지 못한 농민은 도시로부터 도착한 곡물징발대에 대항하여 파종을 거부하는 것으로 맞섰다. 그렇다고 곡물 징발을 완화할 수도 없었다. 농민의 생산물을 공급받지 못하면 공업의 발전이 지체될 뿐이었기 때문이다. 공업제품을 도시로부터 공급받지 못하자 농민은 스스로 수공업노동에 종사하여 자신들의 필요를 충족시키려고 하였다. 이 결과 구래의 농촌 가내수공업이 부흥하였다. 농업과 공업 간의 역동적인 균형을 이루는 시기를 앞당기기 위해 농촌으로부터 얼마나 많은 곡물을 징발해야 하는가에 대해서 당내에는 이견이 발생하였다. 논쟁은 농촌의 사회적 구조 그 자체에 의해서 즉시 복잡한 양상으로 발전하였다.

1923년 봄에 열린 당 대회에서 당시에는 아직도 그 이름을 가지고 있지 않았던 분파인 "좌익반대파"Left Opposition의 어느 대표가 불길한 도표의 형태로 공업제품과 농업생산물의 가격 차이를 설명하였다. 이러한 현상은 당시 처음으로 "가위"라고 이름 지어졌다. 이 용어는 곧 거의 국제적인 용어가 되어버렸다.[2] 공업이 계속해서 침체한 상태로 머물 경우 가위의 날은 점점 벌어져서 결국 도시와 농촌 간의 관계는 불가피하게 단절될 것이라고 좌익반대파의 대표는 주장했다.

볼셰비키당이 성취한 민주주의 농업혁명과 이 당이 사회주의의 기초를 구축하기 위해 시행하는 정책에 대해서 농민은 명확히

---

1. [옮긴이] 도시가 완전히 그 생산력을 파괴당한 상태에서 국가의 강제력을 동원하여 일시적으로 농민으로부터 농업생산물을 무상으로 빌리는 것을 의미함.
2. [옮긴이] 국내에는 '협상가격'이라는 번역어로 탄생하여 곧 좌익 학계와 운동권에 일반화되었다.

구분하면서 바라보았다. 지주와 짜르국가 소유의 토지를 몰수하는 조치를 통해 볼셰비키당은 매년 5억이 넘는 루블 금화를 농민에게 가져다주었다. 그러나 국가가 생산하는 공업제품의 가격을 통해 농민은 훨씬 더 많은 양의 돈을 지불하고 있었다. 10월 혁명이라는 단단한 매듭에 의해 결박된 민주주의 혁명과 사회주의 혁명의 대차대조가 농민이 매년 수억 루블을 손해 보는 것으로 결말이 나는 한 두 계급 사이의 관계는 의심스러운 상태로 남아 있을 수밖에 없었다.

과거의 유산인 농촌경제의 분산적 성격은 10월 혁명의 결과에 의해 더욱 강화되었다. 혁명 후 10년에 걸쳐서 자영농민의 수는 1,600만 명에서 2,500만 명으로 증가하였다. 이러한 현상은 자연스럽게 농민기업 다수의 순수한 소비적 성격을 강화시켰다. 이러한 상황은 농업생산물이 도시로 충분하게 유입될 수 없는 이유 중의 하나가 되었다.

소상품 경제는 불가피하게 착취자를 탄생시킨다. 농촌의 생산력이 회복되는 것에 비례하여 농민층의 분화는 가속화되었다. 이러한 사태의 전개는 이미 과거의 잘 알려진 전철을 밟았다. 쿨락 kulak[3]의 성장은 농업의 전반적인 성장을 훨씬 앞지르게 되었다. "농촌으로 향하자"라는 구호를 내건 정부의 정책은 실제로 쿨락에게 향한 것이었다. 농업세는 부농보다 빈농에게 더 무겁게 매겨졌다. 그리고 부농은 국가의 신용대부 중에서 알짜만 골라서 차지하고 있었다. 잉여곡물은 주로 농촌의 상층부에 의해 소유되고 있

---

3. 타인의 노동을 고용하는 부유한 농민.

었는데 그것은 빈농을 노예화하는 결과를 가져왔다. 그리고 투기의 목적을 띠면서 도시에 존재하는 부르주아 집단들에게 판매되었다. 당시 당내 지도부를 구성한 분파의 이론가인 부하린Bukharin은 농민에게 "부자가 되시오"라는 유명한 구호를 던져주었다. 이론적 언어에 의하면 이 구호는 쿨락의 점진적인 성장이 사회주의를 가져온다는 의미였다. 그러나 실제에 있어서 그것은 절대다수의 대중을 희생시키면서 극소수의 인구를 부유하게 만드는 결과를 의미했다.

자신이 내세운 정책의 포로가 되어 당 지도부는 농촌 쁘띠부르주아지의 요구 앞에서 한 발 한 발 사회주의 건설의 노선으로부터 후퇴하지 않을 수 없었다. 1925년 농업부문에서 노동력을 고용하고 토지를 임대해 주는 것이 합법화되었다. 농민층은 소규모의 자본가 집단과 고용된 노동자로 양극화하기 시작하였다. 동시에 공업제품이 부족했기 때문에 국가부문은 농촌시장에서 밀려났다. 쿨락과 소규모 가내수공업자 사이에서 마치 땅 밑에서 솟은 것처럼 중간상인이 등장하였다. 국영기업은 원자재를 구하기 위해 점점 더 개인 상인들과 계약을 체결하지 않을 수 없게 되었다. 자본주의는 밀물처럼 상륙하여 모든 곳에서 눈에 띄었다. 소유형태의 혁명은 사회주의의 문제를 해결하지 못하고 단지 제기할 뿐이라는 사실을 지각 있는 사람들은 명백히 목격할 수 있었다.

1925년 쿨락 위주의 정책이 전면화되고 있을 때 스딸린은 토지의 국유화를 철폐하기 시작했다. 소련의 어느 기자가 그의 계획에 대해서 다음과 같은 질문을 하였다 : "농업의 발전을 위해서 개별 농민이 경작하는 토지의 재산권을 그에게 십 년 동안 양도하는 것이 더 수월하지 않을까요?" 이 질문에 대해서 스딸린은 답변하였다:"그렇습니다. 어쩌면 40년 동안 양도할 수도 있겠지요." 그루지아의 농업 인민위원은 스딸린의 제안에 따라 토지의 국유화를 철폐하는 법안을 상정하였다. 이 법의 목적은 농민에게 농업의 미래에 대한 자신감을 심어주는 것이었다. 이런 사태가 진행되고 있는 동안 1926년 봄에 판매를 위해 시장에 나온 곡물의 거의 60퍼센트가 토지를 가진 농민 6퍼센트의 손에 들어 있었다! 국가는 외국무역은 고사하고 국내소비를 위해 필요한 곡물도 충분히 확보할 수 없었다. 수출의 규모가 보잘것없었기 때문에 외국으로부터 공업제품을 수입하는 것은 고사하고 긴요하게 필요한 기계류와 원자재도 한계선까지 수입을 감축시킬 수밖에 없었다.

공업화를 지체시키고 일반 농민의 대다수에게 타격을 가하는 쿨락 위주의 이 정책은 1924년에서 1926년 사이에 그 정치적 결과를 뚜렷하게 드러내었다. 도시와 농촌의 쁘띠부르주아지가 자신의 정치적 힘을 의식하는 정도가 크게 상승했다. 이들은 하급 단위의 소비에트의 다수를 장악하였다. 그리고 관료집단의 자신감과 힘이 증대하였다. 그리고 이들은 노동자계급에게 점점 압박을 가하기 시작했다. 그리고 당과 소비에트의 민주주의가 완전히 억압당했다. 쿨락의 정치적·경제적 성장은 당 지도부의 두 지도적 인물인 지노비에프Zinoviev와 카메네프Kamenev를 경악시켰다. 이들은 당시 노동자계급이 집중되어 있던 두 중심도시인 레닌그라드와 모스크바의 소비에트 의장들이었다. 이들의 반응은 의미심장한 내용을 담고 있었다. 그러나 당과 국가기구의 관료집단은 말할 것도 없고 지방에서도 스딸린에 대한 지지가 굳건했다. 쿨락 위주의 정책은 승리했다. 1926년 지노비에프와 카메네프는 자신들의 추종자들과 함께 1923년의 반대파Opposition of 1923로 합류하였다. 이 분파에게는 "뜨로츠키주의자"라는 이름이 붙여졌다.

물론 당시 당 지도부가 농업집단화 정책을 "원칙적으로는" 폐기하지 않았다. 단지 몇십 년 동안 이 정책을 연기시킨 것뿐이었다. 이후 농업인민위원이 된 야코블레프Yakovlev는 1927년에 다음과 같이 적었다 : "농촌의 사회주의적 재건은 오직 집단화를 통해서만 달성될 수 있다. 그러나 집단화가 1년, 2년, 3년이나 아니면 10년이라는 짧은 기간을 통해서 달성되어질 수 없다는 사실은 말할 나위가 없다. 집단농장과 집단촌은 지금도 그렇지만 오랜 기간 동안 의심할 여지 없이 개인소유 토지라는 바다에 떠 있는 조그마한 섬들에 지나지 않을 것이다." 사실 당시에는 농민 가구의 8퍼센트만이 집단화되어 있었다.

1923년에 수면 위로 떠오른 소위 "총노선"에 대한 당내 투쟁이 1926년에는 치열하고 열정적으로 전개되었다. 공업과 농업의 모든 문제들을 망라한 확대 강령에서 좌익반대파는 다음과 같이 밝혔다 : "프롤레타리아 독재를 떠받치는 기둥의 하나인 토지 국유화를 폐기하고 침해하는 모든 정치적 경향들에 대해서 당은 저항해야 한다. 그리고 이들의 기도를 분쇄해야 한다." 이 문제에서 반대파는 승리했다. 토지 국유화에 대한 직접적인 공세는 포기되었다. 그러나 역시 문제는 토지의 소유형태 이상을 내포하고 있었다.

"개인소유 농업의 성장을 억제하기 위해 집단농장의 좀 더 빠른 성장을 도모해야 한다. 해마다 체계적인 방식으로 집단농장으로 조직되는 빈농들을 지원하기 위해 상당한 액수의 예산이 따로 책정되어야 한다. 협동조합의 운영은 모두 소규모 농장을 대규모의 집단농장으로 바꾸어 내는 목적에 전적으로 봉사해야 한다." 그러나 광범위한 집단화를 주창하는 강령은 이후 유토피아적이라고 끈질기게 비판되었다. 좌익반대파를 축출하기 위해 소집된 제15차 당 대회에서 이후 국가인민위원회 의장이 될 몰로토프는 거듭 다음과 같이 주장하였다 : "우리는 광범위한 농민 대중들의 집단화에 관한 빈농의 환상들 속으로 빠져들어서는(!) 안 된다. 현재의 상황에서 농촌의 집단화는 더 이상 가능하지 않다." 이 발언이 있었던 때는 1927년 말이었다. 당시 당 지도부의 농민에 대한 정책은 지금의 정책과 하늘과 땅 차이였다!

1923년부터 1928년의 기간은 당 지도부 구성을 위해서 동맹을 체결한 스딸린, 몰로토프, 리코프Rykov, 톰스키Tomsky, 부하린 등이 "초공업화"super-industrialization와 계획경제를 시행해야 한다는 주장을 내건 좌익반대파에 대해서 투쟁한 때였다. 1926년 초 지노비에프와 카메네프는 반대파로 넘어왔다. 미래의 역사가들은, 사회주의 국가의 정부가 고취한 과감한 경제시책에 대해 악의적인 불신으로 가득 차 있었던 이때의 분위기를 적잖이 놀라면서 역사책에 기록할 것이다. 그러나 외부세계의 자극에 의해 공업화는 무계획적으로 급속히 진행되었다. 따라서 모든 경제적 계산이 완전히 무시되었고 이 결과 공업화를 진행하는 총경비는 엄청난 비율로 증가하였다. 1923년 반대파는 5개년 계획을 시행할 것을 지도부에 요구했었다. 그러나 "미지의 세계로 뛰어내리는" 행위에 대해 공포를 느낀 당 지도부의 쁘띠부르주아적 감성에 의해 이 요구는 조소의 대상이 되었다. 1927년 4월까지만 해도 스딸린은 중앙위원회 전체회의에서 이렇게 주장했다 : 드니에페르스트로이Dnieperstroy 수력발전소를 건설하는 것은 농민이 암소 대신에 전축을 사는 것과 같은 일이다. 이 의미심장한 비유는 당시 당 지도부의 강령을 집약해서 보여주었다. 이 당시 전 세계의 부르주아 언론과 이들의 꽁무니를 쫓는 사회민주주의 언론은 당 지도부가 "좌익반대파"의 공업 낭만주의industrial romanticism를 공식적으로 비판한 것에 대해서 공감을 나타내고 있었다. 이것은 주목할 만한 현상이었다.

당내에서 요란한 토론이 진행되는 동안 농민은 점점 더 대담한 파업으로 공업제품의 부족에 응답하고 있었다. 이들은 곡물을 시장에 내놓지도 않고 파종의 규모를 늘리지도 않았다. 당 지도부의 우익은 리코프, 톰스키, 부하린으로 구성되었는데 당시 지도부의 논의를 주도하고 있었다. 이들은 공업의 발전속도를 늦추는 한이 있어도 곡물의 가격을 인상시켜 농촌의 자본주의적 경향을 더 확대시켜야 한다고 주장하였다. 이 정책하에서 사태를 해결할 유일한 방식은 농업 원자재를 수출하고 이 대금으로 외국의 공업생산품을 수입하는 것이었다. 그러나 이 방식은 농민경제와 사회주의 공업과의 "연결고리"를 확립하는 대신 쿨락과 세계자본주의 사이의 연결고리를 마련하는 것이었다. 이렇게 하기 위해서 10월 혁명을 성공시킬 필요는 없었다.

1926년 당 협의회에서 좌익반대파를 대표하여 필자는 이렇게 응답했다 : "특히 쿨락에게 무거운 세금을 부과시키는 방식으로 공업화를 가속화시켜야 한다. 이렇게 할 경우 많은 양의 공업제품이 싼값으로 농민에게 공급될 수 있다. 이 방식을 통해서 노동자와 농민 다수는 이익을 볼 것이다. … **농촌으로 향하자**는 구호는 공업에게 등을 돌리자는 의미가 아니다. 이 구호의 진정한 의미는 **공업이 농촌을 향하게 하자**는 것이다. 왜냐하면 농촌에게 필요한 것은 국가에 의해 주도되는 공업이기 때문이다."

이에 대해서 스탈린은 반대파의 "꿈처럼 황당한 계획"에 대해서 호통을 쳤다. 공업이 "서둘러 발전되어 농업과 분리되고, 결국 나라의 경제적 축적의 적당한 속도를 파탄시켜서는" 안 된다는 것이었다. 당의 결정들은 계속해서 쿨락의 입지를 수동적으로 강화하는 격언들로 반복되었다. "초공업화론자"들을 최종적으로 분쇄하기 위해서 1927년 12월에 열린 제15차 당 대회는 "국가자본이 대규모 건설공사에 너무 많이 투입되는 위험"에 대해서 경고를 발했다. 당시 당 지도부를 구성한 분파는 이것 이외의 다른 어떤 위험요인들에 대해서도 주목하지 않았다.

공업이 주로 혁명 이전 시기의 기계류로 공장을 가동하고 농업은 낡은 도구로 농사를 짓는 소위 회복기가 1927~28 회계연도에 끝나가고 있었다. 더 앞으로 나아가기 위해서는 대규모의 독립적 공업 건설사업이 진행되어야 했다. 더 이상 어둠 속을 더듬으면서 계획없이 전진하는 것은 불가능했다.

이미 1923년과 1925년 사이에 좌익반대파는 사회주의 공업화의 가능성들을 분석했었다. 자본가계급으로부터 상속받은 장비를 다 소모시키고 난 후 소련의 공업은 사회주의 축적의 기반하에서 자본주의에서는 전적으로 불가능한 성장 리듬을 성취할 가능성이 있다는 일반적인 결론을 내렸었다. 당 지도부 분파의 지도자들은 좌익반대파가 15퍼센트 내지 18퍼센트 정도로 조심스럽게 성장수치를 예상한 것에 대해서 그것은 미지의 미래를 알리는 황당한 음악이라고 공개적으로 조소하였다. 이것이 당시에는 "뜨로츠키주의"에 대한 투쟁의 본질이었다.

1927년에 드디어 완성된 5개년 계획의 첫 공식 초안은 구두쇠와 같은 쫀쫀한 계산으로 채워졌다. 공업성장률은 매년 9퍼센트에서 4퍼센트로 감소되도록 계획되어져 있었다. 인구 일인당 소비는 5년 동안 겨우 12퍼센트만 증가하도록 계획되어졌다! 5개년 마지막 해의 국가예산은 국민총소득의 16퍼센트에 지나지 않았다. 사회주의 사회를 건설할 의도가 전혀 없었던 짜르 시대의 러시아에서도 국가예산이 국민총소득의 18퍼센트를 차지했었다! 이 사실은 5개년 계획의 첫 초안이 믿을 수 없을 정도로 소심하다는 점을 뚜렷이 보여주고 있다. 이 계획을 입안하는 데 참여했던 공학자들과 경제학자들이 몇 년이 지난 후 외국 세력의 지시에 의해 의식적으로 태업을 했다는 혐의로 엄한 형벌을 받았다는 사실을 덧붙일 필요가 있을 것이다. 그들의 계획은 당시 정치국의 "총노선"에 완전히 부응하는 것이었고 상부의 명령에 의해서 작성되었다고 피고인들은 재판 당시 당당하게 증언할 수도 있었을 것이다.

이제 당내 분파들의 투쟁은 5개년 계획 초안이 제출되는 시점에서 산술적 수치로 표현되었다. 좌익반대파의 강령은 다음과 같이 주장했다 : "10월 혁명의 10주년에 그렇게 하찮고 완전히 비관적인 계획을 제시하는 것은 실제에 있어서 사회주의 건설에 반대한다는 것을 의미한다." 이로부터 1년 후에 정치국은 생산을 매년 9퍼센트씩 증가시키는 새로운 5개년 계획을 채택하였다. 결국 "초공업주의론자"의 성장수치에 근접하는 끈질긴 경향이 나타났다. 1년이 지난 후 정부의 계획이 또 한번 근본적으로 변화했을 때 국가 계획위원회는 제3차 5개년 계획을 입안하였다. 이 계획은 1925년 좌익반대파에 의해 예상된 전망과 아주 근접한 경제성장률을 제시하였다. 이러한 사태는 모든 사람들의 상상을 초월하였다.

지금 우리가 목도하고 있는 현실에 근거하여 바라보면 소련의 경제정책사는 그동안 공식적으로 발표된 전설과는 매우 다르다. 불행하게도 웹 부부와 같은 경건한 연구자들은 이 점에 대해서 조금의 관심도 기울이고 있지 않다.

2. 급선회 : "4년 내에 5개년 계획을 완수하자"와 "완벽한 집단화"

개별 농민기업에 대한 우유부단, 거대 계획에 대한 불신, 최소 경제개발 속도의 옹호, 국제문제에 대한 방기 등이 전부 모여서 "일국 사회주의" 이론의 핵심을 구성하였다. 이 이론은 1924년 가을 독일의 노동자계급이 사회주의 혁명을 시도했으나 패배한 후 처음으로 스딸린에 의해서 제시되었다. 공업화를 서두를 필요가 없다, 농민과 불화할 필요가 없다, 세계혁명에 기대지 말자, 그리고 무엇보다도 당 관료집단의 권력을 비판으로부터 보호하라! 농민층의 분화는 좌익반대파의 발명품인 것으로 비난되었다. 위에서 언급한 야코블레프는 중앙통계국Central Statistical Bureau을 폐지시켰다. 이 기구의 통계기록은 쿨락의 경제력에 대해 많은 지면을 할애했다. 이 이유로 중앙통계국은 당 지도부의 미움을 산 것이었다. 한편 당 지도부는 평온하게 다음과 같이 주장하였다 : 생산품의 기근은 끝날 때가 되었는데 아직도 질질 끌고 있다, "경제발전의 평온한 속도가 현재 유지되고 있다", 앞으로 곡물 수거는 좀 더 "공평하게" 진행될 것이다 등등. 그러나 세력이 강화된 쿨락은 중농을 자신의 영향력하에 끌어들이고 도시에 대해 곡물봉쇄를 단행했다. 1928년 1월 소련의 노동자계급에게 기근의 그림자가 다가오고 있었다. 역사는 악의에 찬 농담을 할 줄 안다. 쿨락이 혁명의 목을 죄고 있는 바로 그달에 좌익반대파의 대표들은 감옥에 갇히거나 시베리아 각지로 유형당했다. 죄목은 쿨락의 유령 앞에서 "공포에 떨었다"는 것이었다.

정부는 곡물봉쇄가 쿨락이 사회주의 국가에 대해 노골적인 적대감을 표현하는 것에 불과한 것처럼 가장했다. 즉 보통의 정치적 동기가 작용한 것에 불과하였다는 것이었다. 도대체 그렇다면 쿨락은 어디서 생겨났단 말인가? 그러나 쿨락은 당 지도부의 이런 "관념"에 대해서는 거의 관심이 없었다. 그가 곡물을 숨긴 이유는 자신에게 제시된 거래조건이 이윤을 가져다주지 않기 때문이었다. 이와 같은 이유로 해서 쿨락은 광범위한 농민층을 자신의 영향력하에 둘 수 있었다. 쿨락의 태업에 대한 탄압만으로는 문제가 해결될 수 없다는 사실이 명백했다. 정책을 변경해야 했다. 그러나 당 지도부는 정책 전환에 대해 동요하면서 적지 않은 시간을 허비했다.

당시 아직도 정부의 수반이었던 리코프는 1928년 7월에 다음과 같이 성명을 발표했다 : "개인 농장을 발전시키는 것은 … 당의 주요한 과업이다." 그리고 스딸린은 그의 발언을 재청하였다 : "개인농장은 이미 효용성을 상실했으며 더 이상 이들에 대해서 지원을 할 필요가 없다고 주장하는 사람들이 있다. … 이들은 우리 당의 노선과 아무 연관도 없다." 이로부터 1년이 채 지나기 전에 당의 노선은 이러한 발언들과 아무런 연관도 없어졌다. "완벽한 집단화"의 먼동이 지평선에 떠오르고 있었다.

새로운 정책 전환은 이전의 정책처럼 과학적 방법론에 근거하지 않은 채 역시 경험적으로 그리고 당 지도부 내부의 암투暗鬪를 통해 나타났다. 좌익반대파의 강령은 이보다 1년 전에 이미 다음과 같이 경고하고 있었다 : "우파와 중앙파는 좌익반대파에 대한 일반적인 적대감에 기초해서 연합했다. 좌익반대파가 제거될 경우 두 분파 사이의 투쟁은 필연적으로 가속화할 것이다." 사태는 예상했던 그대로 전개되었다. 두 분파의 지도자들은 흔히 그랬듯이 좌익반대파의 예상이 현실로 나타났다는 사실을 인정하려고 하지 않았다. 1928년 10월 19일이 되어서야 스딸린은 다음과 같이 공개적으로 발표하였다 : "우편향의 존재와 중앙위원회 정치국이 보이고 있는 우편향에 대한 유화적인 태도에 대해서 잡담만 늘어놓을 것이 아니라 본격적으로 투쟁할 때가 되었다." 두 분파는 이제 당내에 존재하는 자신들의 지지 정도를 가늠하고 있었다. 민주주의가 억압당한 당은 어두운 소문과 추측으로 살고 있었다. 몇 달 지나지 않아 당의 공식 언론은 언제나 그랬듯이 당황한 빛은 하나도 비치지 않고 다음과 같이 발표했다 : 정부수반 리코프는 "소련 정부의 경제적 난관을 투기대상으로 삼았다" ; 코민테른의 의장 부하린은 "자유부르주아지의 끄나풀이었다" ; 전 러시아 노동조합중앙회all-Russian Central Council of Trade Unions 의장 톰스키는 애처로운 노동조합 활동가에 불과했다. 리코프, 부하린, 톰스키는 모두 정치국의 정회원이었다. 지금까지 좌익반대파에 대항한 투쟁은 전부 우파로부터 나왔었다. 이제 부하린은 스탈린이 우파에 대한 투쟁에서 빌어먹을 좌익반대파의 강령 일부를 이용하고 있다고 그를 당당히 비난할 수 있었다.

어쨌든 정책 전환은 시작되었다. "부자가 되시오"라는 구호와 쿨락의 고통없는 점진적 성장과정이 사회주의 건설의 초석이 된다는 이론은 늦게나마 그러나 그만큼 더욱더 단호하게 비난받았다. 이제 공업화는 대세가 되었다. 자기만족적인 정적주의靜寂主意, quietism는 공포에 질린 호들갑으로 바뀌었다. 레닌이 주창했던, "따라잡고 추월하시오"라는 반쯤 잊혔던 구호는 "가능하면 빠른 시간 내에"라는 어구가 붙여지면서 완벽한 문장이 되었다. 당 대회의 원칙으로 이미 확정된 5개년 계획은 목표를 최저 수준으로 잡고 있었다. 그러나 이것은 분쇄된 좌익반대파 강령으로부터 **완전히** 빌려온 새로운 계획으로 대체되었다. 어제만 하여도 드니에페르스트로이 발전소 건설은 건축에 비유되었었는데 이제는 가장 집중적인 관심의 대상이 되었다.

계획의 일부가 성공적으로 완수되자 새로운 구호가 제출되었다 : "5개년 계획을 4년 만에 달성하자." 계획경제의 능력에 대해서 깜짝 놀라버린 경험주의자들은 이제 모든 것이 가능하다고 결심하게 되었다. 인간의 역사에서 종종 나타나듯이 기회주의는 이제 모험주의로 바뀌었다. 1923년부터 1928년까지 정치국은 부하린의 "거북이걸음" 철학을 흔쾌히 받아들였다. 그런데 이제는 매년 20퍼센트 내지 30퍼센트의 경제성장 목표를 아주 가벼운 마음으로 수용했다. 그리고 부분적이고 일시적인 성과를 당연히 완수해야 할 기준으로 설정했다. 그리고 이 과정에서 각 분야의 조건적인 상호관계를 인식하지 못했다. 재정적자는 지폐의 남발을 통해서 메꾸어졌다. 제1차 5개년 계획 기간 동안 유통된 은행지폐의 규모는 17억 루블에서 55억 루블로 불어났다. 그리고 제2차 5개년 계획이 시작될 때쯤에는 84억 루블로 증가했다. 강요된 공업화로 인해 참을 수 없는 고통을 겪게 된 대중들에 대해서 당 지도부는 어떠한 정치적인 작업도 할 생각을 하지 않았다. 그리고 금화 1루블당 미화 5달러로 자동적으로 계산된 이론적인 화폐 액면가도 무시했다. 신경제정책이 시작될 때는 굳건한 기초를 가지고 있었던 통화체제가 이제 그 뿌리부터 흔들리고 있었다.

그러나 계획을 완수하는 것뿐만 아니라 정권을 유지하는 데 있어서도 주요한 위험요소는 농민층이었다.

1928년 2월 15일 소련 인민은 『프라우다』의 사설로부터 놀라운 사실을 알게 되었다. 이제 농촌은 그 순간까지 당국에 의해 묘사되었던 모습이 아니라 축출된 좌익반대파가 제시한 모습을 띠게 되었다. 어제만 하여도 쿨락의 존재를 부정했던 언론은 오늘 갑자기 상부의 지시에 따라 쿨락을 농촌에서뿐만 아니라 당내에서도 발견했다. 정교한 기계류를 소유하고 고용노동을 부리고 정부로부터 수십만 푸드[4]의 곡물을 숨기면서 "뜨로츠키주의" 정책을 끊임없이 비난했던 쿨락이 이제는 공산당 세포들을 아주 빈번히 장악하고 있었다는 사실이 드러났다. 쿨락이 지방 비서직을 장악하여 빈농과 농업노동자들을 당원으로 가입시키는 것을 금지한 방식들에 대해서 언론은 너도나도 경쟁하듯이 대서특필했다.

---

4. [옮긴이] 소련의 중량단위, 16.38kg.

과거에 존재했던 모든 조건들은 이제 그 성격이 완전히 뒤바뀌었다. 더하기와 빼기 부호가 서로 위치를 바꾸었다.

도시인구를 먹여 살리기 위해서는 즉시 쿨락의 양식을 빼앗는 것이 필요했다. 이것은 오직 강제력을 통해서만 가능했다. 쿨락뿐만 아니라 중농의 비축된 곡물을 강탈하는 행위는 공식적으로 "특별조치"라고 불렸다. 이 말은 내일이면 모든 일들이 과거와 똑같이 평상을 유지할 것이라는 의미였다. 그러나 농민들은 이렇게 겉으로만 번지르르한 말을 믿지 않았다. 이들의 생각은 옳았다. 곡물을 강제적으로 징발당하자 쿨락은 수확량을 늘릴 동기를 가질 수 없었다. 고용된 농업노동자들과 빈농들은 일자리를 구할 수 없었다. 농업은 다시 진퇴양난에 빠졌다. 이와 함께 국가의 존립도 다시 위기를 맞게 되었다. 이런 상황에서 모든 수단을 써서라도 "총노선"을 개선할 필요가 있었다.

농민의 개별적 영농에 여전히 주요한 강조점을 주면서 스딸린과 몰로토프는 소비에트농장과 집단농장의 확립이 더욱 빨리 진행되어야 한다고 강조하기 시작했다. 그러나 긴급한 식량의 필요로 인해 무장 파견대가 농촌으로 들어가는 것을 그만둘 수 없었기 때문에 개별 영농에 대한 시책은 공중에 붕 뜬 상태가 되었다. 결국 집단화로 "퇴행"하는 것이 필요했다. 곡물을 징발하기 위한 일시적인 "특별조치"는 예상 밖으로 "쿨락이라는 계급을 일소"하는 시책으로 발전했다. 식량배급보다 횟수가 더 빈번한 모순적인 정부의 지시들은 정부가 농민문제에 대해 5개년 계획은 고사하고 5개월 계획도 가지고 있지 않다는 것을 증명하였다.

식량위기에 의해 강요된 새로운 계획에 의하면 5년 후에 집단농장은 농민 토지보유의 20퍼센트를 차지하기로 계획되었다. 지난 10년 동안 농업집단화 작업이 농민의 1퍼센트에게도 미치지 못했다는 것을 생각하면 이 새로운 계획의 규모는 엄청난 것이었다. 그러나 5개년 계획의 중간지점에서 집단화는 애초의 목표를 훨씬 밑도는 선에서 달성되었다. 1929년 11월 스탈린은 자신의 정책적 동요를 청산하면서 개별 영농은 끝났다고 선언했다. 그의 말에 의하면 "전국의 촌락, 군, 주에까지 전부" 집단농장화가 시작되고 있었다. 2년 전에 야코블레프는 집단농장은 오랜 기간 동안 "농민 개인소유라는 바다에 떠 있는 섬"에 지나지 않을 것이라고 주장했었다. 그러던 그가 이제 농업인민위원이 되어 "쿨락이라는 계급을 일소"하고 "가능한 한 일찍" 집단화를 완료하라는 명령을 받았다. 1929년 집단농장의 비율은 1.7퍼센트에서 3.9퍼센트로 증가했다. 그리고 1930년에는 23.6퍼센트, 1931년에는 52.7퍼센트, 1932년에는 61.5퍼센트로 증가했다.

농업 집단화가 전체적으로 노골적인 강제력에 의해서 달성되었다는 자유주의자들의 허튼소리를 반복할 만큼 어리석은 사람들은 현재 거의 없을 것이다. 과거 농민은 토지 소유를 위한 투쟁에서 한때는 지주에 대해서 봉기를 일으키고 또 한때는 미경작 지역에 농장을 일구는 흐름을 형성하였다. 그리고 또 어떤 때에는 좁은 토지를 소유한 고통의 대가로 하늘나라에 들어가게 하겠다고 약속한 온갖 종파들에게 서둘러 귀의하였다. 대농장을 몰수하고 토지를 잘게 쪼갠 후에 이제 다시 이러한 조그만 땅뙈기들을 커다란 농지로 통합하는 것은 농민, 농업, 사회 전체에 있어서 생존과 죽음이 달린 중대한 문제가 되었다.

그러나 이러한 일반적인 역사적 고찰에 의해 농민문제가 해결되는 것은 결코 아니다. 집단화의 진정한 가능성은 농촌의 위기의 깊이나 정부의 행정적 열정에 의해서가 아니라 존재하는 생산자원에 따라 주로 결정된다. 즉 대규모 농업에 필요한 기계를 제공해주는 공업의 능력에 달린 문제이다. 이러한 물질적 조건은 당시 소련 국내에서 결여되어 있었다. 집단농장은 주로 소농경영에만 적합한 농기구로 갖추어졌다. 이러한 상황에서 무리하게 급히 추진되는 집단화는 경제적 모험주의의 성격을 띠게 되었다.

자기가 수립한 정책전환의 급진적 성격을 나중에야 제대로 인식하게 된 정부는 새로운 정책에 대비한 기초적인 정치적 준비조차 하지 못했고 또 그렇게 할 수도 없었다. 농민대중은 말할 것도 없고 지방의 권력기관들조차 그들에게 요구되는 것이 무엇인지를 파악하지 못하고 있었다. 자신들의 가축과 재산이 국가에 의해 접수될 것이라는 소문을 듣자 농민들은 백열처럼 달아올랐다. 또한 이 소문은 진실과 그리 거리가 먼 것도 아니었다. 좌익반대파에 대한 그들 자신의 희화戲畵를 실제로 실현하면서 관료집단은 "농촌마을들을 약탈하였다." 농민이 보기에 집단화는 주로 농민 자신들의 재산을 접수하는 형태로 진행되는 것 같았다. 정부는 말, 소, 양, 돼지뿐만 아니라 새로 부화된 병아리까지 집단화하였다. 어느 외국인이 관찰한 바에 따르면, "정부는 어린애의 발에서 모피신발까지 벗겨내면서 쿨락 일소 정책을 밀고 나갔다." 이 결과 농민들이 헐값에 소를 팔거나 고기와 가죽을 건지기 위해 가축을 죽이는 일이 유행병처럼 퍼져 나갔다.

1930년 1월 모스크바 당 대회에서 중앙위원 안드레예프Andreyev는 집단화에 대해서 양면 그림을 제시했다 : 한편으로는 소련 전역에서 강력하게 진행되고 있는 집단화운동은 "이 운동을 가로막고 있는 모든 장애물을 쓸어버릴 것이다"; 또 한편으로는 농민들이 자신의 농기구와 가축 그리고 심지어 종자까지 집단농장에 들어오기 전에 약탈적으로 팔아버리는 행위는 "이제 정말로 사태를 위험한 지경까지 몰고 갈 정도의 수준에 도달했다." 이 두 가지 일반화는 아무리 서로 모순된다고 할지라도 부정적인 측면에서 집단화가 절망의 유행병을 낳고 있다는 사실을 올바르게 보여주고 있다. 위에 언급한 그 외국인 관찰자는 다시 이렇게 말한다 : "완벽한 집단화는 마치 3년짜리 전쟁이 스치고 지나간 것처럼 국가경제를 거의 유례가 없을 정도로 멸망의 상태까지 몰고 갔다."

어제까지만 해도 2,500만 명 농민의 이기심은 늙은 농부의 낡아빠진 말^{馬}과 같았지만 여전히 하나의 세력으로 존재하면서 농업의 유일한 원동력이 되었었다. 이것을 관료집단은 한꺼번에 제거해 버리려고 했다. 그것도 농업장비, 농업에 대한 지식, 농민들의 지지 등 모든 것을 결여한 2만여 집단농장 행정사무실의 지시를 통해 이런 일을 수행하려고 했다. 이러한 모험주의의 끔찍한 결과는 곧 모습을 드러냈으며 오랜 세월에 걸쳐 후유증을 남겼다. 1930년 835억 파운드에 달했던 곡물수확량은 다음 2년 동안 700억 파운드 이하로 떨어졌다. 이 차이는 그 자체로 보면 그리 재앙스러운 것 같아 보이지 않는다. 그러나 이 차이는 도시를 보통의 기근수준으로라도 유지시킬 수 있는 만큼의 곡물량이었다. 기술영농 분야에서는 상황이 더욱 나빴다. 집단화가 있기 바로 전에 설탕 생산량은 거의 109억 파운드에 달했다. 그런데 완벽한 집단화가 절정에 달하고 있을 때 사탕무의 부족으로 이 수치는 48억 파운드로 떨어졌다. 즉 생산량이 과거의 반 수준에 그친 것이다. 그러나 가장 커다란 타격은 동물 보유 수에서 나타났다. 말의 수는 1929년의 3,460만 두에서 1934년의 1,560만 두로 55퍼센트나 감소하였다. 뿔이 달린 소의 경우 3,070만 두에서 1,950만 두로 40퍼센트나 떨어졌다. 그리고 돼지의 수는 55퍼센트, 양의 수는 66퍼센트 감소하였다. 기아, 추위, 전염병, 정부의 탄압조치 등에 의해 희생된 사람의 수는 불행하게도 가축의 도살보다는 부정확하게 집계되었지만 수백만에 이르고 있다. 이러한 엄청난 손실에 대한 책임은 집단화 자체가 아니라 집단화를 시행하는 과정에서 사용된 맹목적이고 폭력적인 모험주의적 방법에 있었다. 관료집단은 아무것도 예상하고 있지 못했다. 집단농장의 규약은 농민의 개인적 이해와 농장의 복지를 결합시키기 위해서 작성되었는데 집단화에 저항하는 촌락들이 잔인하게 황폐화된 이후에야 마침내 공표되었다.

농업집단화 정책의 강제적인 성격은 1923~28년에 실시된 정책의 결과를 하루빨리 청산하고 새로운 정책으로부터 어느 정도의 위안을 찾아보려는 필요에 의해서 등장했다. 그럼에도 불구하고 집단화는 좀 더 합리적인 속도와 좀 더 치밀한 형태를 통해 진행될 수도 있었고 실제 그랬어야 했다. 권력과 산업을 한 손에 장악한 관료집단은 나라 전체를 재앙의 근처까지 인도하지 않고도 집단화 과정을 진척시킬 수 있었을 것이다. 나라의 물질적·도덕적 자원에 더욱 조응하는 속도를 채택했을 수도 있었다. 1930년 "좌익반대파"의 망명 기관지는 다음과 같이 주장했다 : "소련 국내와 국외 상황이 좋을 경우에는 농업의 물질적·기술적 조건은 10년 내지 15년의 기간 동안 철저하게 변모되어 집단화에 필요한 생산기반을 제공할 수 있을 것이다. 그러나 이 기간 동안 소련의 정권을 타도할 수 있는 기회는 한 번 이상 주어질 것이다."

이 경고는 과장이 아니었다. 정권 전복의 숨결은 완벽한 집단화운동 기간 동안 10월 혁명의 영토에 가장 가까이 다가갔다. 불만, 불신, 원한이 나라 전체를 갉아먹고 있었다. 통화의 혼란, 안정되었기 때문에 "관습처럼 자리잡았던" 자유시장 가격의 등귀, 곡물-고기-우유 등 식량에 대한 국가와 농민 간 유사 **상거래** 체제의 징발로의 전환, 집단적 소유 시설에 대한 대중의 약탈과 약탈의 광범위한 은폐에 대해 소련 당국이 벌인 목숨을 건 투쟁, 쿨락의 파괴행위에 대한 당의 순전히 군사적인 동원, 식량카드와 기아적 배급제의 복귀, 여권제도의 부활 등은 소련 전역에 걸쳐 이미 오래전에 끝난 내전의 분위기를 부활시켰다.

도시의 공장으로 식량과 원자재가 공급되는 상황은 계절이 바뀔수록 악화되기만 하였다. 참을 수 없이 열악한 작업환경은 노동력의 이동, 꾀병, 부주의한 작업, 기계의 고장, 높은 비율의 불량품 생산 그리고 일반적으로 낮은 제품의 질 등을 가져왔다. 1931년의 경우 평균노동생산성은 11.7퍼센트 감소하였다. 소련의 언론에 소개된 몰로토프의 우발적인 시인에 의하면 1932년 공업생산력은 계획에 의해 목표로 잡힌 26퍼센트의 증가에 비해 겨우 8.5퍼센트 증가에 그쳤다. 그런데 틀림없이 전 세계는 이 시인이 있은 직후 5개년 계획이 4년 3개월 만에 완료되었다는 소식을 접했다. 그러나 이것은 통계수치와 여론을 조작하는 관료집단의 냉소주의가 무한한 능력을 가지고 있다는 사실을 증명할 뿐이다. 그러나 이것은 주요한 문제가 아니다. 5개년 계획의 운명이 아니라 소련 체제의 운명이 진짜 문제였다.

그러나 소련은 이 위기에서 살아남았다.

그러나 이 사실은 대중 속에 깊이 뿌리내린 체제 자체의 장점에 기인한 것이었다. 그리고 소련 외부의 상황도 마찬가지로 유리하였다. 농촌에서 경제적 혼란과 내전이 벌어지고 있었을 때 소련은 외부의 적을 사방에 두고도 근본적으로 마비상태에 빠져 있었다. 농민의 불만이 나라를 뒤덮고 있었다. 불신과 동요로 관료기구와 핵심 간부들은 사기가 저하되어 있었다. 이때 소련의 동쪽이나 서쪽에서 적의 공격이 있었다면 이 나라의 운명은 치명적인 손상을 입었을 것이다.

다행스럽게도 무역과 공업의 위기가 진행된 첫 몇 년 동안 자본주의 세계는 놀라운 표정으로 소련의 상황이 악화되기만 기다렸다. 어느 누구도 전쟁을 일으킬 준비가 되어 있지 않았다. 어느 누구도 감히 전쟁을 일으킬 생각을 하지 못했다. 더욱이 어떤 적대국도 소련 내부의 심각한 사회적 격동의 정도를 제대로 인식하지 못하였다. 사실 이 사회적 격동은 "총노선"을 기념하여 연주되고 있는 관변 음악의 굉음 한가운데에서도 소비에트 연방을 뒤흔들고 있었다.

◆◇

지금까지 소련 경제사를 아주 간략하게 개괄하려고 시도하였다. 이 시도는 노동자국가의 실제 전개과정이 성과의 안정된 축적이라는 목가적 그림과 얼마나 거리가 먼 것인가를 보여주고 있다. 과거의 위기로부터 우리는 미래에 대한 중요한 징후를 끄집어낼 것이다. 그러나 그 밖에도 소련 정부의 경제정책과 좌충우돌을 역사적으로 한번 눈여겨보는 것을 통해서 인위적으로 강요된 개인숭배를 분쇄하는 작업이 도움을 얻을 수 있을 것이다. 개인숭배는 실재하는 그리고 가식으로 만들어낸 성과의 원천을 지도자의 출중한 능력에서 찾는다. 그러나 혁명에 의해서 성립된 사회주의적 소유체제야말로 그나마 존재하는 성과의 원천인 것이다.

물론 자본주의 체제에 대비된 새로운 사회체제의 객관적 우월성은 지도자들의 통치방식에서도 저절로 드러난다. 그러나 이 통치방식은 또한 소련의 경제적·문화적 후진성도 동일하게 반영한다. 더욱이 지도집단이 형성된 조건인 쁘띠부르주아적 편협성도 반영한다.

그러나 이러한 결론으로부터 소련 지도부의 정책이 삼류의 중요성밖에 가지고 있지 못하다고 추론하는 것은 아주 서투른 오류에 지나지 않을 것이다. 나라 전체의 운명이 소련의 경우만큼 정부의 손에 집중되어 있는 체제는 세계 어디에도 없다. 자본가 개인의 성공과 실패는 전체는 아니지만 상당한 정도 그리고 때때로 결정적인 정도로 개인의 자질에 달려 있다. 변화된 상황을 감안한다고 치더라도 자본가가 자신의 기업과 맺는 관계를 소련 정부는 국가경제 전체에 대해서 맺고 있다. 국가경제의 중앙집중화된 성격은 국가권력을 엄청난 중요성을 가진 요인으로 변모시킨다. 그러나 바로 이 이유 때문에 정부의 정책은 성과의 요약이나 순수한 통계수치를 통해서가 아니라 이러한 성과들을 달성하는 데 동원된 의식적인 예측과 계획된 지도력의 구체적인 역할에 비추어 판단되어야 한다.

소련 정부의 정책이 좌충우돌을 겪은 이유는 상황의 객관적인 모순뿐만 아니라 미리 이러한 모순을 제때에 이해하고 이것을 사전에 예방할 수 있는 지도력의 불충분함 때문이라는 사실이 드러났다. 당 지도부의 오류를 회계장부의 차원에서 정확히 평가하는 것은 쉬운 일이 아니다. 그러나 이러한 좌충우돌의 역사를 체계적으로 규명하는 것을 통해 당 지도부가 총경비의 측면에서 소련 경제에 엄청난 부담을 안겨주었다는 결론을 내릴 수 있을 것이다.

이론적 내용이 가장 빈약하고 오류를 가장 많이 저지른 분파가 다른 분파들을 제치고 무제한적인 권력을 손에 넣게 된 이유와 방법은 최소한 이성을 통해 역사를 판단하고자 할 경우 이해될 수 없을 것이다. 앞으로 이 책을 통해 전개될 더 많은 분석을 통해 이 문제에 대한 열쇠가 주어질 것이다. 동시에 전제적 지도부의 관료적 방식이 경제적·문화적 요구와 어떻게 더욱더 날카로운 모순을 일으킬 것인지 그리고 어떤 불가피한 필연에 의해 새로운 위기와 불안이 소련의 앞날에 돌출할 것인지를 우리는 알게 될 것이다.

그러나 "사회주의적" 관료집단이라는 이중적 현상을 다루기 전에 다음과 같은 문제에 답해야만 한다 : 지금까지 소련 체제가 달성한 성공의 순이득은 어떤 성격을 가지고 있는가? ; 소련에서 정말 사회주의가 달성되었는가? 아니면 더 조심스러운 질문을 다음과 같이 던질 수 있을 것이다 : 특정 발전단계에서 부르주아 사회는 그동안 이룬 성과를 통해 농노제나 봉건제의 복귀를 완벽하게 봉쇄했다 ; 그렇다면 지금까지 이루어진 소련의 경제적·문화적 성과는 자본주의의 복귀라는 위험을 확실히 봉쇄할 수 있을까?

3장

사회주의 체제와 국가

1. 이행기 체제

소련 당국의 주장에 의하면 사회주의 체제는 소련에서 이미 실현되었다. 정말 사회주의 체제가 지구상에서 실현되었는가? 아니면 그동안 달성된 경제적·정치적 성과에 의해서 세계정세와는 무관하게 소련에서 사회주의 체제의 실현을 확보할 수 있는 조건이라도 최소한 마련되었는가? 앞서 이미 비판적으로 평가된 소련 경제의 주요 지표들이 이 문제에 대한 올바른 해답의 단초를 마련해 주어야 할 것이다. 그러나 이 해답을 구하기 전에 미리 이 문제에 대한 이론적인 준거점들을 점검하는 것이 필요하다.

맑스주의는 기술의 발전을 진보의 기본적인 도약대로 간주하고 있으며 생산력의 동학動學에 기초하여 공산주의 강령을 제시하고 있다. 우주의 어떤 재앙이 다가와서 비교적 가까운 미래에 지구가 파괴된다고 가정하면 다른 많은 것들과 함께 당연히 공산주의적 전망도 포기해야 한다. 그러나 이런 예외적인 상황을 제외한다면 기술, 생산력, 문화의 발전에 한계를 설정하는 것은 과학적인 근거가 전혀 없다. 맑스주의는 인류사회의 진보에 대한 낙관으로 그 내용이 가득 채워져 있는데 이것만으로도 종교와 화해할 수 없이 대립하고 있다.

공산주의는 생산적 노동이 인간에게 더 이상 부담이 되지 않으며 어떠한 자극이 없어도 생산적 노동이 인간 본성에 의해 수행될 정도로 높은 인간의 경제력 발전수준을 물질적 전제조건으로 가지고 있다. 따라서 인간생활에 필요한 재화는 계속해서 풍요하게 존재하게 되어 지금의 부유한 가정이나 "그런대로 괜찮은" 하숙집의 경우와 같이 어떠한 통제도 없이 인간의 욕구가 충족될 것이다. 교육, 습관, 사회적 여론에 대한 통제는 물론 여전히 필요할 것이다. 솔직히 말해서 이렇게 진정으로 소박한 전망을 "유토피아"로 간주하는 사람이 있다면 그는 머리가 참으로 둔하다고 할 것이다.

자본주의는 발전된 과학기술과 노동자계급을 창조함으로써 사회주의 혁명을 위한 조건과 동력을 준비했다. 그러나 공산주의 체제가 곧바로 자본주의 사회를 대체할 수 있는 것은 아니다. 과거로부터 물려받은 물질적·문화적 유산만을 가지고는 어림도 없는 일이다. 공산주의로 가는 첫걸음인 노동자국가에서는 "각자의 능력에 따라" 즉 각자가 일할 수 있고 일하기 원하는 정도에 따라 노동을 수행할 수 있도록 허용하는 것이 불가능하다. 더욱이 일의 많고 적음과 무관하게 "각자의 필요에 따라" 모든 사람들을 충족시킬 수도 없다. 생산력 수준을 높이는 것을 통해 공산주의를 달성하기 위해서는 우선 임금이라는 관습에 의존할 필요가 있다. 즉 개개인의 노동이 가지고 있는 질과 양에 비례하여 재화를 분배해야 한다.

맑스는 새로운 사회를 향한 이 첫 단계를 "공산주의의 가장 낮은 단계"라고 불렀다. 그리고 이 단계를 결핍이라는 마지막 유령과 함께 물질적인 불평등이 사라지는 가장 높은 공산주의 단계와 대비시켰다. 소련 당국은 공식적으로 지금 다음과 같이 공언하고 있다 : "물론 우리는 **완벽한** 공산주의에 도달하지는 못했다. 그러나 공산주의의 **가장 낮은** 단계인 사회주의는 이미 달성되었다." 그리고 이 선언을 증명하기 위해 공업의 국가적 관리, 농업의 집단화,

상업부문의 국영기업 그리고 협동조합 기업을 예로서 제시한다. 언뜻 보면 이러한 주장은 **선험적인** 따라서 가설적인 맑스의 이론과 일치하는 것처럼 보인다. 그러나 이미 달성된 노동생산성과 무관하게 소유형태만 가지고는 이 문제가 완전히 해결될 수 없다는 것이 바로 맑스주의자들의 견해이다. 맑스에게 공산주의의 가장 낮은 단계란 어쨌든 맨 처음부터 경제발전의 측면에 있어서 가장 발전한 자본주의보다도 높은 수준에 도달한 사회를 의미했다. 이론적으로 보면 이러한 논리에는 허점이 없다. 왜냐하면 최초의 낮은 단계에서도 **전 세계적 차원**에서 공산주의는 자본주의 사회보다 더 발전한 체제이기 때문이다. 더욱이 프랑스인들이 사회주의 혁명을 시작하고 독일인들이 이것을 계속 발전시키고 영국인들이 이것을 완성할 것이라고 맑스는 예견했다. 그에 의하면 러시아인들은 혁명 대열의 한참 뒤에서 따라오는 정도로 인식되었다. 그러나 이러한 이론적인 순서는 실제 사실에 의해서 뒤집어졌다. 그의 역사적 보편원리를 특정 발전단계를 경과하고 있는 소련에 기계적으로 적용시키려는 사람들은 모두 가망 없는 모순에 곧 빠지게 될 것이다.

러시아는 자본주의의 가장 강한 고리이기는커녕 가장 약한 고리였다. 현재 소련은 세계의 경제수준을 능가하고 있기는커녕 자본주의 국가들을 따라잡으려고 노력하고 있을 뿐이다. 당대에 가장 발전한 자본주의의 생산력을 사회화한 기반에서 형성될 사회를 맑스가 공산주의의 가장 낮은 단계 즉 사회주의라고 불렀다면 이것은 명백히 소련에는 해당되지 않는다. 왜냐하면 소련은 오늘날에도 자본주의 국가들보다 기술, 문화, 재화의 측면에서 상당히 뒤떨어져 있기 때문이다. 따라서 현재 소련 체제가 보이고 있는 모든 모순적인 요소들을 인정할 경우 이 체제를 사회주의가 아니라 자본주의에서 사회주의로 **이행하는** 형태인 **예비적** 체제 a preparatory regime transitional from capitalism to socialism라고 부르는 것이 더 진실에 가까울 것이다.

용어의 정확한 사용에 대해 이렇게 까다롭게 군다고 하더라도 여기에는 현학자들의 허세가 조금도 개입되어 있지 않다. 결국 모든 사회체제의 힘과 안정성은 이들 체제가 생산하는 상대적 노동생산성에 달려 있다. 자본주의보다 뛰어난 기술수준을 보유하고 있는 사회주의 경제체제는 자신의 사회주의적 발전을 확실히 보장받을 것이다. 즉 자동적으로 사회주의적 발전의 길을 걸을 수 있을 것이다. 그러나 불행하게도 소련의 경제에 대해서 이렇게 말하는 것은 아주 불가능한 일이다.

소련의 현 상태를 속물적으로 옹호하는 자들 대부분은 대개 다음과 같이 논리를 전개하고 있다 : "현재 소련이 사회주의적이지 못하다는 것을 인정한다 할지라도 현재의 기반하에서 생산력이 더 발전하면 조만간 사회주의의 완전한 승리가 현실로 다가올 것이다." 따라서 모든 것은 오직 시간 문제라는 것이다. 이런 엉터리 주장에 대해서 왈가왈부할 필요가 있을까? 언뜻 보기에는 이런 논리가 아무리 승승장구할 것처럼 보여도 사실 이 주장은 대단히 피상적이다. 역사적 과정에 대해서 논할 때는 시간이란 결코 부차적인 요인이 될 수 없다. 정치에 있어서 현재시제와 미래시제를 혼동하는 것은 문법에서 이것들을 혼동하는 것보다 훨씬 위험하다. 시드니 웹Sidney Webb과 같은 속류 진화론자들에게는 진화란 현재의 상태에서 꾸준한 축적과 계속적인 "개선"이 이루어지는 것을 의미한다. 그러나 이것은 결코 사실이 아니다. 진화는 양질전화, 위기, 도약, 후퇴로 점철되어 있다. 소련이 생산과 분배의 안정을 확보한 사회주의의 첫 단계에 결코 도달하지 못했다는 중요한 사실 때문에 소련의 발전과정은 순조롭게 진행되기보다는 모순에 가득 찬 것일 수밖에 없다. 경제적 모순은 사회갈등을 유발하고 이것은 다시 나름의 논리를 가지고 생산력 증대를 기다려 주지 않은 채 자기의 길을 간다. 이것은 쿨락[1]의 경우를 통해 진실로 밝혀졌다. 쿨락은 진화적으로 사회주의를 "기다리는 것"을 원치 않았다. 관료집단과 그 이론가들을 놀라게 하면서 새로운 보완적 혁명을 요구했던 것이다. 그렇다고 권력과 부를 한꺼번에 쥐고 있으면서 득의만면한 관료집단이 평화적으로 사회주의에 도달하기를 원할까? 이 문제에 대해서는 확실히 많은 의구심이 생길 수 있을 것이다. 어쨌든 관료집단의 말을 곧이곧대로 듣는 것은 경솔한 행위가 될 것이다. 다음 3년, 5년 또는 10년간 소련 사회의 경제적 모순과 사회적 갈등이 어떤 방향으로 진행될지 지금 최종적으로 그리고 철회할 수 없을 정도로 단정 짓는 것은 불가능하다. 그 결과는 일국적 차원이 아니라 국제적 차원에서 살아 움직이는 사회 세력들 간의 투쟁에 달려 있다. 따라서 매 단계마다 실제 관계들과 경향들이 상호관계를 가지고 계속 상호작용을 일으킬 것이고 이에 대한 구체적 분석이 필요하다.

---

1. 타인의 노동력을 고용하는 부농.

2. 강령과 현실

맑스와 엥겔스의 사상을 계승한 레닌은 프롤레타리아 혁명의 첫 번째 두드러진 특징을 다음과 같이 보았다 : 약탈자를 약탈했으므로 이 혁명은 사회 위에 군림하는 관료기구 특히 경찰과 상비군을 쓸어 없애버릴 것이다. 그는 1917년 혁명으로 정치권력을 장악하기 두 달 전에 이렇게 말했다 : "노동자계급은 국가를 필요로 한다. 이 주장은 모든 기회주의자들도 말할 수 있다. 그러나 노동자계급이 오직 사멸해가는 국가 a dying state, 즉 즉시 사멸하기 시작하고 즉시 사멸할 수밖에 없는 국가만을 필요로 한다는 사실을 덧붙이는 것을 이들 기회주의자들은 잊어먹고 있다."(『국가와 혁명』) 이 비판은 당시 러시아의 멘셰비키, 영국의 페이비안 사회주의자 Fabian socialist 등 개량주의자들에게 가해진 것이었다. 레닌의 이러한 비판은 지금 배가된 힘을 가지고 "사멸"할 의사가 조금도 없는 관료 국가를 숭배하면서 소련에 대해 아첨하는 자들에게 가해지고 있다.

날카로운 사회적 갈등이 "순화되고", "조정되고", "통제되는" 것이 필요한 상황이 봉착할 때마다 사회는 관료집단을 요구한다. 이 경우 항상 특권집단, 유산자 그리고 관료집단이 덕을 보게 된다. 따라서 모든 부르주아 혁명에서는 이 혁명이 아무리 민주적이라 할지라도 관료기구가 강화되고 완성되었다. 레닌은 다음과 같이 말했다 : "관료사회와 상비군은 부르주아 사회의 '기생충'이다. 이 기생충은 이 사회를 찢어발기고 있는 내부 모순에 의해서 탄생되지만 살아 있는 숨구멍을 막는 데만 소용이 있는 기생충일 뿐이다."

1917년 정치권력의 장악이 볼셰비키당에 실제적인 문제로 대두되었을 때부터 레닌은 이 "기생충"을 일소하는 방안에 대해서 끊임없이 생각에 잠겨 있었다. 그는 그의 생각들을 『국가와 혁명』 전체에 걸쳐 설명하고 반복하고 있다. 착취계급이 타도된 후 노동자계급은 낡은 관료기구를 쓸어버리고 대신 고용인과 노동자로 구성된 기구를 창조할 것이다. 그리고 이 기구는 이들이 관료로 변하는 것을 막을 조치들을 취하기 시작할 것이다. 이 조치들은 맑스와 엥겔스에 의해서 상세하게 분석되었다 : (1) 선거와 피선출자의 소환이 언제나 가능해야 한다 ; (2) 관리들은 노동자의 임금보다 높지 않은 봉급을 받는다 ; (3) 사회 성원 **모두가** 사회 통제와 감독 기능을 수행하여 **모두가** 잠시 '관료'가 되어서 어느 누구도 오랫동안 자리를 차지하는 '관료'가 **되지 않을** 체제로 즉시 이행해야 한다. 이 사항들이 10년 후에나 제기될 문제들에 대해서 말하고 있다고 생각해서는 안 된다. 이것들은 "프롤레타리아 혁명을 완수한 직후 바로 **시작해야 하는**" 첫 조치들이었다.

프롤레타리아 독재하의 국가에 대한 이와 같이 과감한 견해는 볼셰비키당이 정치권력을 장악한 1년 6개월 후에 완성된 표현을 가지게 되었다. 이것은 볼셰비키당의 강령에 명시되어 있는데 특히 군대에 대한 조항도 여기에 포함된다. 강력한 그러나 관료가 없는 국가, 무장력은 있으되 그러나 사무라이가 없는 군대체제! 군대와 국가관료기구는 국방의 임무를 위해서가 아니라 사회의 계급구조를 유지하기 위한 것이며 이 계급구조가 국방 조직에 전이된 것에 불과하다. 군대는 사회관계의 모사에 불과하다. 물론 외부의 위험에 대한 투쟁은 노동자국가뿐만 아니라 다른 국가에도 전문화된 군대기구를 필요로 한다. 그러나 어떤 경우에도 노동자국가에는 특권을 가진 장교집단이 필요 없다. 볼셰비키당 강령은 상비군을 민병대로 대체할 것을 요구하고 있다.

따라서 애초부터 프롤레타리아 독재하의 국가에서는 인민의 대다수를 억압하는 특별한 기구라는 국가의 전통적인 의미가 상실된다. 무기와 함께 물리력은 소비에트와 같은 노동자 조직으로 즉시 그리고 직접적으로 이관된다. 프롤레타리아 독재가 시행되는 첫날부터 관료기구로서의 국가는 사멸을 시작한다. 바로 이것이 볼셰비키당 강령의 진짜 목소리인 것이다. 그리고 이 목소리는 아직도 죽지 않았다. 그런데 참 이상하다. 이 목소리는 거대한 무덤에 거하고 있는 망령의 목소리와 같이 아득한 옛날의 목소리처럼 느껴지고 있다.

현재 소련의 국가 성격을 어떻게 보건 한 가지 사실은 의심의 여지가 없다 : 존재한 지 20년이 다 되어가는 시점에 그 국가는 사멸하지 않았을 뿐 아니라 "사멸"하지 않기 시작했다. 설상가상으로, 유례가 없는 끔찍한 강제기구로 변해 버렸다. 관료집단은 대중에게 자리를 양도하면서 사라진 것이 아니라 대중을 지배하여 대중이 통제할 수 없는 존재가 되어 버렸다. 군대는 민병대에 자리를 내주지 않았을 뿐 아니라 원수들을 정점으로 한 특권 장교집단을 낳았다. 반면 "프롤레타리아 독재의 무장된 담지자"인 인민은 현재 비폭발성 무기를 소지하는 것도 금지당하고 있다. 아무리 상상의 나래를 펼친다 하더라도 맑스, 엥겔스, 레닌에 의해서 구상된 노동자국가의 개념과 현재 스탈린에 의해서 지배되고 있는 국가와의 차이점만큼 뚜렷한 차이점을 상상하기는 힘들 것이다. 레닌의 저작들은 물론 검열관의 발췌와 왜곡을 거치면서 계속 발행되고 있다. 현 소련의 지도부와 이론적 대변자들은 당의 강령과 현실 사이의 놀라운 차이를 가져온 원인들을 연구하기는커녕 문제도 삼지 않고 있다. 그렇다면 그들을 대신해서 우리가 문제를 제기해 보도록 하자.

3. 노동자국가의 이중적 성격

프롤레타리아 독재는 자본주의 사회와 사회주의 사회를 이어주는 교량이다. 따라서 근본적으로 이 체제는 일시적인 성격을 가지고 있다. 프롤레타리아 독재를 실현하는 국가의 우발적이면서도 아주 핵심적인 임무는 자신의 해체를 준비하는 데에 있다. 이 "우발적인" 임무를 실현하는 정도는 자신의 핵심적인 임무를 실현하는 성공의 척도라고 어느 정도 말할 수 있다. 즉 계급이 없고 물질적 모순이 없는 사회를 건설하는 것이 임무의 내용이다. 관료화와 사회 평화는 서로 반비례 관계에 있다.

뒤링Dühring과 나누었던 유명한 논쟁에서 엥겔스는 다음과 같이 말했다 : "계급지배 그리고 생산의 무정부성에 의해 야기되는 개인적 생존투쟁이 없어지고 이것들과 함께 나타났던 모든 분쟁과 잔악한 현상들이 없어지면 이때부터는 억압할 아무것도 존재하지 않는다. 따라서 특별한 억압도구인 국가도 필요 없게 될 것이다." 속물들은 경찰기구가 영원히 존재하는 제도인 것처럼 생각한다. 그러나 실제로는 인간이 철저하게 자연을 통제하여 물질적 곤란으로부터 자유롭게 될 때까지만 경찰이 인간을 억압할 것이다. 국가가 사라지기 위해서는 "계급지배와 개인적 생존을 위한 투쟁"이 사라져야 한다. 엥겔스는 이 두 가지 조건을 불가분의 것으로 간주한다. 왜냐하면 사회체제를 변화시키는 전망을 갖게 되면 몇 십 년의 세월 정도는 아주 짧은 시간에 지나지 않기 때문이다. 그러나 물론 혁명의 무게를 안고 있는 세대에게는 사태가 전혀 다르게 느껴질 것이다. 생산의 자본주의적 무정부성이 개인의 만인에 대한 투쟁을 가져온다는 사실은 진실이다. 그러나 곤란한 점이 있다. 생산수단의 사회화는 자동적으로 "개인적 생존을 위한 투쟁"을 제거하지 못한다. 이것이 문제의 핵심이다!

가장 발전한 자본주의 사회인 미국에 사회주의 국가가 성립되었다 할지라도 모든 사람에게 원하는 만큼의 재화를 즉시 제공할 수는 없을 것이다. 따라서 모든 사람들에게 가능한 한 많은 재화를 생산하도록 독려할 수밖에 없다. 이런 상황에서 독려하는 역할을 자연스럽게 국가가 맡을 수밖에 없다. 그리고 이런 상황은 다시 자본주의에서 확립된 임노동에 의존할 수밖에 없게 만든다. 물론 다양한 상황에 따라 사정은 달라질 수 있다. 이런 의미를 맑스는 1875년에 다음과 같이 표현했다 : "부르주아 법은… 오랜 분만의 고통을 겪은 후 자본주의 사회라는 태내로부터 탄생하는 공산주의 체제의 초기단계에서 불가피하게 존재할 수밖에 없다. **법은 경제체제 그리고 경제체제에 의해서 조건 지워지는 사회의 문화적 발전을 결코 능가할 수는 없다.**"

맑스의 위와 같은 주목할 만한 견해를 설명하면서 레닌은 다음과 같이 덧붙였다 : "소비재를 분배하는 것과 관련해서 존재하는 부르주아 법은 당연히 **부르주아 국가**를 전제로 한다. 왜냐하면 법은 규범의 준수를 강제할 수 있는 기구가 없이는 아무것도 아니기 때문이다. 따라서 공산주의 체제하에서는 당분간 부르주아 법이 존재할 뿐만 아니라 부르주아지가 없는 부르주아 국가도 존재한다!" 현재 소련의 공식 이론가들에 의해서 완전히 무시되고 있는 이 매우 의미 있는 결론은 소련의 국가 성격을 이해하는 데 결정적인 중요성을 가지고 있다. 아니 좀 더 정확하게 말하면 소련이라는 국가를 이해하는 첫걸음을 내딛는 데 결정적인 중요성을 가지고 있다. 사회주의 건설의 임무를 맡고 있는 국가가 강제력을 동원하여 불평등을 옹호할 수밖에 없는 처지에 있다면 즉 소수의 물질적 특권을 옹호할 수밖에 없다면 이 국가는 부르주아지가 없는 "부르주아" 국가로 남아 있을 수밖에 없다. 이 주장에는 사회주의 국가에 대한 칭찬이나 비난이 전혀 들어 있지 않다. 다만 사물의 성격에 걸맞은 이름을 붙여주는 것뿐이다.

부르주아 분배 규범은 물질적 능력의 성장을 촉진하면서 최종적으로 사회주의 건설의 목적에 봉사해야 한다. 사회주의 국가는 시작부터 곧바로 이중적인 성격을 갖게 된다 : 생산수단의 사회적 소유형태를 옹호하는 한에 있어서는 사회주의적 국가이다 ; 그러나 생필품의 분배가 자본주의적 가치척도에 따라 이루어지고 이것의 시행으로 나타나는 모든 결과들을 바탕으로 국가를 운영하는 한에서는 부르주아 국가이다. 사회주의 국가에 대한 이러한 모순적인 성격규정은 교조주의자들과 현학자들에게 공포감을 안겨줄지도 모를 일이다. 그러나 필자로서는 이들에게 위로의 말을 전하는 것 이외에 다른 도리가 없다. 노동자국가의 최종적 성격은 노동자국가 내부에 존재하는 부르주아적 경향과 사회주의적 경향 사이의 변화하는 관계에 의해서 결정될 수밖에 없다. 후자의 승리는 사실상 경찰기구의 최종적 일소를 의미할 것이다. 즉 국가가 자치적 사회 안으로 해소될 것이다. 소련의 관료집단이 그 자체로서 그리고 하나의 징후로서 제기하는 문제가 얼마나 한없이 의미 있는지는 이러한 측면을 보더라도 충분히 이해가 갈 것이다!

레닌은 사회주의 국가에 대한 분석을 끝까지 진전시키지는 못했지만 미래에 전개될 사회주의 건설의 문제들이 어디서 기인하는지를 드러내었다. 당대에 그는 이 문제들과 직접 씨름을 해야만 했다. 그가 이런 분석에 성공한 이유는 바로 그의 지적 특성에 따라 맑스의 개념을 지극히 날카로운 형태로 표현했기 때문이다. "부르주아지가 없는 부르주아 국가"는 진정한 소비에트 민주주의를 일관되게 발전시킬 수 없다는 사실이 증명되었다. 국가의 이중적 기능은 국가의 구조에 영향을 미치지 않을 수 없다. 그러나 경험은 이론이 명확하게 예상할 수 없는 일을 밝혀 주었다. 부르주아 반혁명으로부터 사회적 소유형태를 방어하기 위해서는 "무장한 노동자의 국가"가 아주 유효하였다. 그러나 소비의 영역에서 불평등을 규제하는 일은 이와 성격이 아주 다른 문제였다. 재산을 박탈당한 사람들은 재산을 창조하고 방어할 생각이 없게 마련이다. 다수는 소수의 특권에 대해서 관심을 가질 수가 없다. "부르주아 법"을 옹호하기 위해서 노동자국가는 "부르주아적" 유형의 기구를 창조하지 않을 수 없었다. 즉 제복의 색깔은 다르지만 예나 다름없는 경찰기구가 필요했다.

이제 우리는 볼셰비키당의 강령과 소련의 현실 사이에 존재하는 근본적인 모순을 이해하는 첫걸음을 내디뎠다. 국가가 사멸하기는커녕 권력을 집중하여 전제적인 상태에까지 이르렀고, 노동자계급의 전권을 위임받은 대표들이 관료화되고, 관료집단이 새로운 사회 위에 군림한다면 이것은 과거의 심리적 유물과 같은 이차적인 이유 때문이 아니다. 진정한 평등을 보장하는 것이 불가능한 상황이 지속되는 한 소수 특권층을 낳고 옹호해야 하는 거부할 수 없는 필요가 빚어낸 결과일 뿐이다.

자본주의 국가에서 노동운동을 교살하는 관료화의 경향은 프롤레타리아 혁명이 완수된 후에도 모든 곳에서 모습을 드러낼 것이다. 혁명을 통해 등장한 사회가 빈곤하면 할수록, 이 "법"의 표현은 더 엄격하고 노골적일 것이며 관료화에 의해 등장하는 통치형태는 더욱 조야할 것이다. 그리고 이것은 새로운 사회의 사회주의적 발전에 더욱 위험한 장애물로 등장할 것이다. 소련 국가는 사멸하지 못하게 되었을 뿐만 아니라 관료 기생집단으로부터 자유로울 수도 없었다. 이것은 스딸린주의 체제의 경찰관이 노골적으로 선언하듯이 구 지배계급의 "유물" 때문에 그런 것이 아니다. 왜냐하면 과거의 유물은 그 자체로는 아무런 힘을 가지고 있지 못하기 때문이다. 이런 현상은 물질적 결핍, 문화적 후진성 그리고 이런 요인들에 의해서 존재하는 "부르주아 법"의 지배 등과 같이 한없이 강력한 요인들 때문에 발생한다. 이런 요인들은 개인의 생존 보장이라는 가장 직접적이고도 날카롭게 모든 인간을 강제하는 필요 속에서 자신들의 존재를 드러내기 때문이다.

4. "일반화된 결핍"과 경찰기구

『공산주의자 선언』을 작성하기 2년 전에 청년 맑스는 다음과 같이 썼다 : "생산력의 발전은 공산주의에 절대적으로 필요한 실제적 전제조건이다. 왜냐하면 이것이 없이는 결핍이 일반화될 것이며 결핍과 함께 생활필수품에 대한 투쟁이 다시 시작되기 때문이다. 그리고 이것을 통해 과거의 모든 넌센스가 다시 살아날 수밖에 없음을 의미한다." 이 사상을 맑스는 직접 발전시키지 않았다. 그런데 여기에는 필연적인 이유가 있었다 : 그는 후진국에서 프롤레타리아 혁명이 결코 일어날 수 없을 것이라고 생각했기 때문이다. 그리고 레닌 역시 이 사상에 대해 크게 개의치 않았다. 그에게도 역시 필연적인 이유가 있었다 : 소련이 그렇게 오랫동안 제국주의 세력에 의해서 고립될 것이라고 결코 생각하지 않았기 때문이다. 공산주의 체제 성립에 대한 이 전제조건은 맑스에게 있어서는 공산주의 체제 성립의 전제조건을 역으로 추론하면서 구성된 추상적 사상에 지나지 않았다. 그러나 이 사상은 현재 소련 체제의 구체적 난관과 질병 증세를 전체적으로 조명해주는 불가결한 이론적 열쇠이다. 제국주의 세력의 간섭과 내전에 의해서 생산력이 파괴된 상황에서 소련은 절대적 궁핍에 시달렸다. 이러한 조건 속에서 "개인적 생존을 위한 투쟁"은 부르주아지가 타도된 다음 날에 당장 사라지지 않았을 뿐만 아니라 이후 몇 년 동안 그 정도가 완화되지도 않았다. 이와는 반대로 때때로 유례없는 잔악성을 나타내면서 그 정도가 더욱 심해졌다. 소련의 어떤 지역은 사람고기를 먹어야 할 상황이 두 번씩이나 있었다는 사실을 언급할 필요가 있을까?

지금에야 겨우 짜르시대의 러시아와 당시 서방 사이의 생산력 격차를 제대로 인식할 수 있게 되었다. 내부의 혼란과 외부로부터의 재앙이 없는 가장 좋은 상황을 상정하더라도 소련은 자본주의를 처음 시작한 서방 선진국이 수세기 동안 누렸던 경제적·문화적 업적을 달성하기 위해 5개년 계획을 여러 번 완수해야 할 것이다. **전前사회주의적** 문제들을 해결하기 위해서 **사회주의적** 방식을 적용하는 것 – 이것이 현재 소련이 당면하고 있는 경제적·문화적 과업의 핵심이다.

현재 소련은 맑스 당대의 가장 발전한 자본주의 국가들보다 생산력이 확실히 앞서 있다. 그러나 무엇보다도 두 진영의 경쟁에 있어서 문제가 되는 것은 절대적 수치가 아니라 상대적 수준이다. 현재 소련 경제는 히틀러, 볼드윈Baldwin, 루즈벨트의 자본주의와 경쟁하고 있지 비스마르크, 파머스튼Palmerston, 애이브러햄 링컨 당시의 자본주의와 경쟁하고 있는 것이 아니기 때문이다. 그리고 둘째로 세계적 차원의 기술수준의 발달로 인해 인간의 욕구 수준이 차원을 근본적으로 달리하고 있다. 맑스 당대의 사람들은 자동차, 라디오, 영화, 비행기 등에 대해서 전혀 알고 있지 못했다. 그러나 이러한 재화들의 자유로운 향유가 존재하지 않는 사회주의 사회란 생각할 수도 없다.

맑스의 용어를 빌리자면 "공산주의의 가장 낮은 단계"는 가장 발전한 자본주의가 달성한 생산력 수준에서 시작된다. 그러나 곧 실행에 옮겨질 소련의 새로운 5개년 계획의 표어는 "유럽과 미국을 따라잡자"이다. 소련의 광대한 영토에 자동차 도로와 아스팔트 고속도로망을 건설하는 일은 단순히 미국에서 자동차 공장을 이식해 오거나 미국의 기술을 획득하는 것보다 훨씬 많은 시간과 자원을 필요로 할 것이다. 모든 소련 시민들이 도중에 휘발유 탱크를 채우는 데 있어서 하등의 어려움을 느끼지 않은 채 모든 방향으로 자동차를 타고 가는 상황을 만들기 위해서는 몇 년이 더 필요할까? 미개사회에서는 말을 탄 계급과 맨땅에서 걷는 계급이 양분되어 있었다. 자동차는 말 안장만큼이나 사회계층을 구분시킨다. 아주 평범한 "포드 승용차"조차 소수의 특권으로 남아 있는 한 부르주아 사회에서 존재하는 모든 관계들과 관습은 그대로 살아남을 것이다. 그리고 이들 관계들과 관습은 불평등을 수호하는 국가와 함께 계속 존속할 것이다.

맑스의 프롤레타리아 독재론에 전적으로 기초하여 레닌은 이 문제를 집중적으로 다룬 『국가와 혁명』이라는 주요한 저술을 완성하였고 볼셰비키당의 강령을 작성하였다. 그러나 앞에서 이미 말했듯이 그는 러시아의 경제적 후진성과 고립성으로부터 도출되는 국가의 성격과 관련하여 모든 필요한 결론을 내리지는 못하였다. 당 강령은 관료주의의 부활을 대중의 행정과업에 대한 익숙지 못함과 전쟁으로 인한 난관의 탓으로 돌렸다. 그리고는 "관료주의적 왜곡"을 극복하기 위해서 단순히 정치적인 조치들만을 처방으로 제시했을 뿐이었다. 즉 전권을 가진 모든 공직자의 선거와 소환이 언제나 가능해야 하며, 이들의 물질적 특권이 철폐되어야 하며, 대중이 국가기구를 적극적으로 통제해야 한다 등이 이러한 정치적 조치들의 내용이었다. 이렇게 하다 보면 관료는 높으신 양반으로부터 단순하면서도 일시적인 기술자로 전락할 것이며 국가는 서서히 그리고 눈에 띄지 않을 정도로 현실에서 자취를 감출 것이라고 생각되었다.

그런데 당의 강령이 이렇듯이 임박한 난관을 명백하게 과소평가한 이유는 강령이 온전히 국제적 전망에 기초하고 있었기 때문이다. "러시아의 10월 혁명은 프롤레타리아 독재를 실현시켰다.…세계 프롤레타리아 공산주의 혁명의 시대는 시작되었다." 이것이 당 강령 서문의 일부이다. 물론 당 강령 작성자들은 "일국 사회주의"를 건설할 목표를 설정하지는 않았다. 이 사고는 당시 스딸린은 물론이고 어느 누구의 머리에도 존재하지 않았다. 그러나 당 강령 작성자들은 선진 자본주의 국가들이 이미 오래전에 해결한 경제적·문화적 문제들을 20년이나 되는 긴 기간 동안 고립된 상태에서 해결하도록 강요당할 경우 소련 국가가 어떤 성격을 띨 것인가에 대한 문제는 건드리지도 않았다.

1차 세계대전이 끝난 직후 조성되었던 유럽의 혁명적 위기는 유럽에서 사회주의의 승리를 가져다주지 못하였다. 사회민주주의자들이 부르주아지를 구출하였다. 레닌과 그의 동료들에게 "숨 쉴 틈" 정도로밖에 보이지 않던 (혁명 고립의) 기간이 한 역사적 시대의 길이까지 연장되었다. 소련의 모순적 사회구조와 국가의 초관료주의적 성격은 이러한 특이하면서도 "예상하지 못한" 혁명 휴지기休止期의 직접적인 결과이다. 그리고 이 시기에 자본주의체제는 파시즘 또는 전前파시즘의 반동기로 빠져들었다.

국가기구를 관료주의의 해악으로부터 구출하고자 하는 첫 시도는 대중의 자치 경험의 부족, 사회주의에 헌신하는 능력 있는 노동자들의 부족 등으로 실패로 돌아갔다. 그러나 곧 이러한 초기의 난관이 지난 후 좀 더 근본적이고 심대한 난관이 닥쳤다. 강제의 역할이 점점 줄어들면서 "회계와 통제"의 역할만을 담당할 정도로 국가의 역할이 축소되어야 한다고 당 강령은 요구했다. 그러나 이 요구는 최소한 인민이 일반적으로 물질적 만족을 누린다는 조건을 전제로 하고 있었다. 그러나 이 필요조건이 결여된 상태가 지속된 것이다. 서방으로부터 소련 노동자국가를 구원하는 손길이 뻗치지 않았다. 국방, 공업, 기술, 과학 등을 담당하는 특권집단을 유지하는 임무에 온 힘을 쏟게 되는 상황이 발생하자 민주적인 소비에트의 권한은 제한되고 심지어는 참을 수 없는 지경에까지 이르렀다. 10명으로부터 재화를 빼앗아서 한사람에게 주는 결코 "사회주의적" 이지 못한 국가행정이 수행되는 동안 분배를 담당한 전문가들의 강력한 집단이 생성되고 발전하였다.

그러나 최근 이루어진 엄청난 경제적 성과들은 왜 불평등을 완화시키기는커녕 더욱 첨예하게 만들었을까? 그리고 관료화는 왜 "일탈"에서 이제는 행정의 일상적인 체제로 굳어졌는가? 이 문제를 해결하기 전에 소련 관료집단의 지도자들이 자신들의 체제를 어떻게 보고 있는지 잠시 알아보자.

5. "사회주의의 완전한 승리"와 "프롤레타리아 독재의 강화"

최근 몇 년 동안 소련에서 사회주의가 "완전한 승리"를 거두었다는 소련 정부의 성명서가 여러 번 나왔다. 특히 "쿨락이라는 계급의 일소"와 관련하여 사회주의가 완성되었다는 단언적인 성명이 있었다. 1931년 1월 30일 『프라우다』는 스딸린이 행한 연설을 해석하면서 다음과 같이 말했다 : "제2차 5개년 계획 기간 중에 우리 경제에 존재하는 **마지막 자본주의적 잔재들이 일소될 것**

이다."(강조는 필자) 이 전망에 기초한다면 국가는 같은 기간 동안 결정적으로 소멸해야 한다. 자본주의의 "마지막 잔재들"이 없어진 상황에서 국가가 할 일은 더 이상 남아 있지 않기 때문이다. 이 주제에 대해서 볼셰비키당 강령은 다음과 같이 말하고 있다 : "사회가 계급으로 나누어져 있고 따라서 모든 국가 권력이 완전히 사라지지 않는 한 소비에트 권력은 모든 국가의 계급적 성격이 불가피하게 존재한다는 사실을 공개적으로 인정한다." 그러나 일부 조심성 없는 모스크바의 이론가들이 자본주의의 "마지막 잔재"가 일소된다는 사실을 곧이곧대로 믿고 이로부터 국가의 사멸을 추론하자 관료집단은 즉시 이러한 이론이 "반혁명적"이라고 선언했다.

그렇다면 관료집단의 이론적 오류는 기본적 전제에 있는가 아니면 결론부에 있는가? 양쪽 모두에 있다고 보아야 한다. "사회주의의 완전한 승리"가 처음으로 선언되었을 때, 좌익반대파는 다음과 같이 응수하였다 : 당신은 생산제력의 수준이라는 근본적 기준으로부터 곧장 추상되는 것으로서의 사회법률적 관계들의 형태에 자신을 제한하지 말아야 한다. 그 형태들은 미숙하고 모순적일 뿐만 아니라 농업에서는 아직도 매우 불안정하다. 법률적 형태들 자체는 기술수준에 따라 근본적으로 다른 사회적 내용을 가지고 있다. "법은 경제적 구조와 이것에 의해 조건 지어지는 문화적 수준을 능가할 수 없다."(맑스) 가장 발전한 미국의 기술적 성과가 모든 경제생활 분야에 이식되고 이것에 기초한 소비에트 소유형태가 존재한다면 — 이것은 진정으로 사회주의의 첫 단계가 될 것이다. 낮은 노동생산성에 기초한 소비에트 소유형태는 그 운명이 아직도 역사적으로 결정되지 않은 이행기 체제를 낳을 뿐이다.

1932년 3월 우리는 이렇게 주장하였다 : "끔찍하지 않은가? 이 나라는 재화의 기근에서 벗어날 수가 없다. 모든 단계에서 생필품이 공급되지 않고 있다. 어린이들은 우유를 마시지 못하고 있다. 그러나 당국의 성명은 다음과 같이 발표되고 있다 : '이 나라는 사회주의 시기로 진입하였다!' 이보다 사회주의의 이름을 더 지독하게 훼손하는 것이 가능할까?" 현재 소련 지도부의 독보적인 선전가 카알 라덱Karl Radek은 우리의 입장에 대해 독일 자유주의 신문인 『베를린 일간』의 소련 특별호(1932년 5월)에 다음과 같은 불멸의 말을 남겼다 : "우유는 암소에서 나올 뿐이며 사회주의의 산물은 아니다. 강이 우유로 넘치는 나라를 상상하면서 이것을 사회주의로 잘못 이해할 경우 대중의 물질적 개선이 상당한 정도 증가하지 않은 채 당분간 더 높은 생산력 발전단계에 도달할 수 있다는 점을 이해할 수 없다." 이 견해는 나라가 끔찍한 기근으로 시달리고 있는 상황에서 나왔다.

사회주의는 인간의 욕구를 가장 잘 만족시키는 것을 목표로 하여 계획 생산을 도모하는 체제이다. 그렇지 않다면 사회주의라는 이름은 필요가 없을 것이다. 암소가 사회화되었음에도 불구하고 암소의 수가 너무 적거나 암소의 유방이 너무 왜소할 경우는 불충분한 우유 공급으로 인하여 분쟁이 일어난다. 즉 도시와 농촌 사이의 분쟁, 집단농장과 농민 사이의 분쟁, 노동자계급 내 다양한 계층 사이의 분쟁, 근로인민 전체와 관료집단 사이의 분쟁 등이 이것이다. 농민들이 암소들을 대량으로 살육하도록 만든 것도 바로 암소의 사회화 조치였다. 궁핍에 의해서 일어나는 사회 내부의 분쟁은 다시 "과거의 모든 넌센스"를 부활시킨다. 이것이 소련 지도부의 성명서에 대한 우리의 응답이었다.

1935년 8월 20일에 통과된 결의문을 통해 코민테른 제7차 대회는 다음과 같이 엄숙하게 선언하였다: 공업 국유화의 성공, 농업 집단화의 성과, 자본주의적 요소와 쿨락 계급의 일소 등을 통해 "최종적이고 돌이킬 수 없는 사회주의의 승리와 프롤레타리아 독재의 전면적인 강화가 소련에서 달성되었다." 단정적인 목소리에도 불구하고 코민테른의 선언은 전적으로 자기모순에 빠져 있다. 원칙이 아니라 살아 있는 사회체제로서 사회주의가 "최종적으로 그리고 돌이킬 수 없이" 승리했다면 독재의 새로운 "강화"는 명백한 넌센스다. 이와 반대로 체제의 실제적인 요구에 따라 독재의 강화가 제기되면 사회주의의 승리는 아직도 요원하다. 독재 즉 정부의 억압이 "강화"되어야 할 필요는 조화로운 무계급사회의 승리가 아니라 새로운 사회적 갈등의 성장을 증언한다. 이런 모든 허장성세의 근원은 어디에 있는가? 해답은 간단하다. 노동생산성의 낮은 수준으로 인한 생존수단의 부족에 있다.

한때 레닌은 사회주의를 "소비에트 권력 더하기 전기화電氣化"라고 특징지었다. 이 경구警句의 일면적인 측면은 당시의 선전 목적 때문에 부각되었는데 최소한 자본주의 수준의 전기화를 사회주의 건설의 최소 출발점으로 간주하였다. 현재 소련 시민의 일인당 전기 배당량은 자본주의 선진국의 3분의 1 수준이다. 소비에트 정치체제가 대중들의 통제로부터 독립한 독자적 정치체제로 바뀌었다는 점을 고려하면 코민테른의 선언은 **관료집단의 권력 더하기 자본주의 수준 전기화의 3분의 1**이 될 뿐이다. 이러한 규정은 사진을 찍은 것만큼이나 정확하다. 그러나 사회주의는 이것으로 충분하지 않다! 1935년 11월 스타하노프 운동 간부들의 회의에게 스딸린은 연설의 기회를 가졌다. 그는 이 회의의 실용적인 목적에 부합하여 뜻밖에 다음과 같이 천명하였다 : "왜 사회주의는 자본주의 경제체제를 정복할 수 있고 정복해야 하며 반드시 정복하고야 말 것인가? 왜냐하면 사회주의는… 더 높은 노동생산성을 가지고 있기 때문이다." 같은 문제에 대해 3개월 전에 코민테른이 통과시킨 결의문과 그동안 자주 반복되어 선언되었던 자신의 견해를 우발적으로 거부하며 스딸린은 여기서 사회주의의 "승리"를 미래시제로 표현했다. 사회주의는 노동생산성에 있어서 자본주의를 능가할 때 자본주의체제를 정복할 것이라고 그는 말한다. 우리가 보아서 알겠지만 동사의 시제뿐만 아니라 사회주의 사회 건설의 사회적 조건도 관료집단에 의해 순간순간 변한다. 소련시민은 "총노선"을 추종하느라 고생이 많다.

1936년 3월 1일 로이 하워드Roy Howard와의 대담에서 스딸린은 소련 체제에 대해서 새로이 정의를 내렸다 : "우리가 건설한 사회는 아직도 완성되지는 않았지만 근본에 있어서 소비에트 사회주의 체제라고 부를 수 있을 것입니다." 이 의도적으로 모호하게 규정한 발언에는 단어 수만큼이나 모순이 많이 숨어 있다. 그는 소련을 "소비에트 사회주의"라고 부른다. 그러나 소비에트는 국가형태이고 사회주의는 사회체제이다. 국가형태와 사회체제는 동일한 개념이 아닐뿐더러 우리의 입장에서 보면 적대적인 개념이다. 사회체제가 사회주의적이라면 소비에트라는 국가형태는 마치 건물을 다 세운 후 발판이 제거되듯이 사라져야 한다. 스딸린은 자신이 한 말을 이렇게 수정한다: 사회주의는 "아직도 온전히 완성된 것은 아니다." "온전하지 않다"는 것은 무엇을 의미하는가? 5퍼센트 정도 부족하다는 것인가 아니면 75퍼센트 정도 부족하다는 것인가? 이 점을 그는 말하지 않는다. "근본적으로 사회주의적"이라는 말이 무엇을 의미하는지 말하지 않는 것과 마찬가지이다. 근본적으로 사회주의라는 것이 소유형태를 지칭하는가 아니면 기술수준을 의미하는가? 그러나 이러한 정의의 애매함은 바로 1931년에서 1935년까지 그들이 선언한 훨씬 단정적인 정식으로부터 후퇴했음을 의미한다. 그들의 논리가 좀 더 철저하게 추구된다면 모든 사회체제의 "근본"은 생산력이라고 인정하게 될 것이다. 그리고 현재 소비에트 체제의 근본은 인간의 복지를 지향하는 사회주의의 핵심에 충분히 도달하지 못했다는 것을 인정하게 될 것이다.

4장

노동생산성을 향한 투쟁

1. 화폐와 계획

지금까지 국가의 단면을 해부함으로써 소비에트 체제를 검토하려고 시도하였다. 화폐의 단면을 해부하는 것을 통해서도 이와 비슷한 작업을 할 수 있다. 국가와 화폐는 공통된 특징들을 많이 가지고 있다. 왜냐하면 이 두 존재는 결국 핵심적 문제인 노동생산성으로 귀착되기 때문이다. 화폐의 강제력과 마찬가지로 국가의 강제력도 계급사회의 유산이다. 계급사회는 교회나 세속사회에서 존재하는 물신物神의 형태를 통해서만 인간과 인간의 관계를 규정할 수 있다. 물신들을 수호하는 역할은 물신 중에서 가장 끔찍한 물신인 국가가 담당한다. 공산주의 사회에서는 국가와 화폐가 자취를 감출 것이다. 따라서 이것들의 점진적인 사멸은 사회주의 사회에서 시작되어야 한다. 결국 국가가 반半국가로 변화하고 화폐가 마술과도 같은 힘을 잃기 시작하는 역사적 순간에만 사회주의의 실질적인 승리를 말할 수 있을 것이다. 이것은 사회주의가 자본주의의 온갖 물신들로부터 해방되어서 인간들 사이에 좀 더 투명하고 자유로우며 가치 있는 관계들을 만들기 시작한다는 것을 의미한다. 화폐의 "철폐", 임금의 "철폐" 또는 국가와 가족의 "일소"와 같은 전형적인 무정부주의적 요구들은 기계적인 사고의 전형을 보여줄 뿐이다. 화폐는 우리 마음대로 "철폐"될 수 없으며 마찬가지로 국가와 오랜 관습인 가족도 우리 마음대로 "일소"할 수 없다. 이것들은 모두 역사적인 역할을 다하고 증발하거나 해체되어야 한다. 사회적 재화가 꾸준히 증가하면 일분일초의 초과노동에 대한 혐오감과 공급되는 생활필수품의 적은 크기에 대한 굴욕적인 두려움 등을 가질 필요가 없는 때가 도래한다. 이때 화폐라는 물신은 마지막 일격을 받고 쓰러질 것이다. 인간에게 행복이나 불행을 가져다줄 수 있는 능력을 잃어버린 후 화폐는 통계 종사자들의 편의를 위해 그리고 계획의 목적을 위해 단순한 장부 영수증에 불과한 존재가 될 것이다. 그리고 시간이 더 지나면 이 영수증도 아마 필요가 없게 될 것이다. 그러나 이와 관련된 문제는 우리보다 지능이 훨씬 뛰어난 후세에게 넘기자.

생산수단과 신용제도의 국유화, 국내 상업의 협동조합화 또는 국영화, 외국무역의 독점, 농업의 집단화, 상속재산에 대한 법률 등은 화폐의 개인적 축적에 엄격한 제한을 가한다. 그리고 화폐가 고리대금 자본, 상업자본, 공업자본 등으로 전환하는 것을 방해한다. 그러나 화폐의 기능이 착취와 진정으로 밀접한 관계를 가지고 있다고 해도 프롤레타리아 혁명이 시작되는 시점에 일소되지는 않는다. 다만 수정된 형태로 보편적인 상인-채권자-실업가의 역할을 하는 국가로 이전될 뿐이다. 동시에 가치의 척도, 교환의 수단, 지불의 수단 등과 같은 화폐의 근본적인 기능들은 그대로 유지될 뿐만 아니라 자본주의 때보다 더 널리 활동의 장을 확대한다.

계획경제의 실행은 화폐의 위력을 충분히 과시하였을 뿐만 아니라 동시에 위력의 한계도 드러내었다. 러시아는 1억 7천만이란 많은 인구를 보유하고 있으며 도시와 농촌 간의 모순이 심각한 후진국이다. 따라서 이 나라에서 실시되는 선험적인 경제계획은 이미 효험이 입증된 복음이 아니다. 차라리 그 위력이 목표 달성 과정에서 확인되고 수정되어야 하는 대강의 실무적인 가정假定에 지나지 않는다. 물론 계획경제에 대한 규칙을 정할 수는 있다. 즉 행정적 과업이 더 "정확하게" 달성되면 될수록 경제적 지도력이 무능하다는 사실이 더 많이 입증된다는 규칙 말이다. 계획을 통제하고 현실에 적용시키기 위해서는 두 개의 지렛대가 필요하다. 우선 정치적인 지렛대가 있어야 한다. 이것은 생산에 대해 이해관계를 가지고 있는 대중들 스스로가 지도력을 확립하는 과정에 진정으로 참여하는 형태로 나타나는데 소비에트 민주주의가 없이는 상상할 수도 없다. 또한 재정적 지렛대가 있어야 한다. 이것은 보편적 등가물의 도움을 받아 선험적인 계산을 현실에서 검증하는 형태를 띤다. 그런데 이것은 안정적인 화폐가 없이는 생각도 할 수 없다.

소련 경제에서 화폐의 역할은 아직 다하지 않았을 뿐만 아니라 이미 얘기했듯이 아직도 담당해야 할 역할이 많다. 전체적으로 보았을 때 자본주의에서 사회주의로 이행하는 시기에는 상업과 무역이 축소되는 것이 아니라 정반대로 크게 확대되어야 한다. 산업의 모든 부문은 변모하며 성장한다. 새로운 산업부문이 계속해서 등장한다. 그리고 모든 산업부문들은 질적으로 그리고 양적으로 서로의 관계를 규정하는 상황 속에 놓이게 된다. 자급자족을 위한 농민경제 그리고 이와 함께 존재하는 폐쇄된 가족생활 등이 일소된다는 것은 사회적 교환과정 즉 화폐의 실제 유통과정으로 모든 형태의 노동을 모아낸다는 것을 의미한다. 과거 농민의 안마당에서 또는 개인주택 안에서 발휘되었던 노동력이 이제는 사회의 모든 교환과정에서 합류한다. 인류 역사상 처음으로 모든 제품과 서비스가 교환과정의 영역 안으로 들어오게 된다.

한편 계획경제 내부로 생산자와 소비자의 직접적인 개인적 이해 즉 이들의 이기심이 수용되지 않으면 성공적인 사회주의 건설은 불가능하다. 그리고 이들의 이기심은 신뢰감과 융통성을 갖춘 화폐라는 도구가 있어야 결실을 맺을 수 있다. 자유롭게 모든 산업에 침투할 수 있는 정확한 가치 척도 즉 안정적인 통화체제가 없이는 노동생산성과 제품의 품질은 향상될 수가 없다. 따라서 자본주의에서와 마찬가지로 사회주의로 향하는 이행기 경제에 있어서도 금본위 화폐 즉 금 태환화폐만이 진정한 화폐가 될 수 있다. 이와 다른 형태의 화폐는 오직 대체 화폐에 지나지 않는다. 물론 소련 정부는 거대한 양의 상품을 소유하고 있으며 화폐를 인쇄할 수 있는 도구를 손에 넣고 있다. 그러나 그렇다고 상황이 바뀌는 것은 아니다. 행정적 차원에서 상품 가격을 국가가 멋대로 조작한다고 하더라도 국내 상업이나 외국 무역을 위해서는 안정된 통화가 있어야 한다. 소련의 화폐는 경제당국의 간섭으로부터 자유로울 수 있는 금본위 화폐가 아니다. 따라서 자본주의 국가들의 화폐와 마찬가지로 필연적으로 폐쇄적인 성격을 가지고 있다. 세계시장에서 루블화는 존재하지 않는다. 소련이 독일이나 이탈리아에 비해 좀 더 용이하게 화폐의 부정적인 측면들을 극복할 수 있는 이유 중의 일부는 국가가 외국무역을 독점하고 있기 때문이다. 그리고 주요한 이유는 풍부한 천연자원을 보유하고 있기 때문이다. 자급자족 폐쇄경제라는 족쇄하에서도 소련 경제가 질식하지 않는 이유는 바로 여기에 있다. 그러나 우리의 역사적 임무는 단순히 질식을 피하는 데에 있지 않다. 철저히 합리적이어서 가장 짧은 시간에 가장 높은 수준의 문화를 꽃피울 수 있게 하는 강력한 경제체제를 건설하는 일이다. 물론 이러한 경제체제는 자본주의 세계시장의 가장 높은 성과들을 접하고 흡수할 것이다.

기술혁명과 대규모의 실험들을 연속해서 경험하고 있는 역동적인 소련 경제는 안정된 가치척도를 수단으로 경제성과를 계속해서 계측하는 것이 무엇보다 필요하다. 소련 경제가 금본위 루블화를 보유하고 있었다면 5개년 계획의 결과가 지금보다 비교할 수 없이 나을 것이라는 사실은 이론적으로 의심할 여지가 없다. 물론 불가능한 일을 할 수는 없다. 그러나 때에 따라 닥치는 필요에 부응하기 위해 주먹구구식으로 경제를 운영하는 것을 미덕으로 삼을 수도 없다. 이럴 경우 경제 영역에서 더 많은 오류와 손실이 발생할 뿐이다.

2. "사회주의적" 인플레

소련 통화체제의 역사는 경제적 난관, 성공, 실패의 역사일 뿐 아니라 또한 관료집단의 정책이 좌충우돌하는 역사이기도 하다.

신경제정책NEP이 시행되면서 1922년에서 1924년에 걸쳐 루블화는 다시 등장하였다. 이것은 소비재의 분배에 있어서 "부르주아적 권리의 규범"을 회복시키는 것과 밀접히 관련되어 있다. 쿨락을 강화시키는 정책이 계속되는 동안 루블화는 정부당국에 의해서 예의 주시되었다. 이와 반대로 5개년 계획의 초기에는 모든 인플레 요인들이 통제에서 해제되었다. 1925년이 시작될 때는 총통화량이 7억 루블이었으나 1928년이 시작될 때는 소폭으로 증가하여 17억 루블이 되었다. 이것은 1차 세계대전 전야의 짜르체제가 보유하고 있던 통화량과 대충 맞먹는 양이다. 물론 짜르체제하에서는 루블화가 금본위 화폐였으나 지금은 그렇지 않다는 차이가 있을 뿐이다. 그런데 1928년 이후에는 총통화량이 열병에 걸린 것처럼 급속히 증가한다: 20억 루블 → 28억 루블 → 43억 루블 → 55억 루블 → 84억 루블! 84억 루블은 1933년 초의 총통화량이다. 이해를 기점으로 통화정책이 다시 바뀌어 통화량이 줄어들었다: 69억 루블 → 77억 루블 → 79억 루블(1935년). 1924년에는 공식적으로 13프랑에 교환되었던 루블은 1935년 11월이 되자 3프랑으로 교환되었다. 과거에 비해 가치가 4분의 1 이하로 떨어졌는데 이것은 전쟁의 결과 프랑화가 평가절하된 정도와 비슷했다. 과거나 지금이나 루블화의 프랑화 환율은 매우 일시적인 성격을 띠고 있다. 현재 세계시장 가격으로 치자면 루블화의 구매력은 1.5프랑에도 미치지 못한다. 그러나 평가절하의 규모는 소련의 통화가 1934년까지 현기증이 날 정도의 빠른 속도로 가치를 상실해 왔음을 잘 보여주고 있다.

경제적 모험주의에 한참 경도되고 있던 때에 스딸린은 신경제정책 즉 시장관계를 "악마에게나" 주어버리겠다고 약속하였다. 마치 1918년의 경우처럼 소련의 언론은 모두 상거래가 "사회주의적 직접 분배"로 최종적으로 바뀔 것이라고 대대적으로 보도했다. 식량배급표가 발급되어 새로운 정책의 표상이 되었다. 동시에 인플레는 소련 체제와는 전혀 융합할 수 없는 현상이라며 완전히 배격되었다. 1933년 스딸린은 다음과 같이 말했다: "정부에 의해 상품이 대규모로 통제되어 안정된 가격으로 공급되기 때문에 소련의 화폐가치는 안정되고 있다." 이 정체를 파악하기 힘든 공언은 이후 전혀 상세히 설명되거나 정책으로 발전되지 않았다. 부분적으로는 발언의 본질이 파악되지 않았기 때문에 이런 현상이 나타났을 것이다. 그럼에도 불구하고 그의 발언은 소련 화폐이론의 기본 법칙이 되었다. 좀 더 정확하게 말하면 그가 발언을 통해 거부한 인플레의 기본법칙이 되었다. 이후 루블화는 보편적 등가물이 아니라 "엄청나게" 많은 상품의 보편적 그림자가 되었을 뿐이다. 그러나 모든 그림자와 마찬가지로 루블화는 스스로를 짧게 하거나 길게 하는 권리를 보유하였다. 현실을 덮어 놓은 채 자기위안에만 탐닉하는 스딸린의 화폐이론이 의미가 있다면 그 의미는 다음과 같았다 : 소련의 화폐는 화폐로서의 기능을 상실했다 ; 더 이상 가치척도의 기능을 가지고 있지 않다 ; "안정된 가격"은 국가권력에 의해서 정해진다 ; 체르보네츠 금화chervonetz 1는 계획경제의 관습적인 이름에 불과한 허깨비이다 ; 다시 말하면 루블화는 보편적 배급표이다. 한마디 결론적으로 말하면 이제 사회주의는 "최종적으로 그리고 돌이킬 수 없을 정도로" 승리했다.

전시공산주의 시절에 횡행했던 가장 유토피아적인 견해는 이제 새로운 경제적 기반 위에서 다시 등장하였다. 그런데 불행하게도 새로운 경제 기반의 수준은 과거보다는 약간 높아졌지만 화폐유통을 일소하기에는 아직도 불충분했다. 소련의 지배층은 계획경제가 시행되고 있으므로 인플레는 하등 무서워할 것이 없다는 생각에 완전히 푹 빠졌다. 나침반을 가지고 있으면 배에 물이 새더라도 아무 위험이 없다는 생각과 비슷한 논리였다. 그러나 현실에서 통화 인플레는 필연적으로 신용 인플레를 가져오면서 가상의 수치들이 현실의 수치들을 대체하는 결과를 가지고 온다. 결국 계

---

1. [옮긴이] 10루블에 해당하는 금화로서 1922년에 제정되어 1936년에 폐지되었다.

획경제가 내부에서 삭아 들어가는 상황이 발생하게 된다.

인플레는 근로인민에게 끔찍이 무거운 세금이라는 사실은 말할 나위가 없다. 인플레의 도움으로 획득된 사회주의의 강점은 지극히 의심스럽다. 물론 산업은 계속해서 급격히 성장하였다. 그러나 거대한 건설사업의 경제적 효율은 통계에만 나타날 뿐 실제 경제에서는 존재하지 않았다. 루블화에 대한 통제권을 행사하면서 관료집단은 특정 계층과 경제부문들에게 자기들 마음에 내키는 대로 다양한 정도의 구매력을 선사하였다. 이 결과 관료집단은 객관적으로 정책의 성공과 실패를 측정할 수 있는 긴요한 도구를 스스로 박탈해 버렸다. "기존 루블화"와 합쳐져서 서류상에만 올라 있는 수치들로 인해 정확한 회계는 실종되었다. 이로 인해 노동에 대한 노동자들의 관심이 저하되고 생산성이 낮아지고 제품의 품질은 더 낮아졌다.

제1차 5개년 계획 기간 동안 이 해악은 위협적인 수위까지 육박하였다. 1931년 7월 스딸린은 그의 유명한 "6개 조건"을 들고 나왔다. 이것의 최고 목표는 공업제품의 생산비용을 낮추는 것이었다. 노동생산성에 따른 임금지불, 생산비용에 대한 회계 도입 등의 내용으로 이루어진 이 조건들은 새로운 내용이라고는 하나도 없었다. "부르주아적 권리 규범"은 신경제정책이 시작될 즈음에 이미 제출되었었고 1923년 초에 열린 제12차 당 대회에서 더욱 발전되었었다. 1931년이 되자 자본투자의 효율이 감소하기 시작하는 긴급상황이 발생하였다. 이때가 되어서야 스딸린은 과거에 이미 실천에 옮겨졌던 정책을 새로운 것인 양 다시 천명하였다. 이후 2년 동안 언론의 거의 모든 기사들은 이 "6개 조건"의 구원 능력에 대해서 언급하였다. 한편 인플레는 계속되었다. 그리고 인플레가 발생시킨 병증세도 당연히 치유될 수 없었다. 생산시설 파괴자들과 태업자들에 대한 엄한 탄압조치들도 사태를 호전시키지는 못하였다.

"비개성"과 "균등"은 익명의 "평균" 노동과 모든 사람들에게 비슷한 "평균" 임금을 의미한다. 그런데 소련 당국은 "비개성"非個性과 "균등"에 대한 투쟁을 선언하였다. 그리고 동시에 관료집단은 신경제정책을 "악마에게" 주어버렸다. 신경제정책은 노동력을 비롯한 모든 재화를 화폐를 기준으로 계산한다는 것을 의미하였는데 이것을 폐기하는 것은 "비개성"과 "균등"에 대한 투쟁에 배치되는 것이었다. 당시 관료집단의 혼란된 방향감각은 지금 생각해도 거의 믿을 수 없는 정도로 기이하였다. 한 손으로는 "부르주아적 분배 규범"을 회복시키면서 다른 손으로는 부르주아적 분배 규범을 시행하는 데 필요한 유일한 도구를 폐기하고 있었던 것이다. 부르주아적 분배 규범 대신 국가의 자의적 계산과 행정 조치에 따라 분배가 시행되었다. 가격체계가 완전히 혼란에 빠지게 되자 수행한 노동의 양과 이에 따라 지급되는 임금 사이의 조응관계가 필연적으로 사라졌다. 이로써 노동자들의 노동에 대한 관심과 동기유발이 함께 사라졌다.

회계, 제품의 품질, 생산비용, 생산성 등에 대한 엄밀한 당국의 지시사항들도 이제 공중에 붕 뜬 비현실적인 것이 되었다. 그런데 소련의 지도자들은 모든 경제적 난관의 원인을 스딸린이 언명한 6개 조건을 악의적으로 시행에 옮기지 않았기 때문이라고 선언하였다. 인플레에 대한 아주 조심스러운 언급도 체제에 대한 범죄라고 이들은 못 박았다. 학교 교사들에게 비누가 배급되지 않는 사실을 언급하지 말 것을 지시하면서 동시에 이들이 학교 위생에 대한 규정을 어겼다고 가끔씩 비난하였다.

루블화의 운명에 대한 문제는 당내 분파투쟁에서 아주 중요한 사안이 되었다. 좌익반대파(1927년)의 강령은 "화폐의 무조건적인 안정을 보장"할 것을 요구했다. 이 요구는 이후 몇 년 동안 좌익반대파의 중심적 요구가 되었다. 1932년 좌익반대파의 망명 기관지는 다음과 같이 주장했다: "가장 엄격한 조치들을 통해 인플레 경향을 정지시키고 화폐 단위의 안정성을 회복시켜야 한다. 자본투자를 과감하게 축소하는 대가를 치러서라도 통화는 안정되어야 한다." "거북이걸음"을 옹호하는 자들과 초공업화론자들이 임시로 자리를 바꾼 것 같은 양상이 전개되었다. 당국이 시장관계를 "악마에게" 주어버리겠다고 허풍을 떤 것에 대해서 좌익반대파는 국가 계획위원회State Planning Commission가 다음과 같은 표어를 걸어 놓을 것을 권유하였다: "인플레는 계획경제의 매독이다."

◆◇

농업의 경우에도 인플레의 해악은 심대深大했다.

농민에 대한 정책이 쿨락을 위주로 시행되고 있을 때는 농업의 사회주의화가 신경제정책의 기반하에서 협동조합을 통해 수십 년에 걸쳐 완수될 것이라고 생각되었다. 협동조합은 구매, 판매, 신용의 기관이 되어 장기적으로 농업생산을 사회주의적으로 변모시킬 것이라고 가정되었다. 이것은 "레닌의 협동조합 계획"이라고 명명되었다. 그러나 우리가 알다시피 실제 과정은 이와 완전히 다르게 그리고 거의 정반대 방향으로 전개되었다. 즉 국가의 폭력과 통합적 집단화를 통해 쿨락의 청산작업이 진행되었다. 농촌의 사회주의화를 위한 물질적·문화적 조건을 준비해 나감과 동시에 농업의 각 부문을 점진적으로 사회주의화하자는 예전의 정책은 더 이상 언급되지 않았다. 농업에서 공산주의가 즉각적으로 실현된 것처럼 집단화가 추진되었을 뿐이었다.

강제적 농업집단화의 결과는 즉시 나타났다. 소련 전역에서 가축의 절반 이상이 도살되었다. 그러나 이보다 더 커다란 해악이 닥쳤다. 집단농장에 속한 농민들이 사회주의적 소유형태에 대해서 그리고 자신들의 노동이 가져올 결과에 대해서 완전한 무관심으로 일관하였다. 그러자 당국은 서둘러서 기존 정책을 철회하기 시작했다. 농민에게 닭, 돼지, 양, 소 등을 제공해주면서 이것들을 개인재산으로 인정해 주었다. 그리고 집단농장 옆에 농민이 개인적으로 소유하는 텃밭을 조성해 주었다. 집단화 과정의 필름이 이제는 완전히 거꾸로 돌기 시작했다.

농민의 소규모 개인 소유를 허용함으로써 당국은 농민들의 소위 개인주의적 경향을 매수하기 위한 타협을 시행에 옮겼다. 집단농장은 그대로 유지되었다. 따라서 언뜻 보기에는 정책의 후퇴가 부차적인 것처럼 보였다. 그런데 현실에서는 이 후퇴가 심대한 의미를 지니게 되었다. 집단농장의 귀족들을 제외한다면 일반 농민들의 일상적인 필요는 집단농장에 참여하는 것을 통해서가 아니라 "자기 자신이 소유하고 있는" 텃밭의 소출을 통해 더 많이 충족되고 있다. 농민 개인이 자기 농장에서 기술영농을 채용하고 과일 농장, 가축 종자 농장을 경영할 경우 그의 수입은 집단농장에서 일하는 경우에 비해서 3배 정도나 많아지는 일이 빈번히 벌어지고 있다. 이러한 사실들은 소련 언론에도 보도되고 있다. 정책의 후퇴를 통해 영세기업에서 일하는 여성들의 노동력을 포함하여 수천만 명에 달하는 사람들의 노동력은 완전히 야만적으로 낭비되고 있을 뿐만 아니라 집단농장의 노동생산성은 지극히 낮은 수준에서 머물고 있다.

대규모 집단농장의 생산성을 향상시키기 위해서는 농민이 이해할 수 있는 언어로 말하는 것이 필요했다. 즉 시장의 존재를 인정해주고 현물세를 폐지하면서 상거래를 회복시키는 것이 필요했다. 다시 말하면 너무 일찍 악마에게 주어버린 신경제정책을 다시 빼앗아 와야 했다. 따라서 어느 정도 안정된 통화회계 체제를 유지하는 것이 농업의 계속적인 발전을 위한 필요조건이 되었다.

3. 루블화의 복권

잘 알려져 있듯이 지혜의 부엉이는 해가 진 후에나 난다. 화폐와 가격의 "사회주의적" 체제에 대한 이론은 인플레파들의 환상이 사라진 후에나 개발되었다. 이미 언급했듯이 스딸린은 자신도 알 수 없는 내용의 "6개 조건"을 천명했었다. 이제 그의 의도를 고분고분한 교수님들이 하나의 이론으로 발전시키는 일이 진행되었다. 그리하여 시장가격에 대비되는 소비에트 가격이 계획적 또는 지시적 특성을 보유하고 있다는 전혀 새로운 이론이 탄생하였다. 즉 소비에트 가격은 경제 범주가 아니라 행정적 범주이며 사회주의의 이익을 위해 인민의 수입을 재분배하는 데 더 효과가 있다는 것이다. 그런데 진짜 생산비용을 알지 못한 채 어떻게 가격을 "지도"할 수 있으며 모든 가격이 사회적으로 필요한 노동량이 아니라 관료집단의 의지를 표현한다면 어떻게 진짜 생산비용을 계산할 수 있겠는가? 이 점에 대해서 설명하는 것을 교수 양반들은 까먹어 버렸다. 당국은 인민의 수입을 재분배하기 위해 필요한 세금, 국가예산, 신용제도 등 아주 강력한 지렛대들을 실제로 보유하고 있다. 1936년 예산 지출에 의하면 경제의 여러 부문에 재정을 직접적인 방식으로 지원하기 위한 돈이 376억 루블 책정되어 있으며 간접적인 방식으로 지원할 수 있는 돈은 이보다 훨씬 많다. 인민의 소득을 계획적으로 분배하는 데 있어서 예산과 신용체제는 아주 유효하다. 그리고 지금 존재하는 실제 경제관계들을 상품가격이 정직하게 표현하기 시작하면 할수록 사회주의의 대의에 더 훌륭하게 봉사할 것이다.

이 주제에 대해서 경험은 이미 최종적인 판결을 내렸다. "지도" 가격은 학자들의 책 속에서나 그럴듯해 보이지 실제 생활에서는 별 볼 일이 없었다. 같은 상품에 전혀 다른 범주의 가격들이 수립되었다. 그리고 이들 범주들 사이의 널찍한 간격을 통해 모든 종류의 투기, 특혜, 기생행위 등을 비롯한 해악들이 판치기 시작했다. 그리고 이들 해악들은 예외가 아니라 관행으로 자리 잡았다. 동시에 체르보네츠 금화는 안정된 가격의 정직한 반영이 되어야 했음에도 불구하고 실제로는 자기 자신의 그림자에 지나지 않게 되었다.

그런데 다시 정책을 급격하게 전환해야 할 필요성이 등장했다. 이제는 계획경제가 성과를 거두면서 난관들이 발생했기 때문이었다. 1935년 벽두에 빵 배급표는 폐지되었다. 같은 해 10월 다른 식량품목들에 대한 배급표가 사라졌다. 1936년 1월이 되자 일반 소비재 공업생산품이 배급에서 해제되었다. 도시와 농촌이 국가와 맺는 경제 관계가 화폐로 매개되기 시작하였다. 이제 루블화가 대중이 경제계획에 대해서 영향을 미칠 수 있는 도구가 되었다. 먼저 소비재의 질과 양을 통해서 이 영향이 행사된다. 이와 다른 어떤 방식으로 소련 경제를 합리적으로 운영할 수 있는 방법은 존재하지 않는다.

1935년 12월 국가 계획위원회의 의장은 다음과 같이 발표했다 : "은행과 산업 사이에 지금 존재하는 상호 관계는 수정되어야 하며 은행은 루블화를 통해 경제에 대한 통제권을 실현해야 한다." 이로써 행정적 계획에 대한 미신과 행정적 가격에 대한 환상은 깨졌다. 루블화가 배급표로 바뀌는 것이 사회주의로 가는 길이라면 1935년의 개혁은 사회주의로부터의 이탈이라고 간주되어야 할 것이다. 그러나 실제로 이러한 관점은 어설픈 오류에 지나지 않는다. 루블화가 배급표를 대체하는 것은 허구fiction를 거부하는 것에 불과하다. 부르주아적 분배 규범을 부활시키는 것을 통해 사회주의 건설을 위한 전제조건 확보의 필요성이 공개적으로 인정되었을 뿐이다.

1936년 1월에 열린 중앙집행위원회 회의에서 재무인민위원은 다음과 같이 발표하였다 : "소련의 루블화는 세계 어느 통화보다도 안정되어 있다." 이 발표를 순전한 허풍으로만 간주할 수는 없다. 소련의 국가예산은 균형을 유지하고 있으며 매년 수입이 지출보다 증가하고 있다. 그 자체로는 불충분하지만 외국무역이 예산의 균형에 적극적인 기여를 하고 있는 것도 틀림없다. 중앙은행의 금 보유고는 1926년에 1억 6천4백만 루블이었는데 지금은 10억 루블을 상회하고 있다. 소련의 금 산출량은 급속히 증가하고 있다. 1936년에 소련의 금광산업은 세계 1위를 기록하고 있다. 시장이 부활되면서 상품 유통은 급속히 증가하고 있다. 지폐를 남발하여 발생한 인플레는 1934년에 정지되었다. 루블화의 안정을 나타내는 요소들이 실제로 존재하고 있다. 그러나 재무인민위원의 발표는 낙관적 분위기가 상당 정도 부풀려지면서 나왔다. 산업생산이 증가하면서 루블화의 가치가 크게 오르고 있다. 그러나 생산비용이 너무 높은 것이 여전히 치명적인 약점이다. 소련의 노동생산성이 세계에서 가장 높아져서 결과적으로 화폐가 필요 없을 때가 가까워질 때에만 루블화는 가장 안정된 통화가 될 것이다.

회계를 기술적 측면에서 바라보면 루블화의 우수성에 대한 주장은 더욱 설득력이 약해진다. 금 보유고가 10억 루블에 달하고 있지만 은행이 발행한 지폐는 80억 루블이 유통되고 있다. 따라서 금이 통화를 커버하고 있는 비율은 12.5퍼센트에 지나지 않는다. 그리고 중앙은행이 보유하고 있는 금은 통화의 기반이 아니라 전쟁의 목적을 위해 비축하고 있는 신성불가침의 존재이다. 소련의 경제가 더 발전할 경우 국내 경제계획을 정확하게 확정하고 외국과의 경제관계를 단순화하기 위하여 당국이 금을 통화로 사용하는 것이 이론적으로는 당연히 가능하다. 따라서 자신의 존재를 마감하기 전에 루블화는 다시 한번 순금의 광택을 빛낼지도 모른다. 그러나 이러한 상황은 가까운 미래에는 일어나지 않을 것이다.

소련이 금본위제로 회귀하는 것은 당분간 불가능하다. 그러나 당국이 금 보유고를 늘리는 것을 통해 순수 이론적인 계산을 통해서나마 통화를 금으로 포괄하는 비율을 늘릴 수 있다. 이 결과 은행의 지폐 발행 규모가 관료집단의 의지가 아니라 객관적인 기준에 의해서 제한된다면 최소한 루블화의 상대적인 안정은 달성될 수 있을 것이다. 이렇게만 되더라도 소련 경제는 크게 이익을 볼 것이다. 미래에도 인플레를 계속해서 강력하게 억제한다면 루블화는 금본위제의 이점은 가지고 있지 못할지라도 지난 기간 동안 관료집단의 주관이 경제에 입힌 깊은 상처를 많은 부분 치유할 수 있을 것이다.

4. 스타하노프 운동

인류문명의 모든 단계에 걸쳐 진행된 인간의 자연에 대한 투쟁을 경제활동이라고 할 수 있다. 이와 관련하여 "모든 경제는 최종적으로는 시간의 경제를 달성하는 문제로 집약된다"고 맑스는 말했다. 주요한 측면으로만 환언한다면 인간의 역사는 노동시간 절약을 위한 투쟁의 역사에 지나지 않는다. 사회주의는 착취의 철폐만을 가지고 스스로를 정당화시킬 수 없다. 인간의 필요를 충족시키기 위해 자본주의가 보장하는 노동시간보다 더 짧은 노동시간을 보장하는 사회가 되어야 진정한 사회주의는 실현된다. 이 조건이 실현되지 않는다면 착취의 근절은 한 편의 드라마에 불과할 뿐 미래를 보장받을 수 없다. 사회주의적 생산방식을 적용한 첫 번째 역사적 실험은 사회주의가 대단한 가능성을 가지고 있음을 드러내었다. 그러나 인류문화에 있어서 가장 소중한 원자재인 시간을 잘 활용하는 방식을 소련은 결코 배우지 못했다. 선진 자본주의체제에서 수입한 기술은 시간의 경제를 달성하는 주요한 도구인데 자본주의 조국에서만큼 많은 생산물을 소련 영토에서 생산해내지 못하고 있다. 모든 문명에서 결정적인 요소인 시간의 경제를 달성하지 못했다는 의미에서 사회주의는 아직 승리하지 못했다. 다만 승리할 수 있고 승리해야 한다는 점을 확실히 과시했을 뿐이다. 그러나 아직도 승리하지 못했다는 것은 틀림없는 기정사실이다. 이와 반대되는 모든 주장들은 무지나 허풍스러운 사기의 소산에 지나지 않는다.

올바르게 평가해서 몰로토프는 공식적으로 거짓 발언만을 일삼는 다른 소련의 지도자들보다 좀 더 솔직하게 진실을 드러내는 경향이 있다. 그는 1936년 1월에 개최된 중앙집행위원회 회의에서 다음과 같이 선언하였다 : "우리의 평균 노동생산성 수준은…미국과 유럽에 비해 아직도 상당히 뒤쳐져 있다." 다음의 말을 덧붙이면 그의 선언은 더욱 정확할 것이다 : 유럽과 미국에 비해 소련의 노동생산성은 3배, 5배 그리고 어떤 경우에는 10배나 뒤져 있다 ; 그리고 소련의 생산비용은 같은 정도로 더 높다. 그리고 같은 회의 석상에서 몰로토프는 좀 더 일반적인 고백을 털어놓았다 : "소련 노동자들의 평균 문화수준은 자본주의 국가들의 것보다 여전히 낮다." 이 발언에 다음 말을 덧붙여야 한다 : 평균 생활수준도 역시 낮다. 지나가면서 내뱉은 그의 말이 지닌 진실성은 수없이 많은 소련 정부기구의 자부에 찬 성명서와 소련의 외국 "친구들"의 사탕발린 찬사의 분출을 가차 없이 논박하고 있다!

국방에 대한 우려와 함께 노동생산성을 높이려는 투쟁이 소련 정부의 근본정책이다. 소련이 발전하는 단계마다 이 투쟁은 다양한 성격을 지녀왔다. 제1차 5개년 계획 기간 내내 그리고 제2차 기간의 초기에 주로 사용된 방식은 "돌격대" 방식이었다. 이것은 선동, 개인의 모범, 행정적 압력 그리고 모든 종류의 집단 포상과 특권을 동원한 방식이었다. 1931년 스딸린이 6개 조건을 교시한 이후 시도된 일종의 도급제piecework payment는 루블화의 허깨비 같은 성격과 가격체계의 이질성으로 말미암아 실패로 돌아갔다. 관료집단의 변덕에 따라 운용된다고 말할 수 있는 소위 "프리미엄 체계"를 지닌 융통성 있는 노동평가제를 대신해서 생산품을 국가가 직접 분배하는 체제가 실행에 옮겨졌었다. 그러자 엄청난 규모의 특권을 따내기 위해 돌격대의 대오에는 특별한 연줄을 가진 사기꾼들이 침투하여 그 수가 증가하기 시작했다. 결국 이 체제는 원래의 목적과 정반대의 결과를 가져오는 데 그쳤을 뿐이다.

물가를 안정시키고 통일시키는 조치는 배급표 제도의 철폐를 통해서만 시작되었다. 이로써 도급제 시행의 조건이 마련되었다. 이러한 기반하에서 돌격대 방식은 소위 스타하노프Stakhanov 운동으로 바뀌었다. 이제 진짜 가치를 갖게 된 루블화를 손에 넣기 위해 노동자들은 자신들이 사용하는 기계에 대해서 좀 더 관심을 가지게 되었고 노동시간도 좀 더 효율적으로 이용하기 시작했다. 크게 보자면 스타하노프 운동은 노동강도의 강화와 노동시간의 연장을 의미했다. 소위 "비非노동 시간"에 스타하노프 운동원들은 작업장의 의자와 도구를 정리하고 원자재를 분류하였다. 그리고 조장들은 조원들에게 교육을 실시했다. 이런 일들이 진행되면서 7시간 노동일은 말뿐이고 실제 노동시간은 현재 훨씬 길어졌다.

도급제의 비밀을 발명한 것은 소련 관료들이 아니었다. 이 제도는 외부적인 강제가 가해지지 않으면서 노동자를 옥죄는 제도인데 이것을 맑스는 "자본주의 생산 방식에 가장 적합한 제도"라고 생각했다. 소련의 노동자들은 도급제에 대해서 공감을 나타내기는커녕 적대감을 가지고 대했다. 이 반응은 너무도 자연스러운 것이었다. 사회주의 건설에 대한 열정을 가진 사람들이 스타하노프 운동에 가담했다는 사실은 의심의 여지가 없다. 그런데 특히 관리부문에 있어서 단순한 출세주의자나 사기꾼에 비해서 이들의 숫자가 얼마나 많은지에 대해서는 말하기 힘들 것이다. 그러나 노동자의 대부분은 새로운 임금체계를 봉급의 차원에서 평가한다. 그런데 새로운 임금체계로 인해 월급봉투가 점점 얇아지고 있다고 느끼지 않을 수 없다.

"최종적이고 돌이킬 수 없는 사회주의의 승리" 후에 소련 정부가 도급제로 돌아선 현상은 언뜻 보면 자본주의 생산관계로의 후퇴처럼 느껴질 수도 있다. 그러나 실제에 있어서는 루블화의 복권에 대해서 말한 것을 여기서도 되풀이할 필요가 있다 : 사회주의를 포기한 것이 아니라 조야한 환상을 거부한 것에 불과하다. 변화된 임금 지불 형태는 소련의 현실에 적합하기 때문에 등장했을 뿐이다. "법은 경제체제를 결코 능가할 수 없다."

그러나 소련의 지배층은 사회현실을 치장하지 않고는 하루도 견딜 수 없다. 1936년 1월에 개최된 중앙집행위원회에 제출된 보고서에서 국가 계획위원회 의장 메쥴라우크Mezhlauk는 다음과 같이 말했다 : "루블화는 노동에 대해 임금을 지불하는 사회주의적(!) 원칙을 실현하는 유일한 수단이 되고 있다." 옛날 왕조 때는 심지어는 공공 화장실까지 왕립이라는 말이 붙었다. 그러나 노동자 국가에서 모든 것이 자동적으로 사회주의적인 성격을 띠지는 않는다. 루블화는 사회주의적 소유형태에 기반하여 노동에 대한 자본주의적 지불 원칙을 실현하는 "유일한 수단"이다. 이 모순은 이미 우리에게 낯이 익었다. "사회주의적" 도급제에 대한 새로운 미신을 만들면서 메쥴라우크는 다음과 같이 덧붙였다 : "각자가 능력에 따라 일한 분량에 따라 돈을 받는 것이 사회주의의 기본 원칙이다." 이 신사 양반들은 이론을 조작하는 일에는 확실히 대단한 자신감을 가지고 있다! 루블화를 더 많이 손에 넣기 위해 노동할 경우 사람들은 "능력에 따라" 즉 자신이 보유하고 있는 신경과 근육의 상태에 맞추어 노동하지 않는다. 차라리 자신의 몸을 망치면서 일하게 된다. 도급제 방식은 조건적으로 그리고 엄혹한 필요 상황에서만 정당화될 수 있을 뿐이다. 이것을 "사회주의의 기본 원칙"이라고 선언하는 것은 새롭고 높은 문화를 주창하는 사회주의 사상을 자본주의라는 낯익은 오물에 냉소적으로 짓이기는 것과 같다.

스타하노프 운동을 "사회주의에서 공산주의로 이행하는 조건을 마련하기 위한 준비"라고 치켜세우면서 스딸린은 한술 더 뜨고 있다. 행정적 편의에 따라 소련 지배층이 채용하고 있는 사고들을 과학적으로 규명하는 것이 얼마나 중요한지를 독자들은 알게 될 것이다. 공산주의의 가장 낮은 단계인 사회주의 체제에서 노동량과 소비량에 대한 엄격한 통제가 필요하다는 점은 확실하다. 반면 사회주의는 자본이라는 착취의 천재에 의해서 발명된 것보다 더 인간적인 통제 형태를 전제로 한다. 그러나 현재 소련에서는 자본주의에서 빌려온 기술에 낙후된 인적 자원을 가혹하게 끼어 맞추는 일이 벌어지고 있다. 유럽과 미국의 노동생산성을 성취하기 위해 도급제와 같은 고전적인 착취방식이 노골적이고도 조야한 형태로 도입되고 있다. 자본주의 국가의 개량주의 노동조합조차 이러한 착취형태는 인정하려 하지 않을 것이다. 소련 노동자들이 "자발적으로" 노동한다는 말은 역사적인 전망 속에서 파악할 때에만 진실성을 가지고 있다. 그리고 이 말이 진실성을 갖기 위해서는 한 가지 조건이 충족되어야 한다. 즉 노동자가 전제적인 관료집단의 통제에 굴복하지 않는다는 조건이 존재해야 한다. 어쨌든 생산수단의 국가적 소유가 똥을 황금으로 바꾸어 놓을 수는 없다. 그리고 생산력 중에서 가장 거대한 생산력인 인간을 소모시키는 가혹한 착취체제를 성스럽게 만들지도 못한다. 그리고 스딸린이 말한바 "사회주의에서 공산주의로의 이행"을 준비하는 것은 정반대 방향에서 시작될 것이다. 즉 도급제를 도입하는 것이 아니라 야만적 착취방식의 유물인 이 제도를 철폐하는 것을 통해서 공산주의로의 이행은 시작될 것이다.

◆◇

스타하노프 운동을 결산하기에는 아직 때가 너무 이르다. 그러나 이 운동의 특징뿐만 아니라 소련이라는 체제 전체의 특징을 파악하는 작업은 이미 가능하다. 개개 노동자들의 일부 업적들은 사회주의 체제에서만 가능성이 있는 현상이므로 의심할 여지 없이 아주 흥미롭다. 그러나 경제 전체의 차원에서 가능성이 현실로 전화하기 위해서는 갈 길이 아주 멀다. 생산과정들이 밀접하게 상호의존 관계에 있는 상황에서 계속적인 높은 생산량의 달성은 몇몇 개인적인 노력에 의해서 실현될 수 없다. 개별 공장과 기업 사이의 관계에서 생산과정을 재구성하지 않으면 평균 노동생산성은 높아질 수 없다. 더욱이 수백만 노동자들의 기술수준을 소폭이나마 향상시키는 일은 몇천 명의 기록보유자들을 다그치는 일보다 한없이 더 힘들다.

이미 들어온 바이지만 소련의 지배층조차 소련노동자들의 노동숙련도가 낮다고 가끔 불만을 늘어놓는다. 그러나 이것은 진실의 반에 지나지 않는다. 게다가 더 작은 반쪽일 뿐이다. 러시아 노동자는 주도성, 창발성, 타고난 재능을 가지고 있다. 예를 들어 백 명의 러시아 노동자들을 미국 산업의 조건 속에 이식시키면 몇 개월 아니 몇 주만 지나도 미국의 노동자들에 비해서 조금도 뒤지지 않을 것이다. 문제는 전체적 차원에서 노동을 조직하는 일이다. 새로운 생산 과업을 달성하는 데 있어서 노동자들보다 소련의 관리자 집단이 일반적으로 훨씬 더 능력이 뒤지고 있다.

자본주의 국가로부터 도입한 새로운 기술을 이용하면 도급제는 현재 매우 낮은 노동생산성을 체계적으로 높일 수 있다. 이것은 거역할 수 없는 현상이다. 그러나 공장의 십장에서 크레믈린의 지도자에 이르기까지 관리 및 행정 분야가 생산성을 높여주어야 한다. 스타하노프 운동은 아주 적은 정도로만 이 점을 만족시키고 있을 뿐이다. 관료집단은 해결할 수 없는 난관을 뛰어넘으려고 무모하게 달려들고 있다. 도급제 시행이 그 자체로는 즉각적인 기적을 가져올 수 없으므로 관리집단은 생산성을 향상시키기 위해 온갖 압력을 가한다. 한편에서는 장려금과 허풍이 또 한편에서는 벌칙이 시행된다.

스타하노프 운동의 초기에는 저항, 태업, 그리고 어떤 경우에는 스타하노프 운동원에 대한 살해를 이유로 기술직 요원들과 노동자들에 대한 대대적인 탄압이 있었다. 탄압의 가혹함은 저항의 정도가 강하다는 사실을 증명한다. 소위 "태업"을 관리자들은 정치적 저항이라고 설명했다. 그러나 실제로 이 저항은 대개의 경우 기술적·경제적·문화적 어려움에 근원을 두고 있다. 특히 관료집단 자체에 어려움의 원인이 대부분 존재한다. "태업"은 곧 진압된 것처럼 보인다. 불평분자들은 위협을 받아 공포에 질렸고 말로 표현을 잘하는 자들은 침묵을 강요당했다. 여기저기에서 미증유의 성취를 알리는 전보가 날아다녔다. 운동의 선구자들이 나타나면 지방의 관리자들은 상부의 명령에 충실하여 이들의 작업을 배려해 주었다. 물론 광산이나 동업조합에 소속된 노동자들을 희생하면서 이런 배려가 이루어졌다. 그러나 수십만 명의 노동자들이 갑자기 "스타하노프 운동원"이 되자 관리자들은 완전한 혼란상태에 빠진다. 아주 짧은 시간에 생산체제를 정비하는 방법을 모르고 객관적으로 이러한 능력을 가지고 있지 못한 상태에서 관리집단은 노동력과 기술을 모두 망치려고 하고 있다. 태엽장치가 고장나면 관리자들은 조그만 톱니바퀴에 못을 꽂아 넣는다. "스타하노프" 주간과 10일 돌격작전 기간이 끝나자 많은 기업들은 엄청난 혼란에 빠졌다. 스타하노프 운동원의 증가가 기업의 생산성을 높이기는커녕 저하시키고 있다는 사실은 처음 보면 놀랍지만 사태의 논리를 설명해주는 측면이 있다.

현재 이 운동의 "영웅적" 시기는 지난 것처럼 보인다. 이제 하루하루의 지겨운 일이 시작된다. 배울 필요가 있다. 다른 사람들을 가르치는 사람들이 배울 것이 더 많다. 그러나 이들이야말로 배우는 것을 가장 꺼리는 사람들이다. 소련 경제에 존재하는 모든 동업조합을 제지하고 마비시키는 사회적 동업조합의 이름은 관료집단이다.

5장

소련에서의
테르미도르 반동

1. 왜 스딸린은 승리했는가

중대한 문제들에 대한 소련 관료지배층의 정책은 모순에 찬 좌충우돌의 연속이었다. 소련의 역사가들은 이렇게 결론 내리지 않을 수 없을 것이다. 정책의 좌충우돌을 "변화하는 상황"으로 설명하거나 정당화하려고 해도 논리가 성립하지 않는다. 최소한 어느 정도의 예측력을 행사하지 않고는 국정을 이끌어 나갈 수 없다. 스딸린 분파는 불가피한 결과들을 조금도 예측하지 못하였다. 이들은 졸고 있다가 매번 당한 꼴이었다. 대신 행정적인 반사신경만으로 전개되는 상황에 대응했을 뿐이다. 정책이 방향전환을 할 때마다 등장한 이론들은 모두 상황이 전개된 후 창조된 것이었고 이전에 내렸던 교시의 내용을 완전히 무시하였다. 반박할 수 없는 사실들과 문서들에 기초하여 역사가들은 소위 "좌익반대파"가 현 지도부보다 나라의 현안에 대해 훨씬 더 정확한 분석을 내렸으며 이후의 발전 양상을 훨씬 정확하게 예측하고 있었다고 결론 내리지 않을 수 없을 것이다.

그러나 이 주장은 언뜻 모순인 것처럼 보인다. 한치의 앞도 내다볼 수 없었던 분파가 승리한 반면 예리한 분석력을 지닌 분파는 패배에 패배를 거듭했기 때문이다. 그러나 합리론적으로만 사고하면서 정치를 논리적인 주장이나 장기 시합으로 바라보는 자들에게만 이러한 모순은 설명될 수 없을 것이다. 정치투쟁은 근본적으로 이해집단들과 세력들 간의 투쟁이며 단순한 논쟁이 아니다. 물론 지도부의 자질은 분쟁의 결과와 결코 무관하지 않다. 그러나 그렇다고 해서 결과의 유일한 요인도 아니다. 그리고 최종적으로 분석해 보았을 때 결정적인 요인도 되지 못한다. 더욱이 투쟁 한가운데 있는 세력들은 자기 자신의 특성에 맞는 지도부를 요구하게 마련이다.

1917년 2월 혁명은 케렌스키Kerensky와 체레텔리Tseretelli를 권좌에 앉혔다. 이들이 당시 짜르 지배집단보다 "더 영리하거나 통찰력이 있어서가" 아니라 최소한 일시적으로나마 구체제에 대항해 들고 일어선 혁명적 대중들을 대표하고 있었기 때문이다. 케렌스키는 레닌을 지하로 숨어들게 하고 다른 볼셰비키당 지도자들을 감옥에 집어넣을 수 있었다. 그러나 그의 개인적 능력이 볼셰비키당 지도자들보다 뛰어나서 그런 것은 아니었다. 다만 당시 노동자와 병사 대다수가 여전히 애국적 쁘띠부르주아지를 추종하고 있었기 때문이었을 뿐이었다. "우월성"이란 말이 적절할지는 잘 모르겠으나 케렌스키의 개인적 "우월성"은 그가 절대다수의 대중보다 앞을 내다보는 능력이 더 부족했다는 사실에 있다. 반면 볼셰비키당원들은 쁘띠부르주아 민주주의자들에 대해서 결국 승리했는데 이런 상황은 지도자들의 우월성을 통해서가 아니라 새로운 사회세력 관계에 의해서 가능했다. 마침내 노동자계급은 불만에 찬 농민대중을 부르주아지에 대항하도록 지도하는 데 성공했던 것이었다.

등장했다가 사라져간 혁명 "지도자들"과 "영웅들"의 위력은 이들을 지지한 계급과 계층의 성격에 조응照應했다. 프랑스 대혁명의 연속적인 단계들이 이 사실을 웅변하고 있다. 구체적 상황과 무관한 개인들의 우월성이 아니라 바로 이 조응이 이들의 개성을 특정한 역사적 시기에 부각되도록 하였다. 미라보Mirabeau, 브리쏘Brissot, 로베스피에르Robespierre, 바라Barras, 보나파르트Bonaparte 등은 두각을 나타내면서 혁명의 무대에 등장하였다. 그러나 역사의 주연 배우들인 이들의 특수한 개인적 자질과 성향보다도 비교할 수 없이 강력한 객관적 법칙이 이들의 배후에 존재하고 있었다.

지금까지 일어났던 모든 혁명이 반동이나 심지어 반혁명을 동반했다는 사실은 충분히 알려져 있다. 물론 반동이나 반혁명이 상황을 혁명 이전으로 완전히 후퇴시킨 것은 아니었다. 그러나 항상 대중 혁명의 성과를 대부분 탈취해 갔었다. 처음 몰아치는 반동적 물결의 희생자는 대개의 경우 혁명의 시기에 대중의 선두에 섰던 선구자, 주도자, 선동가 들이었다. 대신 투쟁의 제2선에 머물렀던 분자들은 혁명의 퇴조기에 혁명의 적들과 함께 선두로 떠밀려졌다. 그리고 반동적 대세를 이용하여 사회의 지배력을 장악했다. 공개된 정치 현장에서 "주연 무용수들"이 극적인 대결을 벌이는 배후에는 이미 변화된 계급 간의 세력관계와 최근까지 혁명적이었던 대중의 심리적 변화가 자리 잡고 있었다.

러시아 노동자계급의 혁명적 주도성, 헌신성, 인민적 긍지, 볼셰비키당의 혁혁한 활동상은 어디가고 이 모든 것 대신 사악함, 비겁, 무기력, 출세주의가 판치고 있는가? 어리둥절한 채 이렇게 질문하는 많은 동지들에 대해서 라코프스키Rakovsky는 18세기 프랑스 대혁명의 실화를 언급하면서 바뵈프Babeuf의 예를 전해준다. 그는 아바이Abbaye 감옥에서 풀려난 후 파리 교외의 영웅적이었던 인민들의 변화된 모습에 대해 의아하게 생각하였었다. 혁명은 인간의 개인적이고 집단적인 활력을 집어삼키는 엄청난 괴물이다. 혁명이 진행되는 동안 혁명적 인민의 신경은 마모되어 소진된다. 의식은 흔들리고 배짱은 걸레조각이 되어버린다. 혁명의 파도가 너무 급격하게 휘몰아치기 때문에 활력에 찬 새로운 세력이 혁명이 할퀴고 지나간 자리를 메울 시간이 없다. 기아, 실업, 혁명적 중핵들의 사망, 행정력이 미치지 않는 곳으로 던져진 대중 등 모든 현상들이 파리 교외를 물질적이고 도덕적인 폐허로 만들었다. 30년이 지나서야 파리 대중은 혁명의 소용돌이에서 회복되어 새로운 봉기를 준비하게 된다.

부르주아 혁명의 법칙들은 프롤레타리아 혁명에 "적용될 수 없다"는 주장을 소련 언론은 표어처럼 늘어놓고 있다. 그러나 이 주장에는 과학적인 내용이 전혀 없다. 러시아 10월 혁명의 프롤레타리아적 성격은 세계 정세와 러시아 내부의 특수한 세력관계에 의해서 결정되었다. 그러나 사회 계급들은 짜르체제와 후진적 자본주의의 등장이라는 야만적인 상황 속에서 형성되었다. 따라서 계급들은 결코 사회주의 혁명의 요구에 따라 주문되어 형성된 것은 아니었다. 실제로는 이와 정반대의 상황이 벌어졌다. 혁명에 대한 반동이 혁명대중의 대오에서 불가피하게 일어난 이유는 다름이 아니었다. 많은 측면에서 여전히 후진적이었던 러시아 노동자계급이 몇 개월 사이에 반봉건 왕조체제에서 사회주의 독재체제로 도약했다는 역사상 유례없는 상황 때문이었다. 이 반동은 연속적인 파도를 타고 진행되었다. 외적인 상황과 사건들이 서로 앞을 다투어서 반동의 조건을 성숙시켰다. 내전에 대한 제국주의 세력의 반동적 개입이 잇따르면서 혁명을 괴롭혔다. 혁명은 서구로부터 어떠한 직접적인 도움도 구할 수 없었다. 혁명 이후 농촌은 번영할 것으로 예상되었다. 그러나 결과는 정반대로 나타났다. 불길한 궁핍이 아주 오랫동안 농촌을 지배했다. 더욱이 노동자계급의 뛰어난 대표들은 내전 중에 전사하거나 관료사회의 사다리를 몇 번 오르더니 대중으로부터 멀어졌다. 결국 적대세력들 간의 유례없는 힘의 긴장, 희망, 환상 등이 명멸하였다. 이후 피로, 위축, 혁명의 결과에 대한 실망 등이 지배하는 긴 시기가 이어졌다. "인민적 긍지"가 썰물처럼 사라지고 난 공백을 소심함과 출세주의의 밀물이 메웠다. 새로운 지배집단이 이 물결을 타고 권력을 장악했다.

5백만 적군의 사기저하가 관료 지배층의 형성에 적지 않은 역할을 하였다. 내전을 승리로 이끈 사령관들은 지방 소비에트, 경제, 교육 등의 분야에서 요직을 차지했다. 그리고 내전을 승리로 이끈 비상체제를 사회 모든 분야에 도입했다. 이 결과 모든 분야에서 대중들은 사회의 실질적 지도 역할에서 점차 배제되었다.

노동자계급 내에 존재하는 반동의 물결은 도시와 농촌의 쁘띠부르주아 계층에게 커다란 희망과 자신감을 심어주었다. 이들은 이미 신경제정책을 통해 분기奮起하고 있었는데 이제 더욱더 대담해졌다. 젊은 관료집단은 처음에는 노동자계급의 대표로 등장했으나 이제 계급 간의 분쟁을 중재하는 역할을 스스로 담당하기 시작했다. 한 달이 지나고 두 달이 지나면서 관료집단의 독립성은 더욱 커져만 갔다.

국제정세는 소련 내부의 관료주의 경향을 강력하게 추동시켰다. 세계 노동자계급에게 가해지는 자본가계급의 철퇴가 무거울수록 소련 관료집단은 점점 더 자신감을 갖게 되었다. 그러나 이 두 사실 사이에는 시기적인 연관뿐만 아니라 인과적 연관도 존재하였다. 그리고 이 연관은 두 가지 방향으로 작동하였다. 즉 관료 지배층은 노동자계급의 패배를 조장했다. 그리고 노동자계급의 패배는 이들의 권력을 더욱 공고하게 하였다. 1923년 불가리아에서는 대중봉기가 진압되었으며 독일의 노동자당은 굴욕적으로 혁명투쟁에서 후퇴하였다. 1924년 에스토니아의 봉기는 곧 압살되었다. 1926년 영국의 총파업은 노동관료들의 배신으로 끝났다. 폴란드에서는 필수드스키Pilsudski 독재정권의 등장 앞에 폴란드 노동자당이 굴욕적으로 항복했다. 1927년 중국혁명은 끔찍한 피의 학살로 끝났다. 마지막으로 최근 독일과 오스트리아에서의 패배는 더욱 불길한 그림자를 드리웠다. 이들 일련의 역사적 대재앙으로 인해 세계혁명에 대한 소련 대중의 신념은 사라졌다. 이로써 관료집단은 구원의 유일한 빛으로 받아들여지고 더욱 높은 고지를 점령했다.

지난 13년 동안 세계노동자계급이 패배한 이유에 대해서 필자는 여러 저서들을 통해 설명을 시도한 바 있다. 이들 저서에서 필자는 대중으로부터 고립된 지극히 보수적인 크렘린궁의 지도부는 모든 나라의 혁명운동을 파멸시키는 역할을 수행했다는 사실을 밝히려고 노력했다. 유럽과 아시아에서 혁명이 연속해서 패배하자 소련의 국제적인 지위는 약화되었다. 그러나 소련 관료집단의 힘은 크게 강화되었다. 이 사실은 논박할 수 없을 뿐만 아니라 이후 사태와 관련하여 시사하는 바가 크다. 지금 얘기하고 있는 역사적 시기에서 두 사건은 특히 의미가 크다. 1923년 후반기에 소련 노동자들의 주요 관심사는 독일로 향해 있었다. 독일의 노동자계급은 권력을 장악하기 위해 손을 뻗치고 있는 듯했다. 그러나 독일 공산당의 공포에 질린 후퇴는 소련의 근로 대중에게 매우 커다란 실망을 안겨주었다. 소련의 관료집단은 즉시 "연속혁명"permanent revolution 1 이론에 반대하는 캠페인을 시작하고 좌익반대파에게 첫 번째 잔악한 타격을 가했다. 1926년과 1927년 사이에 소련의 대중은 다시 새로운 희망을 품고 있었다. 모든 시선은 이제 중국혁명의 드라마가 펼쳐지고 있는 동양으로 향했다. 한편 좌익반대파는 관료집단에 의해 가해진 이전의 타격으로부터 회복되었고 새로운 세력을 구축하고 있었다. 1927년 중국혁명은 장개석이라는 사형집행인에 의해서 학살당했다. 코민테른은 그의 손안에 문자 그대로 중국의 노동자와 농민들을 갖다 바쳤다. 그러자 차가운 실망의 분위기가 소련 대중을 엄습했다. 언론과 집회를 통해서 거리낌 없이 도발을 자행하던 관료집단은 1928년 마침내 좌익반대파 구성원들에 대한 대대적인 체포를 감행했다.

물론 수만 명의 혁명 투사들이 볼셰비키-레닌주의의 깃발 아래 모여들었다. 선진노동자들은 의심의 여지 없이 좌익반대파에게 공감을 보내고 있었다. 그러나 이 공감은 수동적이었다. 대중은 새로운 투쟁을 통해 상황이 크게 변할 것이라는 신념을 갖지 않았다. 한편 소련 관료지배층은 다음과 같이 주장했다: "좌익반대파는 국제혁명을 위해서 우리를 혁명전쟁으로 끌어들이려는 의

---

1. [옮긴이] 이 용어는 그동안 '영구혁명'으로 알려진 바 있다. 그러나 뜨로츠키는 같은 이름의 저서에서 이 용어가 중단되지 않고 진행되는 혁명(uninterrupted revolution)을 의미한다고 설명한 바 있다. 즉 부르주아 혁명은 중단되지 않고 사회주의 혁명으로 나아가며 일국의 사회주의 혁명은 중단되지 않고 세계적 차원의 혁명으로 나아가야 한다고 주장했다. 영구혁명은 영어 단어 'permanent'의 가장 중심적인 뜻에 이끌려 용어의 참뜻을 전달하지 못하는 난점이 있다. 뜨로츠키는 이 용어를 통해 혁명이 영원히 진행된다거나 진행되어야 한다고 주장한 바가 없다. 본 역자는 『연속혁명의 이론과 실제』(신평론, 1988년)에서 연속혁명이란 번역어를 시도한 이성복씨의 지혜와 용기에 대해 존경을 보낸다.

도를 가지고 있다. 더 이상의 소동은 이제 그만! 우리는 휴식을 취할 권리를 얻었다. 우리는 국내에서 사회주의를 건설할 것이다. 여러분의 지도자인 우리를 믿어라!" 휴식의 복음은 공산당 비밀정보원들과 군대 및 국가기구 관료들을 강력히 결속시켰고 의심의 여지 없이 피곤에 지친 노동자들과 농민대중들에게 반향을 불러일으켰다. 이들은 스스로 다음과 같이 물었다 : 좌익반대파가 "연속혁명"이라는 사상을 위해 소련을 팔아넘기는 것이 아닌가? 그런데 실제 좌익반대파의 투쟁은 소련의 생존을 보존하기 위한 투쟁 그 자체였다. 독일에 대한 코민테른의 잘못된 정책은 10년 후에 히틀러의 승리를 가져왔다. 즉 서방으로부터 전쟁 위험이 위협적으로 다가온 것이다. 그리고 똑같은 정도의 잘못된 정책은 중국에서 일본 제국주의의 위력을 강화시켰고 동양에서의 위험을 가까이 느낄 수 있도록 했다. 그러나 반동의 시기는 무엇보다도 용기의 결여라는 특징을 나타낸다.

좌익반대파는 고립되었다. 소련 관료지배층은 때를 놓치지 않고 노동자의 당혹감과 수동성을 최대한 활용했다. 이들은 노동자계급의 후진 부위가 선진 부위에게 대항하도록 만들었다. 그리고 일반적으로 쿨락과 쁘띠부르주아 동맹군에게 더욱 대담하게 의존했다. 이후 몇 년에 걸쳐 관료 지배층은 노동자계급의 혁명적 전위를 분쇄하였다.

그동안 대중에게 이름이 없었던 스딸린이 완벽한 전략을 가지고 무대 위로 등장했다고 상상한다면 단순한 생각일 것이다. 이런 일은 실제로 존재하지 않았다. 그가 자신의 노선을 모색하고 있을 때 관료 지배층은 스딸린을 검토대상으로 올려놓고 있었다. 그는 관료 지배층이 필요로 하는 모든 것들을 가지고 있는 것이 확실했다 : 고참 볼셰비키의 권위, 강인한 성격, 협소한 안목, 영향력 행사의 유일한 원천인 정치기구들과의 밀접한 유대 등등. 그에게 갑자기 주어진 권력을 스딸린은 우선 놀라운 사실로 받아들였다. 새로운 지배집단은 그에게 환영의 손길을 뻗쳤다. 과거의 혁명적 원칙과 대중의 통제로부터 벗어나고 싶어 했고 자신들 내부의 안정을 위해 믿을 만한 조정자를 필요로 했기 때문이다. 대중의 눈에 그리고 혁명 과정에서 부차적인 인물이었던 스딸린은 처음에는 테르미도르 반동을 수행하는 관료집단의 일원으로 그리고 이후에는 의심의 여지 없는 지도자로 모습을 드러냈다.

새로운 지배층은 자신의 사상, 감정 그리고 더 중요하게 자신의 이해관계를 곧 드러내었다. 현재 관료집단 중 구세대의 절대다수는 10월 혁명 시기에 혁명의 반대편에 속해 있었다. 소련 대사들만을 예로 들어보자 : 트로야노프스키, 마이스키, 포툠킨, 수리츠, 킨추크 등등. 또는 [이들은] 기껏해야 투쟁에서 벗어나 관망하고 있었다. 현직 관료들은 10월 당시 볼셰비키 진영에서 대부분의 경우 뚜렷한 역할을 하지 않았다. 소장 관료들은 노장들에 의해서 선택되었고 훈련을 받았다. 종종 부자관계도 있었다. 이런 부류의 사람들은 10월 혁명을 수행할 능력은 없었지만 혁명의 전과를 이용하는 일에는 커다란 수완을 발휘했다.

10월 혁명과 테르미도르 반동 사이의 기간 동안 개인들의 신변이 사태에 영향을 끼치지 않은 것은 결코 아니었다. 레닌의 병환과 죽음은 의심의 여지 없이 현재의 상황을 재촉했다. 레닌이 좀 더 오래 살았더라면 관료집단은 최소한 첫 몇 년간 좀 더 서서히 세력을 확대했을 것이다. 그러나 이미 1926년에 레닌의 미망인 크루프스카야는 좌익반대파 성원들과 모인 자리에서 다음과 같이 말했다 : "레닌이 살아 있다면 지금쯤 감옥에 갇혀 있을 겁니다." 레닌 자신은 이미 앞으로 전개될 사태에 대해서 두려움과 경고의 예언들을 발했었다. 그녀는 이것들을 아직도 기억에 생생히 간직하고 있었다. 그리고 그녀는 반대편에서 불어오는 역사적 바람과 조류에 대해 레닌의 전지전능함도 소용이 없다는 것을 너무 잘 알고 있었다.

그리고 관료 지배층은 좌익반대파보다 더 큰 재물인 볼셰비키당을 손에 넣었다. 이들은 레닌의 강령을 패배시켰다. 레닌은 국가기구가 "사회의 하인에서 사회의 지배자"로 변모하는 것이 가장 커다란 위험 요소라고 보았기 때문이었다. 그리고 이들은 좌익반대파, 당, 레닌 등 모든 적들을 패배시켰다. 그리고 사상과 논쟁을 통해서가 아니라 자신의 사회적 위력과 무게를 통해 승리했다. 관료 집단의 납 엉덩이가 혁명의 머리보다 더 무게가 많이 나간 것이다. 이것이 소련에서 일어난 테르미도르 반동의 비밀이다.

2. 볼셰비키당의 퇴보

볼셰비키당은 10월 혁명을 준비하였고 노동자권력을 확고하게 장악했다. 또한 소련 국가기구를 창건하고 그 기구의 튼튼한 근간을 구성했다. 그러나 당의 퇴보degeneration 2가 이제 국가기구

---

2. [옮긴이] 이 단어를 타락이라고 번역하는 사람들이 있다. 그래서 정성진 교수는

관료화의 원인이자 결과가 되었다. 이 과정이 어떻게 진행되었는지 간략하게나마 살펴보는 것이 필요하다.

볼셰비키당의 운영원리는 민주집중제democratic centralism였다. 민주주의와 집중제라는 두 개념의 결합에는 조금의 모순도 존재하지 않는다. 볼셰비키당은 당의 경계가 항상 엄격하게 규정되도록 했다. 그리고 이것 만이 아니었다. 일단 이 경계 안에 들어온 당원에 대해서는 당의 정책 방향을 규정할 수 있는 실제적인 권리를 누리도록 면밀한 조치를 취했다. 당내 비판의 자유와 지적인 투쟁은 당내 민주주의가 없어서는 가능하지 않았다. 볼셰비키당이 분파활동을 용인하지 않는다는 현재의 사고는 혁명적 퇴조기의 미신에 불과하다. 실제로 볼셰비키당의 역사는 분파투쟁의 역사였다. 자본주의 세계를 타도하고 자신의 깃발 아래 가장 대담한 투사와 반란자들을 결집시키는 임무를 설정한 진정한 혁명조직이

'degenerated workers state'를 '타락한 노동자국가'라고 번역한 바 있다. 그러나 이것은 명백한 오역이다. 영어 동사 'degenerate'는 성장하고 있는 사물이 불리한 조건을 만나 성장을 지체당하고 퇴행한다는 의미를 갖고 있다. 뜨로츠키는 'degenerated workers state'라는 용어를 국제혁명이 진행되지 못함으로 인해 객관적으로 불리한 상황이 국제노동자계급에게 조성되었고 이에 따라 소련이라는 체제가 더 이상의 발전을 못하고 퇴행했다는 의미로 사용했다. 본 역자는 해외에서 뜨로츠키주의자들과 대담을 하면서 이 점을 확인했다. '타락한 노동자국가'는 도덕적인 함축을 가지고 있으므로 적절한 번역어라고 볼 수 없다. 어느 순간 혁명세력이 타락해서 성립된 노동자국가라는 오해를 남길 소지가 다분히 존재한다. 과거 뜨로츠키주의 조직임을 자처하는 국제의 일부 정치그룹이 'degenerate workers state'라는 용어를 만든 바 있다. '타락한 노동자국가'는 이 용어의 적합한 번역어라고 생각되어진다. 그러나 서구어의 특징에 의해 동사 'degenerate'의 명사형 'degeneration'이 타락으로 번역되어야 할 문맥도 당연히 존재할 것이다.

지적인 분쟁이나 일시적인 분파의 형성없이 살아 움직이고 발전할 수 있겠는가? 볼세비키 지도부의 거시적인 전망이 당내 분쟁의 정도를 감소시키고 분파투쟁의 기간을 단축시켰다. 그러나 이것이 전부였다. 끓어오르는 당내 민주주주가 당 중앙위원회를 지탱하였다. 당 지도부는 이 지지에 기반하여 필요한 사안을 결정하고 명령을 하달하는 대담성을 발휘하였다. 모든 결정적인 국면에서 명백하게 옳았으므로 당 지도부는 집중제의 한없이 값진 도덕적 자산인 높은 권위를 누릴 수 있었다.

특히 권력 장악 이전 볼세비키당의 내부 체제는 현재 코민테른 지부인 각국 공산당의 체제와 완전히 정반대의 성격을 지녔다. 현재 각국 공산당은 "지도자들"이 상부에서 임명되며 상부의 명령 한마디에 정책을 완전히 바꾼다. 그리고 평당원에 의해서 통제되지 않는 당 기구는 이들 위에 거만하게 군림하며 다만 크레믈린 지도자들에게만 노예처럼 비굴하게 복종한다. 권력을 장악한 첫 몇 년 동안 이미 당 기구는 삐걱거리고 있었다. 그러나 이 당시 스딸린을 비롯한 모든 볼세비키당원들이 그로부터 10년 또는 15년 후 당의 모습을 담은 필름을 스크린으로 미리 보았다면 이 필름이 어느 비방꾼에 의해서 제작되었다고 여겼을 것이다.

레닌과 동료들의 관심은 집권층의 악행으로부터 볼세비키 평당원들을 보호하는 일에 끊임없이 집중되었었다. 그러나 당과 국가기구의 대단히 밀접한 관계와 인적 구성의 중복으로 인해 이미 첫 몇 년 동안 당의 자유와 유연성은 의심의 여지 없이 해를 입었다. 여러 난관들의 성격이 점점 심각해지면서 당내 민주주의는 이와 비례하여 축소되었다. 초기에 당은 소비에트의 틀 안에서 정치투쟁의 자유를 보존하기를 희망했었다. 그러나 내전은 이러한 희망에 아주 준엄한 수정을 가했다. 야당들은 차례로 불법화되었다. 이 조치는 소비에트 민주주의의 정신에 명백히 위배되는 것이었다. 그러나 당 지도부는 이 조치를 원칙이 아니라 자기방어를 위한 일시적인 조치로 여겼다.

볼셰비키당 기구의 급속한 성장은 수행할 임무의 새로움과 거대함으로 인해 어쩔 수 없이 당내에 이견들을 표출시켰다. 노동자 권력에 도전하는 지하 반동 정치조직들의 존재는 다양한 통로를 통해 유일한 합법적 정치조직인 볼셰비키당의 분파투쟁을 날카롭게 만들었다. 내전이 끝나는 시점에 이 투쟁은 너무도 날카로운 양상을 보여서 국가권력을 위협할 지경까지 이르렀다. 1921년 3월 크론슈타트 수병들의 반란이 일어났다. 이 반란에는 볼셰비키 당원들이 상당수 가담했는데 이때 열린 제10차 당 대회는 분파를 금지하고 국가권력을 당으로 이전시켰다. 그러나 분파금지의 조치 역시 상황이 호전되자마자 폐기해야 할 특별조치로 간주되었다. 동시에 중앙위원회는 이 새로운 결정으로 인해 당내 활동이 질식되지 않도록 세심한 배려를 하였다.

그러나 어려운 상황하에서 필요한 후퇴로 간주되었던 애초의 조치는 관료집단의 취향에 아주 잘 들어맞았다. 관료집단은 당내 활동을 행정적 편의의 관점에서만 바라보기 시작했다. 레닌은 건강이 잠시 호전된 1922년에 이미 당 관료기구의 위협적인 성장에 대해 경악하였다. 그리고 당 기구를 핵심적으로 장악하면서 국가 기구를 탈취할 준비를 하고 있던 스딸린 분파에 대해 투쟁을 준비하고 있었다. 그러나 당내 반동적 세력에 대한 레닌의 투쟁은 그가 두 번째 뇌일혈을 일으키고 사망함으로써 중단되었다.

당시 스딸린은 지노비에프와 카메네프를 동맹자로 두고 있었는데 이제 당 기구를 평당원의 통제에서 벗어나게 하는 데 주력하였다. 중앙위원회의 "안정"을 위한 투쟁에서 스딸린은 그의 동료들 중에서 가장 일관되고 믿을 만한 인물로 판명되었다. 그는 국제 문제로부터 손을 뗄 필요도 없었다. 애초에 이런 문제에 대해서 관심을 가져본 적이 없었기 때문이었다. 새로운 지배집단의 쁘띠부르주아적 세계관은 그의 세계관이기도 했다. 사회주의 건설의 과업은 그 성격상 일국적이며 행정적이라고 그는 확신하고 있었다. 그리고 코민테른을 가능한 한 대외 정책의 목적을 위해 사용되어야 할 필요악 정도로만 간주했다. 그에게 당은 자신의 권력기구를 수동적으로 지지하는 가치밖에 없었다.

일국사회주의론과 함께 중앙위원회는 모든 것이고 당은 아무 것도 아니라는 이론이 관료집단에 의해서 유포되었다. 이 새로운 이론은 일국사회주의론보다 관료집단의 이해에 더 성공적으로 봉사했다. 레닌의 죽음을 기화로 관료 지배층은 "레닌주의자 의무금"Leninist levy을 선언하였다. 과거 당의 문호는 항상 엄격하게 제한되어 있었으나 이제는 완전히 열어 젖혀졌다. 노동자, 점원, 하급관리 등이 떼를 지어 당으로 몰려들었다. 이 조치의 정치적 목적은 혁명적 전위를 해체하는 것에 있었다. 조직의 경험이나 독립성 등이 부족하였지만 권위에 복종하는 구래의 습관이 있는 사람들은 이제 당원이 될 수 있었다. 이 조치는 성공을 거두었다. 관료집단을 프롤레타리아 전위의 통제로부터 해방함으로써 "레닌주의자 의무금"은 레닌이 건설한 당에 마지막 죽음의 일격을 가했다. 이제 당 기구는 필요한 독자성을 얻었다. 민주집중제는 관료집중제로 바뀌었다. 상부와 하부를 막론하고 곧 대대적인 인사태풍이 당 기구에 불어닥쳤다. 볼셰비키 당원의 주요한 미덕은 복종이라고 선언되었다. 좌익반대파와 투쟁한다는 명분하에 혁명가들은 당 기구에서 축출되고 대신 전문관료들이 그 자리를 채웠다. 볼셰비키당의 역사는 이제 당의 급속한 퇴보의 역사로 돌변했다.

좌익반대파, 중앙파, 우파의 지도자들이 모두 정치국원이라는 사실로 인해 분파투쟁의 정치적 의미는 베일에 가려졌었다. 피상적으로만 관찰한 사람들에게는 분파투쟁이 레닌의 "법통"을 잇고자 하는 개인적인 경쟁으로만 비쳤다. 그러나 철의 독재체제가 존재하는 상황에서는 사회적 갈등이 처음에는 권력을 장악한 당의 기구들을 통해서만 드러나기 마련이다. 프랑스의 경우 테르미도르 반동에 가담한 사람들의 많은 수는 자코뱅 클럽 출신이었다. 나폴레옹 역시 혁명 초기에는 이 클럽의 회원이었다. 제1집정관 시절에 그리고 이후 황제가 되었을 때 그가 가장 충성스러운 하수인들을 모집한 것도 바로 자코뱅 클럽 구회원들로부터였다. 시대는 변했고 자코뱅파도 변했다. 20세기의 자코뱅파인 볼셰비키당도 마찬가지이다.

레닌 생전의 정치국원들 중 아직도 정치국원의 지위를 유지하고 있는 경우는 스딸린뿐이다. 지노비에프와 카메네프는 오랜 망명시절 레닌과 함께 일했는데 저지르지 않은 죄를 뒤집어쓰고 지금 10년 징역형을 살고 있다. 리코프, 부하린, 톰스키는 지도부에서 완전히 배제되었는데 복종의 대가로서 한직들을 맡고 있다. 그리고 필자는 현재 망명중에 있다. 레닌의 미망인 크루프스카야도

5장 소련에서의 테르미도르 반동 163

정치활동을 금지당하고 있다. 모든 노력에도 불구하고 그녀는 테르미도르 반동에 제대로 적응할 수 없다는 사실을 증명했다.

현직 정치국원들은 볼셰비키당 역사 내내 부차적인 지위에 머물러 있었다. 혁명의 첫 몇 년 동안 어느 누가 이들의 영전을 예상했다면 아마 이들은 제일 먼저 놀랐을 것이다. 그리고 이 놀라움에는 가식이 없었을 것이다. 바로 이 이유로 인해 정치국은 언제나 올바르며 어느 누구도 정치국보다 올바를 수 없다는 규칙이 과거 어느 때보다 엄격히 준수되고 있다. 그러나 정치국도 무오류의 스탈린보다 더 올바를 수는 없다.

당내 민주주의에 대한 요구들은 이 시기 내내 모든 반대세력의 구호였다. 그러나 실현될 수 없는 구호였기에 더욱더 끈질기게 제기되었다. 이미 언급한 좌익반대파의 강령은 1927년에 "비판적인 노동자를 모든 직접적 간접적 방식으로 탄압하는 것을 중대한 국가적 범죄로 처벌"할 조항이 특별법으로 제정되어 형법에 포함되어야 한다고 요구했다. 그러자 좌익반대파의 정치활동을 금지하는 조항이 형법에 도입되었다.

이제 당내 민주주의는 구세대의 기억 속에나 남아 있다. 당내 민주주의의 실종은 소비에트, 노동조합, 협동조합, 문화단체, 체육단체 등에서 민주주의가 실종되면서 함께 진행되었다. 당 간부들의 무제한적 위계체제가 이들 모든 기구들 위에 군림하고 있다. 이제 소련은 "전체주의" 체제가 되었으며 이 용어가 독일에서 건너오기 몇 년 전에 이미 현실이 되어 있었다. 라코프스키는 1928년 다음과 같이 썼다 : "독자적으로 사고할 능력이 있는 공산주의자의 의지, 용기, 존엄성이 파괴당함으로써 공산주의자는 기계가 되었다. 이로 인해 관료 지배층은 제거될 수 없는 과두제가 되는 데 성공했다. 이제 당과 계급은 사라졌다." 분노에 찬 이 글이 나온 이래 당의 퇴보는 더욱 끝없이 진행되었다. 비밀경찰G.P.U.은 당 생활의 결정적인 요인이 되었다. 1936년 3월 몰로토프가 프랑스 기자에게 집권 여당 내부에는 분파투쟁이 존재하지 않는다고 자랑하였다. 그러나 이러한 현상은 당내 이견이 정치경찰의 자동적인 개입으로 해결되기 때문에 나타난다고 보는 것이 타당할 것이다. 이제 과거의 볼셰비키당은 죽었으며 어떤 힘도 이것을 부활시킬 수는 없다.

◆◇

당의 정치적 퇴보와 함께 평당원의 통제를 받지 않는 당 기구의 도덕적 부패가 발생했다. 소비에트 부르주아지라는 뜻의 "소브부어"sovbour는 특권 관료층을 의미했는데 노동자들의 어휘에 일찌감치 등장했다. 신경제정책의 등장과 함께 부르주아적 경향은 좀 더 넓은 활동영역을 확보하였다. 1922년 3월 제11차 당 대회에서 레닌은 권력층의 타락 위험을 경고했다. 피정복자가 정복자보다 더 높은 문화수준을 누리고 있다면 정복자가 피정복자의 문화를 받아들이는 경우가 인류 역사에서 적어도 한 번 이상 존재했다고 레닌은 말했다. 러시아 부르주아지와 짜르체제 관료집단의 문화는 확실히 형편없는 것이었다. 그러나 슬프게도 새로운 지배층은 종종 이 문화에 경의를 표해야 한다. 모스크바에서는 "4,700명의 책임감 있는 공산주의자들"이 국가기구를 운영하고 있다. "누가 누구를 지도하고 있는가? 공산주의자가 지도하고 있다고 말하기는 의심스럽다"고 레닌은 말하였다. 이후의 당 대회에서 레닌은 병환 때문에 말을 할 수 없었다. 그러나 활발할 정치활동의 마지막 몇 달 동안 그는 관료집단의 억압, 변덕, 타락에 대해 노동자들에게 경고하고 이들에 대항하라고 촉구하였다. 그러나 그는 질병의 첫 징후만을 보았을 뿐이다.

라코프스키는 우크라이나 인민위원 소비에트 의장이었으며 이후 영국과 프랑스의 소련 대사를 지냈다. 그는 1928년 당시 유형 중에 있던 친구들에게 소련 관료집단에 대한 짤막한 조사보고서를 보내 주었다. 이것은 이미 이 책에서 여러 번 인용된 바 있는데 현재까지는 이 주제에 대해서 쓰인 가장 훌륭한 자료이다. 라코프스키는 이 조사보고서에서 말했다: "레닌과 우리 모두의 마음속에는 당시 당 지도부의 임무가 무엇인지 아주 명확했다. (1) 권력층의 특권, 지위, 전용 상점 등이 불러오는 부패, (2) 구 귀족계급 및 부르주아지의 잔존세력과 권력층의 화해, (3) 신경제정책의 부패적 요소가 끼치는 영향력, (4) 부르주아지의 도덕과 이데올로기가 가하는 유혹 등 해악적 요인들로부터 당과 노동자계급을 보호하는 것이 당 지도부의 임무였다. … 당 기구는 이 임무를 수행하지 못했으며 대중의 교육자 및 보호자라는 이중적 역할을 수행할 능력이 완전히 모자란다는 점을 우리는 정직하게, 틀림없이, 큰소리로 말해야 한다. 당 지도부는 실패했으며 파산했다."

라코프스키 자신이 관료집단의 억압에 굴복하여 자신의 비판적 판단을 철회했다는 것은 사실이다. 그러나 70세의 노인 갈릴레오 역시 자신의 신념을 철회했었다. 종교재판소의 탄압 때문에 이 과학자는 코페르니쿠스의 우주 이론을 부인하지 않을 수 없었다. 그러나 지구가 태양 주위로 도는 것을 막지는 못했다. 우리는 60세 노인이 된 라코프스키가 진심으로 자신의 신념을 철회했다고 믿지 않는다. 왜냐하면 그는 최소한 한 번 이상 이러한 강요된 전향에 대해서 날카로운 분석을 가했기 때문이다. 객관적 사태의 전개는 그의 정치비판들이 올바르다는 사실을 주관적인 지조보다 훨씬 설득력 있게 보여주었다.

노동자계급은 국가권력을 장악하면서 여타 계급과의 역관계에 변화를 가져올 뿐만 아니라 자신의 내부 체제에도 변화를 가져온다. 국가권력의 행사는 특정 사회집단의 전문 영역이 된다. 그럴 경우 이 혜택받은 권력층은 우선 자신의 "사회적 문제"를 해결하고자 급급하게 된다. 특히 자신이 떠맡은 역사적 임무의 숭고함을 높이 자각할수록 이러한 경향은 더욱 강하다. "노동자국가에서는 집권당의 성원이 자본주의적 축적을 이루는 것이 금지되어 있다. 이럴 경우 노동자계급의 계층적 분화는 처음에는 각 집단들이 맡는 기능에 따라 발생하지만 이후에는 사회적인 성격을 띠게 된다. …" 계속해서 라코프스키는 설명한다 : "승용차, 고급 아파트, 정기 휴가 등의 특권을 누리면서 당 최고수준의 급료를 받는 공산주의자의 사회적 조건은 한 달에 기껏해야 50 내지 60루블을 받으며 석탄광산에서 일하는 공산주의자의 사회적 조건과 아주 다를 수밖에 없다." 재물에 대한 욕구, 정부 공공사업에의 참여, 보급품 확보 등 자코뱅파가 권력을 잡은 후 타락한 이유들을 열거하면서 라코프스키는 바뵈프의 흥미 있는 발언을 인용한다. 권력을 장악한 자코뱅파의 타락은 이들과 아주 친한 관계를 유지했던 구 귀족계급의 젊은 여성들에 의해서 많은 영향을 받았다고 그는 말했다. 바뵈프는 외쳤다 : "소심한 인민의 자식이여 무슨 짓을 하고 있는가? 귀족계급 출신의 젊은 여성들이 오늘은 당신들을 포옹하지만 내일은 당신들을 목 졸라 죽일 것이다." 소련 지배층 인사들의 부인들에 대한 호구조사 통계는 이와 비슷한 모습을 보여줄 것이다. 아주 잘 알려진 소련의 언론인 소스노프스키Sosnovsky는 소련 관료집단의 도덕수준을 형성하는 데 특별한 역할을 한 "승용차-여자 요인"을 지적한다. 소스노프스키 역시 라코프스키와 마찬가지로 자신의 발언을 철회하고 시베리아 유형에서 돌아왔다. 그렇다고 소련 관료집단의 도덕 수준이 향상된 것은 아니었다. 이와 반대로 과거 발언을 철회한 것 자체가 사기저하가 더욱더 진행되고 있다는 증거일 뿐이다. 소스노프스키의 과거 신문 기사들은 원고의 형태로 손에서 손으로 전해졌다. 그의 기사들은 새로운 지배층의 일상생활에서 나타나는 잊지 못할 일화들을 싣고 있었다. 이 일화들은 현재의 권력층이 과거 권력층의 도덕에 어느 정도 동화되었는지를 여지없이 보여주고 있다. 그는 1934년 마침내 관료집단에 굴복하였다. 그러므로 과거의 예를 찾을 것 없이 새로운 예들만을 소련 언론에서 발굴해보자. 그리고 권력 남용이나 소위 "비리"들보다 합법적이어서 소련 언론에 자주 소개되는 일상사들을 다루어 볼 것이다.

어느 모스크바 공장의 책임자는 아주 유명한 공산주의자인데 자신이 책임지고 있는 공장에서 드러나고 있는 문화 수준의 개선상황을 『프라우다』에서 자랑하고 있다. "어느 기계공이 전화를 건다 : '책임자님, 지시의 내용이 무엇이십니까? 용광로를 즉시 확인할까요 아니면 기다릴까요?' 나는 대답했다 : '기다려.'" 기계공은 2인칭 복수를 쓰면서 책임자에게 아주 공경한 어조로 말한다. 여기에 대해 책임자는 자신의 우수한 지위를 의식하여 2인칭 단수를 쓰면서 기계공을 마치 하인처럼 대한다. 이 구역질 나는 대화는 문화수준이 있는 자본주의 국가에서는 불가능할 것이다. 그러나 아주 보통인 것처럼 책임자 자신이 『프라우다』에 소개하고 있다! 그런데 신문 편집자는 이런 어투에 대해서 반대하고 있지 않다. 자신도 그것이 보통인 것처럼 생각하고 있기 때문이다. 그리고 신문 독자들도 반대하지 않는다. 이미 이런 대접에 익숙해 있기 때문이다. 우리 역시 놀라지 않는다. 크렘린궁의 엄숙한 회의에서 "지도자들"과 인민위원들은 자신들의 부하인 공장 책임자들 그리고 훈장을 받기 위해 특별히 초대된 집단농장의 대표들, 십장, 여성들에게 똑같은 투로 말하기 때문이다. 짜르시대의 러시아에서 가장 인기 있는 혁명적 구호는 사장이나 고위관료들이 하급자에게 2인칭 단수를 쓰는 것을 금지하라는 요구였다는 사실을 어떻게 벌써 잊어버릴 수가 있는가!

위에서 소개한 크레믈린 지도자들의 "인민"에 대한 태도는 마치 주인이 하인에게 대하는 것처럼 그 오만불손함이 놀라울 지경이다. 그러나 이 사실은 10월 혁명의 승리, 생산수단의 국유화, 농업의 집단화, "쿨락 계급의 해체" 등의 조치에도 불구하고 인간 사이의 관계 특히 소비에트 위계질서의 최상층부에 있는 사람들 사이의 관계가 사회주의에 걸맞게 높아지지 않았을 뿐만 아니라 많은 측면에서 문화적으로 우수한 자본주의에 비교해도 여전히 훨씬 뒤처지고 있음을 실수의 여지 없이 증명하고 있다.

문화의 영역에서 최근 커다란 후퇴가 있었다. 그리고 러시아 야만주의 부활의 진정한 원천은 당연히 소비에트판 테르미도르 반동이다. 이 계기를 통해서 세련된 문화라고는 갖지 못한 관료집단이 대중들의 통제로부터 완전히 독립하여 사회에 군림하게 되었고 대중들은 복종과 침묵이라는 잘 알려진 복음을 선사받았다.

독재와 민주주의라는 추상적 반대 개념들을 비교하여 양자의 강점들을 순수이성에 기초하여 재어 보려는 의도는 필자에게 결코 없다. 이 세계에서 모든 것은 상대적이며 변화만이 영원히 지속되는 요소이다. 볼셰비키당의 독재는 인류 진보에 있어서 가장 강력한 도구들 중의 하나로 판명되었다. 그러나 여기서도 역시 어느 시인의 말대로, "이성은 비非이성이 되고 친절은 짐이 된다." 야당에 대한 금지는 분파활동에 대한 금지로 이어졌다. 분파활동의 금지는 무오류의 지도자들이 가지고 있는 견해에 반대하는 생각을 금지하는 것으로 끝났다. 비밀경찰이 제조한 당의 통일성은 관료집단의 전횡을 낳았다. 이로부터 온갖 종류의 잔악함과 부패가 생겨났다.

3. 테르미도르 반동의 사회적 기반

우리는 소련의 테르미도르 반동을 대중에 대한 관료집단의 승리라고 규정했다. 그리고 이 사건의 역사적 조건들을 밝혔다. 노동자계급의 혁명적 전위 가운데 일부는 행정기구에 의해서 집어삼켜짐으로써 서서히 사기를 잃어갔고 또 일부는 내전에 의해서 전멸하였고 나머지 일부는 사회의 주요 영역으로부터 배제되어 압살되었다. 지치고 실망한 대중은 사회의 정점에서 일어나고 있는 현상들에 대해 무관심으로 일관했다. 지금까지 열거한 조건들은 그 자체로 보면 중요했다. 그러나 왜 관료집단이 사회로부터 독립하여 자신의 운명을 확고하게 장악하게 되었는지를 설명하는 데는 부족하다. 관료집단의 권력의지도 이 현상을 설명하는 데는 불충분하다. 새로운 지배층의 등장은 깊은 사회적 원인들을 가지고 있어야 한다.

18세기 자코뱅파에 대한 테르미도르 반동도 대중의 피로와 혁명적 중핵의 사기저하에 의해서 도움을 받았다. 그러나 본질적으로 일시적인 이러한 현상 밑에서는 깊은 유기적 과정이 일어나고 있었다. 자코뱅파는 거대한 혁명적 파도에 의해서 치켜 올려진 하층 쁘띠부르주아지에 기반을 두고 있었다. 그러나 장기적으로 18세기 프랑스 대혁명은 생산력의 발전에 조응하여 대부르주아지의 정치적 지배를 가져올 수밖에 없었다. 테르미도르 반동은 이 불가피한 과정의 한 단계에 불과했다. 소련의 테르미도르 반동은 어떤 사회적 필연을 표현했는가? 왜 경찰기구가 승리했는가에 대한 문제에 대해 필자는 이미 예비적으로나마 해답을 제시했었다. 자본주의에서 사회주의로의 이행기적 조건과 이 과정에서 필요한 국가의 역할에 대한 기존의 분석을 이제 확대해야 한다. 다시 한번 이론적 예언과 현실을 비교해보자. 국가권력을 장악 직후에 곧바로 시작되어야 할 시기에 대하여 말하면서 1917년에 레닌은 다음과 같이 썼다:"부르주아지와 그 저항을 억압할 필요는 여전히 존재한다. 그러나 여기에서 억압의 주체는 – 지금까지 언제나 그러했듯이 – 인구의 소수가 아니라 다수이다. … 이럴 경우 국가는 **사멸하기 시작하고 있는 것이다.**" 그러면 국가 사멸의 과정은 어떻게 스스로를 표현하고 있는가? "특권 관료, 상비군의 사령관 등과 같은 특권 소수 지배층의 특별한 기구들 대신 다수 스스로가 직접 억압의 기능들을 수행할 수 있다." 그리고 레닌은 곧이어 격언과도 같은 반박할 수 없는 사고를 개진한다 : "국가권력의 기능이 다수에 의해 좀 더 보편적으로 수행되면 될수록 이 권력에 대한 필요성은 점점 더 줄어든다." 생산수단의 사적 소유 철폐는 역사적으로 국가에게 주어진 주요한 임무를 해결한다. 즉 절대다수에 대한 소수의 특권적 소유를 방어할 임무가 면제된다.

레닌에 의하면 국가의 사멸은 착취자를 착취한 날 바로 다음에 즉 새로운 체제가 경제적·문화적 문제들을 해결할 시간을 갖기 이전에 이미 시작된다. 이러한 문제들이 해결될 때마다 국가의 일소와 사회주의 사회 내부로 국가의 해소가 더욱 앞당겨진다. 이 해소의 정도는 사회주의 체제가 효율적으로 건설되고 있는지에 대한 가장 좋은 지표가 된다. 우리는 대체로 다음과 같은 사회학적 가설을 제시할 수 있다 : 노동자국가에서 대중에 의해서 행사되는 강제력의 강도는 착취의 경향 즉 자본주의로의 복귀 위험과 정비례한다. 그리고 사회적 연대와 새로운 체제에 대한 대중의 충성심의 정도에 반비례한다. 따라서 관료집단 즉 특권 관료와 상비군의 사령관은 대중이 행사할 수 없고 행사하기를 원치 않되 어떤 방식으로든 대중 자신을 억압하는 강제력의 특별한 종류를 대표한다.

민주적인 소비에트가 지금까지 원래의 위력과 독립성을 보존하고 있다고 가정하자. 그러나 첫 몇 년간 사용했던 정도의 억압과 강제력을 지금도 사용하지 않을 수 없는 상황이라면 이 현상은 심각한 우려를 제기할 만하다. 그런데 현재 대중 소비에트는 완전히 자취를 감추었으며 강제력의 기능을 스딸린, 야고다 등에게 넘겨주었다. 따라서 지금의 상황은 더욱더 심각한 지경에 이르렀다고 보아야 한다. 무엇보다도 우리는 스스로에게 물어보아야 한다 : 국가가 의연히 그 위력을 고수하고 있으며 경찰국가의 모습을 띠고 있는 배경에는 어떤 사회적 원인이 버티고 있는가? 이 질문의 중요성은 명백하다. 이 질문에 대한 해답에 따라서 우리는 사회주의 사회 일반에 대한 기존의 견해를 근본적으로 수정하든가 소련의 공식적 견해를 근본적으로 거부해야 한다.

이제 모스크바 어느 신문의 최신호에 소개된 소련에 대한 틀에 박힌 성격 규정을 검토해보자. 이 성격 규정 중의 하나는 매일 소련 전역에서 반복되고 있으며 학교 어린이들이 외우고 있다 : "소련에는 자본가, 지주, 쿨락 등 기생적인 계급들이 완전히 일소되었고 인간에 대한 인간의 착취는 영원히 종식되었다. 전국 경제는 사회주의화되었고 성장하고 있는 스타하노프 운동은 사회주의에서 공산주의로의 이행의 조건들을 준비하고 있다."(『프라우다』 1936년 4월 4일 자) 코민테른에서 발행하고 있는 세계신문도 이 주제에 대해서 천편일률적이라는 사실은 말할 것도 없이 당연하다. 그러나 만약 착취가 "영원히 종식되었다"면 그리고 만약 소련이 공산주의의 가장 낮은 단계인 사회주의에서 가장 높은 단계인 공산주의로 나아가고 있다면 국가라는 마지막 족쇄를 던져버리는 일만이 우리에게 남아 있다. 그런데 현재 소련은 전체주의적 관료체제이다. 이 엄청난 차이는 머리로 상상하고 이해하기조차 힘들다!

이와 같은 치명적인 모순은 당의 운명에서도 그대로 나타나고 있다. 이 경우 문제는 대개 다음과 같이 정식화될 수 있을 것이

다 : 1917년부터 1921년까지 구지배계급들은 손에 무기를 들고 아직 싸우고 있으며 전 세계 제국주의세력에 의해 적극적으로 지원을 받고 있었다 ; 동시에 무기를 든 쿨락이 나라의 군대와 식량공급을 방해하고 있었다 ; 이 당시 정책의 가장 중요한 문제들에 대해 당내에서 공개적으로 그리고 두려움 없이 논쟁하는 것이 가능했는가? 한편 제국주의 세력의 간섭이 끝나고 착취계급이 일소되었고 공업화가 의심할 여지 없이 성공했으며 농민 절대다수에 대한 집단화가 시행되었다. 그런데 왜 민주적 절차에 의해 교체될 수 없는 지도자들이 존재하며 이들에 대한 단 한 마디의 비판도 허용되지 않는 것일까? 당헌에 따라 당 대회의 소집을 요구하는 볼셰비키 당원이 왜 즉시 출당조치를 당하며 스딸린의 무오류성에 대한 의구심을 크게 소리내어 표현한 시민이 왜 마치 테러 음모의 가담자인 것처럼 기소되어 유죄선고를 받는가? 어디서 이 끔찍하고 괴물 같으며 참을 수 없는 탄압과 경찰력의 강화가 나타났는가?

이론은 언제나 현실에게 지불을 요구할 수 있는 어음과 같은 것이 아니다. 어떤 이론이 오류로 판명되었을 경우 그것을 수정하거나 빈틈을 메워야 한다. 소련의 현실과 기존 맑스주의 사이의 현격한 차이를 가져온 진정한 사회세력을 우리는 찾아내어야 한다. 현재 소련 지도자들의 권위를 유지시키는 일에는 도움을 주지만 살아 있는 현실에 대해 뺨따귀를 때리며 모욕을 주는 공문구를 반복하면서 어둠 속을 헤맬 수는 없다. 이제 이러한 공문구의 설득력 있는 예를 찾아보자.

1936년 1월에 개최된 당 중앙집행위원회 회의에서 인민위원회 의장 몰로토프는 선언했다 : "소련 경제는 사회주의화 되었다(박

수). 이런 의미에서(?) 우리는 계급의 일소라는 문제를 해결했다 (박수)." 그러나 과거부터 "우리에게 적대적일 수밖에 없는 성격을 지닌 분자들"인 구지배계급들의 잔존세력이 남아 있다. 더욱이 집단농장의 농부, 국가 공무원, 심지어는 노동자들 사이에서도 가끔 "피라미 투기꾼들"이 발견되고 있다. 이들은 "집단적 재산과 국가 재산을 뜯어먹는 사기꾼, 소련에 해악을 끼치는 수다쟁이 등"으로 불린다. 이 결과 독재체제를 더욱 강화해야 할 필요성이 생긴다. 엥겔스의 견해와는 반대로 노동자국가는 "잠들어서는" 안 된다. 반대로 더욱더 경계를 단단히 해야 한다.

소련 정부의 수반이 제시한 소련의 상은 너무도 참혹하게 자기모순에 빠지지만 않는다면 가장 안심을 주는 내용일 것이다. 사회주의는 소련을 완전히 정복하고 있다: "이런 의미에서" 계급은 철폐되었다(그렇다면 다른 모든 경우에도 계급은 철폐되어 있다). 물론 사회적 안정은 과거 유물들의 파편들로 인해 여기저기에서 깨지고 있다. 여기저기에 흩어져 있는 자본주의 복귀파 몽상가들은 권력과 재산을 박탈당하고 있는데 비록 "(진짜 투기꾼이 아니라) 피라미 투기꾼들"이나 "수다쟁이"들과 연합한다고 하여도 무계급 사회를 타도할 수 있다고 생각하는 것은 불가능하다. 모든 것은 상상할 수 있는 최선의 방식으로 진행되고 있는 것 같다. 그렇다면 관료집단에 의한 철의 독재체제는 무슨 소용이 있을까?

반동적인 몽상가들은 점차 소멸될 것이라고 우리는 믿어야 한다. "피라미 투기꾼들"과 "수다쟁이들"은 초[超]민주주의적인 소비에트에 의해서 우습게 제거될 수 있을 것이다. 1917년 레닌은 관료주의적 국가에 대해서 부르주아 및 개량주의 이론가들에게 응답했

다 : "우리는 유토피아를 꿈꾸고 있지 않다. 개개인에 의한 비리나 권력남용의 가능성과 불가피성을 부인하는 것은 결코 아니다. 그리고 이러한 남용들을 억압해야 할 필요성 역시 마찬가지로 부인하지 않는다. 그러나 … 이런 조치를 취하는 데 있어서 특별한 억압기구는 필요치 않다. 이것은 무장한 인민들 스스로가 알아서 할 것이다. 현대 사회에서 문명화된 인민이 싸움하는 사람들을 뜯어말리고 여성을 폭행하는 행위를 그치게 하는 것과 같이 아주 단순하고 쉽게 인민들은 문제를 해결할 것이다." 이 말은 마치 레닌이 정부 수반들의 견해를 특별히 예상한 것처럼 느껴진다. 소련의 공립학교에서는 레닌의 사상을 가르친다. 그러나 인민위원회에서는 당연하게도 가르치지 않는 것 같다. 그렇지 않다면 레닌이 날카로운 칼날을 들이대며 비판하는 엉터리 이론을 인민위원회 의장이 곰곰이 생각하지도 않고 용감하게 의존하는 이유를 설명하는 것이 불가능할 것이다. 소련의 창시자와 그의 아류 사이의 모순이 우리 앞에 드러났다! 레닌은 착취계급의 일소가 관료주의적 기구 없이도 가능하다고 보았다. 반면에 몰로토프는 계급의 일소 **이후에도** 왜 관료기구가 인민의 독립성을 질식하는지를 설명하는 데 있어서 일소된 계급의 "잔당"에 대한 언급 이외에 더 좋은 다른 이유들을 찾지 못하고 있다.

그러나 "잔당"의 존재를 관료주의의 이유로 제시하는 데에는 난점이 있다. 왜냐하면 관료집단을 대표하는 인사들의 자백에 의하면 어제의 계급적 적은 소련 사회에 이미 성공적으로 동화되었기 때문이다. 1936년 4월 당 중앙위원회 비서 중의 한 명이었던 포스티셰프Postyshev는 공산주의청년동맹League of Communist Youth 대회에서 다음과 같이 말했다 : "많은 수의 태업 분자들은… 진심으로 과오를 뉘우치고 소련 인민의 대열에 합류했다." 농업 집단화의 성공적인 수행에 비추어 "쿨락의 자식들에게 부모의 과거에 대한 책임을 물을 수가 없다." 그리고 이보다 더 확실한 발언도 있다 : "쿨락은 과거 농촌의 착취자였던 자신의 역할을 다시 수행할 수 있으리라고 거의 믿지 않는다." 출신 성분에 따라 사회활동을 제한하는 법을 정부는 철폐하였는데 여기에는 충분한 이유가 있다! 만약 몰로토프가 전적으로 동의한 포스티셰프의 주장이 옳다면 오직 다음과 같은 이유 때문일 것이다 : 관료집단이 끔찍한 구시대의 유물이 되었을 뿐만 아니라 국가의 강력력은 일반적으로 소련에서는 전혀 인연이 없다. 그러나 몰로토프나 포스티셰프 어느 누구도 이 거역할 수 없는 결론에 대해 동의하지 않는다. 이들은 자신들의 주장이 자기모순을 가득 가지고 있음에도 불구하고 권력을 휘두르는 것을 더 좋아한다.

또한 현실에서도 이들은 권력을 거부할 수 없다. 또는 이 사실을 객관적인 언어로 옮기자면 다음과 같다 : 현 소련 사회는 국가 그리고 심지어 제한적인 의미에서 관료집단이 없이는 운영될 수 없다. 그러나 이 이유는 과거의 불쌍한 잔당들 때문이 아니라 지금 존재하는 위력 있는 세력과 경향들의 존재 때문이다. 강력력의 기구인 국가가 소련에서 존재하는 이유는 현 이행기 체제가 여전히 사회적 모순들을 가득 보유하고 있기 때문이다. 사회적 모순은 모든 사람들에 의해 가장 민감하게 느껴지는 **소비**의 영역에서 대단히 첨예하게 드러나고 있다. 그리고 이 영역의 모순은 생산의 영역으로 옮겨갈 위험이 언제나 존재하고 있다. 사회주의의 승리가 최종적이거나 돌이킬 수 없는 것이라고 부를 수 있는 상황이 전혀 아니다.

관료집단의 통치 기반은 소비재의 빈곤과 이에 따른 만인의 만인에 대한 투쟁에 있다. 상점에 물품이 충분히 있으면 구매자는 원할 때는 언제든지 상점에 들러 물건을 살 수 있다. 그러나 물품이 거의 없을 때는 구매자는 줄을 서야 한다. 이 줄이 아주 길 경우에는 질서를 유지하기 위해 경찰관을 임명할 수밖에 없다. 이것이 소련 관료집단이 누리는 권력의 출발점이다. 관료집단은 누가 어떤 물품을 가져야 하고 누가 줄에서 계속 기다려야 하는지를 "알고 있다."

언뜻 보면 물질적·문화적 수준을 올리면 특권이 축소되고 "부르주아 법"의 적용 영역이 축소되며 이 법의 옹호자들의 활동영역인 관료집단을 축소시켜야 한다. 그러나 현실에서는 이와 정반대의 상황이 발생했다 : 생산력의 발전은 모든 형태의 불평등, 특권, 이권 등의 극단적인 발전을 가져왔고 관료주의의 발전을 가져왔다. 그러나 이 현상도 우연한 것은 아니다.

초기에 소련 체제는 의심할 여지 없이 지금보다 훨씬 평등했고 관료주의가 덜 기승을 부렸다. 그러나 그것은 일반적 빈곤 상황에서의 평등이었다. 나라의 자원이 너무 부족했기 때문에 대중과 광범위한 특권층을 분리할 수 있는 기회가 존재하지 않았다. 동시에 임금의 "균등적" 성격은 개인의 노동 동기를 저하시키고 생산력 발전에 저해요소가 되었다. 특권을 가능하게 하는 재화의 축적이 가능하기 위해서는 소련 경제는 빈곤에서 벗어나 더 높이 성장해야 했다. 현재의 생산수준으로는 모두에게 모든 생활필수품을 보장하는 것이 결코 가능하지 않다. 그러나 소수에게 상당한 특권을 인정할 정도는 되었고 대중을 자극하기 위해서 불평등을 채찍으로 변모시킬 수 있을 정도는 되었다. 이것이 경제 성장이 소련에서 사회주의적 요소보다 자본주의적 요소들을 훨씬 강화시킨 첫 번째 이유이다.

그러나 이것이 유일한 이유는 아니다. 현 단계에서 자본주의적 임금지불 방식을 강요하는 경제적 요인과 함께 정치적 요인이 같은 방향으로 작용하고 있다. 그리고 관료집단은 정치적 요인 그 자체이다. 불평등을 조장하고 옹호하는 역할이 관료집단의 핵심적 성격을 이룬다. 맨 처음 관료집단은 노동자국가의 부르주아적 기관으로 등장했다. 소수 특권층의 이익을 확립하고 옹호하면서 관료집단은 당연히 자신의 몫을 챙긴다. 분배해야 할 재물을 가지고 있는 사람이 분배에서 자신을 빠뜨리는 경우란 여태껏 없었다. 이렇게 사회적 필요에 의해서 등장한 집단이 일정 시점을 경과하면 자신의 사회적 역할보다 더 커다란 권력을 휘두르며 사회 전체로부터 독립적인 존재가 되고 사회 전체에 지극히 해악적인 존재가 된다.

이제 소련판 테르미도르 반동의 사회적 의미가 명료하게 보이기 시작하고 있다. 대중의 빈곤과 문화적 후진성이 손에 커다란 곤봉을 든 통치자의 흉악한 모습을 만들어 내었다. 자신의 역할을 다하였으나 여전히 권력을 휘두른 관료집단은 과거에 사회의 하인이었으나 이제는 사회의 주인이 되어 사회와 대중 위에 군림하고 있다. 그리고 이 과정에서 대중들로부터 사회적·도덕적 독립성을 획득하였기 때문에 자신의 활동과 수입에 대해 어떠한 통제도 스스로 가할 수 없게 되었다.

관료집단이 "피라미 투기꾼, 사기꾼, 수다쟁이"에 대해서 겉보기에 의아할 정도로 두려움을 갖는 이유가 이제 아주 자연스럽게 설명될 수 있다. 인구 전체의 기본적인 필요를 충족시킬 수 있는 능력을 아직 가지고 있지 않기 때문에 소련 경제는 모든 요소요소에 사기와 투기의 경향을 조성한다. 한편 새로운 귀족계급이 누리는 특권은 대중에게 현 체제에 적대적인 "수다쟁이들"의 말에 귀를 기울이게 만든다. 즉 귓속말로나마 탐욕스럽고 변덕스러운 지배층을 비판하는 자들에게 대중은 관심을 갖는다. 따라서 과거의 유령이나 더 이상 존재하지 않는 것들의 잔당이나 더 간단하게 말해서 지난해에 내려서 아직도 녹지 않고 남아 있는 눈과 같은 그런 것이 문제가 아니다. 개인적인 축재에 눈이 먼 강력하고 지속적이며 재생산되는 현재의 세력과 경향이 문제인 것이다. 현재 소련에 나타나고 있는 미미한 번영의 물결은 그 미미함으로 인해 이러한 원심적인 경향들을 약화시키는 것이 아니라 강화시켜 왔다. 한편 새로운 특권층의 탐욕스러운 손에 매질을 가하려는 대중의 욕구가 동시에 성장하였다. 다시 사회적 투쟁은 날카로워지고 있다. 관료집단이 휘두르는 권력의 원천은 바로 이러한 상황에 의해 조성된다. 그러나 똑같은 상황에 의해 관료집단의 권력을 위협하는 세력도 등장한다.

6장

불평등과
사회적 적대관계의 증대

1. 궁핍, 사치, 투기

소련 정부는 처음 "사회주의적 분배"를 실시하였으나 1921년 시장체제로 회귀하지 않을 수 없었다. 그러나 5개년 계획 기간 동안 물리적인 수단들을 공업생산에 최대한 투입하면서 다시 국가 분배 체제로 되돌아갔다. 과거에 실시되었던 "전시 공산주의"의 실험을 다시 반복하는 셈이었다. 그러나 이번 경우에는 더 높은 물질적 기반을 바탕으로 하고 있었다. 그러나 이 기반도 불충분한 것으로 증명되었다. 1935년 계획적 분배 체제는 다시 상거래 체제로 물러섰다. 결국 현실적인 분배방식은 소유형태보다는 기술수준과 물질적 자원에 달려 있다는 사실이 다시 명백해졌다.

특히 도급제를 도입하는 것을 통해 도모된 노동생산성의 향상은 미래에 소비재의 증가, 물가의 인하, 이에 따른 생활수준의 향상을 약속하고 있다. 그러나 이것은 사물의 한 측면에 지나지 않는다. 이 측면은 융성을 누리던 자본주의 체제에서도 목격된 바 있다. 그러나 사회적 현상 및 과정은 연관과 상호작용의 측면에서 보아야 한다. 상품생산을 기반으로 해서 이루어진 노동생산성의 향상은 동시에 불평등의 증대를 수반한다. 사회 지배층이 누리는 번영의 증대는 대중의 생활수준 향상의 정도를 훨씬 앞지르기 시작한다. 국가의 재산이 증대됨에 따라 새로운 사회 분화가 진행된다.

일상생활의 조건으로 보면 소련 사회는 안정되고 특권을 누리고 있는 소수와 궁핍 속에서 살아가는 다수로 이미 나누어져 있다. 더욱이 이 불평등의 정도는 극단에 이르러 극명하게 드러나는 경우도 있다. 널리 유통되고 있는 제품들은 일반적으로 값이 비싸면서도 질이 낮다. 그리고 주요 도시를 벗어날수록 구하기가 더 힘들다. 이런 상황에서 소비재에 대한 투기나 노골적인 도둑질이 성행한다. 어제까지는 이러한 행위가 계획적 분배의 결손을 보충하는 역할을 했다면 이제는 상거래의 결손을 교정하는 역할을 맡고 있다.

소련의 "친구들"은 눈을 감고 솜으로 귀를 막은 후 인상에만 의존하여 소련의 상황을 판단하는 습성을 가지고 있다. 이 습성은 이들의 직업에 의해 단련되었다. 그러나 우리는 인상에 의존할 수 없다. 소련의 적들은 악의적인 비방을 아주 빈번히 일삼고 있다. 따라서 관료집단에게 우리의 주의를 돌려보자. 이들은 최소한 자신들에게는 적대적이지 않을 것이다. 따라서 이들이 공식적으로 스스로에 대해서 비난을 할 때는 항상 시급한 실제적 요구에 부응하기 위한 것이다. 따라서 아주 빈번히 이들의 입에서 나오는 시끄러운 자화자찬보다 자신들에 대한 비난은 신뢰할 가치가 훨씬 크다.

잘 알려져 있듯이 1935년의 산업계획은 목표를 초과하여 달성되었다. 그러나 주택의 경우 목표량의 55.7퍼센트만 달성되었을 뿐이다. 더욱이 노동자 주택의 건설은 모든 사업들 중에서 가장 천천히 그리고 가장 엉터리로 진행된다. 집단농장의 농민들은 과거와 같이 낡은 오두막집에서 가축 그리고 바퀴벌레와 함께 살고 있다. 반면 고위 관료들은 자신들을 위해 건축된 모든 주택들이 "가정 노동자 즉 하인이 쓸 방"을 구비하고 있지 않다고 신문에서 불평한다.

모든 정부와 사회체제는 건축물에서 자신의 기념비를 찾는다.

현 소련 체제의 특징적 건축물은 각급 소비에트가 사용하는 많은 수의 궁전과 주택, 가끔 일천만 루블까지 나가는 고위 관료들의 진짜 성전, 고급 극장, 장교들의 클럽 하우스인 적군 주택, 요금이 아주 높은 호화 지하철 등이다. 그런데 노동자 주택은 군대 막사와 같은 모양을 하고 있는 경우에도 지극히 후진적인 수준에서 벗어나지 못하고 있다.

국가 소유의 화물을 수송하는 철도 건설의 경우 실제로 발전이 있었다. 그러나 소련의 일반시민은 이 발전의 성과를 전혀 누리지 못하고 있다. 도로통신부Department of Roads and Communications의 장관들은 객차와 철도역의 비위생적 상태, "참을 수 없는 서비스의 실종", "빈번한 열차표 남용, 도둑질, 사기 … 빈 좌석에 대한 은폐와 투기, 뇌물 수수 … 수화물에 대한 강도행위" 등에 대해서 불평하면서 수많은 개선명령을 하달한다. 이런 사실들은 "사회주의적 운송에 대한 치욕"이다! 이런 행위들은 자본주의 체제의 경우 범죄행위가 된다. 일반대중들이 이용하기에 지극히 어려운 수송수단의 낮은 수준, 수송되고 있는 물품들의 격심한 품귀, 일반 승객들에 대한 철도 공무원들의 냉소적인 태도 등이 해당 장관들의 반복되는 불평에서 확연히 드러나고 있다. 한편 관료집단은 땅, 바다, 하늘에서 가장 안락한 수송 서비스를 제공받고 있다. 특등 객차, 특별 객차, 특별 기선 등의 숫자는 대단히 많으며 최고급 승용차와 비행기들이 현재 이것들을 대체하고 있다.

레닌그라드 중앙위원회 의장 즈다노프Zhdanov는 지지 청중들의 박수갈채를 받으며 1년 후에 "당 활동가들이 지금의 평범한 포드승용차가 아니라 리무진을 타고 회의장에 도착할 수 있도록 노

력할 것"을 약속했다. 그의 발언은 소련 산업의 발전 정도를 나타
내고 있다. 소련의 기술은 인간의 복지에 쓰일 경우는 언제나 선택
된 소수의 고급 수요를 만족시키는 데 주로 이용되고 있다. 그런
데 일반 시민이 이용하는 전차의 경우 운행이 이루어지고 있더라
도 과거와 마찬가지로 숨이 막힐 정도로 혼잡스럽다.

식품산업 인민위원 미코얀Mikoyan은 다음과 같이 자랑하고
있다 : 가장 높은 수준의 과자와 케이크 등이 생산되면서 저질품
들은 급속히 없어지고 있다 ; "우리 여성들"은 질 좋은 향수를 요구
하고 있다. 이것은 소련이 화폐경제로 전환하면서 수준 높은 소비
자들의 요구를 충족시킬 수 있다는 것을 의미한다. 이것이 시장의
법칙이다. 그래서 고위층의 "부인들"은 가장 낮은 수준의 소비자가
결코 아니다. 그런데 1935년 우크라이나에서 조사된 95개의 협동
조합 상점 중 68군데는 과자나 케이크 등을 전혀 구비하고 있지
않았다. 그리고 파이에 대한 수요는 15퍼센트 내지 20퍼센트까지
만 충족되었다. 그것도 파이의 품질이 상당히 낮은 것들의 경우가
그랬다.『이즈베스챠』*Izvestia*는 이렇게 불평한다 : "공장은 소비자의
수요에 관계없이 생산하고 있다." 소비자가 힘이 없을 경우 이것은
당연한 현상이다.

이러한 문제들을 유기화학의 관점에서 다루고 있는 바크Bakh
교수는 "생산되고 있는 빵은 참을 수 없을 정도로 품질이 나쁜 경
우가 자주 있다"는 것을 알고 있다. 효모의 신비와 이것의 발효작
용에 대해서 알지 못하는 근로 남녀도 그와 똑같은 생각을 가지
고 있다. 그러나 저명한 이 교수양반과는 달리 이들은 신문에 자
신들의 생각을 표현할 기회가 없다.

모스크바에서는 의류 복합기업trust이 특별 "패션점"에서 다양한 색상의 비단치마를 선전하고 있다. 그런데 지방이나 심지어는 거대 공업도시에서도 줄을 서거나 화가 치미는 경험을 한 후에야 노동자들은 겨우 면셔츠를 구할 수가 있다. 셔츠가 모자라고 있기 때문이다! 극소수에게 사치성 의류를 공급하는 것보다 다수에게 필요한 기본 의류를 공급하는 것이 훨씬 더 어렵다. 인류 역사는 이 사실을 증명하고 있다.

자신의 업적을 열거하면서 미코얀은 다음 사실을 밝히고 있다: "동물성 마가린 산업이 새로 생겼다." 물론 이 산업은 짜르체제 당시에는 존재하지도 않았다. 그렇다고 상황이 그때보다 더 나빠졌다고 성급하게 결론 내릴 필요는 없다. 당시에는 버터를 구경도 하지 못했기 때문이다. 그러나 대체품이 등장한다는 사실은 소련에 최소한 두 종류의 소비자 즉 버터를 선호하는 소비자와 마가린으로 때우는 소비자가 있음을 드러낸다. 미코얀은 다시 자랑한다: "필요한 사람들에게는 마호르카makhorka를 풍족하게 제공하고 있다." 그러나 유럽이나 미국에는 이런 종류의 저질 담배가 없다는 사실을 그는 덧붙여 말해야 했다.

불평등의 현상이 아주 뚜렷하게 보이는 경우가 또 있다. 모스크바를 비롯한 대도시에는 특별상점이 개장되었다. "광채"Luxe라는 별로 러시아적이지 않지만 표현력이 있는 이름을 가진 사치품 상점이다. 동시에 모스크바와 지방의 식품상점에는 강도행위가 잇따르고 있다는 불평이 끊임없이 나오고 있다. 누구나 배를 채워야 함에도 불구하고 소수만이 필요를 충족하고 있다는 사실을 이러한 사건들을 통해 알 수 있다.

주부 노동자는 체제에 대한 나름의 견해를 가지고 있다. 그리고 아주 예민한 관료가 냉소적으로 표현하듯이 그녀의 "소비자" 지위의 정도는 사회체제의 성격을 결정적으로 나타낸다. 근로여성과 관료 간의 분쟁에서 맑스와 레닌은 우리와 함께 근로여성의 편에 서 있다. 자신의 업적을 과장하고 모순을 호도하고 근로여성이 체제에 대해서 비판할 수 없도록 목을 조르는 관료집단을 우리는 반대한다.

마가린과 마호르카는 소련 현실의 불행한 필수품이라고 인정하자. 그렇다고 현실을 치장하고 미화할 수는 없다. "당 활동가"를 위한 리무진 승용차, "고위 관료 부인"을 위한 고급 향수, 노동자를 위한 마가린, 새로운 귀족계급을 위한 "광채 나는" 사치품 상점, 전시용 진열장으로만 볼 수 있는 고급 과자와 케이크 — 이런 식의 사회주의는 대중에게는 새로이 치장한 자본주의로만 보일 것이고 이들의 생각은 결코 잘못된 것이 아니다. "일반화된 궁핍" 상황에서는 생활필수품을 구하고자 하는 투쟁이 "과거의 모든 넌센스"를 부활시키려고 위협하고 있다. 그리고 이것은 사회 생활의 구석구석에서 부분적으로 부활하고 있다.

◆◇

소련에서 존재하고 있는 지금의 시장관계는 신경제정책 시기의 시장관계와 다르다. 현재의 시장관계는 국영 협동조합과 집단농장이 개별 시민들과 관계를 맺는 사이에 중간상인이 직접 개입하지 못하도록 되어 있다. 그러나 이것은 원칙으로만 존재한다. 국영상점과 협동조합의 소매 총매출액은 급속하게 증가하고 있으며 매매 명세서에 의하면 1936년에 1천억 루블에 달할 것으로 예상된다. 1935년에 160억 루블에 달했던 집단농장의 총매출액은 올해에 상당량 증가할 것으로 예상된다. 이 과정에서 비합법 및 반합법 중간상인들이 어떤 역할을 담당할지는 확실히 계산할 수 없다. 그러나 적어도 상당히 중요한 역할을 담당할 것이다! 자영 농민뿐만 아니라 집단농장과 이 농장에서 일하는 농민들은 중간상인에 의존하는 경향이 많다. 가내수공업자, 협동조합 종사자, 농민의 수요를 충족시키는 지방의 산업들이 존재하는 이유가 여기에 있다. 때때로 광대한 지역의 고기, 버터, 계란 등이 "투기꾼들"에 의해서 매점되는 경우도 예상과 달리 발생하고 있다. 소금, 성냥, 밀가루, 등유 등 일상적으로 가장 필요한 물품들은 국영 창고에 충분히 적재되어 있지만 관료화된 지방 협동조합에 의해서 몇 주일 또는 몇 달 동안 공급이 되지 않는다. 이런 상황에서 농민들이 다른 경로를 통해 필요를 충족시키는 것은 너무도 당연하다. 소련 언론들은 중간상인을 당연한 현상이라고 종종 말하곤 한다.

그 밖의 형태를 띤 개인기업이나 개인적 자본축적은 경제에서 더 작은 역할을 맡고 있는 것처럼 보인다. 개인 택시기사, 여관업자, 수공업자 등은 자영 농민처럼 음성적으로 인정된 직업종사자들이다. 모스크바의 경우도 자영 소기업과 정비소는 상당수에 이른다. 이들은 경제의 중요한 틈새를 메우고 있기 때문에 묵인되고 있다. 그러나 이것과 비교되지 않는 많은 수의 개인 기업들이 협동조합의 이름을 빌려 영업행위를 하고 있거나 집단농장과 건물을 같이 사용하고 있다. 마치 계획경제의 틈새를 강조하는 특별한 목적을 띠고 있는 것처럼 보인다. 가끔 모스크바의 형사들은 집에서 만든 베레모나 면셔츠를 거리에서 파는 배고픈 여성들을 악의에 찬 투기꾼으로 몰아 체포한다.

1935년 가을 스딸린은 다음과 같이 선언하였다 : "소련에서는 투기의 기반이 모두 퇴치되었다. 그런데도 투기꾼이 있다면 오직 하나의 원인으로만 설명될 수 있다. 즉 각급 국가기구에서 투기꾼들에 대한 계급적 경계심이 결여되어 있고 이들에 대한 자유주의적인 태도가 존재하기 때문이다." 이 발언이야말로 관료주의적 사고의 순수한 형태가 아닐 수 없다! 투기의 경제적 기반이 퇴치되었다고? 그렇다면 경계심을 가질 하등의 이유가 없을 것이다. 예를 들어 국가가 대중에게 보통 수준의 머리쓰개를 충분히 공급해 준다면 불행한 거리의 상인들을 체포할 필요가 없을 것이다. 이들을 체포할 필요가 지금 존재하는지도 의심스럽다.

위에서 언급한 개인상인들의 수와 이들의 매출액 규모는 그 자체로는 하나도 경계할 이유가 없다. 국가소유의 숲 속에서 트럭 운전사, 베레모 상인, 시계 제조업자, 계란 매점자 등의 공격을 두려워할 이유는 전혀 없다! 그러나 단순한 산술적 상호관계로는 문제가 해결되지 않는다. 마치 열병을 앓을 때 돋는 두드러기처럼 행정의 공백이 조금만 있으면 나타나는 투기꾼들의 다양성이나 규모는 쁘띠부르주아적 경향이 계속해서 존재한다는 것을 의미한다. 이 투기영역이 사회주의 미래에 얼마나 커다란 위험요인으로 작용하는지는 경제적·정치적 체제의 일반적 위력에 의해 전적으로 결정된다.

인구의 90퍼센트를 점하는 노동자와 집단농장 농민들의 분위기와 행위는 주로 이들의 실질임금 수준의 변화에 의해서 결정된다. 그러나 이들의 수입과 소수 특권층의 수입 간의 격차 역시 중요한 요소이다. 상대성 원리는 인간의 소비영역에서 더 직접적으로 관철된다. 모든 사회관계를 화폐적 회계로 환산하면 사회의 다양한 계층들이 전체 국민총소득에서 어떤 몫을 차지하는지가 드러날 것이다. 장기간 불평등이 존재할 수밖에 없는 역사적 필연을 인정하더라도 그것이 인정될 수 있는 한계와 특정 상황에서 불평등이 사회적 편의에 얼마나 부합하는지는 여전히 문제로 남아 있다. 국민총생산의 일정한 몫을 차지하려는 불가피한 투쟁은 정치투쟁으로 발전한다. 현 체제가 사회주의적인지 아닌지는 관료집단의 공문구가 아니라 공업노동자 대중과 집단농장의 농민들이 관료집단을 어떻게 바라보는가에 따라서 결정될 것이다.

2. 노동자계급의 계층적 분화

노동자국가에서는 실질임금에 대한 자료가 특히 면밀하게 연구될 것이라고 생각하기 마련이다. 특히 인구 범주에 의한 임금 통계가 완전히 명료하게 현실을 해명해 줄 것이며 자료는 누구에게나 일반적으로 공개되어 있을 것이라고 생각할 것이다. 그런데 사실은 근로인민의 가장 핵심적인 이해를 반영하는 이 문제는 뚫을 수 없는 베일에 의해 완전히 가려져 있다. 믿기 힘들겠지만 소련 가정의 가계부는 자본주의 국가의 가계부보다 훨씬 더 신비에 싸여 있다. 심지어는 제2차 5개년 계획 기간 동안 노동자계급 각 범주의 실질임금 곡선을 수립하려는 노력도 헛수고로 돌아갔다. 이 주제에 대한 당국과 자료보유자들의 완고한 침묵은 이들이 의미 없는 총 수치total를 인용하며 자랑을 늘어놓는 것과 똑같이 실제 현실을 잘 나타내주고 있다.

중공업 인민위원 오도니키즈Ordjonikidze의 보고서에 따르면 1925년부터 1935년까지 노동자의 월생산량은 3.2배 그리고 명목임금은 4.5배 증가한 것으로 나타나 있다. 그러나 명목임금의 대단해 보이는 수치 가운데 노동자계급의 상층부 전문가들의 몫이 어느 정도나 되며 이 명목임금으로부터 실질임금은 어느 정도인지는 그의 보고서나 언론의 논평으로부터 아무 단서도 얻을 수 없었다. 1936년 4월 소련청년 대회에서 콤소몰의 비서 코사로프Kossarov는 선언하였다 : "1931년 1월부터 1935년 12월까지 청년의 임금은 340퍼센트나 올랐다!" 그러나 치밀하게 선정된 젊은 훈장 포상자들이 박수에 대해서 너그러운 편인데도 코사로프의 연설에는 박수를 한 번도 치지 않았다. 연설을 하는 사람이나 듣는 사람이나 시장가격으로 경제체제가 이행하는 속도가 너무 빨랐기 때문에 노동자 대중의 경제적 상황이 더 악화되었다는 것을 너무 잘 알고 있었다.

복합기업의 사장까지 포함한다면 일인당 "평균" 임금은 1935년에 약 2,300루블이었다. 그리고 1936년에는 약 2,500루블이 될 것이다. 즉 명목적으로 7,500프랑인데 실제 구매력에 있어서는 3,500에서 4,000프랑을 거의 넘어서지 않을 것이다. 이 수치는 그 자체만으로도 지극히 낮다. 그런데 1936년의 임금 인상이 소비재에 대한 특별가격과 일련의 무상 서비스를 해제한 것에 대한 부분적인 보상책이었다는 것을 감안하면 더 낮아진다. 그러나 1년에 2,500루블 그리고 한 달에 208루블은 **평균** 임금에 지나지 않는다는 점이 중요하다. 이 수치는 실제 임금 수준의 잔인한 불평등 현상을 감추기 위해서 동원된 산술적인 허구에 지나지 않는다.

지난 한 해 동안 노동자의 상층부 특히 소위 스타하노프 운동원들의 상황이 상당히 개선되었다는 것은 의심의 여지가 없다. 언론은 의복, 신발, 건축, 자전거, 잼 등 훈장포상자들이 구입한 물건들을 열정적으로 보도하고 있는데 이것은 충분한 근거가 있는 얘기이다. 이러한 혜택들이 보통 노동자들에게는 별세계의 얘기라는 사실이 입증된다. 스타하노프 운동이 시작된 긴급한 상황에 대해서 언급하면서 스딸린은 선언하였다 : "세상 살기가 더 쉬워졌다. 인생이 더 행복해졌다. 인생이 행복할 때는 일이 빨리 진행된다." 지배층은 도급제에 대해서 대단히 낙관적인데 스딸린의 발언은 관료집단의 사고를 아주 전형적으로 보여주고 있다. 노동자 귀족의 형성은 지난 시기의 경제적 성공에 기인한 것일 뿐이라는 사실을 그의 발언이 입증하고 있다. 그러나 스타하노프 운동원들의 원동력은 "행복한" 분위기가 아니라 더 많은 돈을 벌고자 하는 욕구에 있다. 몰로토프는 스딸린의 발언을 이렇게 교정했다 : "스타하노프 운동원들이 높은 생산성을 추구하는 직접적인 동인은 자신들의 수입을 늘리고자 하는 단순한 계산에 있다." 이 말은 사실이다. 지난 몇 달 동안 노동자의 새로운 계층이 등장했는데 이들은 "1천 루블 노동자"thousand men라고 불렸다. 이들의 소득이 한 달에 1,000루블을 넘었기 때문이다. 한 달에 2,000루블 이상을 버는 사람들도 있다. 그러나 하층노동자들은 한 달에 100루블도 벌지 못하는 경우가 종종 있다.

임금의 차이만으로도 "부유한" 노동자와 "부유하지 못한" 노동자 사이의 구분이 충분히 확립되는 것처럼 보인다. 그러나 이 구분은 관료집단에게는 불충분한 것처럼 보인다. 이들은 스타하노프 운동원들에게 특전을 문자 그대로 소낙비처럼 퍼붓고 있다. 이들 운동원들은 아파트를 새로 갖게 되거나 살고 있는 아파트를 개조한다. 대기 기간이 전혀 없이 휴양 시설이나 요양소를 이용한다. 교사와 의사가 무료로 가정을 방문한다. 영화관의 무료 입장권을 받는다. 어떤 곳에서는 기다리는 노동자들을 제쳐 놓고 먼저 이발과 면도를 한다. 이러한 많은 특전들은 일반 노동자들에게 상처를 주기 위해 고의적으로 계산된 것처럼 보인다. 관료집단의 간절하기까지 한 이러한 호의의 배경에는 출세주의와 함께 양심의 가책이 자리 잡고 있다. 지방의 관료집단은 이 기회를 열심히 활용하여 노동자의 상층부가 자신들이 누리고 있는 특권을 동일하게 누리도록 함으로써 대중적 고립으로부터 벗어나고자 한다. 이 결과 스타하노프 운동원들의 실질 소득은 하층 노동자들의 소득보다 20배 내지 30배를 상회한다. 그리고 특히 운이 좋은 전문가들의 경우 이들의 봉급은 많은 경우 비숙련 노동자 80명에서 100명의 봉급에 해당한다. 임금 불평등에 있어서 소련은 자본주의 국가들을 따라잡았을 뿐만 아니라 훨씬 앞지르고 있다!

사회주의적 동기를 순수히 간직하고 있는 가장 우수한 스타하노프 운동원들은 자신들에게 선사되는 특권에 대해서 행복해 하기보다는 불편해 하고 있다. 이것은 하나도 이상할 것이 없다. 일반적인 궁핍이 존재하는 한가운데에서 모든 종류의 물품들을 개인적으로 즐길 경우 시기와 악의가 이들을 둘러싸고 이들의 생활을 망치게 된다. 이런 종류의 인간관계는 자본주의 공장에서 일어나는 노동자들 사이의 관계와 유사할 뿐이다. 착취에 대한 투쟁으로 하나가 된 이들의 사회주의적 도덕과는 거리가 멀 뿐이다.

이 모든 것에도 불구하고 숙련 노동자의 일상 생활은 쉽지가 않다. 특히 지방의 경우는 더욱 그렇다. 더 높은 노동생산성 때문에 7시간 노동일이 희생당하고 있을 뿐만 아니라 생존을 위한 투쟁에 적지 않은 시간이 소비된다. 예를 들어 소련의 집단농장에서 좋은 지위에 있는 노동자들이 특별히 번영을 누리고 있는 징후가 하나 있다. 즉 트랙터 운전사나 콤바인 운전사 등이 소와 돼지를 소유하고 있다는 사실이 언론에서 거론된다. 그런데 이미 이들은 악명높은 노동자 귀족으로 알려져 있다. 우유 없는 사회주의가 사회주의 없는 우유보다 더 좋다는 이론은 이미 포기되었다. 국영농장에는 소나 돼지가 얼마든지 있다. 그러나 이곳에서 일하는 노동자가 자신의 생존을 보장받기 위해 주머니 경제를 운영해야 한다. 이 사실은 이미 현실로 인정되고 있다. 또 하나 놀라운 사실이 있다. 카르코프에서 96,000명이나 되는 노동자들이 자기 텃밭을 소유하고 있다는 사실을 소련 당국은 승리에 들떠서 발표했다. 다른 도시가 카르코프의 기록에 도전하라고 부추기고 있다. "자기 자신의 소", "자기 자신의 텃밭"이란 말에는 인간 노동력에 대한 얼마나 끔찍한 강도행위가 암시되어 있는가! 그리고 노동자뿐만 아니라 그의 아내와 자식에게까지 가해지는 중세식 거름주기와 땅파기는 얼마나 지독한 부담인가!

그러나 물론 일반 대중은 자기 자신의 소나 텃밭을 가지고 있지 않다. 그리고 대개의 경우 자기 집도 소유하지 못하고 있다. 비숙련 노동자의 임금은 1년에 1,200루블에서 1,500루블 이하이다. 이 임금으로는 내내 궁핍을 면할 수 없다. 물질적·문화적 수준을 측정하는 가장 믿을 만한 지수인 생활조건은 지극히 열악할 뿐만 아니라 종종 참을 수 없는 지경에 이르렀다. 노동자의 절대다수는 공동주택에 모여산다. 이곳의 장비와 관리 정도는 군대의 막사보다 훨씬 뒤떨어진다. 공업의 실패와 부진 그리고 제품의 품질 저하 등에 대해서 변명이 필요할 경우 소련 당국은 기자들을 통해 다음과 같은 생활조건을 공개한다 : "노동자들은 마루에서 잔다. 침대에는 빈대가 들끓기 때문이다. 의자는 망가지고 물을 마실 컵도 없다." "두 가구가 단칸방에서 산다. 지붕은 비가 샌다. 비가 오면 그릇 가득히 빗물을 퍼서 방 밖으로 버린다." "옥외변소는 구역질 날 정도로 더럽다." 이런 식의 묘사는 각기 다른 지방들의 상황을 제시하고 있는데 관료집단 마음대로 계속 이어질 수 있다. 석유산업의 책임자는 예를 들어 다음과 같이 쓰고 있다 : 이런 참을 수 없는 생활 때문에 "직장 이동률은 아주 높은 수준에 이르렀다. … 노동자가 없어서 많은 수의 시추공이 방치되어 있다." 특히 살기가 어려운 지역이 있다. 이곳에는 다른 지역에서 노동규율을 여러 번 어겨서 해고되거나 면직된 사람들이 모여든다. 이렇게 노동자계급의 밑바닥에는 소련의 소외된 부랑자들이 층을 이루고 있다. 이들은 어떠한 권리도 보유하고 있지 않다. 그러나 석유생산과 같은 중요한 산업분야는 이들 중에서 인력을 끌어쓸 수밖에 없다.

임금의 아주 뻔뻔스러운 격차와 자의적인 특전을 통해 관료집단은 노동자계급 내에 날카로운 적대감을 심어놓는 데 성공했다. 스타하노프 운동에 대한 기록은 때때로 소규모 내전에 대한 묘사이기도 하다. 예를 들어 어느 노동조합의 기관지는 다음과 같이

썼다: "기계들을 파괴하고 못쓰게 하는 것이 스타하노프 운동에 대항해서 싸우는 좋은(!) 방식이다." 계속해서 읽어보자: "계급투쟁이 모든 곳에서 느껴지고 있다." 이 "계급"투쟁에서 노동자와 노동조합은 서로 적이다. 스타하노프 운동에 저항하는 자들은 "혼쭐이 나야 한다"고 스딸린은 공개적으로 협박했다. 당 중앙위원회 위원들은 지구상에서 "무례한 적"들을 몰아내야 한다고 한 번 이상 위협한 적이 있다. 이런 망언을 통해 스타하노프 운동이 당국과 노동자계급 사이에 깊은 소외의 골을 파 놓았다는 사실이 아주 확연히 드러났다. 관료집단은 자신들이 발명하지 않은 격언을 이용해야 한다고 화가 끝까지 치민 끝에 주장하고 있다. 이 격언은, "분할 통치하라!"이다. 더욱이 노동자들을 안심시키기 위해 강제 도급제 노동은 "사회주의적 경쟁"이라고 명명되고 있다. 이 용어는 마치 사회주의를 조롱하는 듯이 들린다!

경쟁의 근원은 타고난 생물적 불평등에 있다. 그러나 경쟁에서 탐욕, 시기, 특권 등과 같은 부정적인 요인들을 제거할 경우 공산주의하에서도 경쟁은 문화발전의 가장 중요한 원동력으로 남아 있을 것임에 틀림없다. 그러나 사회주의 사회를 건설하려면 현 소련 정부가 사용하고 있는 후진 자본주의의 굴욕적인 조치들이 아니라 해방된 인간에게 합당한 방식들이 사용되어야 한다. 그렇지 않을 경우 사회주의 건설은 성취될 수 없을 것이다. 그리고 무엇보다도 관료집단의 채찍을 맞아가면서 사회주의가 성취되지는 않을 것이다. 왜냐하면 이 채찍은 구세계로부터 물려받은 가장 저주스러운 유산이기 때문이다. 조금의 창피스러운 감정도 없이 사회주의를 얘기하기 위해서는 이 채찍이 갈가리 찢겨야 한다. 그리고 대중들이 보는 앞에서 모닥불에 던져져 불태워져야 한다.

3. 집단화 농촌의 사회적 모순

공업 복합기업이 "원칙적으로" 사회주의적 기업이라면 집단농장은 그렇지 않다. 집단농장은 국가가 아니라 일정 수의 농민들에게 기반을 두고 있다. 물론 자영 농장의 분산성과 비교해 보면 커다란 진전이지만 집단농장이 사회주의로 이행할 것인지의 여부는 상황에 따라 달라질 수 있다. 농장 내부의 상황, 소련의 전반적인 상황 그리고 세계 정세에 따라 이 문제는 다른 방향으로 발전할 가능성이 얼마든지 있다.

농민과 국가 사이의 투쟁이 끝나려면 많은 시간이 필요할 것이다. 현재 존재하는 대단히 불안정한 농업 조직은 양자 간의 일시적 타협의 산물에 지나지 않는다. 양자는 끔찍한 내전을 통해 적대관계에 놓여 있었다. 물론 농민이 경작하는 토지의 90퍼센트는 집단화되었다. 그리고 농업생산물의 94퍼센트는 집단농장에서 생산된 것이다. 실제로는 개인소유 농장이면서 집단농장으로 위장한 경우가 어느 정도 존재한다. 그러나 개인소유 농업에 대한 승리는 최소한 90퍼센트 완료되었다고 볼 수 있을 것이다. 그러나 농촌에서 진행되고 있는 각 세력 사이의 투쟁은 개인소유 농장의 농민과 집단농장의 농민이라는 앙상한 대비만으로는 전혀 이해될 수 없다.

농민들을 진정시키기 위해서 국가는 재산을 개인적으로 소유하고자 하는 농민의 개인주의적 경향에 대해서 대단히 많은 양보를 하지 않을 수 없었다. 우선 농민들은 자신들이 경작하고 있던 토지를 집단농장에 엄숙히 양도하였다. 그리고 이에 대한 대가로 농민들은 "영원히" 토지 사용권을 국가로부터 보장받았다. 이 조치의 핵심적 내용은 사회주의적 토지소유의 철폐였다. 그렇다면 이 조치는 법적인 허구 내지 속임수에 불과한 것일까? 각 세력의 역관계에 따라 이 조치는 현실이 되어 아주 가까운 미래에 국가적 범위의 계획 경제에 엄청난 난관을 조성할 가능성이 있다. 그러나 어쨌든 국가가 특별히 소규모의 개인소유 농장을 다시 인정하지 않을 수 없었다는 사실이 훨씬 중요하다. 사회주의화를 침해하고 집단화를 제한한 대신 농민은 아직 마음이 썩 내키는 것은 아니지만 집단농장에서 일하는 것에 평온히 동의하고 있다. 집단농장에서의 노동을 통해 농민은 국가에 대한 의무를 다하고 대신 개인적으로 농업 생산수단을 소유할 기회를 부여받았다. 이 새로운 관계는 아직 미성숙한 형태를 띠고 있어서 소련의 통계가 좀 더 정직하더라도 이것을 수치로 표현하기는 어렵다. 그러나 농민 소유의 소규모 농장이 농민 개인의 생존에 있어서 집단농장만큼이나 커다란 의미를 가지고 있다는 결론을 내리게 하는 많은 사건들이 일어나고 있다. 즉 농촌 전역에는 개인주의적 경향과 집단주의적 경향이 아직도 공존하고 있다는 사실이 증명되고 있다. 그리고 이 과정은 아직 결말에 이르지 않았다. 농민은 어느 경향으로 기울 것인가? 이 질문에 대해서 농민 자신들도 아직 정확히 아는 것이 없다.

농업 인민위원은 1935년 말에 다음과 같이 말했다: "현재까지 쿨락 분자들이 곡물 공급에 대한 국가적 시책에 대해 강력한 저항을 하고 있다." 이 말은 다른 말로 바꾸면 집단농장의 농민 대다수가 "최근까지" (그리고 어쩌면 지금까지) 국가에 곡물을 양도하는 것을 자신들에게 불리한 조치라고 간주하여 개인적 상거래에 의존하는 경향이 있다는 것을 의미한다. 이 점은 집단농장의 농민들이 집단적 재산을 약탈하는 행위를 금지하는 엄한 법이 존재하는 것을 통해서도 증명된다. 집단농장의 재산이 200억 루블의 보험에 들어 있고 대신 집단농장 농민의 개인적 재산은 210억 루블에 보험을 든 사실은 시사하는 바가 크다. 물론 이 사실이 농민 개개인이 전부 합쳐지면 반드시 집단농장보다 더 부자라는 의미가 되는 것은 아니지만 농민이 자신의 재산을 공동 재산보다 더 귀중히 여긴다는 사실을 의미하는 것은 확실하다. 목축의 양상도 위 사실에 못지않은 시사점을 가지고 있다. 말의 수는 1935년까지 계속해서 하락하였고 지난 한 해 동안 정부의 일련의 조치를 통해서만 약간 증가하기 시작하였다. 그런데 지난 한 해 동안 증가한 뿔 달린 소의 수는 이미 4백만 두에 달한다. 말에 대한 목표는 상황이 좋았던 1935년에도 94퍼센트밖에 달성되지 않은 반면 뿔 달린 소의 경우는 상당히 초과 달성되었다. 이 데이터의 의미는 말이 집단농장의 재산인 반면 소는 집단농장에서 일하는 농민 대다수의 개인 소유물에 속한다는 사실로 명확해진다. 초원 지방에서는 농민이 말을 개인 소유로 보유할 수 있다. 그런데 이 지방에서는 말의 증가가 집단농장의 경우보다 상당히 빠르다. 더욱이 집단농장은 국영농장보다 말의 수에 있어서 더 커다란 증가세를 보이고 있다. 이러한 사실들로부터 개인소유의 소규모 영농이 대규모 사회주의적 영농보다 생산성이 뛰어나다고 추론해서는 안 된다. 다만 전자에서 후자로의 이행이 야만에서 문명으로 가는 길이지만 도중에 많은 난관이 있으며 이 난관은 단순히 행정적인 압력으로 제거되지 않는다는 사실이 추론으로 가능하다.

"법은 경제구조와 이것에 의해서 조건 지워지는 문화발전 수준을 능가할 수 없다." 비록 법으로는 금지되어 있지만 토지의 대여는 아주 널리 퍼져 있다. 더욱이 이것의 가장 지독한 착취 형태인 소작의 형태로 널리 퍼져 있다. 한 집단농장이 다른 집단농장에 토지를 대여해준다. 또는 외부인에게 대여되기도 하고 마침내 좀 더 재산 증식을 잘하는 집단농장의 성원에게 대여되기도 한다. 믿기 힘들지 모르지만 "사회주의적" 기업인 국영농장도 농토를 농민에게 대여해주고 있다. 그리고 이 점에서 특히 시사하는 바가 많은 사실이 하나 있다. 비밀경찰G.P.U. 소유의 국영농장이 이런 짓을 하고 있다! 법을 수호하는 이 높은 기관의 보호하에 국영농장의 책임자들은 과거 지주-농노 간의 계약을 그대로 본뜬 조건을 임차 농민에게 강요한다. 결국 관료들이 농민을 착취하는 셈인데 이때 관료들은 국가의 기간원이 아니라 반합법적 지주의 성격을 띤다.

이런 추한 현상을 조금도 과장할 필요는 없다. 물론 이런 현상은 통계에 반영되지 않는다. 그럼에도 불구하고 이 현상이 드러내는 엄청난 의미를 놓칠 수는 없다. 즉 인구의 절대다수를 포괄하고 있으며 아직도 지극히 후진적인 이 경제 분야에서 부르주아적 경향이 발휘하는 위력을 정확히 증명하고 있는 것이다. 한편 새로운 소유관계 구조에도 불구하고 시장관계는 불가피하게 개인주의적 경향을 강화시키고 농촌의 사회적 분화를 심화시키고 있다.

집단농장의 평균소득은 약 4,000루블이다. 그러나 농민에게 있어서 "평균" 수치는 노동자의 경우보다 더 은폐적인 성격을 띠고 있다. 예를 들어 집단 어민은 1935년에 1934년보다 두 배나 소득을 증대하여 일인당 1,919루블을 벌었다고 크레믈린에 보고되었다. 이 수치는 집단농장 농민의 소득에 비해 높다. 반면 소득이 가구당 30,000루블이 되는 농장도 있다. 물론 개인 소유에 의한 소득을 제외한 수치이다. 일반적으로 이들 대규모 집단농장 농민들의 소득은 "평균" 노동자의 임금 그리고 낮은 수준으로 집단화된 농장의 농민 소득보다 10배 내지 15배 높다.

그런데 노동의 숙련도나 근면성은 소득 격차에 부분적으로만 영향을 미치고 있다. 집단농장과 개인소유 농장은 모두 극단적으로 서로 다른 조건에 처해 있다. 기후, 토양, 곡물의 종류, 도시와 공업중심지로부터의 거리 등이 각기 다르다. 도시와 농촌 간의 격차는 5개년 기간 동안 감소하지 않았을 뿐만 아니라 반대로 도시와 새로운 공업지역의 급속한 성장 때문에 더 커졌을 뿐이다. 소련 사회의 근본적인 사회 격차는 집단농장들 사이에 그리고 집단농장 내부에 파생적으로 모순들을 만들어내고 있다. 그런데 이러한 모순들의 주요한 요인은 차등지대의 존재이다.

한편 관료집단의 무제한적인 권한은 사회적 분화에 상당히 강력한 도구의 역할을 하고 있다. 이들은 임금, 가격, 세금, 예산, 신용 등의 지렛대를 장악하고 있다. 중앙아시아의 집단농장들 사이에 존재하는 아주 상이한 소득수준은 집단농장 농민들의 노동생산성보다는 정부에 의해서 확립된 가격의 상호관계에 의해서 정해진다. 한 계층의 다른 계층에 대한 착취는 사라진 것이 아니라 감추어졌을 뿐이다. 처음 조성된 수만 개의 "부유한" 집단농장들은 다른 집단농장들과 공업노동자들을 희생시켜가며 번영하였다. 그런데 모든 집단농장들을 번영의 수준으로 올려놓는 것은 다수를 희생으로 소수에게 특권을 주는 것보다 비교할 수 없이 어렵고 장기간의 시일이 요하는 과제이다. 1927년 좌익반대파는 다음과 같이 선언하였다 : "쿨락의 소득은 노동자의 소득에 비해서 비교할 수 없이 증가하였다." 그리고 이 선언은 지금도 의연히 진실성을 가지고 있는데 약간 그 형태를 달리하고 있을 뿐이다. 그리고 집단농장 농민 상층의 소득은 기본 농민과 노동자 대중의 소득보다 비교할 수 없이 증가했다. 현재 존재하는 각 계층 간 물질적 생활수준의 차이는 아마 쿨락을 일소하기 직전보다 상당히 더 커졌을 것이다.

집단농장의 기본 재산들이 사회주의 소유가 되었기 때문에 집단농장 내부에 존재하는 계층적 분화는 개인 소비의 영역을 통해 일부 표현되고 있다. 그리고 또 다른 일부는 집단농장 옆에 붙어 있는 개인소유 기업에 의해서 촉진되고 있다. 집단농장들 사이의 분화는 사회에 이미 깊은 영향을 끼치고 있다. 왜냐하면 부유한 집단농장들은 비료와 기계의 사용에 있어서 더 많은 기회를 제공받고 있기 때문이다. 이 결과 이들은 빨리 부유해진다. 성공하는 집단농장들은 종종 가난한 집단농장으로부터 노동력을 고용하고 당국은 이것을 눈감아준다. 가치가 다른 농토들이 집단농장에 넘겨지는 것을 통해서 이들 간의 분화는 더욱 증진되고 있다. 이 결과 부르주아적 집단농장 즉 소위 "백만장자 집단농장"들이 등장하고 있다.

물론 국가권력은 농민 간의 사회적 분화 과정에 개입하여 조정자 역할을 할 수 있다. 그러나 어떤 방향으로 그리고 어떤 한계 내에서 이 역할을 수행할 것인가? 쿨락과 쿨락 집단농장을 공격한다는 것은 좀 더 "진보적인" 농민층과 새로운 싸움을 시작한다는 것을 의미할 수도 있다. 그런데 이들 진보적인 농민층은 지금에 와서야 고통스러운 정부의 개입에 대해 "행복한 삶"을 누리고자 하는 예외적으로 큰 욕망을 느끼기 시작하고 있다. 더욱이 더 중요한 것은 국가권력 자체가 사회주의적 통제를 수행할 능력을 점점 상실해가고 있다는 사실이다. 공업의 경우와 마찬가지로 농업에서도 국가권력은 강력하고 성공적인 백만장자 집단농장의 "스타하노프 현장 운동원"으로부터 지지와 호의를 구하고 있다. 국가권력은 처음에는 생산력 발전에 관심을 갖는 것 같지만 결국에는 자신의 이해에만 골몰하게 된다. 집단화가 관료집단의 기생성을 부추기고 이 결과 관료집단이 집단농장의 상층과 유착하는 경우는 소비가 생산과 밀접히 연관되어 있는 농업에서 발생한다. 집단농장의 농민들이 크렘린궁의 엄숙한 기념식에서 지도자들에게 증정하는 감사 "선물"은 지방 권력층에게 주는 진짜 공물貢物의 상징적 표현에 불과하다.

따라서 생산력의 낮은 수준은 공업의 경우보다 농업의 경우 훨씬 크게 사회주의적 그리고 협동조합적(집단농장) 소유형태와 계속해서 모순을 일으키고 있다. 결국 이러한 모순 속에서 등장한 관료집단은 이 모순을 도리어 더욱 심화시키고 있다.

4. 관료 지배층의 사회적 외관

소련의 정치서적들을 보면 잘못된 사고방식이나 사업방식을 "관료주의"라고 비난하는 내용을 보게 된다. (그런데 이 비난은 항상 상부에서 하부로 내려오며 상부의 자기방어용 수단에 지나지 않는다.) 그러나 관료집단을 지배층으로 보면서 연구한 내용은 어디에도 볼 수 없다. 이 지배층의 숫자, 체계, 실제 인물, 특권과 취향, 국민총생산량에서 어느 정도의 부를 차지하고 있는지 등의 데이터는 어디에서도 찾을 수 없다. 그러나 관료집단은 실제로 존재하고 있다. 그러나 이들이 그렇게도 조심스럽게 자신의 정체를 숨기고 있다는 사실은 이들이 지배 "계급"의 구체적인 의식을 소유하고 있음에도 불구하고 한편으로 자신들이 장악한 통치권에 대해서 자신감을 가지고 있지 못함을 증명한다.

소련 관료집단에 대한 정확한 수치를 입수하는 것은 절대적으로 불가능하다. 여기에는 두 가지 종류의 이유가 있다. 우선 국가가 거의 유일한 고용주인 나라에서 행정기구가 어디에서 끝나는지 말하기가 힘들다. 둘째로 이 문제에 대해서 소련의 통계 종사자, 경제학자, 선전가 등은 이미 말했듯이 특히 집중적인 침묵을 유지하고 있다. 그리고 서방의 소련 "친구들"도 같은 행동을 취한다. 1,200페이지나 되는 노동관계 자료집에서 웹 부부the Webbs는 소련 관료집단을 사회적 범주로 언급한 경우가 한 번도 없다. 이것은 하나도 이상할 것이 없다. 왜냐하면 이 저명한 "사회주의자" 부부는 소련 관료집단의 명령에 따라서 행동했기 때문이다!

공식 수치에 의하면 1933년 11월 1일 현재 중앙 국가기구는 55,000명의 지휘 요원들을 두고 있다. 그러나 이 수치는 최근 극히 이례적으로 증가했는데 국방부, 비밀경찰기구 등과 또 한편으로 오소아비아킴Ossoaviakhim 1과 같은 사회 기관들이 포함되어 있지 않다. 더욱이 각 공화국들도 각자 정부기구를 장악하고 있다.

국가기구, 노동조합, 협동조합 그리고 기타 참모진 그리고 이들과 함께 이중적으로 인적 구성을 공유하고 있는 당의 강력한 참모진이 존재한다. 소련과 산하 공화국의 지배층을 40만 명으로 보는 것이 과장은 아닐 것이다. 현재 이 숫자가 이미 50만 명을 넘어섰을 가능성도 있다. 이 숫자에는 소위 "지도자", 요인" 등 엄밀한 의미에서 지도층을 포함하고 있으며 직원들은 제외된다. 물론 아주 중요한 수평적 경계로 인해 위계질서가 확립되어 있다.

50만의 관료 지배층은 광범위하고 다양한 측면의 기초를 가진 묵직한 행정 피라미드에 의해서 지원받고 있다. 지방 도시와 지구 소비에트의 집행위원회, 같은 급의 당 기구, 노동조합, 공산주의청년동맹, 지방 수송기구, 육군과 해군의 사령부, 비밀경찰국 등은 거의 2백만 명의 인원을 보유하고 있을 것이다. 그리고 60만 도시 및 농촌 소비에트를 대표하는 의장들도 잊어버려서는 안 될 것이다.

기업의 직접적인 운영은 1933년에 17,000명의 책임자와 부책임자의 손에 집중되어 있었다. (이보다 최근 자료는 존재하지 않는다.) 공장, 광산, 제작소 등의 행정적 기술적 인원은 십장까지 포함해서 250,000명에 이르렀다. (그러나 물론 이들 중에서 54,000명은 행정적 기능을 수행하지 않은 전문가들이었다.) 여기에 각 공장에 존재하는 당과 노동조합기구를 포함시켜야 한다. 공장에서는 잘

---

1. [옮긴이] 소련 국방 및 항공-화학산업 개발 그룹.

알려져 있듯이 "삼각형" 방식으로 행정이 수행된다. 노동조합이 있는 기업의 행정을 위해 50만 명의 인원이 종사하고 있다는 주장은 과장이 아닐 것이다. 여기에 각 공화국과 지방 소비에트 기구를 담당할 행정요원들을 더해야 한다.

그리고 다른 공식 통계에 의하면 1933년 현재 소련 경제 전체에 86만 명 이상의 행정요원과 전문가들이 일하고 있다. 공업에는 480,000명, 수송에는 100,000명, 농업에는 93,000명, 상업에는 25,000명 등이 있다. 물론 이 수치에는 행정적 권한이 없는 전문가들이 포함되어 있다. 그러나 집단농장과 협동조합이 여기서 제외되어 있다. 그리고 이 수치들은 지난 2년 6개월 동안 진행된 숨가쁜 사회변화가 진행되기 이전의 데이터에 속한다.

250,000개의 집단농장들 중에서 의장과 당 조직 담당자만 해도 그 수는 이미 50만 명을 헤아린다. 그러나 실제는 이 숫자보다 비교할 수 없이 많다. 국영농장과 트랙터-기계류 정비소 등을 합한다면 사회화된 농업 분야의 책임자 총수는 백만 명을 훨씬 넘을 것이다.

1935년 소련에는 무역 관련 부서가 113,000개소, 협동조합이 200,000개소 존재하고 있었다. 이들 부서의 지도자들은 상업 관련 종업원이 아니라 국가의 직원이고 더욱이 특정 품목의 독점가들이다. 소련의 언론조차도 때때로 "협동조합 임원들은 자신들이 집단농장 농민에 의해 선출된 존재라고 생각하지 않는다"고 불평한다. 마치 협동조합의 운영이 노동조합, 소비에트, 당의 운영과 질적으로 구별될 수 있는 것처럼 이들은 생각한다. 이 계층은 생산적 노동에 직접 종사하지 않는 대신 행정조치를 취하고, 명령을 내리며, 일을 지휘하고, 사면을 내리고 벌을 내리는데 약 5백만에서 6백만 명에 이를 것이 확실하다. 이 총 수치는, 그것을 구성하는 항목들과 마찬가지로, 결코 정확하다고 볼 수는 없다. 다만 관료집단에 대한 분석의 첫걸음으로 유용할 것이다. 그것은, 소련 지도부의 "총노선"이 단순히 허깨비가 아니라는 사실을 우리에게 확신시키기에 충분하다.

이 거대한 지배체제의 각 단계에서 공산주의자들은 20퍼센트에서 90퍼센트를 차지하고 있다. 관료집단 전체에서 공산주의자들은 공산주의 청년동맹의 회원들을 포함하여 150만에서 200만에 이르고 있다. 현재 숙청이 계속 진행되고 있으므로 수치는 더 낮아질 것이다. 이들이 국가권력의 근간이다. 이들 공산주의자들은 동시에 당과 공산주의 청년동맹의 근간을 이루고 있다. 볼셰비키당은 과거처럼 노동자계급의 전위가 아니라 이제 관료집단의 정치기구에 불과하다. 나머지 당원들과 청년동맹 회원들은 관료집단의 충원을 위한 예비부대 즉 "현역"active의 원천을 이루고 있다. 비당원 "현역"들도 같은 목적에 봉사한다. 노동자 귀족, 집단농장 농민 귀족, 스타하노프 운동원, 비당원 "현역", 신뢰받는 인물, 이들의 친지 등은 관료집단의 전체 숫자와 비슷한 500만에서 600만 명에 이를 것으로 가정할 수 있다. 이들의 가족까지 합치면 인적 구성이 서로 겹치는 이 두 집단은 2,000만에서 2,500만 명에 이른다. 가족의 수를 비교적 낮게 잡고 있는 이유는 남편과 아내 그리고 가끔 아들과 딸들이 국가기구의 직책을 가지고 있기 때문이다. 더욱이 지배층의 부인들은 노동자 여성이나 농민 여성들보다 가족의 수를 제한하기가 훨씬 쉽다. 현재 진행되고 있는 낙태 반대

캠페인은 관료집단에 의해서 시작되었지만 고위층 부인들에게는 해당되지 않는다. 전체 인구의 12퍼센트에서 15퍼센트가 전제적 지배집단의 사회적 기반을 이루고 있다.

여러 개의 방, 충분한 식량, 단정한 의복이 아직도 인구의 극소수에게만 가능한 상황에서 고위이든 하위이든 수백만의 관료들은 자신에게 주어진 권한을 주로 자신의 복지를 확보하는 데 이용하려고 노력한다. 따라서 이 집단의 지독한 이기주의, 공고한 내부 단합, 대중의 불만에 대한 두려움, 모든 비판을 압살하고자 하는 끈질긴 집착, "지도자 동지"에 대한 위선적이면서도 종교의식에 가까운 복종 등이 특징으로 나타난다. 특히 "지도자 동지"는 이 새로운 지배집단의 권한과 특권을 확립하고 옹호하기 때문에 무조건적인 충성을 받고 있다.

관료집단은 노동자계급이나 농민에 비해 내부 동질성이 여전히 대단히 낮다. 농촌 소비에트 의장과 크렘린궁의 고위관료 사이에는 커다란 격차가 존재한다. 다양한 범주의 하급관료들은 아주 원시적인 생활수준을 유지하고 있다. 이들은 서방의 숙련노동자들보다 생활수준이 더 낮다. 그러나 모든 것은 상대적인데 일반대중들의 생활수준은 하급관료들에 비해 대단히 낮다. 고위관료들과 마찬가지로 집단농장의 의장, 당 조직가, 협동조합의 하급관료 등의 운명은 소위 "선출자 대중"에게 전혀 의존하고 있지 않다. 직속상관 관료는 부하들의 불만을 잠재우기 위해서 하급관료들을 언제든지 희생시킬 수 있다. 그러나 가끔 이들은 모두 함께 한 단계 승진할 경우도 있다. 심각한 충격이 외부에서 처음으로 가해지기 전까지는 어쨌든 이들 관료집단은 직위의 상호보장체제에 의해서 크렘린궁의 지도부와 같은 이해를 가지고 있다.

생활조건으로 보면 관료 지배층은 시골 구석의 쁘띠부르주아에서 대도시나 수도의 대부르주아까지 다양한 구성을 이루고 있다. 이러한 물질적인 조건에 따라 습관, 이해관계, 사고방식 등이 조응한다. 현재 소련 노동조합 지도자들은 심리적 특성에 있어서 서방 노동조합 관료들과 별로 다르지 않다. 표현방식은 다르지만 대중에 대한 거만한 자세, 이류 수준의 술책을 교활하게 구사하는 검은 마음, 보수성, 편협한 전망, 사회 평온에 대한 같은 정도의 강한 집착, 가장 유치한 형태의 부르주아 문화에 대한 숭배 등에서 이들은 동일한 성격을 가지고 있다. 소련의 대령들과 장군들은 대개의 경우 지구상의 다른 대령들이나 장군들과 다른 점이 거의 없다. 소련의 외교관들은 서방의 외교관으로부터 연미복뿐만 아니라 사고방식도 그대로 모방하고 있다. 소련의 기자들은 방식이야 특별하겠지만 외국의 기자들과 똑같이 독자들을 우롱한다.

관료집단의 숫자를 추산하는 것이 힘들다면 이들의 수입 수준을 알아내는 것은 더 힘들다. 이미 1927년에 좌익반대파는 "비대한 특권관료집단은 잉여가치의 아주 상당한 몫을 집어삼키고 있다"고 항의하였었다. 좌익반대파의 강령은 무역 관련 기구들의 경우만 해도 "국민총생산의 10분의 1 이상을 집어삼키고 있다"고 추산하였다. 그러자 당국은 추산이 불가능하도록 모든 조치를 취했다. 그러나 바로 이 조치들로 인하여 총경비는 감소된 것이 아니라 늘어났을 뿐이다.

무역 분야나 다른 분야나 상황은 마찬가지이다. 라코프스키가 1930년에 어느 글에서 말했듯이, 4억 루블에 달하는 노동조합의 예산에서 8천만 루블이 직원의 봉급으로 나가는 사실을 신문에 싣는 문제로 당과 노동조합 관료들 사이에 가벼운 설전이 벌어졌다. 그런데 이 경우는 합법적인 예산을 공개하는 문제였다. 이외에도 노동조합의 관료들은 공업에 종사하는 관료들로부터 돈, 아파트, 수송수단 등 많은 선물들을 우정의 표시로 받는다. 라코프스키는 묻는다 : "당, 협동조합, 집단농장, 국영농장, 산업 및 행정기구의 기관들을 먹여 살리기 위해 얼마나 많은 돈이 들어갈까?" 그는 스스로 자신의 질문에 답했다 : "가설을 세우기 위한 정보조차 구할 수 없다."

통제에서 벗어날 경우 기금 횡령을 포함한 권한 남용은 당연한 현상이다. 1935년 9월 29일 소련 정부는 협동조합의 무능을 문제로 제기하기 위해서 몰로토프와 스탈린이 서명한 성명서를 발표했다 : "농촌의 많은 소비자 단체들의 약탈과 낭비가 심각한 수준에 이르렀다." 그러나 이런 성명서는 처음이 아니었다. 1936년 1월 중앙집행위원회 회의에서 재정인민위원은 지방의 집행위원회들이 국가기금을 완전히 자의적으로 지출하고 있다고 불평했다. 이 인민위원이 중앙기구들의 직권남용에 대해서 침묵을 지킨 이유는 단 하나뿐이다 : 자신이 중앙기구에 속해 있기 때문이다.

관료집단 전체가 국민총소득의 얼마를 차지하는지는 추산할 수 있는 가능성이 전혀 없다. 이들이 자신의 합법적 수입 수준마저 면밀히 감추거나 직권남용을 통해 예상하지 못한 많은 기금을 전용하기 때문만도 아니다. 주요한 이유는 공공사업, 편의시설, 문화, 예술 등 사회복지 분야가 독점적으로는 아니라 할지라도 주로 상부 특권층을 위해 존재하고 있기 때문이다.

관료집단을 소비자로 볼 경우 필요한 변경을 가하여 부르주아지에 대해 우리가 알고 있는 것을 반복하면 될 것이다. 관료집단이 개인적 소비재에 대해서 가지고 있는 욕심을 과장할 이유는 하나도 없다. 그러나 과거와 최신의 문명의 이기들을 관료집단이 거의 독점적으로 향유하고 있다는 사실을 생각하면 상황은 아주 달라진다. 과거에는 문명의 성과들이 물론 인구 전체에게 개방되었거나 아니면 최소한 도시의 인구에게 열려져 있었다. 그러나 이것도 특별한 경우에만 그랬다. 반면에 관료집단은 이것들을 개인 소유인 것처럼 이용하고 있다. 봉급, 현물 서비스의 모든 형태, 반합법적 소득원의 모든 형태뿐만 아니라 극장, 휴양지, 병원, 요양소, 여름 별장, 박물관, 클럽, 체육기관 등을 계산하면 인구의 15퍼센트 내지 20퍼센트가 나머지 인구가 사용하는 재부와 같은 정도를 향유한다고 결론지을 수 있을 것이다.

그런데 서방의 소련 "친구들"은 우리가 제시한 수치에 대해서 이견을 가지고 있는가? 그렇다면 이들은 좀 더 정확히 계산을 할 수 있을 것이다. 이것에 대해서 우리는 하등 개의치 않을 것이다. 이들이 관료집단에게 소련 사회의 소득과 지출 통계집을 발행하도록 설득하게 내버려 두자. 그러나 이들이 이렇게 하기 전까지는 우리의 견해를 그대로 고수할 수밖에 없다. 소련의 소득분배는 짜르시대의 러시아나 서방의 가장 민주적인 국가의 경우보다 비교가 되지 않을 정도로 더 민주적이라는 것은 의심할 여지가 없다. 그러나 아직도 사회주의와는 공통점이 거의 없다.

7장

소련의
가족, 청년, 문화

1. 가족 내부의 테르미도르 반동

10월 혁명은 여성에 대한 자신의 의무를 정직하게 수행하였다. 갓 탄생한 소련 정부는 여성에게 남성과 동등한 모든 정치적·법적 권리를 부여했다. 그리고 더 중요하게는 유사 이래 어떤 정부들과도 비교할 수 없을 정도로 여성에게 모든 형태의 경제적·문화적 활동을 실질적으로 보장하는 조치를 능력이 허락하는 범위에서 취했다. 그러나 가장 대담한 혁명도 "전능한" 영국 의회와 마찬가지로 여성을 남성으로 바꾸어 놓을 수는 없다. 다시 말해서 임신, 출산, 육아 등의 부담을 동등하게 남성과 여성에게 나누어 줄 수는 없다. 혁명은 소위 "가정"family hearth 즉 근로계급의 여성이 나서 죽을 때까지 노예선의 노예노동을 수행해야 하는 케케묵고 답답한 제도를 파괴하기 위해 영웅적으로 노력하였다. 계획에 따르면 일종의 폐쇄된 소기업인 가정 대신 산부인과 병원, 탁아소, 유치원, 학교, 공공 식당, 공공 세탁소, 보건소, 병원, 요양소, 체육단체, 영화관 등의 완벽한 공공 서비스 체제가 가정의 역할을 대신하게 되었다. 사회주의 사회의 기관들이 가족의 가사를 완전히 소화하여 모든 세대들을 연대와 상호부조의 틀로 통일시킬 경우 여성과 사랑하는 부부는 천년이나 지속된 족쇄를 진정 벗어던질 수 있을 것이었다. 그러나 아직까지 문제들 중의 문제라고 할 수 있는 가족문제는 해결되지 않았다. 4천만 소련 가정은 절대다수가 중세적 반동, 여성 노예제와 히스테리, 아동에 대한 일상적인 모욕, 여성과 아동의 미신 등이 자라는 어두운 소굴을 이루고 있다. 이 점에 대해서는 어떠한 환상도 가져서는 안 된다. 따라서 소련의 가족문제에 대한 해결책의 연속적인 변천은 소련 사회의 실제 현실과 소련 지배층의 진화 과정을 가장 특징적으로 나타내고 있다.

오랜 가족제도를 단번에 일소하는 것은 불가능하였다. 의지가 부족하거나 가족이 인간의 마음속에 너무도 확고하게 깊이 뿌리내리고 있어서가 아니었다. 이와 반대로 정부가 창설한 탁아소, 유치원 등과 같은 기관을 신뢰하지 않던 시기를 잠시 경과한 후 근로여성과 이후 좀 더 선진적인 농민들은 가사의 사회화뿐만 아니라 아동을 집단적으로 돌보는 제도의 한없는 장점을 인정하게 되었다. 불행하게도 소련 사회는 너무 가난하고 문화수준이 낙후한 것으로 판명되었다. 국가의 실제 자원은 공산당의 계획이나 의도에 부합하지 못했다. 가족을 "철폐"할 수는 없다. 가족은 더 좋은 다른 형태로 대체되어야 한다. 여성의 실제적인 해방은 "일반화된 궁핍"의 상황에서는 실현될 수 없다. 이미 80년 전에 맑스가 정식화한 이 엄격한 진실을 경험이 곧 증명했을 뿐이었다.

상황이 아주 어려운 몇 년 동안 곳곳의 노동자들, 그리고 때로는 그들의 가족들은 공장이나 다른 공공 식당에서 식사를 하였다. 그리고 이 사실은 공식적으로 사회주의적 삶으로 가는 이행기적 현상으로 간주되었다. 혁명 이후 각기 다른 시기들 즉 전시공산주의, 신경제정책, 제1차 5개년 계획 시기들의 특성에 대해서 다시 논의할 필요는 없을 것이다. 식량배급표가 철폐된 1935년부터 상황이 좋은 노동자들은 가정의 식탁으로 돌아갔다. 이러한 후퇴현상을 사회주의 체제에 대한 부정이라고 간주한다면 부정확할 것이다. 왜냐하면 일반적으로 사회주의 체제는 시도된 적이 없기 때문이다. 그러나 정말 사태를 비관적으로 만든 것은 관료집단이 조직한 "공공 식단"에 대해서 노동자들과 부인들이 가졌던 판단이었다. 리넨 천이 세탁되는 양보다 찢기고 도난당하는 양이 많은 공공 세탁소에 대해서도 같은 결론이 내려질 수 있을 것이다. 다시 가정으로 돌아가자! 그러나 현재 웅변가들과 언론인들에 의해서 후안무치하게 찬양되고 있는 가정 취사와 세탁은 노동자의 부인들이 다시 자신들의 그릇과 냄비로 돌아간다는 것 즉 옛날의 노예제도로 돌아간다는 것을 의미한다. "소련 사회주의의 완벽하고 돌이킬 수 없는 승리"를 선언한 코민테른의 결의문이 공장지대의 여성들에게 아주 설득력을 가질 것으로 기대하기는 힘들지 않겠는가!

농촌의 가정은 가내수공업뿐만 아니라 농업과 밀접히 연관되어 있기 때문에 도시의 가정보다 한없이 더 안정적이고 보수적이다. 몇 안 되는 일반적으로 지극히 빈곤한 농촌 공동체가 혁명의 첫 몇 년간 공공 식당과 탁아소를 도입했다. 처음 발표된 담화문들은 농촌의 집단화가 가족제도에 결정적인 변화를 가져올 조치들을 시도할 것이라고 선언했다. 농민이 소유한 닭과 소를 괜히 징발한 것이 아니었다. 어쨌든 소련 전역에서 공공 식당의 당당한 진군에 대한 담화문이 아주 많이 발표되었다. 그러나 이러한 조치로부터 후퇴가 시작되었을 때 현실은 이 허풍스러운 말의 그림자로부터 갑자기 나타났다. 일반적으로 농민은 집단농장에서 자기만이 먹을 수 있는 빵과 가축에게 먹일 사료만을 얻을 수 있다. 육류, 유제품, 채소 등은 거의 완전히 집단농장 옆에 위치한 개인 소유의 텃밭에서만 나온다. 일단 가장 중요한 생활필수품이 가족의 고립된 노력에 의해서 획득되는 이상 공공 식당에 대한 말은 더 이상 나올 수 없다. 따라서 개인 소유의 소규모 농장은 개인 가정의 새로운 물질적 기반을 제공함으로써 여성에게 이중의 부담으로 작용하였다.

1932년에 일상적으로 운영되는 탁아소 수용인원은 전체 60만 명 이었고 들판에서 일할 경우에만 아이를 맡는 계절적 탁아소 수용인원은 40만 명에 불과했다. 1935년에 어린이용 침대의 수는 560만 개에 달했다. 그러나 일상적인 서비스를 제공하는 침대의 수는 전체 수의 아주 적은 비율에 불과했다. 더욱이 모스크바나 레닌그라드와 같은 대도시에서조차 일반적인 탁아의 요구들에 대해서도 탁아소 서비스가 대체로 제대로 부응하지 못하였다. "아이가 집에 있는 것이 차라리 낫다고 느끼는 탁아소는 탁아소가 아니라 질이 나쁜 고아원에 지나지 않는다"고 주요한 소련의 신문이 불평하고 있다. 상황이 좀 더 좋은 노동자 가족이 탁아소를 기피하는 것은 당연한 일이다. 그러나 일반 대중들에게는 "질이 나쁜 고아원"도 그 수가 아주 적다. 아주 최근에 당 중앙집행위원회는 기아들과 고아들이 개인 가정에서 양육되어야 한다는 결의문을 채택했다. 가장 고위의 기관을 통해서 관료집단은 가장 중요한 사회주의적 기능을 자신들이 수행하지 못하고 있음을 인정하였다. 1930년부터 1935년의 5년간 유치원에 다니는 아동의 수는 37만 명에서 118만 1천 명으로 늘어났다. 1930년의 수치는 너무 낮아서 두드러지는데 1935년의 수치는 소련의 가족 수에 비해서 대양大洋의 물 한 방울에 지나지 않아 보인다. 조금만 더 조사를 진행하면 이러한 유치원의 대다수나 심지어는 거의 모두가 행정부,

기술요원, 스타하노프 운동원 등의 자녀들만을 받아들이고 있다는 사실을 밝혀내게 될 것이다.

당 중앙집행위원회는 얼마 전에 "기아와 고아의 일소에 대한 결의문이 제대로 실행에 옮겨지고 있지 않다"고 공개적으로 증언하지 않을 수 없었다. 이 냉정한 자백에는 어떤 현실이 숨겨져 있을까? 조그만 활자로 인쇄된 신문에 실린 발언을 통해서도 우연하게 모스크바에서 1천 명 이상의 아동들이 "아주 어려운 가족상황 속에서" 살고 있다는 것을 알게 된다. 그리고 수도의 고아원에서는 약 1,500명의 아동들이 더 이상 갈 곳이 없어서 거리로 나앉는다. 그리고 모스크바와 레닌그라드에서 1935년 가을 2개월 동안 "아동을 버린 죄로 7,500명의 부모들이 재판정에 섰다." 이들을 재판정에 서게 한들 무슨 소용이 있을까? 몇천 명의 부모들이 재판정을 모면했을까? "아주 어려운 상황 속에 놓인" 아동 중에서 얼마나 많은 수가 통계에 잡히지 않았을까? 아주 어려운 상황과 그냥 어려운 상황은 무슨 차이가 있을까? 이러한 질문들은 해답을 찾지 못하고 있다. 은폐되어 있을 뿐만 아니라 명백하게 공개되어 있는 집 없는 아이들의 대단히 많은 숫자는 과거의 가정이 너무 빨리 해체되어 새로운 제도들이 이것을 대체할 수 없는 거대한 사회적 위기의 직접적 결과이다.

우연한 신문의 발언이나 형사 사건을 통해 독자들은 돈을 지불하는 남자의 이해에 의해서 여성이 극단적으로 타락하는 현상인 매춘의 존재를 소련에서 발견할 수 있을 것이다. 예를 들어 지난해 가을 『이즈베스챠』는 독자들에게 모스크바에서 "프롤레타리아 수도의 거리에서 비밀리에 자신의 몸을 파는 1,000명이나 되는 여성들이" 체포되었다고 보도하였다. 체포된 여성 중에는 177명의 노동자, 92명의 점원, 5명의 대학생이 있었다. 누가 이들을 거리로 내몰았는가? 불충분한 임금, 궁핍, "옷이나 신발을 살 약간의 돈을 벌기 위한" 필요 등이 원인이었다. 그러나 이 사회악의 정도를 대충이나마 알고자 하는 노력은 성과가 없을 것이다. 하급관료들이 통계요원에게 침묵을 지키고 있으라고 명령한다. 그러나 이렇게 강요된 침묵은 소련의 매춘부 "계급"이 그 수가 많다는 것을 오류의 여지 없이 증언할 뿐이다. 이들의 존재가 "과거의 잔재"라는 주장은 근본적으로 말이 되지 않는다. 이들은 젊은 세대에서 나오기 때문이다. 물론 어느 누구도 이성을 갖추고 있다면 문명의 역사만큼이나 오래된 이 사회악에 대해서 소련 체제를 비난하지는 않을 것이다. 그러나 매춘이 존재하는 현실에서 사회주의의 승리를 말하는 것은 용서할 수 없는 일이다. 신문들은 이 난처한 주제에 대해서 발언할 수 있는 허가를 받는 한에서 "매춘행위는 감소하고 있다"고 물론 주장하고 있다. 기아와 피폐의 해인 1931년부터 1933년 사이의 상황과 비교하면 이 말은 진실이다. 그러나 그때 이후로 화폐경제가 회복되고 직접적 배급제도가 철폐되었으므로 집 없는 아동들과 매춘은 불가피하게 새로이 증가할 것이다. 특권층이 존재하는 곳에는 언제나 버림받은 자들이 존재하기 마련이 아닌가!

집 없는 아동의 많은 수는 의심의 여지 없이 여성의 어려운 상황을 가장 오류 없이 비극적으로 보여주는 징후이다. 이 주제에 대해서는 낙관적인 『프라우다』까지도 가끔 쓰디쓴 자백을 하지 않을 수 없다:"많은 여성들에게 출산은 이들의 사회적 지위에 대한 아주 심각한 위협 요인이다." 바로 이 이유 때문에 혁명정부는 여성에게 낙태의 권리를 부여하였다. 거세된 남자들과 노처녀들이 무엇이라고 하든 궁핍과 가족의 어려움 속에서 낙태는 여성의 가장 중요한 시민적·정치적·문화적 권리들 중의 하나이다. 그러나 여성의 권리인 낙태 역시 현재와 같은 사회적 불평등 체제에서 특권으로 변질되었다. 낙태의 관행에 대해서 언론에 조금씩 흘러나오는 정보는 그야말로 충격적이다. 우랄지방의 어느 한 지구에 있는 농촌 병원 한곳을 통해서만 1935년에 "195명의 여성들이 산파에 의해서 몸을 상했다." 이 중에는 33명의 근로여성, 28명의 사무직 노동자, 65명의 집단농장 여성, 58명의 주부가 포함되어 있었다. 이 지구는 낙태의 정보가 언론으로 흘러들어 갔다는 점에서 대부분 다른 지구들과 차이가 있다. 얼마나 많은 여성들이 매일 소련 전역에서 산파들에 의해서 몸을 상하고 있을까?

필요한 의학적 도움과 위생시설을 갖춘 낙태에 의존할 수밖에 없는 여성들에게 그들이 요구하는 서비스를 제공할 능력이 없음이 밝혀지자 국가는 방침을 갑자기 바꾸어 낙태를 금지하는 쪽으로 방침을 정하고 있다. 그리고 다른 상황에서와 마찬가지로 이들은 상황의 필요를 강변하고 있다. 소련 대법원 판사 솔츠Soltz는 결혼문제 전문가이다. 앞으로 시행될 낙태금지 정책을 옹호하면서 그는 실업자가 없는 사회주의 사회에서 여성은 "엄마가 되는 기쁨"을 거부할 권리가 없다고 주장하고 있다. 이것은 경찰의 권한을 가지고 있는 성직자의 철학이다. 바로 전에 당 중앙집행위원회는 많은 여성들에게 그리고 아마 절대다수의 여성들에게 출산이 "여성의 사회적 지위에 대한 위협"이라고 말했었다. 그리고 소련의 최고기관으로부터 "고아와 기아의 일소정책은 제대로 시행되지 않고 있다"고 들었다. 이 말은 집 없는 아동의 수가 새로이 증가하고 있다는 의미이다. 그런데 이제 이 소련 대법원 판사는 "인생이 행복한" 나라에서는 낙태는 감옥행으로 다스려야 한다고 말하고 있다. 그런데 이것은 인생이 슬플 뿐인 자본주의 국가들과 똑같은 정책일 뿐이다. 서방에서와 마찬가지로 소련에서도 간수의 손아귀에서 고생할 사람들은 주로 근로여성, 하인, 농민의 부인 등인데 이들은 자신의 어려움들을 숨기기가 힘들다. 고급 향수와 기타 사치품의 수요를 창출하는 고위층의 "우리 여성들"은 관대한 법이 보는 바로 앞에서 과거와 마찬가지로 자신들에게 필요한 일들을 한다. 집 없는 아동들에 대해서는 한사코 모른 체하면서 솔츠는 결론 내린다: "우리는 사람이 많이 필요하다." "그렇다면 스스로 아이들을 낳으시지요"라고 수백만 근로여성들이 이 고위 판사 양반에게 말할 수 있을 것이다. 이것도 물론 관료집단이 이들의 입을 꼭 봉해서 완전히 침묵하도록 하지 않을 경우에만 가능할 것이다. 사회주의란 여성에게 낙태를 강요하는 원인을 제거하는 체제이지 모든 여성들에게 가장 민감한 사안에 대해서 불한당 같은 경찰을 동원하여 "엄마가 되는 기쁨"을 강요하는 체제가 아니라는 사실을 이들 높으신 양반들은 완전히 잊어먹은 것 같다.

낙태를 금지하는 법 초안이 소위 광범위한 대중의 논의를 위해 제출되었다. 그러나 소련 언론이라는 가는 체를 통과하기는 했지만 강한 불만과 억눌린 저항이 터져 나왔다. 그러자 토론은 그것이 개시되었을 때만큼 갑작스럽게 중단되었고 6월 27일에는 당 중앙집행위원회에 의해서 치욕스러운 초안이 세 배나 더 치욕스러운 법으로 전환되었다. 관료집단의 낙태금지 변명자들도 일부는 낭패의 빛을 보였다. 루이스 피셔Louis Fischer는 이 법이 통탄할 정도의 오해가 존재하는 가운데 통과되었다고 선언했다. 고위관료의 부인들을 제외한 여성의 권리를 금지시키는 이 새로운 법은 실제로 테르미도르 반동의 자연스럽고 논리적인 결과에 지나지 않는다.

루블화의 복권과 함께 동시에 가족도 복권되었다. 얼마나 은총이 가득한 우연의 일치인가! 그런데 이 복권은 국가의 물질적·문화적 파산에 의해서 이루어졌다. 공개적으로 "인간 사이에 사회주의적 관계를 창출하기에는 우리가 너무 가난하고 무지하다는 것이 증명되었다. 우리의 자식들과 손자들은 이 목표를 실현할 것이다"라고 말하는 대신 소련의 지도자들은 깨어진 가족의 외형을 다시 아교로 이어붙일 것을 강요하고 있다. 이것뿐이 아니다. 극심한 벌칙의 위협을 동원하여 가족을 승리한 사회주의의 성스러운 중핵으로 바라볼 것을 강요하고 있다. 이러한 정책이 가져온 사회적 후퇴를 눈으로 측정하는 것은 어렵다.

입법자, 문학가, 법원과 민병대, 신문과 학교 교실 등 모든 사람들과 모든 사물들이 새로운 정책 속으로 끈에 묶인 채 끌려 들어오고 있다. 단순하고 정직한 어느 청년 공산주의자가 그의 신문에 다음과 같이 대담하게 글을 실었다 : "여성이 가족의 굴레를 벗어날 수 있는 방도에 골몰하는 것이 좋을 것이다." 그런데 이 청년은 곧 뺨을 두세 차례 맞고 침묵을 지킨다. 공산주의의 기본적 정책들이 "좌익적 노선의 과도함"으로 선언되었다. 문화적 소양이 없는 속물들의 어리석고 썩어빠진 편견이 새로운 도덕이라는 이름으로 소생하고 있다. 그리고 이 끝없이 광활한 나라의 모든 구석 구석에서는 어떤 일이 일상적으로 벌어지고 있는가? 언론은 오직 미세한 정도로만 가족 내에서 일어난 테르미도르 반동을 반영하고 있을 뿐이다.

복음주의의 고상한 열정은 죄악의 증대와 함께 더 뜨거워진다. 따라서 십계명의 제7조 "간음하지 말라"는 관료 지배층 사이에서 대단한 인기를 누리고 있다. 소련의 도덕론자들은 문구를 약간만 고치면 된다. 너무 빈번하고 쉽게 발생하는 이혼을 반대하는 캠페인이 지금 시작되고 있다. 소련 입법자들의 창조적인 사고는 이혼을 신고할 때 신고료를 받고 이혼을 되풀이하는 사람들에게는 신고료를 인상하는 "사회주의적" 조치를 이미 발명했었다. 위에서 이미 가족의 복권이 루블화의 교육적인 역할의 증대를 수반한다고 말한 바 있다. 신고료 징수는 돈을 내기 어려운 처지에 있는 사람들이 신고를 하기 어렵게 하는 역할을 할 것이 당연하다. 상류층 인사들에게는 이 정도의 세금이 하등의 어려움도 초래하지 않기를 우리는 희망한다. 더욱이 고급 아파트, 승용차, 기타 좋은 것들을 소유하고 있는 고위 인사들은 자신들의 신상을 필요 없이 알리지 않기 위해서 신고를 하지 않는다. 매춘의 무겁고 모욕적인 성격은 사회의 밑바닥에 사는 사람들에게만 가해진다. 소련 사회의 상류층에서는 권력이 안락함과 결합되는데 여기서 매춘은 소규모 상호 서비스라는 우아한 형태를 갖추거나 심지어는 "사회주의 가족"의 측면을 뒤집어쓴다. 지배층의 타락 과정에서 "승용차-여자 요인"이 갖는 중요성에 대해서는 이미 위에서 소스노프스키로부터 많은 이야기를 들었다.

서정적이며 학자풍인 서방의 "소련의 친구들"은 아무것도 보지 않기 위해서 눈을 가지고 있다. 10월 혁명에 의해서 확립된 혼인법과 가족법은 당당한 긍지의 대상이었는데 이제 부르주아 국가들의 법률창고로부터 대대적인 차용을 하면서 고쳐지고 찢겼다. 경멸의 눈빛을 보이면서 배반이라는 도장을 고의로 찍기라도 하듯이 낙태와 이혼의 무조건적인 자유를 옹호하기 위해 제출되었던 주장들 즉 "여성 해방", "개성을 추구할 권리의 옹호", "모성 보호" 등이 이제는 이러한 자유들을 제한하고 완전히 금지하기 위해 다시 되풀이되고 있다.

　이러한 정책의 후퇴는 구역질 나는 위선의 형태를 띠고 있을 뿐만 아니라 경제적 필요라는 철칙이 요구하는 것보다 한없이 더 나아가고 있다. 이혼 여성에 대한 위자료 지급과 같은 부르주아 법 형식으로 회귀하는 현상은 객관적인 원인을 가지고 있다. 그러나 또 한편으로는 관료 지배층이 부르주아 법을 더욱 많이 도입해야 하는 사회적 이해관계가 결부되어 있다. 현재 관료집단이 가족을 신성시하는 가장 주요한 이유는 이들이 사회관계의 위계를 안정적으로 확립해야 할 필요성을 인식했기 때문이다. 그리고 권위와 권력을 지지하는 4천만 개의 기관들을 통해 청년들을 현 체제가 요구하는 규율로 묶어버리기 위한 필요성도 작용했다.

　새로운 세대의 교육을 국가의 손에 집중하고자 하는 희망을 소련 지배층은 아직도 버리지 않았다. 그러나 동시에 정부는 부모를 위시한 "어른들"의 권위를 지지하는 일에 관심이 없을 뿐만 아니라 반대로 어린이들을 가족으로부터 분리시키기 위해서 최선의 노력을 기울였다. 어린이들을 정체된 생활 양식의 전통으로부터 격리시키고 싶었기 때문이었다. 제1차 5개년 계획이 시행되던 조금 전만 해도 학교와 공산주의 청년동맹은 어린이를 이용하여 술주정뱅이 부친과 종교를 가진 모친을 폭로하고 모욕주고 일반적으로 "재교육"시켰다. 어쨌든 이 방법은 부모의 권위를 뿌리째 흔들었다. 이 중요한 분야에서도 역시 급격한 정책 전환이 일어났다. 십계명의 제7조와 함께 제5조 "신을 모욕하지 말라"도 완전히 권위를 회복했다. 그렇다고 신을 부르는 단계까지 도달한 것은 아니었다. 그러나 프랑스의 학교들은 십계명 제5조를 들먹이지 않으면서도 학생들에게 보수성과 판에 박힌 규율을 주입시키는 일에 성공하고 있다.

그런데 구세대의 권위에 대한 관심과 우려는 이미 종교와 관련된 정책의 전환을 가져왔다. 하느님의 존재, 그의 도움, 그리고 그의 기적에 대한 부정은, 혁명 권력이 아동과 부모 사이에 박은 가장 예리한 쐐기였다. 그러나 문화의 발전, 진지한 선전, 과학에 입각한 교육보다 훨씬 앞서서 진행되는 종교에 대한 투쟁은 야로슬라브스키와 같은 인물의 지도 아래 종종 익살과 장난기로 타락했다. 이제 가족에 대한 공격과 마찬가지로 하늘나라에 대한 공격도 갑자기 멈추었다. 품위에 대한 평판을 신경 쓰지 않을 수 없는 관료집단은 젊은 "무신론자들"에게 종교에 대한 싸움을 멈추고 독서를 하기 위해서 책상에 앉을 것을 명령했다. 종교에 대한 아이러니컬한 중립 정책이 이제 확립되었다. 그러나 이것은 아직 제1단계에 불과하다. 사건의 진전이 관료집단에 의해서 좌지우지된다면 제2단계와 제3단계를 예상하는 것은 어렵지 않다. 지배층의 견해가 드러내는 위선은 모든 곳에서 그리고 언제나 사회적 모순의 확대판으로 발전한다. 이것이 대체로 이데올로기의 역사적 법칙이다. 사회주의가 이름에 값하려면 탐욕이 개입되지 않는 인간관계, 시기와 술책이 없는 우정, 저속한 계산이 없는 사랑이 실현되어야 한다. 소련의 공식 이데올로기는 이러한 이상적인 규범이 이미 실현되었다고 선언하고 있다. 그리고 현실이 이 선언에 대해 더 크게 항의할수록 더 힘주어 강변한다. 예를 들어 1936년 4월에 채택된 공산주의 청년동맹의 새로운 강령은 다음과 같이 말한다: "남성과 여성 사이의 진정한 평등에 기반하여 새로운 가족이 등장하였다. 이 새로운 가족을 번성시키는 것이 소련 정부의 관심사이다." 이 강령에 대한 공식 논평은 강령을 보완하고 있다: "우리 청년들은 평생 친구인 아내나 남편을 선택하는 데 있어서 사랑이라는 오직 하나의 동기와 충동만을 가지고 있다. 금전적인 편의가 개입된 부르주아 결혼은 성장하는 세대들에게는 존재하지 않는다."(『프라우다』 1936년 4월 4일) 일반 노동자들에게 관한 한 이것은 어느 정도 사실이다. 그러나 "돈을 위한 결혼"은 자본주의 세계의 노동자들에게도 비교적 거의 알려져 있지 않다. 그러나 소련의 중산층이나 상류층으로 가면 상황은 아주 다르다. 새로운 사회계층들은 자동적으로 인간관계에 자신들의 특성을 반영한다. 권력과 돈이 이성 관계에 미치는 악행은 소련 관료집단 내에서 아주 흔하게 퍼져 있다. 마치 이들이 이 점에 대해서 서방의 부르주아지들을 능가하겠다는 목표를 정한 것 같다.

그런데 지금 인용된 『프라우다』의 기사 내용과 정반대로 "정략 결혼"은 소련 언론이 우연하게 또는 피할 수 없이 정직함을 드러낼 때 자백하듯이 이제 완전히 부활했다. 자격요건, 임금, 고용,

계급 등이 점점 더 커다란 의미를 지니고 있다. 왜냐하면 이것들은 신발, 모피 외투, 아파트, 욕실 그리고 최종적 꿈인 승용차 구입 등의 문제와 관계가 있기 때문이다. 단칸방을 구하고자 하는 투쟁이 매년 모스크바에서 적지 않은 수의 부부들을 결합하고 헤어지게 한다. 그리고 친척관계가 결혼에 있어서 예외적인 중요성을 획득했다. 군 사령관이나 영향력 있는 공산주의자 장인을 두거나 높은 관리의 여동생 장모를 두는 것은 출세나 안락한 생활을 위해 필요하다. 이 점에 대해서는 더 말할 나위가 없을 것이다. 이와 다른 상황이 소련에서 어떻게 가능하겠는가?

소련에 대한 두꺼운 단행본의 가장 극적인 장章들 중의 하나는 소련 가정의 해체와 붕괴에 대한 이야기일 것이다. 남편은 당원, 노동조합 간부, 군 사령관, 행정가를 역임하면서 새로운 취향을 개발한다. 그러나 부인은 가족이라는 굴레에 묶여 과거의 수준에 머물러 있다. 소련 관료집단의 두 세대가 걸어온 길은 부인들이 남편에 의해서 거부되고 뒤처진 비극으로 가득하다. 같은 현상이 이제 새로운 세대에게도 나타나고 있다. 가장 커다란 잔학 행위는 아마 관료집단 상층부에서 볼 수 있을 것이다. 이들 중에 많은 비율은 교양이 거의 없는 벼락출세파들이고 모든 것이 자신들에게 열려 있다고 생각한다. 언젠가 고문서 보관소에 비치된 비밀문서나 회고록이 공개되면서 이들의 부인들 그리고 일반적으로 여성들에게 가한 추악한 범죄들이 드러날 것이다. 가족의 도덕과 강제적 "모성의 기쁨"을 복음주의자처럼 외치던 이들은 여성과 가족에 대한 범죄를 저질러도 높은 지위로 인해 기소되지 않는다.

아니다, 소련 여성은 결코 자유롭지 않다. 법 앞에서의 완전한 평등은 노동자 여성이나 농촌 여성보다는 상류층 여성, 기술·관료·교육 등 일반적으로 지식 분야를 대표하는 여성 등에게 한없이 많은 특권을 부여했다. 사회가 가족의 물질적 걱정을 직접 해결하지 못하는 이상 주부는 흰옷을 입은 노예 즉 보모, 하인, 요리사 등을 부릴 수 있을 때에만 자신의 사회적 기능을 성공적으로 완수할 수 있다. 소련 인구를 구성하고 있는 4천만 가구들 중에서 5퍼센트 또는 10퍼센트만이 가정 노예의 노동에 직접적으로 또는 간접적으로 의존한다. 소련에 존재하는 하인에 대한 정확한 인구조사 통계는 가장 진보적이라는 소련의 법률체계만큼이나 소련 여성의 지위에 대한 사회주의적 평가에 중요할 것이다. 그러나 바로 이 이유 때문에 소련의 통계는 "근로 여성" 또는 "기타 다른 사람들"이란 이름하에 하인의 존재를 숨긴다! 저명한 공산주의자의 부인이 요리사를 구비하고 상점에 주문을 할 수 있는 전화를 가지고 있으며 심부름을 보낼 승용차 등을 가지고 있다면 그녀는, 상점에 뛰어가야 하고 저녁을 준비해야 하고 유치원이 있을 경우 거기까지 걸어가서 아이를 집에 데리고 와야 하는 근로 여성과 공통점이 거의 없다. 사회주의라는 명찰이 이 사회적 격차를 은폐시킬 수는 없다. 이 격차는 서방의 부르주아 여성과 노동자 여성 간의 격차만큼이나 크다.

참기 어렵고 모욕적인 가정생활의 어려움이 사회 전체의 노력에 의해서 제거된 진정한 사회주의 가족은 어떠한 강제적 통제도 요구하지 않을 것이다. 그리고 이러한 자유로운 가정 내에서는 낙태와 이혼에 관한 법률을 생각하는 것 자체만 해도 매춘굴이나 인간 제물 사원을 생각하는 것만큼이나 끔찍하게 느껴질 것이다.

10월 혁명의 법률들은 이러한 가족을 창조하기 위한 대담한 첫발을 내디뎠다. 그러나 경제적·문화적 후진성은 잔악한 반동을 초래했다. 테르미도르 반동의 법률은 이제 부르주아 법 모델로 후퇴하고 있다. 그리고 이 후퇴는 "새로운" 가족의 성스러움에 대한 거짓 연설로 가려져 있다. 이 문제에서도 사회주의 건설의 실패자인 소련 지배층은 위선적인 품위로 자신을 위장하고 있다.

특히 아동문제에 대한 높은 원칙과 추악한 현실 사이의 격차에 의해 충격을 받은 진지한 관찰자들이 있다. 집 없는 아동 문제를 해결하기 위해서 채택된 가혹한 형법적 조치들은 여성과 아동을 옹호하는 사회주의 법률이 조야한 위선에 지나지 않는다는 사실을 암시하기에 충분하다. 법률과 행정기구의 형태로 거짓 치장한 사상들의 광범위함과 관대함에 의해 속아버린 정반대 종류의 관찰자들도 있다. 궁핍한 주부, 창녀, 집 없는 아동들을 보면서 이들 낙관주의자들은 물질적 부가 좀 더 증대하면 사회주의 법률에 피와 살이 붙게 될 것이라고 스스로 말한다. 위의 두 가지 접근방식 중 어느 것이 좀 더 오류이고 해로운지를 판단하는 것은 쉽지 않다. 역사 맹인증에 걸린 사람은 사회적 계획의 광범위함과 대담함, 이 계획의 실행 초기 단계들의 중요성, 그리고 이것에 의해서 열린 엄청난 규모의 가능성 등을 보지 못할 수도 있다. 반면에 소련에서 존재하는 사회적 모순의 증대에 눈을 감고 미래를 바라보면서 관료집단에게 존경스럽게 미래의 열쇠를 맡기는 부류들이 있다. 이들은 불평등의 현실에도 불구하고 자신을 위안하는 수동적이고 기본적으로 무관심한 낙관론자에 불과하다. 이들에 대해서 분노를 느끼지 않는다면 이상한 일일 것이다. 여성과 남성의 권리 평등이 관료집단에 의해서 권리 박탈의 평등으로 전화되지 않은 것처럼 이들은 생각하고 있다! 어떤 성서의 지혜서Book of Wisdom에 소련의 관료집단이 자유를 대신하여 새로운 억압을 도입하지 않을 것이라고 확실히 약속되어 있는 것처럼 이들은 생각하고 있다.

남성이 여성을 어떻게 노예로 만들었는가, 착취자가 이 양자를 어떻게 모두 지배했는가, 근로인민이 피의 대가를 지불하고 노예상태에서 자신을 해방하려고 시도했으나 어떻게 해서 하나의 쇠사슬이 다른 쇠사슬로 바뀌었을 뿐인가 - 역사는 우리에게 이런 것에 대해서 많은 얘기를 해준다. 이것이 역사가 우리에게 말해 줄 수 있는 전부이다. 그러면 어떻게 현실에서 아동, 여성, 인간이 스스로를 해방할 것인가? 이 문제를 해결할 믿을 만한 모델은 아직 존재하지 않는다. 과거의 모든 부정적인 역사적 경험은 대중이 통제하지 않는 억압체제의 수호자들과 모든 특권층에 대해서 근로인민이 결코 지워지지 않는 불신으로 무장할 것을 요구한다.

2. 청년에 대한 관료집단의 억압

모든 혁명정당은 상승하는 계급의 젊은 세대로부터 가장 주요한 지지를 획득한다. 부패한 정치세력은 청년을 자신의 깃발 아래로 결집시킬 능력을 상실한다. 정치의 전선에서 차례로 후퇴하는 부르주아 민주주의 정당들은 청년층을 혁명이나 파시즘에 넘겨줄 수밖에 없다. 지하에서 활동할 당시 볼셰비키당은 항상 청년 노동자의 당이었다. 그러나 멘셰비키당은 속물적 품위를 지키려는 노동자계급 상층부에 지지 기반을 두었다. 그리고 이 점에 대해서 항상 자부심을 가지고 있었으며 볼셰비키당을 경멸하였다. 혁명은 이들의 오류를 가차 없이 드러내었다. 혁명의 결정적인 국면에서 청년들은 성숙한 연령층 그리고 심지어는 노년층을 이끌었다.

10월 혁명은 소련의 새로운 세대에게 역사적 진보를 향한 충동을 강렬하게 심어주었다. 혁명은 청년들이 단번에 보수적인 생활양식의 사슬을 끊어버리고 자유로운 몸이 되게 하였다. 그리고 지구상에서 변하지 않는 것은 아무것도 없으며 인간 사회 역시 형태를 바꿀 수 있는 물질들로 이루어져 있다는 커다란 비밀 즉 변증법의 첫 비밀을 이들에게 보여주었다. 우리 시대에 일어난 사건들을 바라볼 때 불변적 인종유형 이론은 얼마나 어리석은 이론에 지나지 않는가! 소련은 수십여 인종들이 섞여 있는 거대한 인종전시장이다. 따라서 "슬라브인의 영혼"이라는 신비주의는 소련의 현실 속에서 산산이 조각난다.

그러나 청년의 진보를 향한 역사적 충동은 아직도 제대로 꽃을 피우지 못하고 있다. 물론 경제 영역에서 청년의 활동은 아주 활발하다. 현재 소련에는 23세 이하의 청년 노동자가 7백만 명에 달하고 있다. 공업에서 314만 명, 철도에서 70만 명, 건설업종에서 70만 명이 일하고 있다. 새로 건설된 대공장에는 노동자의 반수가 청년이다. 현재 집단농장에는 12만 명의 공산주의청년동맹 회원들이 일하고 있다. 최근 건설공사장, 벌목현장, 석탄광산, 금광 등의 현장에는 공산주의청년동맹 회원들이 수십만 명 동원되었다. 그리고 북극해, 사할린, 아무르 등지에서는 이들의 이름을 딴

신도시들이 건설되고 있다. 새로운 세대는 돌격대원, 모범 노동자, 스타하노프 운동원, 십장, 하급행정요원 등으로 일하고 있다. 청년 세대는 현재 공부에 열중하고 있으며 이 중 많은 수가 아주 열정적으로 탐구활동에 종사하고 있다. 체육 분야에서도 이들은 경제 영역에서와 마찬가지로 활발하게 활동하고 있다. 특히 고공 낙하, 사격술 등 가장 대담하고 호전적인 영역에서 활동을 펼치고 있다. 진취적이며 대담한 청년들은 모든 종류의 위험한 원정에 나서고 있다.

잘 알려진 북극탐험가 슈미트Schmidt는 최근 다음과 같이 말했다 : "우리 청년들 다수는 난관이 기다리는 곳에서 일할 용의를 가지고 있다." 이것은 의심할 여지 없이 진실이다. 그러나 모든 분야에서 혁명 이후 세대들은 아직도 구세대의 보호를 받고 있다. 이들은 작업대상, 작업방식 등과 관련하여 상부의 명령을 받고 있다. 명령의 가장 높은 형태인 정치는 전적으로 소위 "고참세대"Old Guard의 손에 장악되어 있다. 그리고 청년들에 대한 열성적인 자화자찬성 연설을 통해 이들 고참세대는 경계심을 풀지 않으면서 자신들의 정치적 독점권을 지키고 있다.

엥겔스는 국가의 사멸 없는 사회주의 사회를 구상한 적이 없다. 국가의 사멸이란 경찰을 동원한 모든 종류의 억압을 교육받은 생산자와 소비자의 자치로 대체하는 것을 의미한다. 그는 이 과업을 젊은 세대들이 성취할 수 있을 것이라고 생각했다 : "청년들은 새롭고 자유로운 사회에서 성장하면서 모든 국가주의statism 쓰레기를 일소할 위치에 있게 될 것이다." 레닌 역시 이 주제에 대해서 다음과 같이 덧붙였다 : "… (이들은) 민주공화정을 포함한 모든 종류의 국가주의를 제거할 것이다." 엥겔스와 레닌은 사회주의 사회 건설의 전망을 대개 다음과 같이 제시했다 : 국가권력을 정복한 "고참" 세대는 국가를 일소하는 작업을 시작할 것이고 다음 세대는 이 작업을 완료할 것이다.

그러면 현실은 어떠한가? 소련 인구의 43퍼센트는 10월 혁명 이후에 태어났다. 23세를 두 세대를 가르는 경계선 연령이라고 본다면 소련 인구의 50퍼센트 이상은 아직도 이 경계선에 이르지 못했다. 결국 인구의 반 이상은 소비에트 체제 이외의 정치체제를 체험한 적이 없다는 이야기가 된다. 그러나 바로 이 새로운 세대는 엥겔스의 말대로 "자유로운 상태에서" 자아를 형성하지 못하고 있다. 소련 정부는 관료 지배층을 위대한 혁명세대라고 선전하고 있다. 그러나 이들이 끊임없이 증가시키고 있는 억압 속에서 청년들은 숨 쉬고 있다. 공장, 집단농장, 군대 막사, 대학, 교실 그리고 탁아소는 아니더라도 유치원에서마저 지도자에 대한 개인적 충성과 무조건적인 복종이 소련 인민의 영광이라고 선언되고 있다. 최근 발명된 교육 관련 격언들과 경구들은 나치의 선전상宣傳相 괴벨스Goebbels로부터 모방한 것처럼 들린다. 아니면 괴벨스 자신이 스딸린의 조수들로부터 이것들을 대다수 모방했는지도 모른다.

학생들의 학교생활과 사회생활은 형식과 위선으로 가득 차 있다. 수없이 많은 죽도록 따분한 모임들, 피할 수 없는 명예회장님의 훈화, 경애하는 지도자들을 칭송하는 구호 제창, 어른들과 똑같이 속생각과 전혀 다른 발언을 남발하는 미리 짜인 목청 높은 토론회 등을 아동들은 참아내야 한다. 극소수의 순수한 아동들은 엄하게 다스려진다. 비밀경찰은 소위 "사회주의적 학교"에 끄나풀들을 들여보내 배움의 장에 배신과 밀고의 구역질 나는 부패를 도입하고 있다. 당국이 강요하는 낙관주의에도 불구하고 학교생활을 짓누르는 억압, 거짓, 지루함 속에서 생각이 깊은 교사들과 아동들은 글을 통해 몰래 자신들이 겪는 일상적인 공포감을 표현하지 않을 수 없다. 계급투쟁과 혁명을 경험하지 않은 새로운 세대들은 소비에트 민주주의 속에서 과거의 경험들과 현재의 교훈들을 의식적으로 면밀히 검토해야 한다. 이 과정을 통해서만 이들은 사회생활에 자발적으로 참여할 수 있게 성숙할 것이다. 독립적인 사고와 마찬가지로 독립적인 성격은 비판 없이는 발전할 수 없다. 그러나 이들은 사고를 교환하고 오류를 범하고 노력하는 과정을 통해 자신뿐만 아니라 타인의 오류를 교정하는 초보적인 기회를 현재 박탈당하고 있다. 자신들의 문제들을 포함하여 모든 문제들은 이들 대신 어디선가 미리 결정되어진다. 결정된 사항들을 실행에 옮기고 결정을 내린 사람들을 칭송하는 것이 이들이 할 수 있는 활동의 전부이다. 모든 비판적인 언사는 관료집단에 의해 질식된다. 뛰어난 재능을 지니고 있으며 권위에 복종하지 않는 모든 자들은 체계적으로 제거되거나 억압된다. 수백만의 청년들 중에서 단 한 명의 거물급도 탄생하지 않는 이유가 바로 여기에 있다.

공학, 과학, 문학, 스포츠, 체스게임 등에 몰입하는 과정에서 청년들은 미래에 전개될 거대한 행동들을 준비한다. 그리고 모든 분야에서 전혀 준비가 안 된 구세대와 경쟁하면서 이들을 필적하거나 압도한다. 그러나 정치 영역에서는 구세대에게 짓눌리면서 지낸다. 따라서 이들의 미래는 세 가지 가능성만을 가지고 있다.

관료집단에 들어가 출세를 도모하는 것이 한 가지 가능성이다. 두 번째는 말 한마디 없이 억압을 감내하면서 경제, 과학, 또는 좁은 개인적 관심의 영역에 몰입할 수 있다. 마지막으로 지하활동을 통해 미래를 준비하면서 자아를 단련할 수 있다. 그러나 관료의 길은 극소수에게만 열려 있는 길이다. 마찬가지로 극소수만이 저항운동에 참여할 수 있다. 절대다수를 차지하는 중간층은 아주 다양하고 이질적인 구성을 나타낸다. 그러나 엄혹한 억압상황 속에서 이 집단은 대단히 의미 있으면서도 은폐된 과정을 밟게 되는데 크게 보아 이 과정의 행방이 소련의 미래를 결정할 것이다.

내전의 시기는 금욕적인 경향을 보였는데 신경제정책을 거치면서 탐욕은 아닐지라도 쾌락을 추구하는 시기로 이행했다. 그러나 제1차 5개년 계획 시기에는 또다시 금욕주의가 강요되었다. 그러나 이 금욕주의는 청년과 대중에게만 강요되었다. 이미 지배층은 개인적인 번영을 누릴 지위를 확고히 장악하고 있었기 때문이다. 그러나 제2차 5개년 계획 시기에는 금욕주의에 대한 급작스러운 거부반응이 의심할 여지 없이 나타났다. 개인주의적 출세욕이 대중들 특히 청년들에게 널리 퍼졌다. 그러나 개인적인 복지와 번영은 대중들로부터 멀리 떨어져 있으며 지배층에 굽신거리는 아주 소수의 사람들에게만 가능한 일이다. 한편 관료집단은 의식적으로 거수기擧手機 정치인과 출세주의자들을 만들어내기도 하고 솎아내기도 한다.

1936년 4월에 열린 공산주의청년동맹 대회의 주요 연사는 다음과 같이 말했다: "이익에 대한 탐욕, 속물적인 인색함, 저열한 이기주의는 소련 청년들의 속성이 아니다." 그러나 그의 이러한 발언은 도급제, 생산장려금, 훈장 등을 통한 "번영과 품위를 갖춘 생활"이라는 지배적인 구호와는 날카롭게 대립하고 있다. 사회주의는 금욕주의가 아니다. 정반대로 기독교의 금욕주의와는 아주 적대적이다. 즉 현세에 집착하는 점에서만 사회주의는 모든 종교에 대해 대단히 적대적이다. 그러나 사회주의는 현세의 가치를 추구하는 데에 있어서 여러 단계들을 가지고 있다. 사회주의는 번영에 대한 관심에서 출발하지 않는다. 반대로 이러한 관심의 부재에서 출발한다. 그러나 어떤 세대도 자신의 처지를 비약할 수는 없다. 스타하노프 운동은 현재 "저열한 이기주의"에 바탕을 두고 있다. 성공의 척도인 바지와 넥타이의 보유 숫자는 "속물적인 인색함"만을 증명할 뿐이다. 그러나 이러한 단계가 피할 수 없다고 가정하자. 좋다. 사물을 있는 그대로 보는 것이 여전히 필요하기 때문이다. 시장관계의 부활은 개인적인 번영의 기회를 당연히 열어놓고 있다. 공학에 대한 소련 청년들의 많은 관심은 사회주의 건설에 대한 관심 때문이 아니라 공학자들이 의사나 교사보다 비교할 수 없을 만큼 소득이 높기 때문이다. 이러한 경향이 지적인 억압, 사상적 반동, 상부의 출세주의 의식 장려와 결합할 경우에는 소위 "사회주의적 문화"가 가장 극단적인 반사회적 이기주의를 낳을 수밖에 없다.

그러나 청년들을 전적으로 또는 지배적으로 개인적인 이해관계에 따라 움직이는 존재로 묘사하는 것은 이들에 대한 조야한 비방이 될 것이다. 실제는 전혀 그렇지 않다. 일반적으로 이들은 관대하며, 동정심이 있으며, 진취적이다. 출세주의는 상부에서 이들에게 가해지는 압력에 지나지 않는다. 이들의 깊은 내면에는 영웅주의에 기반한 정형화되지 않은 경향들이 숨 쉬고 있으며 이것들이 발현될 때를 기다리고 있을 뿐이다. 즉 새로운 종류의 애국심이 자라는 토양을 이룬다. 이러한 심적 분위기는 의심할 여지 없이 아주 깊으며 진지하고 역동적이다. 그러나 이 애국심에서도 젊은 세대와 구세대를 분리하는 골이 존재한다.

건강하고 젊은 허파는 테르미도르 반동과 결부된 위선의 공기를 숨 쉬는 데 어려움을 느낀다. 따라서 이 반동은 아직도 혁명의 옷을 입고 자신을 치장하지 않을 수 없다. 그러나 사회주의를 선전하는 포스터와 일상 현실 사이의 뚜렷한 격차는 공식 공산주의 경전經典에 대한 신념을 침식하고 있다. 상당수의 청년들은 정치에 대해서 자신들이 표시하는 경멸감과 반사회적 생활양식에 대해서 긍지를 가지고 있다. 많은 경우 그리고 아마 다수의 경우 이러한 무관심과 냉소는 현 체제에 대한 불만과 독립된 생활을 영위하고자 하는 숨겨진 욕구를 반영하는 첫 번째 형태에 불과하다. 한편으로 수십만의 청년 "백위군"과 "기회주의자들" 그리고 또 한편으로 "볼셰비키-레닌주의자들"이 공산주의청년동맹과 당에서 축출당하고 체포되고 유형에 처해지는 현상은 의식적인 정치적 저항의 샘이 좌우익을 막론하고 아직 고갈되지 않았다는 사실을 증명한다. 특히 지난 몇 년 동안 이 샘물은 새로운 위력을 보이면서 분출하고 있다. 그러나 참을성이 없고 뜨거운 피가 흐르는 불안정한 부류들은 자신들의 이해관계와 감정이 피해를 입자 테러를 통한 복수를 생각하고 있다. 지금까지 말한 것이 대체로 소련 청년의 정치적 분위기이다.

개인적인 테러행위의 역사는 소련의 발전과정의 특정 단계들을 명확하게 구별 짓고 있다. 소비에트 권력의 초기, 아직 내전이 끝나지 않았을 때 백위군이나 사회혁명당원들의 테러가 자행되었다. 그러나 구지배계급이 구체제의 복귀가 불가능하다고 판단하자 테러행위도 곧 사라졌다. 아주 최근까지 충격적으로 기억되고 있는 쿨락의 테러행위는 언제나 지방적인 성격을 띠고 있었고 소련 정부에 대한 게릴라 투쟁이 이것을 측면에서 지원하기 위해 수행되었다. 최근 테러행위의 폭발은 구지배계급이나 쿨락이 아니라 전적으로 청년, 공산주의청년동맹, 당의 대오에서 발생하고 있다. 그리고 아주 빈번히 지배층의 자식들도 테러행위에 가담하고 있다. 문제를 해결하는 데에는 완전히 무력하기 그지없지만 개인적인 테러행위는 아주 중요한 징후적 의미를 가지고 있다. 관료집단과 대중 특히 청년 사이에 존재하는 날카로운 모순이 이것을 통해 특징적으로 표출되고 있기 때문이다.

경제적 난관, 고공 낙하, 북극 탐험, 과시하는 듯한 무관심, "낭만적인 불량배적 행동", 테러주의 분위기, 개인적인 테러행위 등은 모두 구세대의 참을 수 없는 억압에 대한 젊은 세대의 폭발을 준비하고 있다. 전쟁은 의심할 여지 없이 증대되고 있는 불만을 해소하기 위한 안전판의 구실을 한다. 그러나 이 안전판도 오래 지속될 수는 없다. 전쟁을 통해 청년들은 지금 전적으로 결여하고 있는 투쟁적 성격과 자신의 사회적 권위를 획득하게 될 것이다. 동시에 "고참 세대"의 대다수에 대한 평판은 회복할 수 없이 상처를 입을 것이다. 기껏해야 전쟁은 관료집단에게 어느 정도 유예기간을 줄 수 있을 뿐이다. 이후에 전개될 정치적 분쟁은 그만큼 더 날카로운 양상을 보일 것이다.

물론 소련에서 발생하고 있는 근본적인 정치문제를 두 세대 사이의 문제로 환원하는 것은 일면적인 판단일 것이다. 청년들 중에 수십만의 완벽한 예스맨이 존재하듯이 구세대 중에도 공개적이든 모습을 숨기고 있든 관료집단의 적대세력이 상당수 존재한다. 그러나 관료집단에 대한 공격이 좌익에서 시작되든 아니면 우익에서 시작되든 정치적 권리를 박탈당한 억압받고 불만이 높은 청년층이 주요한 지원세력으로 등장할 것이다. 물론 관료집단은 이것을 너무 잘 알고 있다. 자신의 지배적인 지위를 위협하는 모든 것에 대해서 일반적으로 대단히 민감하기 때문이다. 당연히 미리 자신의 진지를 확고히 구축하기 위해서 이들은 젊은 세대의 공격을 막을 참호와 콘크리트 성곽을 구축한다.

이미 말했듯이 1936년 4월 크레믈린궁에서 공산주의청년동맹의 제10차 대회가 열렸다. 5년 동안 대회가 한 번도 열리지 않은 것이 규약 위반이라는 사실을 설명할 필요를 물론 어느 누구도 느끼지 않았다. 더욱이 참석자가 엄선된 이 대회가 청년의 정치적 권리를 철저히 박탈하는 목적만을 위해서 열렸다는 사실이 명확해졌다. 새로 개정된 규약은 이 단체가 법적으로 소련의 사회생활에 참여할 권리조차 박탈했다. 따라서 이 단체의 유일한 활동영역은 교육과 문화 훈련 분야에 한정되었다. 이 단체의 총비서는 상부의 명령에 따라 연설에서 다음과 같이 선언하였다 : "우리는 … 산업과 재정에 대한 계획, 생산비 감소, 경제회계, 농산물 파종, 그리고 다른 중요한 국가적 문제들을 **마치 우리가 결정하는 것처럼 수다 떠는 행위를 종식시켜야** 한다." 우리 모두는 이 마지막 말을 계속 되풀이하는 것이 좋을 것이다 : "마치 우리가 결정하는 것처럼!" "수다 떠는 행위를 종식하라!"라는 거만한 말투는 극도로 복종적인 대회 참석자들에게조차 열광적인 반응을 전혀 끌어내지 못했다. 그런데 소련의 법률이 정치적 성숙에 도달하는 나이를 18세로 보고 이 나이의 청년 남녀에게 모든 선거권을 부여하고 있는 점에 비추어 이 조치는 너무도 충격적이다. 더욱이 공산주의청년동맹의 나이 제한이 규약에 의하면 23세로 되어있으나 이 단체 회원의 3분의 1은 실제로 이보다 나이가 더 많다. 그런데 이들이 교육과 문화 영역에서만 활동을 펼쳐야 한다니! 그리고 이 단체의 마지막 대회가 된 이 대회는 두 개의 개혁안을 동시에 채택했다. 첫째, 나이 제한의 규제 완화로 23세 이상의 사람도 회원이 될 수 있으며 이에 따라 선거권을 가진 사람의 수가 늘어났다. 둘째, 일반적 정치사안뿐만 아니라 현안 경제문제에 대해서도 단체가 개입할 권한을 박탈당했다. 과거에는 이 단체 회원으로 있을 경우 나이가 많아지면 거의 자동적으로 당으로 적이 옮겨졌으나 이제는 연령제한의 폐지로 이런 일은 가능하지 않다. 이 단체가 그나마 가지고 있던 정치적 권리도 완전히 박탈되었고 정치적 권리를 이 단체가 보유하고 있다는 허세마저 완전히 없어졌다. 이러한 조치의 주요한 이유는 이 단체를 이미 숙청이 적절히 진행된 당의 명령에 노예처럼 복종하게 하는 데 있다. 이 조치들은 서로 모순되는 것처럼 보이지만 같은 근원에서 출발하였다 : 젊은 세대에 대한 관료집단의 두려움.

    토론의 가능성을 애초부터 배제하기 위해 자신들이 스딸린의 명확한 지시를 수행하고 있다고 스스로 공개했던 대회의 연사들은 놀라울 정도로 정직하게 개혁의 목적을 설명했다 : "우리에게 제2의 당은 필요 없다." 공산주의청년동맹이 확실히 질식되지 않으면 제2의 당이 될 위험이 있다고 지배층이 보고 있음이 이 주장을 통해 드러났다. 이 위험 가능성을 의도적으로 내비치기 위해서 또 다른 연사가 경고조로 선언하였다 : "바로 뜨로츠키가 당시 반레닌주의적 반볼셰비키적 제2당의 창설을 청년들에게 참주선동하였다 등." 이 연사의 역사적 사실에 대한 언급은 케케 묵었다. 실제로 필자는 "당시" 정부의 관료화가 심화될 경우 청년층과의 단절이 불가피하게 발생할 것이고 제2당이 탄생할 위험이 있다고 경고를 했을 뿐이었다. 그러나 걱정할 것은 하나도 없다 : 그간의 사태들은 이 경고의 올바름을 입증해 주었고 이 경고를 **실제적인 강령의 내용으로 격상시켰을 뿐이다.** 타락해가는 당은 출세주의자들에게만 매력이 있었다. 정직하고 독립적인 사고를 가진 청년들은 비잔틴제국 스타일의 노예근성, 허풍, 특권과 변덕에 대한 은폐, 별로 능력도 없는 관료들이 스스로에 대해서 찬사를 늘어놓는 행위 등에 대해서 구역질을 느낄 수밖에 없다. 이들 관료들은 능력부족으로 하늘의 별을 딸 수 없어서 몸의 이곳저곳에 별을 달고 다닌다. 이제 청년에 의한 제2당의 건설은 12년이나 13년 전처럼 "위험요소"가 아니라 10월 혁명의 대의를 더욱 전진시킬 수 있는 유일한 수단으로 역사적 필요성을 인정받았다. 공산주의청년동맹 규약의 개정은 경찰기구의 새로운 협박으로 개악되었지만 청년의 정치적 성숙을 제어할 수 없으며 관료집단에 대한 이들의 적대적 저항도 막을 수 없을 것이다.

거대한 정치적 소요가 발생할 경우 청년은 어느 쪽으로 방향을 잡아야 하는가? 어느 깃발 아래에서 이들은 자신의 대오를 형성할 것인가? 청년들 자신은 말할 것도 없고 어느 누구도 이 질문에 대해서 확실한 해답을 제시할 수 없다. 모순적인 경향들이 이들의 마음을 주름지게 하고 있다. 결국 주요 대중들의 동맹관계는 세계적 중요성을 가진 역사적 사건들에 의해서 판가름날 것이다. 즉 전쟁, 파시즘의 새로운 성공, 또는 이와 반대로 서방에서 프롤레타리아 혁명의 승리 등이 사태를 결정할 것이다. 어쨌든 모든 권리들을 박탈당한 청년들이 거대한 폭발력을 가진 역사적 물결을 대표한다는 사실을 관료집단은 발견하게 될 것이다.

1894년 당시 젊은 짜르 니콜라스 2세의 입을 빌려 러시아 전제체제는 젬스트보 zemstvo [1]의 환상을 깨뜨려버렸다. 당시 젬스트보는 정치에 참여할 꿈을 소심하게 꾸고 있었는데 이들에 대해서 짜르는 다음과 같은 유명한 말로 대답한 것이다: "부질없는 환상!" 1936년 소련의 관료집단은 젊은 세대의 아직도 명확하지 않은 요구들에 대해서 더 거만한 투로 고함질렀다: "수다를 그만 떨어라!" 이 발언 역시 역사에 길이 남을 것이다. 짜르 니콜라스 2세 정권과 마찬가지로 스딸린 정권도 이 말에 대한 보답을 확실히 받을 것이다.

3. 민족과 문화

민족문제에 대한 볼세비키당의 정책은 10월 혁명의 승리를 보

---

1. [옮긴이] 토지소유주들의 박탈된 권한을 일부 회복시키기 위해 1864년 짜르 알렉산드로 2세에 의해서 창설된 군단위 의회.

장했을 뿐만 아니라 이후 국내의 분열적 경향과 적대적인 환경 가운데에서도 소련 체제를 유지하는 데 도움을 주었다. 그런데 국가의 관료주의적 퇴보는 민족문제에 맷돌처럼 짓누르는 부담으로 작용하였다. 레닌이 1923년 봄에 열리기로 예정된 제12차 당 대회에서 관료집단과 특히 스딸린에 대해서 첫 투쟁을 시작할 구상을 한 것도 바로 이 민족문제에서 비롯되었다. 그러나 대회가 열리기 전에 레닌은 병환으로 투쟁을 계속 할 수가 없었다. 그리고 그가 당시 투쟁을 위해 준비했던 문서들은 아직도 검열관에 의해서 공개되지 않고 있다.

혁명으로 떨쳐 일어난 민족들의 문화적 요구들은 이들에게 가장 광범위한 자치를 허용하는 것을 통해서만 만족될 수 있다. 동시에 산업은 소련의 모든 구성부분들을 일반적으로 중앙집중적 계획에 복종하게 하는 것을 통해서만 성공적으로 발전할 수 있었다. 그러나 경제와 문화는 장벽으로 분리되어 있지 않다. 문화적 자치의 경향과 경제적 중앙집중주의 경향은 자연히 분쟁을 일으키는 경우가 있다. 그러나 양자 사이의 모순이 화해 불가능한 것은 전혀 아니다. 이 문제를 해결하는 데 단 한 번으로 족한 비법이 있을 수는 없으나 이해 당사자인 대중들은 문제를 해결하고자 하는 끈질긴 의지를 가지고 있다. 자신의 운명을 개척하는 통치 과정에 대중들이 실제로 참여하는 것을 통해서만 각각의 새로운 단계에서 경제적 중앙집중주의의 올바른 요구와 민족문화의 살아 있는 중력 사이에 필요한 한계를 설정할 수 있다. 그러나 문제는 현재 각 민족의 의지가 관료집단의 의지로 완전히 대체되었다는 사실에 있다. 관료집단은 경제와 문화를 행정적 편의와 자신의 구체적 이해를 도모하는 방향에서 접근한다.

경제 영역에서와 마찬가지로 민족 정책의 영역에서도 소련의 관료집단은 계속해서 진보적인 과업을 일부 수행하고 있다. 그러나 과도한 비용을 낭비하면서 이 과업들이 진행되고 있다. 특히 소련의 후진 민족들에 대한 사업이 이 경우에 해당된다. 이들 후진 민족들은 현존하는 타민족들의 우수한 문화적 성과들을 필요에 의해서 흡수, 모방, 동화하는 단계를 반드시 거쳐야 한다. 관료집단은 이들 후진 민족들을 위해 부르주아 그리고 심지어는 쁘띠 부르주아 문화의 기본적인 혜택들을 누리도록 다리를 놓아주고 있다. 많은 영역들과 민족들에 대해서 소련의 정권은 상당한 정도로 과거 피터 대제와 그의 동료들이 이룩한 역사적 과업을 수행하고 있다. 다만 피터 대제 당시 성립했던 구모스크바 공국과 다른 민족과의 관계가 이제는 대규모로 그리고 빠른 속도로 확립되고 있을 뿐이다.

소련의 각급 학교에서 수업은 현재 80개 이상의 언어로 진행되고 있다. 이들 다수를 위해서 새로운 알파베트를 개발하거나 지극히 귀족적인 아시아의 알파베트를 좀 더 민주적인 라틴 알파베트로 대체하는 것이 필요했다. 신문도 같은 숫자의 언어로 각각 발행되고 있다. 신문은 사상 처음으로 농민과 유목민에게 인간 문화의 기본 개념을 전달해 주고 있다. 짜르 제국이 보유하고 있었던 광대한 영토 내에서 이제 토착산업이 등장하고 있다. 오래된 반半부족적 문화는 트랙터에 의해서 파괴되고 있다. 문자해독이 가능해지면서 과학적인 영농과 의학이 발달하고 있다. 새로운 인간집단을 육성하는 이 작업의 의의는 진실로 크다고 할 것이다.

혁명이 역사의 기관차라고 맑스가 말한 바 있는데 그는 옳았다.

그러나 가장 강력한 기관차조차 기적을 이룩할 수는 없다. 공간의 법칙을 변화시킬 수 없으며 다만 운동에 가속도를 붙일 수 있을 뿐이다. 수천만의 성인들에게 알파베트와 신문이나 단순한 위생 법칙들을 도입시켜야 할 필요 자체는 새로운 사회주의 문화라는 문제가 제기될 때까지 갈 길이 멀다는 사실을 보여주고 있다. 예를 들어 서부 시베리아의 오이로트족Oirots은 목욕이 무엇인지를 몰랐다. 그러나 이제 "많은 마을에 목욕탕이 있어서 가끔 목욕을 하기 위해 30킬로미터를 여행한다"고 언론은 전하고 있다. 이 극단적인 예는 가장 낮은 수준의 문화를 소개하고 있으나 그럼에도 불구하고 다른 많은 문화적 성과들의 수준을 진실되게 표현하고 있다. 물론 후진적인 지역뿐만 아니라 선진적인 지역에서도 혁명이 이룩한 문화적 성과는 크다. 문화의 발전을 설명하기 위해서 정부의 대표가 집단농장에서 "쇠침대, 벽시계, 뜨개속옷, 스웨터, 자전거 등"의 수요가 증가하고 있다는 사실을 말할 때 이것은 단지 농촌의 상층부가 이미 오래전에 서방의 농민대중이 흔하게 사용하고 있던 물품들을 사용하기 시작하고 있다는 것을 말하는 것에 지나지 않는다. 매일 연설과 신문을 통해서 "사회주의 문화교류"를 주제로 교시들이 발표되고 있다. 그러나 이런 행동들은 그 핵심에 있어서 국영상점이 사람을 끌 수 있게 외관을 깨끗하게 치장하고, 필요한 도구와 충분한 종류의 물건을 구비하며, 사과를 썩지 않게 조치하고, 스타킹과 짜깁기 면을 갖추고, 점원에게 고객에게 깍듯하게 잘 대해주도록 교육하는 정도의 수준에 지나지 않는다. 다른 말로 하면 자본주의 교역의 일상적인 방식들을 체득하는 정도에 지나지 않는다. 우리는 아직도 이 대단히 중요한 문제를 결코 해결하고 있지 못하다. 더욱이 이러한 과정이 사회주의적 내용을 가지고 있다고는 전혀 말할 수 없다.

잠시 법과 제도 등을 제쳐두고 기본대중들의 일상생활을 살펴보자. 그리고 의도적으로 스스로는 물론 타인들을 속이지 않기로 하자. 그렇다면 관습이나 문화에 있어서 짜르시대 그리고 부르주아 러시아의 유산이 맹아적인 사회주의의 성장을 압도하고 있다고 인정하지 않을 수 없다. 이 주제에 대한 가장 확실한 증거는 대중 자신들인데 이들은 생활수준이 조금만 높아지면 서방의 모델을 모방하려고 모든 수를 쓴다. 소련의 젊은 점원 그리고 종종 노동자 역시 옷과 행동거지에서 공장에서 우연히 접촉하는 미국의 엔지니어와 기술자들을 모방하려고 애쓴다. 제조업과 사무직 여성 노동자들도 외국 여자 관광객을 뚫어지게 관찰하여 그녀의 양식이나 예절 등을 배우려고 애쓴다. 이 일에서 성공하는 운 좋은 소녀는 완전히 모방의 대상이 된다. 처지가 괜찮은 여성 노동자는 구식 단발머리보다는 "파마"를 좋아한다. 청소년들은 "서양 댄스 써클"에 열성적으로 가입한다. 어떤 의미에서 이러한 모든 현상들은 진보에 속한다. 그러나 이런 현상들에서 나타나고 있는 사실은 자본주의에 대한 사회주의의 우월성이 아니라 쁘띠부르주아 문화가 가부장적 삶을, 도시가 농촌을, 중심지가 벽촌을, 서방이 동방을 압도하는 현실을 드러내고 있을 뿐이다.

한편 소련의 특권층은 자본주의 국가의 상류층을 모방한다. 그리고 이 분야에서 유행을 선도하는 자들은 외교관, 복합기업의 책임자, 엔지니어 등이다. 이들은 업무 때문에 미국과 유럽에 자주 출장을 가야 하기 때문이다. 소련 대중들 사이에 유행하는 풍자도 이 문제에 대해서는 침묵을 지킨다. 상류층 "만 명"은 전혀 건드릴 수 없기 때문이다. 그러나 슬프게도 소련에서 취향이 가장 고상한 대사들도 자본주의 문명 앞에 자신들의 고유한 스타일이나 독자적인 특징들을 조금이라도 선보일 수 없었다. 이들은 외적인 화려함을 경멸하고 초연함을 유지할 수 있을 만큼 충분히 내적인 안정감을 가지고 있지 않다. 이들의 주요한 야망은 가능하면 가장 완벽한 부르주아지의 속물을 닮는 것이다. 한마디로 이들은 대다수의 경우 새로운 세계의 대표자가 아니며 단지 벼락부자처럼 느끼고 행동한다!

그러나 자본주의 선진국들이 이미 오래전에 수행했던 문화적 과업을 소련이 이제 수행한다고 말하는 것은 진실의 반에 지나지 않는다. 혁명이 이루어낸 새로운 사회적 관계가 부적절한 것은 결코 아니다. 이것 덕분에 러시아라는 후진국이 가장 선진적인 나라의 수준에 도달할 가능성을 부여받았을 뿐만 아니라 서방보다 훨씬 짧은 시간 동안 자본주의 선진국 수준에 도달할 수 있게 되었다. 문화수준이 가속도로 발전하는 것에 대한 설명은 간단하다. 부르주아 선구자들은 기술을 발명하고 이것을 경제와 문화 영역에 적용하는 것을 배워야 했다. 반면 소련은 이것들을 이미 완성된 형태로 받아들이고 있으며 생산수단의 사회화 덕분에 이 성과들을 부분적으로 그리고 서서히 도입하는 것이 아니라 한꺼번에 그리고 대규모로 도입한다.

군사 당국은 군대가 특히 농민과의 관계에서 문화의 전달자 역할을 한 것을 여러 번 기념하였다. 부르주아 군국주의가 주입하려는 "문화"의 특별한 종류에 대해서 우리 자신들을 속이지 않는다면 군대를 통해서 진보적인 관습이 많이 대중에게 침투되고 있는 사실을 부정할 수는 없다. 과거에는 사병들과 하사관들이 혁명운동 특히 농민운동에서 대개 봉기의 선두에 섰다. 소련 정부는 군대뿐만 아니라 국가기구 전체와 당, 공산주의 년동맹, 노동조합 등을 통해서 인민의 일상적인 생활에 영향력을 행사할 기회를 가지고 있다. 기술, 위생, 예술, 스포츠 등의 기존 모델들이 원산지에서 발전하는 데 필요한 시간보다 한없이 짧은 시간 내에 소련에서 이용되는 이유는 국가적 소유형태, 정치적 독재, 계획적 행정방식 등이 존재하기 때문이다.

10월 혁명이 다른 것은 제쳐두고 가속화된 문화 발전만을 가져다주었다 할지라도 이 혁명은 역사적 정당성을 주장할 수 있다. 왜냐하면 지난 25년 동안 쇠퇴한 부르주아 체제는 지구상의 후진국들 중에서 어느 한 나라만을 문화적으로 발전시키는 일에서도 무능을 드러내었기 때문이다. 그러나 러시아 노동자계급은 훨씬 더 의미가 있는 과업들을 달성하면서 혁명을 성취하였다. 현재 노동자계급은 아무리 정치적으로 억압을 받고 있다고 하더라도 다수는 여전히 공산주의 강령을 버리지 않았고 강령과 밀접한 관련이 있는 대규모의 희망도 버리지 않았다. 관료집단은 노동자계급을 함부로 대할 수 없다. 그것은 자신이 추구하는 정책의 방향 때문이기도 하지만 자신의 모든 정책을 사회주의의 이름으로 선전하고 있기 때문이다. 따라서 경제와 문화의 영역에서 진행되는 모든 조치들은 실제 역사적 내용이나 대중의 생활에서 갖는 진정한 의의에 관계없이 지금까지 듣지도 보지도 못한 "사회주의 문화"의 정복이라고 선포되고 있다. 어제까지만 해도 단정함에 필요한 가장 간단한 물건들을 들어보지도 못했던 수백만 명의 대중들이 화장비누와 칫솔을 소유하는 일은 아주 위대한 문화사업임에 틀림없다. 그러나 비누, 칫솔, 고위층 "우리 부인들"이 요구하는 향수가 사회주의 문화는 아니며 특히 문명의 사소한 산물에 지나지 않는 이들 물품들이 인구의 15퍼센트에게밖에 미칠 수 없는 상황에서는 더욱 그렇다.

소련 언론에서 그렇게도 많이 얘기되는 "인간 개조"는 현재 극에 달해 있다. 그러나 어느 정도 인간이 발전해야 사회주의적 개조가 되는가? 러시아인들은 독일의 거대한 종교개혁이나 프랑스의 대혁명을 경험한 적이 없다. 17세기 영국계 아일랜드인들의 개혁과 혁명에 대해서 잠시 젖혀둔다고 하더라도, 앞의 이 두 용광로들부터 부르주아적 개성이 출현하였다. 그것은 인간성 일반의 발전에서 매우 중요한 일보 진전이었다. 1905년과 1917년 혁명을 통해 러시아 대중의 개성은 처음으로 눈떴으며 낙후된 환경 속에서나마 응결되었다. 즉 러시아인은 압축된 형태와 가속화된 템포로 서방 부르주아 종교개혁과 혁명에 버금가는 인성교육을 거쳤다. 그러나 이 작업이 채 끝나기도 훨씬 전에 러시아 자본주의의 태동기에 성립되었던 러시아 혁명은 계급투쟁의 과정 속에서 사회주의의 길로 도약하지 않을 수 없었다. 현재 드러나고 있는 소련 문화의 모순들은 이러한 도약이 잉태한 경제적·사회적 모순들을 반영하고 굴절할 뿐이다. 이러한 상황 속에서 깨어난 개성은 경제뿐만 아니라 가족생활과 서정시에서도 어느 정도 쁘띠부르주아적 특성을 띨 수밖에 없다. 관료집단 자신은 가장 극단적이고 때때로 통제되지 않는 부르주아 개인주의의 담지자가 되었다. 도급제, 토지의 개인적 소유, 생산 장려금, 훈장수여 등을 통해 경제적 개인주의의 발전을 허용하고 권장하면서 이와 동시에 관료집단은 정신문화의 영역에 존재하는 개인주의의 진보적인 측면들을 가차없이 억압하고 있다. 비판적 안목, 개인적 견해의 발전, 개인적 존엄의 배양 등은 개인주의의 진보적인 측면임에 틀림없는데 이것들을 관료집단은 여지없이 질식시키고 있다.

특정 민족집단의 문화발전 수준이 상당하면 할수록 그리고 이 집단이 사회와 개인의 문제들을 좀 더 밀접하게 다루면 다룰수록 이것들에 대한 관료집단의 억압은 더 무겁게 느껴지고 더 참을 수 없게 된다. 색깔과 규격이 똑같은 경찰의 곤봉이 소련 내 모든 민족의 지적인 활동을 통제할 경우 민족문화의 고유성은 논의할 가치조차 없게 된다. 우크라이나, 백러시아, 그루지아, 티우르크 등의 신문이나 책들은 관료집단의 명령을 해당 언어로 번역한 것에 지나지 않는다. 대중적 창조성의 모델이라는 이름 아래 모스크바 언론은 매일 러시아 언어로 관료집단 지도자들을 칭송하는 타민족 관변시인들의 송가頌歌를 출판하고 있다. 물론 이런 유의 시들은 노예근성과 재능의 빈곤이라는 척도 내에서만 차이가 있는 형편없는 시들이다.

다른 민족의 문화와 똑같이 경찰국가의 통치하에서 고통을 겪어온 대러시아 문화는 혁명 이전에 형성된 구세대의 업적에 주로 기대면서 명맥을 유지하고 있다. 청년은 마치 쇠철판이 머리를 짓누르는 것처럼 억압당하고 있다. 따라서 문제는 한 민족이 다른 민족을 억압하는 것이 아니라 중앙집권화된 경찰기구가 대러시아 민족을 비롯해 모든 민족들을 억압하는 것에 있다. 그러나 소련 출판물의 90퍼센트가 러시아어로 되어 있다는 사실을 무시할 수는 없다. 물론 이 비율이 대러시아 인구의 상대적 수치와 비교해서 너무 크지만 또 한편으로는 러시아 문화가 보유한 독자적 비중 그리고 후진 민족과 서방을 연결해주는 중재자로서 이 문화가 가지고 있는 일반적 영향력을 더 정확히 반영한다고 볼 수도 있다. 그러나 이러한 측면들을 인정한다고 하더라도 다른 영역의 경우와 마찬가지로 대러시아 출판사들의 과도하게 높은 비율은 대러시아인들이 다른 민족들을 희생시키면서 전제적인 특권을 실제로 누리고 있는 현실을 보여주는 것은 아닌가? 물론 그럴 가능성이 많다. 이 대단히 중요한 문제에 대해서 아주 딱 잘라 명확하게 대답하고 싶지만 그렇게 할 수는 없다. 왜냐하면 실제 일상생활에서 이 문제는 각기 다른 문화들 간의 협력, 경쟁, 상호발전보다는 관료집단의 최종적인 자의에 의해서 결정되기 때문이다. 그리고 크렘린궁이 모든 권한의 집합소이고 지방이 중앙과 보조를 맞출 수밖에 없기 때문에 관료주의는 불가피하게 전제적인 대러시아 문화라는 외피를 쓸 수밖에 없다. 이 결과 다른 민족들은 이 중재자 문화를 자신의 언어로 칭송하는 것만을 유일한 문화적 권리로 보유할 뿐이다.

◆◇

소련 당국의 문화정책은 경제정책의 좌충우돌과 행정적 편의에 의해서 멋대로 바뀐다. 그러나 하나의 특징은 변치 않고 있다. 즉 절대로 거부할 수 없는 명령이란 특징을 가지고 있다는 것이 그것이다. "일국사회주의" 이론과 동시에 이전에 눈살을 찌푸리게 했던 "프롤레타리아 문화" 이론이 공식적으로 인정받았다. 이 이론의 반대자들은 다음과 같이 주장한다 : 프롤레타리아 독재체제는 엄격한 의미에서 영구적 체제가 아니라 이행기 체제에 지나지 않는다 ; 부르주아 계급과는 달리 프롤레타리아 계급은 장기간의 역사적 시기를 통해 사회를 지배할 의도가 전혀 없다 ; 새로운 지배계급인 노동자계급의 현세대는 부르주아 문화에서 가치 있는 모든 것을 동화하는 과업에 자신의 임무를 주로 한정한다 ; 노동자계급이 노동자계급으로 남아 있는 시간이 길어지면 길어질수록, 즉 노동자계급이 과거 억압의 흔적들을 짊어지고 있는 시간이 길면 길수록 이 계급은 과거의 역사적 전통을 뚫고 나올 가능성이 그만큼 적어진다 ; 새로운 창조력이 발현할 가능성은 노동자계급이 사회주의 사회 내에 용해되어 사라지는 한에서만 활짝 열린다. 다른 말로 하면 부르주아 문화는 프롤레타리아 문화가 아니라 사회주의 문화에 의해서 대체되어야 한다.

실험실의 방법을 통해 창조된 "프롤레타리아 예술" 이론에 대한 논쟁에서 필자는 다음과 같이 주장했다 : "문화는 산업의 성과를 먹으면서 자란다. 따라서 문화가 성장하고 세련되고 복잡성을 띠기 위해서는 물질적인 기반이 넘쳐 흘러야 한다." 기본적인 경제문제들의 가장 성공적인 해결조차도 "사회주의라는 새로운 역사적 원리의 완전한 승리를 결코 의미하지 않는다. 전 민족적 기반하에 과학적인 사상이 전진하고 새로운 예술이 발전할 때에만 사회주의라는 역사적 씨앗은 줄기를 생성시킬 뿐만 아니라 꽃도 피운 셈이 된다. 이런 의미에서 예술의 발전은 모든 시대의 생존능력과 의의를 확증하는 가장 높은 수준의 시금석이다." 이 관점은 당시 지배적인 견해였는데 당국의 담화문에서 갑자기 이것이 "적대 계급에 투항하는 내용을 가지고 있으며", 노동자계급의 창조력에 대한 "불신"을 표현한 것이라고 선언되었다. 이로써 스딸린과 부하린의 시대가 개막되었다. 후자는 오래지 않아 "프롤레타리아 문화"의 복음 선교자로 등장했는데 전자는 이런 문제들에 대해서 생각해본 적도 없었던 인물이다. 이 두 인물은 어쨌든 사회주의로의 길은 "거북이걸음"으로 발전할 것이고 노동자계급은 자신의 문화를 창조할 시간을 수십 년 동안 갖게 될 것이라고 생각하였다. 이 문화의 성격에 대한 이들의 사상은 애매모호할 뿐만 아니라 예술가들에게 별로 영감을 불어넣어 주지도 못했다.

그러나 제1차 5개년 계획의 폭풍우는 거북이걸음이라는 전망을 뒤집어엎어 버렸다. 1931년 끔찍한 기근이 닥쳐오기 바로 전에 이 나라는 이미 "사회주의로 진입했다." 그래서 당국의 지원을 받고 있던 작가와 미술가들이 프롤레타리아 문화를 창조할 수 있기도 전에 또는 이 문화의 의미 있는 모델을 처음으로 수립하기도 전에 당국은 노동자계급이 무계급 사회에 용해되어 사라졌다고 선언했다. 이제 노동자계급이 자신의 문화를 창조할 가장 필요한 조건인 시간을 갖지 못했다는 사실을 관변 예술가들이 인정하는 과정만이 남았다. 어제의 개념들은 즉시 망각의 늪으로 던져졌다. "사회주의 문화"가 즉시 모든 것을 지배하게 되었다. 이 문화의 끔찍한 내용의 일부를 우리는 이미 앞에서 보았다.

정신적 창조성은 자유를 요구한다. 자연을 기술에 그리고 기술을 계획에 복종시켜 자연자원이 인간에게 필요한 것을 모두 제공할 수 있도록 하는 것이 바로 공산주의의 목적이다. 그리고 이 목적보다 훨씬 높은 목적이 있다. 즉 인류의 창조적 힘을 모든 억압, 한계, 굴욕적인 의존으로부터 즉시 해방시키는 것이 인류 최고의 목적이다. 이 목적이 실현될 경우 개인 간의 관계, 과학과 예술 등은 외부에서 가해지는 어떠한 "계획"이나 강제의 그림자도 알지 못할 것이다. 정신적인 창조성이 어느 정도 개인적이고 어느 정도 집단적인가는 전적으로 예술의 창조주체인 인간이 결정할 문제가 될 것이다.

그러나 이행기 체제는 이와 전혀 다르다. 프롤레타리아 독재 체제는 미래의 문화가 아니라 과거의 야만상태를 반영할 뿐이다. 따라서 반드시 정신적 창조활동에 대해서뿐만 아니라 모든 형태의 활동에 엄격한 제한을 가해야 한다. 혁명의 강령은 애초부터 이러한 한계들을 일시적인 악이라고 간주했을 뿐이었다. 새로운 체제가 강화되는 것과 비례하여 모든 제한들이 차례로 제거되어 자유에 길을 내줄 의무를 지고 있었다. 어쨌든 내전이 가장 치열하게 전개되던 해에 혁명 지도부는 이 점을 명확히 인식하고 있었다. 혁명 정부는 정치적인 고려에 따라 창조적 자유에 대해서 제한을 가할 수는 있어도 어떤 경우에도 과학, 문학, 예술 분야에서 사령관의 역할을 수행하려고 해서는 안 된다는 사실을 너무도 잘 인식하고 있었다. 레닌은 "보수적인" 예술 취향을 가지고 있었으나 예술 문제에 대해서는 정치적으로 아주 조심스러워 했다. 그리고 이 문제에 대한 자신의 무능력을 적극적으로 자백했다. 당시 예술 및 교육 인민위원이었던 루나차르스키Lunacharsky는 모든 종류의 모더니즘을 장려했는데 그의 행위는 레닌에게 종종 당혹스럽게 받아들여졌다. 그러나 그는 사적인 대화를 통해 톡

7장 소련의 가족, 청년, 문화 253

톡 쏘는 발언들을 했을 뿐 자신의 예술 취향을 법으로 만들 생각은 전혀 하지 않았다. 새로운 시기가 전개될 순간이었던 1924년 필자는 다양한 예술 그룹 및 경향들과 맺는 국가의 관계를 이렇게 정식화했다 : "이들 모두에게 혁명에 봉사하는 예술활동을 할 것이냐 아니면 혁명에 거역하는 예술활동을 할 것이냐를 절체절명의 조건으로 제시해야 한다. 그러나 예술적 자치의 영역에서는 완전한 자유를 부여해야 한다."

프롤레타리아 독재체제는 혁명의 열기에 사로잡힌 대중들의 확고한 지지를 받고 있었고 세계 사회주의 혁명에 대한 전망을 가지고 있었다. 그럼에도 불구하고 학교에서 진행되고 있던 실험, 모색, 투쟁 등에 대해서는 하등의 두려움도 갖지 않았다. 왜냐하면 이러한 방식들을 통해서만 새로운 문화 시대가 준비될 수 있었기 때문이었다. 천년의 역사 동안 처음으로 대중은 모든 영역에서 활기를 띠고 있었으며 자유롭고 대담하게 사고하고 있었다. 예술의 모든 젊은 힘은 감동으로 떨리고 있었다. 이 첫 몇 년 동안 희망과 용기가 충천하면서 사회주의 입법의 완벽한 모델들이 수립되었을 뿐만 아니라 혁명 문학의 가장 훌륭한 작품들이 탄생되었다. 이와 동시에 기술수단이 빈약했지만 소련의 영화는 현실에 대한 접근 방식의 신선함과 활력으로 전 세계의 상상력을 사로잡았다.

좌익반대파에 대한 투쟁 과정에서 문학학교들은 하나하나 목졸라 죽임을 당했다. 그리고 문학의 문제만이 아니었다. 모든 이데올로기 영역에서 거세 과정이 진행되었으며 반 이상 무의식적으로 진행되었기 때문에 그 정도는 더 심각했다. 현 지배층은 정신적 창조행위뿐만 아니라 이것의 발전과정마저 정치적 차원에서 금지할 임무가 있다고 생각하고 있다. 명령을 내리되 동의는 구할 필요가 없다는 이 방식은 강제수용소, 과학 영농, 음악 분야 등에도 그대로 적용되고 있다. 철학, 자연과학, 역사에 대해서는 말할 것도 없고 건축, 문학, 극예술, 발레 등에도 군대의 명령처럼 당 중앙기관의 지시사항들이 익명으로 인쇄되어 배포되고 있다.

자신이 이해하지 못하는 것뿐만 아니라 자신에게 직접적으로 봉사하지 않는 어떤 것에 대해서도 관료집단은 미신과 같은 공포심을 가지고 있다. 이들이 자연과학과 생산영역을 연결시킬 것을 요구하는 점에서는 크게 보아서 틀린 것이 없다. 그러나 과학자들에게 단기적인 실용성에만 주목하라고 명령하는 것은 실용성이 있는 발견을 포함하여 발명의 가장 귀중한 원천을 행정적 위협으로 봉쇄하는 것과 같다. 왜냐하면 모든 발명과 발견은 예상하지 못한 길을 헤매는 과정에서 가장 자주 나타나기 때문이다. 자연과학자, 수학자, 문헌학자, 군사이론가 등은 관료집단의 명령행정을 통해 쓰디쓴 경험을 체득하였다. 그래서 이제는 광범위한 일반화를 극구 피한다. 대개 무식한 출세주의자인 어떤 "공산주의 교수"가 레닌이나 심지어는 스딸린의 저작에서 별 관계도 없는 문구를 인용하여 이들의 일반화된 결론을 불순한 것으로 위협하기 때문이다. 이런 상황에서 자신의 생각을 보호하고 과학의 존엄성을 유지하기 위해서는 자신의 머리 위에 억압을 강요할 수밖에 없을 것이다.

그러나 사회과학의 영역에서는 한없이 더 해악스러운 결과가 나타난다. 언론인은 말할 것도 없고 경제학자, 역사학자, 심지어는 통계학자까지도 자신의 작업이 당 노선의 일시적인 좌충우돌과

간접적으로라도 모순을 일으키지 않도록 머리를 싸맨다. 소련의 경제, 국내 및 국제 정책에 대해서는 "지도자"의 연설문으로부터 인용한 뻔한 말들로 모든 논지를 방어하고 난 후에야 글을 쓸 수 있다. 특히 글을 쓰기 전에 글의 모든 부분이 아무 문제가 없으며 당국이 좋다고 판단하도록 증명하는 일을 먼저 착수해야 한다. 당국의 견해에 100퍼센트 동조할 경우 이후에 발생한 불쾌한 사건들을 미연에 방지할 수 있다. 그러나 이 결과 가장 무거운 벌을 받아야 한다 : 글의 독창성이 거세되고 무미건조함이 글 전체를 지배한다.

맑스주의가 소련의 공식 국가사상임에도 불구하고 지난 12년 동안 경제학, 사회학, 역사학, 철학 등의 분야에서 세인의 관심을 끌고 외국어로 번역될 가치가 있는 저서는 단 한 권도 나오지 않았다. 소위 맑스주의 저작이라는 것들이 미리 승인을 받은 케케묵은 생각들을 반복하고 현재의 통치 상황이 요구하는 바에 따라 오래된 인용구들을 여기저기에 옮겨 놓은 형식적인 집적물에 불과하다. 이런 유의 책들이 수백만 권 국가기구를 통해서 배포된다. 어느 누구에게도 도움이 되지 않으며 아교와 아첨과 기타 끈적거리는 물질로 제작된 책자들일 뿐이다. 뭔가 가치 있거나 독창적인 것을 말하는 맑스주의자들은 감옥에 갇혀 있거나 침묵을 강요받고 있다. 한편 소련의 모든 사회 분야가 발전하면서 거대한 과학적 문제들이 속속 제기되어 창조적인 노력을 목마르게 찾고 있다! 이론 작업을 하는 데 반드시 필요한 양심은 더럽혀지고 짓밟히고 있다. 심지어 레닌 전집의 주석까지도 수석 편집인들의 개인적인 이해관계에 따라 판이 바뀔 때마다 내용이 근본적으로 바뀌고 있다. 예를 들어 "지도자들"의 이름은 확대되고 반대파의 이름은 비방받으며 이들의 이론적·정치적 궤적은 은폐된다. 당과 혁명의 역사에 대한 교과서도 마찬가지이다. 사실은 왜곡되고 중요 문서는 은폐되거나 위조되며 명성은 창조되거나 파괴된다. 지난 12년 동안 지도자의 책이 계속해서 내용을 바꾸는 것만 비교 분석해 보아도 관료 지배층의 사고와 양심이 얼마나 타락해 왔는지를 한 치의 오차 없이 추적할 수 있다.

이와 못지않은 재앙이 예술 분야의 서적에서도 똑같이 일어나고 있다. 유파들의 투쟁은 지도자들의 의지에 따라 달리 해석되어 왔다. 이들 유파들에게 일종의 강제수용소가 생겨났다. 세라피모비치Serafimovich나 글라드코프Gladkov와 같이 재능은 없으면서도 "올바르게 사상이 박힌" 작가들은 고전의 반열에 들어와 있다. 예술적 양심 때문에 자신의 작품에 필요한 만큼의 흠집을 낼 수 없는 재능있는 작가들은 부끄러움도 모르고 지도자들의 인용구들을 외우고 있는 관변 교수나 강사들의 사냥감이 되고 있다. 가장 출중한 화가들은 자살하거나 아주 먼 옛날의 사건에서 소재를 찾거나 아예 침묵을 지킨다. 정직하고 재능이 밴 책들은 밀수품 신세가 되어 책방 카운터 밑에서 불쑥 튀어나와 마치 우연하게 세상에 나온 것처럼 느껴진다.

소련 예술의 일대기는 일종의 순교자 열전이다. 『프라우다』 사설에서 "형식주의"formalism에 반대하는 교시가 실린 이후 작가, 미술가, 무대감독, 심지어는 오페라 가수들이 줄줄이 굴욕적인 참회를 마치 전염병이 돈 것처럼 해댔다. 차례차례 이들은 자신의 과거 죄를 참회하고 철회하였다. 그러나 갑자기 바뀔지도 모르는 상황에 대비하여 이 "형식주의"의 성격이 무엇인지를 명확하게 규정하는 것은 피했다. 장기적으로 당국은 과거 예술행적을 철회하는 사람들이 너무 많은 불편한 현상을 종식시키기 위해서 새로운 명령을 내리지 않을 수 없었다. 스딸린이 시인 마야코프스키 Maiakovsky에 대해서 몇 마디 찬사를 늘어놓자 그의 문학적 평가가 몇 주 내로 바뀌었으며 교과서가 개정되고 거리의 이름이 바뀌었고 그의 동상이 세워졌다. 새로운 오페라에 대해 고위 청중이 소감을 말하자 이것이 즉시 작곡가들을 위한 지시사항으로 돌변했다. 어느 작가회의에서 공산주의청년동맹의 비서는 다음과 같이 말했다 : "스딸린 동지의 암시들은 모두에게 법과 같다." 그리고 참석자 모두는 박수갈채를 보냈다. 물론 이중의 몇몇은 부끄러움에 얼굴을 붉혔다. 문학에 대한 조롱을 완성하기라도 하듯이 러시아어 작문도 제대로 못하는 스딸린이 문체의 고전이라고 선언되었다. 이러한 노예적 굴종과 경찰의 통치에는 자발적이지 않은 코메디도 가끔 연출되기는 하지만 뭔가 지극히 비극적인 구석이 있다. 당국의 공식 입장은 다음과 같다 : 문화는 사회주의적 내용을 가지고 있되 민족적 형식을 가져야 한다. 그러나 사회주의 문화의 내용에 대해서는 어느 정도의 행복한(!) 추측만이 가능할 뿐이다. 어느 누구도 불충분한 경제적 토대를 가지고 문화를 발전시킬 수는 없다. 예술은 미래를 예측하는 힘이 과학보다 훨씬 뒤떨어진다. 어쨌든 "미래의 건설상을 묘사하라", "사회주의로 가는 길을 지적하라", "인류를 교정하라" 등 당국의 주문은 철물점의 가격표나 기차시간표와 같은 정도로만 창조적인 상상력을 자극할 수 있을 뿐이다.

예술이 민족적 형태를 띨 경우는 모든 사람들이 이해할 수 있고 접근할 수 있는 수준에 도달한다. 『프라우다』는 예술가들에게 지시를 내린다: "인민이 원하지 않는 것은 심미적인 가치가 없다." 옛날 인민주의자들Narodnik은 대중들을 혁명적으로 교육하는 과업에 기예를 발휘해야 할 임무를 거부한 채 테러행위에 의존했었다. 이들의 엘리트주의적 공식은 인민이 어떤 예술을 원하고 무엇을 원치 않는지를 결정할 권리가 관료집단에게 있는 상황에서 더욱 반동적인 성격을 띤다. 관료집단은 자신이 선택하여 책을 출판하면서 독자들에게 선택할 여지를 주지 않는다. 결국 관료집단의 이해를 반영하고 이들이 인민대중에게 매력적인 존재로 비치게 만드는 예술 형태를 찾아내는 문제로 모든 것이 귀착된다.

그러나 이것은 헛된 노력에 지나지 않는다! 관료집단 자신이 다음과 같이 인정하지 않을 수 없게 되었다: "제1차 5개년 계획도 제2차 5개년 계획도 10월 혁명에 의해서 가능했던 문학의 부흥을 재현하지 못하고 있다." 이 말은 아주 온건한 표현에 지나지 않는다. 개인적인 몇몇 예외에도 불구하고 테르미도르 반동 시기는 예술사에 평범한 재능의 예술인, 관변 예술인, 아첨꾼 예술인이 판을 쳤던 시기로 뚜렷이 남아 있을 것이다.

8장

소련의 대외정책과 군대

1. "세계혁명"에서 "현상유지"로

대외정책은 언제 어디서나 국내정책의 연장이다. 왜냐하면 같은 지배계급이 이 정책을 실행에 옮길 뿐만 아니라 똑같은 역사적 목표를 추구하기 때문이다. 소련 지배세력의 퇴보는 국내정책과 마찬가지로 대외정책에 있어서도 목적과 방법을 변화시켰다. 1924년 가을 처음으로 선언된 일국사회주의 "이론"은 이미 소련의 대외정책을 국제혁명 강령으로부터 분리시켰다. 그러나 관료집단은 코민테른과 단절할 의도는 없었다. 그렇게 했을 경우 코민테른은 좌익반대파의 세계조직이 되었을 것이기 때문이다. 그리고 소련 내의 계급 역관계를 자신들에게 불리하게 만들 수 있었기 때문이다. 정반대로 크렘린궁의 정책이 노동자계급 국제주의를 포기하면 할수록 이들은 코민테른이라는 방향타를 더 확고히 장악하고 있었다. 옛날 이름을 가진 조직이 새로운 목적에 봉사해야 했기 때문이다. 그러나 새로운 목적을 추구하려면 새로운 인물이 있어야 했다. 1923년 가을부터 코민테른의 역사는 일련의 궁정쿠데타와 위로부터의 숙청 그리고 축출 등을 통해서 소련 공산당은 물론 산하 각국 공산당의 진용을 완전히 물갈이하는 역사가 되었다. 현재 코민테른은 소련의 지도부가 언제 어떠한 좌충우돌을 보이더라도 소련의 대외정책에 봉사하는 충실한 하수인 기구로 전락했다.

소련 관료집단은 과거와 단절했을 뿐만 아니라 과거의 가장 중요한 교훈들을 이해할 능력을 스스로 박탈했다. 국제 노동자계급 특히 유럽 노동자계급의 직접적인 후원없이 또 식민지 민족들의 혁명운동이 없이는 소련의 혁명정권은 12개월도 버텨내지 못했을 것이라는 사실이 가장 주요한 교훈 중의 하나이다. 오스트리아와 독일의 군사 강대국들이 끝까지 소련에 대한 공격을 지속하지 못한 오직 하나의 이유는 이들 나라 노동자계급의 뜨거운 혁명적 숨결을 지배계급이 자신의 등 뒤에서 느끼고 있었기 때문이다. 1919년 4월 흑해에 정박 중이던 프랑스 수병들의 반란으로 프랑스 제3공화국 정부는 소련 남부에서 진행하던 군사개입을 철회할 수밖에 없었다. 1919년 9월 영국 정부는 자국 노동운동의 직접적인 압력에 직면하여 소련 북부로부터 원정군을 철수시켰다. 1920년 적군이 바르샤바 근처에서 후퇴하는 풍전등화의 상황에서도 강력한 혁명적 물결만이 연합국이 폴란드를 지원하여 적군을 압살하는 것을 막아주었다. 커즌 경Lord Curzon은 1923년 소련에 대해 위협적인 최후통첩을 보냈다. 그러나 그의 손은 결정적인 순간에 영국 노동자 조직들의 저항 때문에 묶이고 말았다. 이러한 명료한 사건들은 특이한 배경의 산물이 아니다. 소련이 직면한 첫 번째이면서 가장 어려운 시기의 성격을 전체적으로 묘사하고 있을 뿐이다. 러시아 외부에서 혁명이 성공하지 못했음에도 불구하고 혁명 승리에 대한 희망이 결실을 전혀 맺지 못한 것은 아니었다.

이 시기에 소련 정부는 부르주아 정부들과 일련의 조약을 맺었다. 1918년 브레스트-리토프스크 평화조약, 1920년 에스토니아와의 조약, 1920년 10월 폴란드와 체결한 리가 평화조약, 1922년 4월 독일과 체결한 라팔로 조약 등을 비롯해 부차적인 외교적 합의들이 있었다. 그러나 당시 소련 정부 지도부 전체나 지도부의 어느 인사도 이들 부르주아 정부들을 "평화의 친구들"이라고 선전하거나 독일, 폴란드, 에스토니아 공산당들에게 이러한 조약들을 조인한 부르주아 정부들을 선거 시기에 지지하도록 촉구할 생각은 전혀 없었다. 더욱이 이 문제는 대중들을 혁명적 의식으로 교육시키는 데 결정적인 역할을 하였다. 소련은 브레스트-리토프스크 조약을 조인할 수밖에 없었다. 이것은 마치 파업노동자들이 자본가가 강요하는 가장 잔악한 조건을 인정하고 협약문서에 조인할 수밖에 없는 것과 상황이 같았다. 그러나 독일 사회민주당은 이 조약을 조인한 독일 정부를 지지하는 표시로 선거에서 위선적인 "불참"을 선언하였다. 이에 대해 볼셰비키당은 이 행위를 독일정부라는 산적의 약탈적 행위를 지지하는 것으로 보고 독일 사회민주당의 정치적 행동을 비난하였다. "동등한 권리"를 추구한다는 형식하에 4년 후에 부르주아민주주의 국가인 독일과 라팔로 조약이 체결되었다. 그러나 만약 독일 공산당이 이것을 구실로 삼아 독일 정부의 외교정책에 신임을 표시하였다면 이 당은 즉시 코민테른으로부터 축출당했을 것이다. 불가피한 상황에서 소련 정부가 제국주의 정부와 상업적·외교적·군사적 협상에 들어간다 하더라도 이것이 해당 자본주의국가 노동자계급의 투쟁을 제한하거나 약화시켜서는 안 된다는 것이 볼셰비키당의 원칙이었다. 왜냐하면 결국 노동자국가 자체의 안보는 세계혁명의 성장에 의해서만 보장받을 수 있기 때문이었다. 제네바 회의를 준비하는 과정에서 치체린Chicherin은 미국 "여론"을 유리하게 이끌기 위해서 소련 헌법의 일부를 "민주적"으로 개정하자고 제안했다. 이 소식을 접한 레닌은 1922년 1월 23일 자 공식 서한에서 치체린이 즉시 요양소에 입소할 수 있도록 그의 귀국을 긴급히 권유하였다. 예를 들어 당시 소련이 거짓과 허풍으로 가득한 켈로그 조약Kellogg Pact을 받아들이고 코민테른의 정책을 약화시켜 "민주적인" 제국주의 국가들의 호의를 사자고 제안하는 사람이 있었다면 레닌은 의심할 여지 없이 그 제안자가 즉시 정신병원에 수감되도록 조치를 취했을 것이다. 그리고 그의 조치는 정치국 내에서 어떠한 저항도 받지 않았을 것이다.

당시 지도부는 국제연맹, 집단안보체제, 중재재판소, 군축 등 모든 종류의 평화주의적 환상에 대해 특히 비타협적이었다. 이것들은 새로운 전쟁이 돌발할 때 근로대중들을 홀리려는 방식에 지나지 않았기 때문이었다. 레닌이 초안을 마련하고 1919년 당 대회에서 채택된 당 강령은 이 주제에 대해서 다음과 같이 단호하게 선언했다:"전 세계 노동자계급의 압력 특히 개별 국가들에서 노동자계급의 승리는 착취자들의 저항을 강화시킨다. 이러한 상황에서 착취자들은 국제연맹 등과 같은 기구를 통해 자본가 국제연대를 모색하지 않을 수 없게 되었다. 자본가 국제연대기구들은 전 세계적 차원에서 지구상 모든 인민의 착취를 체계적으로 조직하고 있다. 그리하여 모든 나라에서 노동자계급의 혁명운동을 즉시 탄압하려고 자신들의 첫 시도를 경주하고 있다. 이 모든 상황은 불가피하게 각 나라에 혁명전쟁과 내전이 결합되도록 이끌고 있다. 그리고 노동자국가에서 노동자들이 자기 방어를 조직하게 하고 피억압 인민들이 제국주의 세력의 멍에에 대항해 투쟁하게 만들고 있다. 따라서 평화주의 구호, 자본주의하에서의 국제적 군비축소, 중재재판소 등은 반동적인 유토피아일 뿐만 아니라 근로인민에 대한 노골적인 기만에 지나지 않는다. 이것들을 통해 제국주의 세력은 노동자계급의 무장을 해제시키려고 한다. 이 결과 노동자계급이 착취자들을 무장해제시키는 임무로부터 등을 돌려 관심을 다른 곳으로 돌리도록 만든다." 볼셰비키당 강령의 이 구절들은 현재 소련 대외정책과 코민테른 노선의 파멸적인 결과를 미리 예상한 셈이다. 지구상의 구석구석에는 지금 소련과 코민테른의 평화주의 "친구들"이 득실거리고 있다.

제국주의 세력의 개입과 경제봉쇄의 시기가 지난 후 소련에 대한 자본주의 세계의 경제적·군사적 압력은 두려워했던 것보다 상당히 약하다는 것이 진실로 입증되었다. 유럽은 여전히 미래의 전쟁이 아니라 과거의 전쟁을 생각하고 있었다. 그리고 사상 유례가 없는 경제위기가 도래하여 전 세계 지배계급은 의기소침하였다. 소련이 내전, 기근, 전염병에 다시 시달리는 와중에서 제1차 5개년 계획 시기의 시련들을 극복할 수 있었던 것은 바로 이런 상황 덕분이었다. 내부의 상황이 명백히 좋아진 제2차 5개년 계획의 첫 몇 년 동안 자본주의 세계경제는 회복되었다. 그리고 이와 함께 전쟁에 대한 희망, 의욕, 열망, 준비 등이 새로운 조류로 등장하였다. 이제 소련에 대한 제국주의 연합군의 공격 가능성은 너무도 확연하다. 왜냐하면 소련은 고립되어 있을 뿐만 아니라 낙후한 국가이며 생산수단의 국유화에도 불구하고 노동생산성이 자본주의 국가들에 비해서 아직도 훨씬 뒤지고 있기 때문이다. 그리고 마지막으로 가장 중요한 이유가 있다. 세계 노동자계급의 주력군은 전투에서 패배하여 자신감과 신뢰할 만한 지도부를 결여하고 있기 때문이다. 10월 혁명의 지도자들은 세계혁명의 서곡을 보았을 뿐이었고 혁명 자체는 전개과정에서 일시적인 독자적 의의를 가지고 있었다. 그러나 이제 이 새로운 역사적 단계에서 10월 혁명이 세계 정세에 깊이 의존하고 있다는 사실이 새삼 드러났다. 다시 한번 사태는 명확해졌다. 역사적 질문 즉 "어느 진영이 세계를 지배할 것인가?"는 소련 영토 내에서 결정되어질 수 없으며 국내의 성공과 실패는 소련이 세계무대에서 어느 정도 유리한 조건을 준비할 것인가의 문제에 지나지 않는다.

인민 대중을 통제하고, 잠에 빠지게 만들고, 분열시켜 약화시키고, 무제한 지배하기 위해 이들에 대해 새빨간 거짓말을 자행하는 등 소련의 관료지배층은 대단한 경험을 축적하였다. 이 측면에 대해서 관료집단을 있는 그대로 평가하는 것이 필요하다. 그러나 바로 이 이유 때문에 이들은 대중들을 혁명적으로 교육시키는 모든 능력을 상실해 버렸다. 국내 기층 인민의 독립성과 주도성을 목 졸라 버린 관료집단은 이들로부터 비판적인 사고를 끌어낼 수도 없으며 세계 차원에서 혁명을 수행할 용기를 북돋을 수도 없다. 더욱이 특권 지배층이어서 자신과 사회적 성격이 유사한 서방의 부르주아 급진주의자, 개량주의 의회지도자, 노동조합 관료 등의 원조와 우정을 한없이 귀중하게 여기고 있다. 대신 이들과 절연絶緣한 노동자들과는 상대적으로 친화력이 더 적다. 지금 여기서 코민테른의 쇠퇴와 퇴보를 논할 수는 없다. 이 주제에 대한 독자적인 연구를 통해서 필자는 저술을 남긴 바 있고 이것은 문명국의 거의 모든 언어로 출판되었다. 코민테른의 지도부인 소련의 관료집단은 일국 차원으로 시야가 제한되어 있으며 보수적이고 무식하며 무책임하기 때문에 세계 노동자계급에게 불행만을 안겨다

주었다. 마치 역사의 정의가 시행되는 것처럼 현 소련의 국제적 위치는 고립된 사회주의 국가 건설의 성공보다는 훨씬 커다란 정도로 세계 노동자계급의 패배에 의해 결정되어 있다. 1925년~27년 중국혁명의 패배는 동양에서 일본 군국주의의 손을 자유롭게 하였고 독일 노동자계급의 패배는 히틀러의 승리와 독일 군국주의의 미친 듯한 팽창을 가지고 왔다. 이 두 요인은 모두 코민테른 정책의 결과라는 것을 상기할 필요가 있다.

세계혁명을 배반했으나 아직도 이것에 대해 충성심을 느끼고 있기 때문에 테르미도르 관료집단은 자신의 주요한 노력을 부르주아 계급을 "중립화"하는 데 바쳐왔다. 이 이유로 자신이 온건하고 품위가 있는 질서의 진정한 요새인 것처럼 보일 필요가 있었다. 그러나 오랜 기간 동안 효과적으로 자신의 정체를 위장할 수는 없다. 아예 모조품에서 본품으로 전환해야 한다. 관료 지배층의 유기적인 진화는 이 문제를 해결했다. 자신이 저지른 오류의 결과 앞에서 한 발 한 발 후퇴하면서 관료집단은 한 가지 생각에 도달했다. 즉 유럽과 아시아의 현상유지 체제 속에 소련을 편입시키는 것을 통해 소련의 신성함을 확보하려는 생각을 품게 되었다. 모든 것이 말해지고 행동에 옮겨진 이상 사회주의와 자본주의가 영원히 불가침 조약을 체결하는 것보다 더 좋은 일이 어디 있을까? 외교언어를 사용하는 소련의 외교부와 혁명의 언어를 말할 것으로 생각되어졌던 코민테른을 통해 널리 홍보된 소련 대외정책의 공식 내용은 다음과 같다: "우리는 단 한 뼘의 외국 영토도 원치 않는다. 그러나 우리 영토도 마찬가지로 전혀 양보할 수 없다." 서로 화해할 수 없는 사회체제 사이의 전 세계적인 투쟁의 문제가 아니라 단순히 땅조각에 대한 분쟁의 문제인 것 같다!

소련이 일본에게 중국-동양 철도를 양도하는 것이 분별 있는 행위라고 간주했을 때 이 허약한 행위는 이미 중국혁명의 붕괴로 준비되어 있었다. 그런데 이 행위는 평화에 봉사하는 자신감의 표현으로 칭송되어졌다. 실제로는 적에게 아주 중요한 전략적 철도를 넘겨주는 것을 통해 소련 정부는 일본의 북중국 점령과 몽골 침략 기도를 부추기고 있을 뿐이었다. 이 강요된 희생은 위험을 "중립화"하는 것이 아니라 기껏해야 짧은 숨 쉴 틈을 마련하는 것에 지나지 않았고 동시에 일본 군국주의 지배집단의 식욕을 대단히 자극하는 행위에 지나지 않았다.

몽골 문제는 벌써 소련에 대한 이후의 전쟁에서 일본이 전략거점을 확보하는 문제가 되어 있다. 이제 소련 정부는 일본 군대가 몽골을 침략할 경우 선전포고로써 대응하겠다고 공개적으로 선언하지 않을 수 없는 처지에 있음을 스스로 발견하였다. 그러나 이것은 "우리 영토"에 대한 즉각적인 방어의 문제가 아니다. 몽골은 독립국이다. 소련이 국경을 심각하게 위협받고 있지 않을 때 국경을 수동적으로 방어하는 것은 충분한 것처럼 보였다. 그러나 소련을 방어하는 진짜 방법은 제국주의 세력의 지위를 약화시키고 전 세계 노동자계급과 식민지 인민들의 지위를 강화하는 것이다. 브레스트-리토프스크 평화조약, 리가 평화조약, 중국-동양 철도의 양도 등에서 드러났듯이 불리한 역관계는 많은 영토를 넘겨줄 것을 강요한다. 동시에 세계적 차원의 역관계를 호전시키고자 하는 투쟁을 전개할 경우 노동자국가는 다른 나라들의 해방운동에 원조를 계속해서 해야 할 의무를 지게 된다. 그러나 이 기본적인 임무는 현상유지라는 보수적인 정책과 절대적으로 모순을 일으킨다.

2. 국제연맹과 코민테른

소련은 프랑스와 화해하면서 곧이어 전격적으로 군사협정을 체결하였다. 독일에서 나치가 승리함으로써 프랑스는 당시 유럽의 현상유지를 가장 옹호해야 할 처지에 있었다. 그러나 소련과 프랑스 간에 이루어진 일련의 화해조치는 소련보다는 프랑스에게 한없이 더 유리하다. 체결된 군사협정에 의하면 프랑스가 군사적 위협에 처할 경우 소련은 무조건 프랑스를 지원하기로 되어 있다. 그러나 이와 반대로 소련이 위협에 처할 경우 프랑스는 영국과 이탈리아와 먼저 합의를 이룬 후에야 소련을 지원할 수 있다. 따라서 조약의 실제 내용에 따르면 프랑스는 소련에 대한 온갖 계략을 쓸 수 있는 여지를 가지고 있다. 최근 독일은 군대를 진주시켜 프랑스가 점령하고 있던 라인지방을 다시 빼앗았다. 이런 일련의 사태를 보면서 소련이 상황을 좀 더 냉철하게 판단하고 좀 더 절제를 발휘했더라면 프랑스로부터 훨씬 더 확실한 안전보장을 받아낼 수 있었다는 것을 쉽게 알 수 있다. 물론 군사적 블록의 새로운 형성, 계속되는 외교적 위기, 화해, 관계의 단절 등이 밥 먹듯이 이루어지는 지금의 시기에 있어서 조약이 무엇을 "보장"할 수는 없다. 그러나 소련의 관료집단이 부르주아 국가들의 외교관들과 협상을 벌이는 일보다 소련 내 선진노동자들의 투쟁을 억압하는 일에 더욱 단호한 모습을 보인다는 사실이 계속해서 명백해지고 있다.

소련이 독일과 국경을 맞대고 있지 않으므로 소련의 프랑스에 대한 지원이 하등 중요할 것이 없다는 주장은 옳지 않다. 독일이 소련을 공격할 경우 독일군은 국경선이 어디에 있는지를 금방 알 수 있을 것이다. 독일이 오스트리아, 체코슬로바키아, 프랑스를 공격할 경우 폴란드는 단 하루도 중립을 지킬 수 없다. 만약 폴란드가 프랑스의 동맹국으로서 의무를 이행하기로 작정한다면 소련군이 독일을 공격할 수 있도록 길을 내주어야 한다. 만약 폴란드가 프랑스와 맺은 기존의 조약을 파기한다면 곧 독일의 협력자가 될 것이다. 후자의 경우 소련은 "공동의 국경선" 즉 독일과 맞서는 전선을 형성할 것이다. 더욱이 앞으로 일어날 전쟁에서는 육지뿐만 아니라 바다와 하늘의 "국경선"도 중요한 역할을 하게 될 것이다.

소련은 국제연맹에 가입하였다. 그리고 괴벨스에 버금가는 선전술을 동원하여 소련의 관료집단은 국민에게 국제연맹 가입이 사회주의의 승리와 세계 노동자계급의 "압력" 때문에 이루어졌다고 선전했다. 그러나 제국주의 세력은 국제혁명의 위험이 매우 약화되었기 때문에 소련의 가입을 인정했을 뿐이었다. 이 사건은 소련의 승리가 아니라 심각하게 손상입은 이 국제기구에게 테르미도르 관료집단이 항복한 것에 지나지 않는다. 왜냐하면 앞에서 본 볼셰비키당의 강령에서도 확인된 바 있듯이 국제연맹은 "이후 노동자 국제혁명운동을 억압하는 데 노력을 기울일 것이기 때문이다." 볼셰비키당의 강령이 작성된 당시와 지금 근본적으로 달라진 것이 있는가? 국제연맹의 성격인가 아니면 자본주의 내 평화운동의 기능인가 아니면 소련의 정책인가? 질문을 제기하는 것은 곧 질문에 대한 답을 제시하는 것이다.

그러나 이후 경험은 소련의 국제연맹 가입이 자본주의 국가들과 개별적으로 맺은 조약에 실제적인 이익이 되기는커녕 심각한 한계와 의무를 부과할 뿐이라는 사실을 입증했을 뿐이다. 그리고 소련은 새로 확보한 자신의 보수적인 입지와 권위를 지키기 위해 가입국으로서의 의무를 가장 성실하게 이행하고 있다. 국제연맹 내에서 프랑스뿐만 아니라 프랑스의 동맹국들에게 비위를 맞출 필요 때문에 소련은 이탈리아와 이디오피아 사이의 분쟁에서 지극히 애매한 입장을 취하지 않을 수 없었다. 국제연맹 회의장에서 소련 대사 리트비노프Litvinov는 프랑스의 외교관 라발Laval의 그림자에 지나지 않았다. 그러면서도 "평화를 위해" 노력한 영국과 프랑스의 외교관들에게 감사를 표시했다. 그러나 이들이 한 일이라고는 이디오피아의 참혹한 패배를 묵인한 것뿐이었다. 한편 소련 코커서스 지방의 석유는 계속해서 이탈리아 함대에게 공급되었다. 소련 정부가 이탈리아와 맺은 상업협정을 공개적으로 파기하는 데 주저할 수밖에 없다는 사실을 이해한다면 소련 노동조합들은 무역 인민위원의 입장을 고려할 필요가 없었다. 소련 노동조합의 결정으로 이탈리아에 대한 석유수출이 실제로 중단될 경우 전 세계적으로 침략국 이탈리아에 대한 불매운동을 촉발할 수 있었을 것이다. 이 조치는 서방의 외교관들과 법학자들이 사전에 무솔리니와 협정을 맺었기 때문에 효력을 전혀 기대할 수 없는 배신적인 "경제제재"보다 비교할 수 없이 효과적이었을 것이다. 그런데 이번의 경우 소련의 노동조합들이 손 하나 까딱하지 않은 이유는 소련 당국이 프랑스에 아양을 떨기 위해 노동조합의 자발적인 움직임을 봉쇄했기 때문이다. 그래서 1926년 영국 총파업 당시 소련 노동조합이 공개적으로 수백만 루블을 모금하여 영국 노동자들에게 보냈던 것과는 완전히 대조되는 상황이 발생하였다. 그러나 앞으로 일어날 전쟁에서 소련은 아무리 훌륭한 군사동맹국을 가진다 하더라도 자신이 식민지 인민들과 근로대중으로부터 신뢰감을 상실한 것을 보상할 수는 없을 것이다.

이 사실을 크렘린궁이 모를 리 있을까? 소련의 관영신문은 이에 대해 다음과 같이 답하고 있다: "독일 파시즘의 근본 목표는 소련을 국제적으로 고립시키는 데에 있다. … 그런데 지금 어떤 일이 벌어지고 있는가? 소련은 과거 어느 때에 비해서도 우방국을 많이 가지고 있다."(『이즈베스챠』 1935년 9월 17일 자) 이탈리아 노동자들은 파시즘의 쇠사슬에 매여 있다. 중국혁명은 분쇄되었다. 일본은 중국에서 주인 노릇을 하고 있다. 독일 노동자들은 너무도 참혹하게 패배하여 히틀러의 국민투표 움직임은 어떠한 저항도 받지 않고 척척 진행되고 있다. 오스트리아 노동자계급은 손과 발이 모두 묶여 있다. 발칸반도의 혁명정당들은 짓밟혔다. 프랑스와 스페인의 노동자들은 급진적 부르주아들의 꽁무니를 쫓고 있다. 이러한 모든 사실에도 불구하고 소련 정부는 국제연맹에 가입하면서 "과거 어느 때보다 많은 우방국을 가지고 있다!"고 자랑하고 있다. 이 자랑은 처음 들으면 너무도 황당하지만 소련이 노동자국가라는 사실보다 관료지배층에 의해 지배당하고 있다는 사실을 이해하면 진정한 의미를 찾아낼 수 있다. 소련의 관료집단이 국내에서 정권을 장악하고 자본주의 국가들의 약간 호의적인 "여론"을 등에 업을 수 있었던 것도 모두 세계 노동자계급의 처절한 패배 때문이 아닌가? 코민테른이 세계 자본주의를 위협할 능력이

적으면 적을수록 프랑스, 체코슬로바키아, 그 밖의 다른 자본주의 국가들로부터 소련은 더 많은 정치적 신뢰를 받을 것이다. 국내에서 그리고 국제적으로 소련 관료집단의 힘은 사회주의 국가이면서 노동자혁명 전진기지의 측면을 지닌 소련의 힘과 반비례 관계에 놓여 있다. 그러나 이것은 동전의 일면에 지나지 않는다. 이제 다른 면을 살펴보자.

때때로 날카로운 직관력을 드러내 보이는 영국의 로이드 조오지는 1934년 11월 영국 하원에서 독일 파시즘을 비난하는 행위에 대해서 반대하는 경고를 가했다. 그의 말에 의하면 독일 파시즘은 유럽에서 공산주의에 대항하는 가장 믿을 만한 성채가 될 것이다. "히틀러를 우리의 친구로 맞아들이게 될 것이다." 대단히 의미심장한 말이 아닐 수 없다! 세계 자본가 국가들이 크렘린궁에 대해서 반은 봐주는 듯한 그리고 반은 비꼬는 듯한 어조로 찬사를 늘어놓는다고 해서 평화가 조금이라도 보장되는 것은 아니다. 그렇다고 전쟁 위험이 조금이라도 감소되는 것도 아니다. 자본주의 세계가 소련에 관심을 가지고 있는 이유는 결국 소련의 소유형태에 변화가 있지 않을까 하는 기대 때문이다. 나폴레옹은 자코뱅주의의 전통을 전격적으로 던져버리고 왕위에 올라 카톨릭교를 부활시켰음에도 불구하고 당시 유럽을 지배하고 있던 반^{半}봉건 세력의 증오의 대상이 되었다. 왜냐하면 프랑스혁명에 의해서 성취된 새로운 소유체제를 그가 계속해서 옹호했기 때문이다. 소련의 관료 지배층이 자본주의 세계체제에 대해서 온갖 서비스를 하고 있어도 외국무역의 독점이 해제되고 자본의 권리가 부활되지 않는 한 소련은 이들에게 화해할 수 없는 적으로 남아 있을 수밖에 없다. 그리고 오늘은 아니지만 최소한 내일은 독일 국가사회주의National Socialism(나치즘)가 자본주의 세계의 친구가 된다. 바르투Barthou와 라발을 대표로 내세운 프랑스 부르주아지가 모스크바에서 소련과 협상을 벌일 때 히틀러가 프랑스의 옆구리를 치명적으로 위협하고 있었다. 더욱이 프랑스 공산당은 애국주의로 노선을 급선회하였다. 그러나 프랑스 자본가들은 소련에 대한 도박을 한사코 거부하였다. 라발이 마침내 소련과 조약을 맺었을 때 그는 프랑스 좌익으로부터 실제로는 소련에 대항해서 독일과 이탈리아와 화해를 추구하면서 겉으로는 소련을 카드로 독일에 협박한다는 비난을 받았다. 프랑스 좌익의 판단은 약간 시기상조인 측면이 있지만 사태의 자연스러운 전개과정과 모순을 일으키는 것은 결코 아니다.

프랑스와 소련 간의 협정이 갖는 장단점을 어떻게 판단하든지 간에 진지한 혁명정치가라면 소련이 영토를 보존하기 위해 특정 제국주의 세력과 일시적인 동맹관계를 맺어 안보를 강화하고자 하는 권리를 부정할 수는 없을 것이다. 다만 세력 역관계의 전체적 상황 속에서 이러한 부분적이고 일시적인 조약들이 어떤 의미를 가지고 있는지를 설명하는 것이 필요하다. 특히 프랑스와 독일 간의 적대관계를 이용하기 위하여 부르주아 동맹국과 국제연맹의 겉모습 뒤에 일시적으로 숨어 있는 제국주의 세력 간의 동맹에 환상을 가질 이유는 조금도 없다. 그러나 소련뿐만 아니라 소련의 행보를 한발 뒤에서 되풀이하는 코민테른은 소련의 일시적 동맹국들이 "평화의 친구들"이라고 체계적으로 그려내고 있다. 이를 통해 노동자들을 "집단안보"나 "군비축소"라는 구호로 속이고 있다. 결국 실제로는 노동자계급 속에서 제국주의 세력의 앞잡이 역할을 하고 있다.

1936년 3월 1일 스딸린은 스크립스-하워드Scripps-Howard 신문그룹의 사장 로이 하워드Roy Howard와 악명높은 인터뷰를 하였다. 이 인터뷰 내용은 중대한 세계정치 현안에 대한 관료집단의 무지와 관료집단과 세계 노동운동 사이의 거짓관계를 집약하여 보여주는 아주 귀중한 자료이다. 전쟁이 불가피하냐는 질문에 대해 스딸린은 이렇게 대답했다 : "평화를 옹호하는 동맹국들의 지위가 갈수록 강화되고 있다고 생각합니다. 이들은 공개적으로 활동할 수 있으며 여론의 힘을 등에 업고 있습니다. 그리고 예를 들어 국제연맹과 같은 기구들을 마음대로 이용할 수 있습니다." 그러나 그의 발언에는 현실감각이 거의 결여되어 있다. 부르주아 국가들은 평화의 "친구"와 "적"을 나누지 않는다. 왜냐하면 순수한 의미에서 "평화"는 애초에 존재하지 않기 때문이다. 제국주의 국가들은 자신들이 추구하는 평화에만 관심이 있으며 적대국과의 이해관계가 첨예하면 할수록 적대국이 추구하는 평화에 더욱 못 참아 한다. "모든 국가들이 국제연맹에 가입하면 평화가 유지된다." 이것은 스딸린, 볼드윈, 레옹 블랭Léon Blum에게 공통되는 평화관이다. 그러나 이 평화관에 의하면 평화 위반의 원인이 존재하지 않을 경우 평화는 보장될 뿐이다. 이러한 사고가 틀린 것은 아니지만 정확히 말해서 거의 의미가 없다. 미국과 같이 국제연맹에 가입하지 않은 강대국들은 "평화"라는 추상적인 개념을 마음대로 해석할 자유를 가지고 있다. 때가 되면 이들은 이 해석의 자유가 왜 필요한지를 보여줄 것이다. 국제연맹에서 탈퇴하는 일본이나 독일 그리고 일시적으로 "불참"하고 있는 이탈리아는 나름대로 이런 행동을 취해야 할 물질적인 근거를 충분히 가지고 있다. 그러나 이들 국가들의 행동은 현재 존재하는 적대관계의 외교적 형태를 바꿀 뿐 적대관계의 성격과 국제연맹의 성격을 바꾸지는 못한다. 국제연맹에게 영원히 충성하겠다고 맹세하는 국가들은 이 국제기구를 자신들이 원하는 평화의 구축을 위해 활용하려고 더 날뛸 수밖에 없다. 따라서 합의가 이루어지지 않는 것은 당연하다. 영국은 유럽과 아프리카에 존재하는 프랑스의 이해를 희생하면서 평화의 시기를 연장하려고 한다. 한편 프랑스는 이탈리아를 지지하면서 영국 항로의 안전을 희생하려고 한다. 그러나 자신의 이해를 지키기 위해서 이 두 강대국들은 전쟁에 뛰어들 준비가 되어 있다. 그리고 이들 중 가장 정의로운 나라가 모든 전쟁에 뛰어들 준비가 되어 있다는 사실은 말할 필요도 없다. 마지막으로 약소국들은 선택의 여지가 없으므로 국제연맹의 그림자를 피난처로 이용하려고 하면서 장기적으로는 "평화"가 아니라 가장 강력한 연합세력에게 붙을 것이다.

현상유지를 목적으로 창설된 국제연맹은 "평화"기구가 아니라 절대다수 인류에 대한 극소수 제국주의자들의 폭력기구이다. 이 기구가 추구하는 "질서"는 오늘은 식민지에서 내일은 강대국 사이에서 벌어지는 크고 작은 계속적인 전쟁을 통해서만 유지될 수 있다. 그리고 현상유지에 대한 제국주의 세력의 충성은 언제나 조건적, 일시적, 제한적 성격을 띠어 왔다. 이탈리아는 어제 유럽의 현상유지를 옹호하였다. 그러나 아프리카에서는 이것을 깨뜨렸다. 내일 이탈리아의 유럽정책이 어떻게 바뀔지는 아무도 알 수 없다.

그러나 이미 아프리카 국경선은 바뀌었으며 유럽의 상황을 반영하고 있다. 무솔리니가 이디오피아를 공격했다는 단 하나의 이유로 히틀러는 군대를 라인지방으로 진주시켰다. 이제 이탈리아를 평화의 "우방"에 집어넣는 것은 어려울 것이다. 그러나 프랑스는 소련보다 이탈리아와의 우정을 비교할 수 없을 만큼 귀중히 여기고 있다. 한편 영국은 독일과 우방관계를 확립하려고 한다. 동맹관계는 변화한다. 그러나 침략의 탐욕은 그대로 남아 있다. 소위 현상유지파 국가들의 임무는 국제연맹 내에서 가장 좋은 연합세력을 구성하는 데 핵심적으로 놓여 있다. 이 결과 미래 전쟁을 준비하는 가장 좋은 가림막이 쳐진다. 누가 어떻게 전쟁을 시작할 것인지는 부차적인 상황에 달려 있다. 누군가가 전쟁을 시작해야 한다. 왜냐하면 현상유지는 폭약이 가득 쌓인 지하실과 같기 때문이다.

"군비축소" 정책은 제국주의 세력 간의 적대관계가 그대로 살아 있는 이상 가장 해로운 허구에 지나지 않는다. 일반적인 합의를 통해 군비축소가 실현된다고 가정하는 것은 명백히 환상에 지나지 않으며 결코 새로운 전쟁을 피할 수는 없다. 무기가 있기 때문에 전쟁이 발발하는 것이 아니다. 이와 반대로 전쟁이 필요하기 때문에 무기를 생산하는 것이다. 현대기술로 인해 새로운 무기는 매우 빠르게 생산될 수 있다. 협정, 규제, "군비축소"가 아무리 난무해도 무기고, 무기공장, 실험실 그리고 자본주의적 산업은 그대로 힘을 유지하고 있다. 독일은 "군비축소"의 진정한 형태를 통해 가장 면밀한 통제 속에 1차 세계대전의 승전국들에 의해 무장해제 당했으나 강력한 산업의 위력 덕분에 다시 유럽 군국주의의 요새가 되고 있다. 독일은 이제 자기 차례가 되어 이웃 몇몇 나라들을 "무장해제"시키려 하고 있다. 소위 "누진적인 군비축소"는 평화시에 과도한 군사지출을 감축하려는 시도에 불과하다. 문제는 군사비에 있지 평화에 대한 사랑에 있지 않다. 그러나 군비축소나마 실현되지 못하고 있다. 지리적 위치, 경제력, 식민지 경영의 완료 정도 등의 차이에 따라 군비축소의 기준은 불가피하게 역관계를 변화시켜 어느 세력에게는 불리하게 또 어느 세력에게는 유리하게 작용할 것이다. 따라서 제네바에서 진행되어온 군비축소를 위한 온갖 협상과 회의는 결실을 맺을 수가 없다. 거의 20년 동안 군비축소에 대한 협상과 대화가 진행되었지만 새로운 그리고 사상 유례없는 군비증강의 물결만을 초래했을 뿐이다. 노동자계급의 혁명전략을 군비축소 정책의 기반 위에 건설하는 것은 모래 위에 집을 짓는 것이 아니라 군국주의의 연막술 위에 집을 짓는 것이나 다름없다.

제국주의적 살육의 막힘없는 진행과정에서 계급투쟁의 질식은 오직 노동자 대중조직들의 지도부의 매개를 통해서만 보장될 수 있다. 1914년 이 일이 진행되었을 때 제시된 구호는 "마지막 전쟁", "프러시아 군국주의에 대한 전쟁", "민주주의를 위한 전쟁" 등이었다. 그러나 이런 구호들은 지난 20년의 역사 속에서 완전히 신뢰를 상실했다. "집단안보", "전반적인 군비축소"가 이들 헛된 구호들을 이제 대신하고 있다. 국제연맹의 평화노력을 지원한다는 구실 아래 유럽 노동자 조직의 지도자들은 "성스러운 연합"을 새로 실현시킬 준비를 하고 있다. 성스러운 연합은 탱크, 비행기, "금지된" 독가스만큼이나 전쟁 준비를 위해서 필요하다.

제3인터내셔널은 사회애국주의social patriotism 1에 대한 격렬한 항의를 통해 탄생하였다. 그러나 러시아 10월 혁명에 의해서 새로운 인터내셔널에 주입된 혁명적 활력은 이미 소진된 지 오래되었다. 이제 코민테른은 제2인터내셔널과 마찬가지로 국제연맹의 깃발 밑에 있다. 다만 제2인터내셔널에 비해 혁명에 대한 냉소의 정도가 더욱 커졌을 뿐이다. 영국의 사회주의자 스태포드 크립스 경 Sir Stafford Cripps이 여론을 경멸하며 정당하게 국제연맹을 강도들의 세계연합이라고 불렀을 때 『런던 타임즈』는 역설적인 어조로 물었다 : "그렇다면 소련이 국제연맹에 가입한 현상은 어떻게 설명할 수 있습니까?" 이 질문에 대답하는 것은 쉽지 않다. 결국 소련의 관료 지배층은 10월 혁명이 치명적인 타격을 가한 사회애국주의를 이제 강력하게 지지하는 세력이 되었다.

로이 하워드 역시 이 점에 대해서 간간히 진실을 밝히려고 노력했다. 그는 스딸린에게 물었다 : "세계혁명에 대한 계획과 견해를 말씀해 주시겠습니까?" "현재 그러한 계획이나 의도는 전혀 없습니다. … 오해가 있는 것 같군요." "비극적인 오해입니까?" "아닙니다. 희극적 또는 뭐라고 할까 희비극적 오해입니다." 이 인용문은 인터뷰 내용을 글자 하나 빼지 않고 그대로 옮긴 것이다. 스딸린이 계속 이어서 말했다 : "소련에 인접한 나라들이 정말 안전하

---

1. [옮긴이] 1차 세계대전 발발 당시 유럽의 사회민주주의 정당들은 자국 지배계급의 전쟁 노력을 조국방어 행위라고 평하며 찬사를 보냈다. 결국 이들 정당들은 자기 나라 노동자들이 제국주의 부르주아지의 전쟁에 참전하여 대포밥이 되도록 하였다. 이렇게 말로는 사회주의를 외치면서 행동으로는 애국주의를 실현하는 기회주의 노선을 사회애국주의 또는 사회국수주의라고 한다.

게 평화를 유지하고 있다면 소련 인민이 어떤 생각을 가지고 있든 위험할 것이 있겠습니까?" 로이 하워드가 다음과 같이 물을 수도 있었을 것이다 : 그러나 이들 국가들이 안전하게 평화를 누리고 있지 못하면 어떻게 하죠? 여기에 대해 스딸린은 불안을 가라앉히는 주장을 하나 더 꺼냈다 : "혁명을 수출한다는 생각은 넌센스에 불과합니다. 혁명을 원하는 나라는 혁명을 성취하면 됩니다. 이들 나라에 혁명이 발생하지 않으면 혁명은 존재하지 않습니다. 예를 들어 우리나라는 혁명을 원했고 혁명을 성취했습니다. …" 이 말도 인터뷰 내용을 글자 하나 빼지 않고 그대로 인용한 것이다. 일국 사회주의 이론이 일국혁명 이론으로 자연스레 이행했다. 로이 하워드는 다시 다음과 같이 물을 수도 있었을 것이다 : 그렇다면 무슨 목적으로 인터내셔널은 존재합니까? 그러나 그는 호기심의 적절한 한도를 확실히 알고 있는 듯했다. 이 점에 대한 스딸린의 설명은 자본가와 노동자 모두가 다 주목하고 있는데 아주 안심되는 것이었다. 다만 논리가 엉망일 뿐이다. "우리나라"는 혁명을 하고자 했을 때 외국에서 맑스주의를 수입했고 외국의 혁명투쟁 경험을 연구했다. 수십 년 동안 해외 망명지도부가 러시아 국내의 투쟁을 지도했다. 그리고 당시 유럽과 미국의 노동자 조직들로부터 우리는 도덕적·물질적 지원을 받았다. 혁명을 성취한 후 1919년에 우리는 공산주의 인터내셔널(코민테른)을 조직했다. 혁명을 성공시킨 나라의 노동자계급이 타국의 피억압 저항 계급들을 사상적으로뿐만 아니라 가능하면 무기를 가지고 지원해야 할 의무를 가지고 있다고 우리는 누차 선언했었다. 그리고 선언으로 만족하지도 않았다. 핀란드, 라트비아, 에스토니아, 그루지아 노동자들을 군대를 동원하여 지원하였다. 바르샤바에 적군이 진주하여 폴란드 노동자들의 봉기를 지원하려고 시도하기도 했다. 중국혁명을 돕기 위해 조직가와 사령관들을 보냈었다. 1926년 총파업을 수행하고 있던 영국 노동자들을 지원하기 위해 수백만 루블을 모금하였다. 스딸린은 과거 노동자 국제연대의 모든 활동들이 오해로 인해 발생했다고 말하는 것 같다. 비극적인 오해라고? 아니다. 차라리 희극적인 오해이다. 소련에서 사는 것이 "즐거운" 일이라고 스딸린이 선언한 것이 하나도 이상할 것이 없다. 코민테른에서 일하는 진지한 인물들은 이제 모두 희극적인 인물들로 교체되었다.

과거 소련 노동자들의 영웅적 행위들을 비방하는 대신 테르미도르 반동의 정책과 10월 혁명의 정책을 공개적으로 비교했다면 스딸린은 로이 하워드에게 더 강한 인상을 줄 수 있었을 텐데 아쉽기 그지없다. 그는 다음과 같이 말할 수도 있었을 것이다: "레닌이 보기에는 국제연맹은 새로운 제국주의 전쟁의 도구에 지나지 않았다. 우리는 국제연맹을 평화의 도구라고 생각한다. 레닌은 혁명 전쟁의 불가피성을 말했다. 우리는 혁명을 수출한다는 사고가 넌센스라고 생각한다. 레닌은 제국주의 부르주아지와 노동자계급이 연합하는 것을 반역이라고 비난하였다. 우리는 모든 힘을 동원하여 바로 이 연합의 길로 국제 노동자계급을 인도할 것이다. 레닌은 자본주의 체제하에서 진행되는 군비축소를 노동자에 대한 사기라고 맹비난하였다. 우리는 우리의 정책 전체를 군비축소에 기초하고 있다." 그리고 스딸린은 다음과 같이 결론 내렸을지도 모른다: "실제로 볼셰비즘의 무덤을 파는 우리를 볼셰비즘의 계승자로 잘못 안 것에서 당신의 희비극적 오해가 발생한 것입니다."

3. 적군赤軍과 그 군사이론

옛날 러시아 병사는 농촌공동체의 가부장적 문화에서 성장했기 때문에 무엇보다도 맹목적인 무리 본능을 두드러지게 소유하고 있었다. 캐더린 2세와 바울 시대에 대원수였던 수보로프Suvorov는 농노군의 출중한 사령관이었다. 그러나 프랑스 대혁명은 과거 유럽과 짜르시대 러시아의 군사술을 영원히 매장시켜 버렸다. 러시아 제국은 계속해서 광활한 영토를 정복했으나 문명국 군대에게 승리한 경우는 없었다. 일련의 원정에서의 패배와 뒤이은 국내의 사회적 격동이 진행되면서 군대의 국민적 특성은 변하였다. 적군은 새로운 사회적·심리적 기초 위에서만 형성될 수 있었다. 오랫동안 고통스럽게 병사를 괴롭혀 왔던 무리 본능과 자연에 대한 복종심은 젊은 세대에 의해 담대한 기상과 기술에 대한 숭배로 바뀌었다. 개성에 대한 자각과 함께 문화수준이 급격히 상승했다. 글을 모르는 병사의 수는 점점 줄어들었다. 적군은 글을 모르는 병사를 제대시키지 않는다. 모든 종류의 운동경기가 군대 내부와 주위에서 급속히 발전하였다. 노동자, 관료, 학생들 사이에서 특등 사수 명찰은 커다란 인기를 누렸다. 겨울 스키는 지금까지 몰랐던 기동력을 제공했다. 고공 낙하, 글라이딩, 항공 분야에서 놀라운 성공들이 잇따랐다. 북극해와 성층권 비행이 모든 사람들에게 알려졌다. 이러한 절정기에 엄청난 업적들이 계속 달성되었다.

내전 기간 동안 보여주었던 적군의 조직과 전투력 수준을 이상적인 것으로 묘사할 필요는 없다. 그러나 젊은 장교들은 이 시기를 통해 많은 경험을 쌓았다. 짜르 군대에서 복무했던 하사관들과 상병들은 조직가와 군사지도자의 자질을 발휘하였고 대규모의 투쟁에서 의지력을 단련시켰다. 이 자수성가한 병사들은 여러 번 전투에서 패배하였으나 결국에는 승리하였다. 이들 중 우수한 군인들은 열성적으로 공부에 몰입하였다. 내전이라는 학교를 거쳐 간 현재의 사령관들 절대다수가 군사학교나 특별 과정을 이수하였다. 고위 장교들 약 반수 정도는 고등군사교육을 받았다. 나머지는 사관생도 과정을 거쳤다. 군사이론은 군인에게 필요한 사고방식을 훈련시켰다. 그러나 내전을 극적으로 이끌어 가는 과정에서 획득된 과감한 기상은 파괴되지 않았다. 이 세대는 현재 40대와 50대가 되었다. 이 나이에는 육체적·정신적 힘이 균형을 이루며 경험에 의존하는 경향이 많지만 대담성이 사그러들지는 않는다.

당, 공산주의청년동맹, 노동조합, 국유화 산업 행정기구, 협동조합, 집단농장, 국영농장 등이 사회주의 건설과 경제적 과업을 어느 정도 성취했는지는 알 수 없다. 그러나 이들 사회조직들은 수없이 많은 젊은 행정간부들을 훈련시키고 있다. 이들은 인적·물적 자원들을 운영하는 일에 익숙해져 있으며 자신들을 국가의 일부라고 생각하고 있다. 이들은 자연스럽게 전쟁 시 군대 지휘부를 구성할 것이다. 입대 이전의 학생들 역시 높은 수준으로 미래를 준비하면서 미래에 군대 지휘부의 일원이 될 것이다. 학생들은 특별 훈련대대로 편성되어 있어서 동원될 경우 지휘관을 훈련하는 임시학교로 발전할 수 있다. 고등교육기관을 졸업하는 학생이 매년 8만 명에 이르고 있으며 대학생은 50만 명을 넘고 있다는 사실이 전시에 동원이 가능한 자원의 규모를 짐작게 한다. 더욱이 각급 학교 학생은 모두 2천8백만 명에 접근하고 있다.

사회혁명은 경제와 특히 공업에서 짜르시대 러시아가 꿈도 꿀 수 없었던 군수산업을 형성시켰다. 계획경제는 근본적으로 정부가 산업을 원하는 대로 계속해서 동원할 수 있다는 것을 의미한다. 그리고 새로운 공장을 건설하고 기계를 구비하면서도 국방의 목적에 부합할 수 있게 조치할 수 있다. 적군의 인적·기술적 능력의 상호관계는 서방의 가장 훌륭한 군대와 같은 수준에 있다고 말할 수 있다. 포병 재무장도 제1차 5개년 계획 기간 동안 결정적인 성공을 거두었다. 트럭, 장갑차, 탱크, 비행기 생산에 엄청난 규모의 자금이 투여되고 있다. 현재 소련에는 최소한 50만 대의 트랙터가 있다. 1936년에는 16만 대가 생산되어 850만 마력이 공급될 예정이다. 탱크 생산도 이와 비슷한 수준에서 진행되고 있다. 적군의 동원계획에 의하면 전선 1킬로미터마다 30에서 45대의 탱크가 필요하다. 1차 세계대전의 여파로 해군이 보유하는 배의 총 톤수는 1917년의 54만 8천 톤에서 1928년의 8만 2천 톤으로 감소되었다. 이 분야는 처음부터 다시 시작해야 한다. 1936년 1월 중앙집행위원회 회의에서 투하체프스키Tukhachevsky가 말했다 : "현재 강력한 해군이 건설되고 있다. 특히 잠수함 함대를 발전시키는 일에 주로 힘을 집중하고 있다." 이 분야의 성과에 대해서 일본 해군본부는 잘 알고 있을 것이다. 발트해에서 활동 중인 해군에 대해서도 이제 많은 관심이 모아지고 있다. 그러나 미래에도 해군은 해안전선의 방위에서 보조적인 역할만을 수행할 수 있을 것이다.

그러나 비행대는 위력적으로 성장했다. 2년 전, 언론이 전하는 바에 의하면, 프랑스 항공기술 대표단이 "이 분야에서 소련이 거둔 성과가 놀라우면서도 기쁘다"고 했다고 한다. 특히 적군이 반경 1,200킬로미터에서 1,500킬로미터에 이르는 중폭격기를 점점 많이 생산하고 있다는 사실을 확인하였다. 극동전쟁이 발발할 경우 일본의 정치적·군사적 중심지들이 소련 해안으로부터 직접 공격을 받게 될 것이다. 언론에 배포된 자료에 의하면 1935년이 되면 62개 비행연대가 동시에 5천 대의 비행기를 출격시킬 수 있다는 것이다. 이 계획은 이미 달성되었고 아마 초과달성되었을 것이 확실하다.

짜르시대에는 존재하지도 않았으나 최근 급속도로 성장하고 있는 화학산업은 항공기 제작과 매우 밀접한 관계에 있다. 소련과 외국 정부들이 종종 되풀이되고 있는 독가스 사용 "금지" 선언을 단 1초도 믿지 않는다는 사실은 공공연한 비밀이다. 이디오피아에서 이탈리아 문명군대가 했던 일은 국제 강도들의 인도주의적 제한조치들이 아무 소용없다는 사실을 다시 한번 명백하게 보여주었다. 가장 의문스럽고 무시무시한 재앙들이 갑자기 벌어질 사태에 대비하여 적군은 군사화학과 군사세균학 분야에서 서방의 군대만큼 철저히 준비하고 있다고 생각해도 될 것이다.

군수물자 품질에 대한 의심은 정당하다고 할 수 있다. 그러나 생산도구들은 일상용품들보다 더 고급으로 생산되고 있다고 이미 말한 적이 있다. 물품 구매자가 지배 관료집단의 영향력 있는 부위일 경우 품질이 보통의 수준보다 상당히 올라간다. 일반 소비재는 품질이 아직도 형편없다. 가장 입김이 센 고객은 전쟁성War

Department이다. 소비재와 생산도구보다 전쟁의 도구들이 더 좋은 품질을 자랑한다는 사실은 놀라울 것이 없다. 그러나 군수산업은 산업 전체의 일부이고 다소간 산업 전체의 문제점들을 반영하고 있다. 보로쉴로프와 투하체프스키는 기회가 있을 때마다 산업 지도자들에게 공개적으로 상기시킨다 : "여러분이 적군에 공급하는 제품의 품질에 대해서 항상 완전히 만족하고 있는 것은 아닙니다." 사석에서는 군대 지도자들이 좀 더 딱 부러지게 표현할 것이다. 일반적으로 군대 매점에 공급되는 물품들은 무기보다 질이 더 나쁘다. 신발은 자동소총보다 질이 더 낮다. 그러나 비행기 엔진도 의심할 여지 없는 진전에도 불구하고 가장 좋은 서방의 엔진에 비해 상당히 뒤쳐지고 있다. 전체적으로 군사장비의 경우 다음과 같은 과업이 여전히 달성되지 않고 있다 : 가능한 한 빨리 적국이 될지도 모르는 서방의 수준을 따라잡아야 한다.

농업의 경우 상황은 더 나쁘다. 모스크바에서 얘기되는 말이 있다. 공업노동자의 수입이 농민의 수입을 이미 능가하고 있기 때문에 소련은 실제로 농공업국에서 공농업국으로 바뀌었다는 것이다. 그러나 실제로는 수입 격차는 공업발전의 상당한 진행과 함께 농업의 지극히 낮은 수준 때문에 나타난다. 몇 년 동안 소련의 외교정책이 일본에 대해서 유난히 유화적이었던 이유는 다른 무엇보다 식량공급의 심각한 어려움 때문이었다. 그러나 지난 3년 동안 이 분야에 상당한 진전이 있었으며 특히 극동에서 군대용 식량공급기지가 건설될 수 있었다.

역설적이지만 말의 생산이 군대에서 가장 골치 아픈 문제가 되고 있다. 완벽한 농업 집단화가 본격적으로 진행되는 과정에서 소련의 말 숫자는 약 55퍼센트 감소했다. 더욱이 자동차의 이용이 일반화된 지금도 군대는 나폴레옹 시대와 마찬가지로 병사 세 명당 말 한 마리가 필요하다. 그러나 지난 한 해 동안 이 분야에서도 좋은 성과가 나타났다. 말의 숫자는 다시 증가 추세에 있다. 어쨌든 몇 달 뒤에 전쟁이 일어난다 하더라도 1억 7천만 인구의 소련은 언제나 필요한 식량과 말을 전선으로 동원할 수 있을 것이다. 물론 인구 전체를 희생시키면서 이 과업이 진행될 것이다. 일반적으로 모든 나라의 인민들은 전쟁이 터지면 기아, 독가스, 전염병밖에 기대할 수가 없다.

◆◇

프랑스 대혁명은 전선의 왕립 대대에 새로이 대형들을 추가시키면서 국민군대를 창설하였다. 10월 혁명은 짜르의 군대를 완전히 해산하여 흔적도 남기지 않았다. 적군은 처음부터 새로 구성되었다. 소련 정권의 쌍둥이인 군대는 크고 작은 일에서 국가와 운명을 같이했다. 위대한 혁명 때문에 적군은 짜르군대보다 비교할 수 없이 우수했다. 그러나 군대는 노동자국가의 퇴보를 가장 완성된 형태로 표현했다. 앞으로 일어날 전쟁에서 적군이 맡을 역할을 말하기 전에 군대의 지도사상과 체계의 변천을 잠시 살펴보는 것이 필요할 것이다.

1918년 1월 12일 인민위원 소비에트는 정규군의 토대를 마련하는 포고령에서 다음과 같이 군대의 목적을 규정하였다 : "국가권력이 이제 근로 피착취 인민에게 넘어갔으므로 소비에트 권력의 요새가 될 새로운 군대를 창설할 필요가 생겼다. … 그리고 이 군대는 유럽에서 곧 이어질 사회주의 혁명들의 지원군이 될 것이다."

1918년 이후 아직도 유지되고 있는 노동절의 "사회주의자 선서"에서 적군 병사는 "사회주의와 전 세계 인민들의 형제애를 위해 힘과 목숨조차 아끼지 않을 것이라고 러시아와 전 세계 근로계급의 눈앞에서" 약속한다. 스딸린이 혁명의 국제적 성격을 "희극적인 오해"와 "넌센스"로 묘사하는 것을 보면 그는 무엇보다도 지금까지 폐기되지 않고 있는 소비에트 정부의 기본 포고령들을 제대로 인정하지 않고 있다고 볼 수 있다.

군대는 당연히 당과 국가기구를 떠받치는 사상에 의해서 동시에 지탱되었다. 군대의 성문법, 언론, 구두선동 등도 실천적 과업인 국제혁명을 위해 존재하였다. 전쟁성에서는 혁명적 국제주의 강령이 종종 과장된 지위를 부여받았다. 군대 정치국 의장이었으며 이후 스딸린의 밀접한 동맹자였던 구세프Gussev는 군대신문에 1921년 다음과 같이 썼다 : "부르주아-지주의 반혁명을 막기 위해서뿐만 아니라 제국주의 세력에 대한 혁명전쟁을 위해서 … 우리는 노동자계급 군대를 양성하고 있다." 더욱이 그는 적군을 국제혁명의 과업에 제대로 준비시키고 있지 못하고 있다면서 당시 전쟁성을 지휘하고 있던 필자를 직접 비난했다. 이에 대해 필자는 신문을 통해 군사 강대국들은 혁명 과정에서 보조적인 역할밖에 수행할 수 없다는 사실을 환기시켰다. 오직 유리한 상황에서만 군사 강대국들은 혁명의 승리를 재촉할 수 있을 뿐이다. "군사적 개입은 의사의 족집게와 같다. 적절한 때에 사용하면 출산의 고통을 덜 수 있다. 그러나 너무 일찍 사용하면 사산을 자초할 뿐이다."(1921년 12월 5일) 불행하게도 지금 이 중요한 문제를 충분히 논의할 수는 없다. 그러나 현재의 총사령관 투하체프스키가 1921년 코민테른에 편지를 보내 그가 주도하는 "국제 군 지휘부" 구성을 제안했다. 그런데 이 흥미 있는 편지는 "계급전쟁"이라는 그럴싸한 제목으로 그의 논문집에 실려 출판되었다. 이 재능이 있지만 약간 성급한 사령관은 신문에 실린 필자의 글에 담긴 "국제 군 지휘부는 여러 노동자국가 군 지휘부의 기초하에서만 성립이 가능하다. 이것이 불가능할 경우 국제 군 지휘부는 우스꽝스러운 모양새를 띨 수 있을 뿐이다"라는 내용을 다시 읽어야 했다. 일반적으로 원칙의 문제들 – 특히 새로운 문제들 – 에서는 어떤 명확한 입장을 취하기를 회피하는 스딸린 자신은 그렇지 않았지만, 적어도 미래에 그의 측근이 되는 사람들 중의 다수가 그 당시에는 당과 군의 지도부의 "좌익"의 입장을 취했었다. 그들의 사상에는 소박한 과장이나 혹은 – 이렇게 표현해도 좋다면 – "희극적 오해"도 적지 않았다. 물론 이런 일들이 없이 위대한 혁명이 성취될 수는 없을 것이다. "일국사회주의"에 연관된 극단적으로 황당한 이론에 대해 공격의 화살을 퍼붓는 것이 필요하기 아주 오래전에 이미 국제주의에 대한 좌파의 이 "황당한 이론"에 대해 우리는 투쟁을 벌이고 있었다.

당시를 회상하는 회고담과는 달리 내전이 가장 엄중한 단계를 경과하고 있던 당시 볼셰비키당의 지적인 생활은 온천처럼 들끓고 있었다. 군대를 위시로 당과 국가기구의 모든 단위에서 모든 문제 그리고 특히 군사적 문제들에 대해서 토론이 격화되고 있었다. 지도부의 정책은 종종 격렬한 자유로운 비판에 직면하였다. 과도한 군사검열제도의 문제에 대해서 당시 필자는 주요한 군사문제 잡지에서 다음과 같이 썼다 : "검열이 산더미처럼 많은 오류를 범한 사실을 기꺼이 인정한다. 검열이 자신의 분수를 아는 것이 아주 필요하다고 생각한다. 검열은 군사기밀을 방어해야 한다.…그리고 다른 어떤 일에 대해서도 간섭해서는 안 된다." (1919년 2월 23일)

국제 군 지휘부에 대한 문제는 지적 투쟁의 작은 에피소드에 지나지 않았다. 투쟁은 행동통일이라는 규율에 의해 적절한 범위 내에서 벌어졌지만 최소한 군대 상층부에서 반대 분파의 성격을 띤 정치집단이 구성되는 정도에까지 나아갔다. 프룬제Frunze, 투하체프스키, 구세프, 보로쉴로프 외에 다른 인사들이 속한 "프롤레타리아 군사이론" 분파는 정치적 목적, 군대체계, 전략, 전술 등에 있어서 적군은 자본주의 국가의 군대와는 아무런 공통점도 없다는 선험적인 확신으로부터 출발하고 있었다. 새로운 지배계급은 모든 측면에서 이전의 군대와 뚜렷이 구별되는 군대체계를 가지고 있어야 하며 이제 이 군대를 창건하는 일만 남았다는 것이다. 내전 중에 이 분파의 활동은 짜르 군대의 장교들을 영입하는 문제에 대해 원칙적인 항의서한을 제출하는 것으로 주로 제한되었다. 그리고 지역 전투에서 보여진 무원칙적 임기응변 방식과 특정 규율위반에 대해서 투쟁하는 총사령부를 뒤에서 비방하는 정도에 그쳤다. 새로운 군사이론의 극단적인 추종자들은 극단적으로 의미를 확대한 전략적 원칙, "기동주의"maneuverism, "공격주의"offensivism 등의 이름 아래 군대의 중앙집중적 체계마저 거부하려고 하였다. 앞으로 전개될 국제적 차원의 전투에서 중앙집중적 체계는 혁명적 주도성을 억제하기 때문이라는 것이었다. 핵심적으로 말해서 이 이론은 내전 첫 몇 년 동안 진행되었던 게릴라 전투방식을 영원하고 보편적인 체계로 확대시키려는 시도였다. 많은 수의 혁명군 사령관들은 이 새로운 이론에 대해서 더 적극적이었다. 왜냐하면 과거의 군사이론들을 연구하고 싶지 않았기 때문이었다. 이러한 분위기의 주요한 중심지는 부데니Budenny, 보로쉴로프, 그리고 이후 스딸린이 군사적 임무를 시작한 짜리친Tzaritzyn 즉 지금의 스딸린그라드Stalingrad였다.

내전이 끝난 후에야 이 새로운 고안물들을 완성된 이론으로 구축하려는 좀 더 체계적인 시도가 진행되었다. 이러한 시도의 주창자는 내전 당시 출중한 사령관들 중의 하나였던 프룬제였다. 그는 과거 중노동에 처한 바 있는 정치범이었는데 보로쉴로프 그리고 어느 정도 투하체프스키의 지지를 받고 있었다. 핵심적으로 말하면 프롤레타리아 군사이론은 완전히 형이상학적인 도식에 지나지 않는 점에서 "프롤레타리아 문화" 이론과 전적으로 유사하였다. 이 새로운 경향의 주창자들이 남긴 저작들을 보면 이러저러한 실제적인 처방들은 전혀 새롭지 않으며 다만 노동자계급을 국제적이며 전투적인 계급으로 보고 이 가정을 군사이론의 토대로 삼은 것에 지나지 않는다. 즉 노동자계급을 현실에 존재하는 시간과 장소의 조건들로부터 고찰하지 않고 정태적인 심리적 추상으로부터 바라보았다. 이들 저작들은 한 줄 한 줄마다 맑스주의를 칭송하고 있지만 실제로는 맑스주의를 순수한 관념론으로 대체하고 있었다. 이 이론은 진지한 탐색을 동반하고 있지만 관료집단이 급속도로 발전시키고 있던 자만심의 맹아에 지나지 않는다는 사실을 금방 알아차릴 수 있다. 특별한 준비나 물질적인 전제조건이 갖추어지지도 않은 가운데 모든 분야에서 역사적인 기적을 이룰 수 있다는 사실을 관료집단은 믿고 싶어 했고 또 다른 사람들이 믿도록 하고 싶었다.

당시 필자는 신문을 통해 프룬제에게 답변했다: "발전한 사회주의 경제를 보유한 나라가 부르주아 국가와 전쟁을 할 수밖에 없는 상황이라면 사회주의 국가의 전략은 지금의 전략과 완전히 다를 것이다. 이 점은 의심할 여지가 없다. 그러나 그렇다고 해서 지금 이러한 '프롤레타리아 전략'을 바로 실천할 수 있다는 근거가 성립되지는 않는다. … 사회주의 경제를 발전시키고 대중의 문화수준을 높이는 것을 통해 … 우리는 새로운 군사술을 풍부하게 발전시킬 수 있다." 그러나 지금부터 당분간 선진 자본주의국가들로부터 열심히 배우는 것이 필요하다. 그러나 "노동자계급의 혁명적 성격으로부터 사변적인 방법으로 새로운 전략을 유추"하려는 시도는 필요 없다(1922년 4월 1일). 아르키메데스는 그에게 받침대가 주어지면 지구를 움직이겠다고 약속했다. 이것은 잘못된 말은 아니다. 그러나 그에게 받침대가 주어졌다 해도 받침대를 가지고 지구를 움직일 수 있는 지렛대나 동력이 필요하다는 것이 증명되었을 것이다. 승리한 혁명은 새로운 받침대를 제공한다. 그러나 지구를 움직이기 위해서는 지렛대들을 갖추어야 한다.

"프롤레타리아 군사이론"은 그것의 자매 이론인 "프롤레타리아 문화이론"과 같이 당시 볼셰비키당에 의해서 거부되었다. 그러나 이후 이 이론들의 운명은 달랐다. "프롤레타리아 문화"의 깃발은 "일국사회주의"와 모든 계급의 철폐가 선포되었던 1924년에서 1931년 기간 동안 스딸린과 부하린에 의해서 치켜 올려졌으나 별 성과 없이 흐지부지되었다. 반면에 "프롤레타리아 군사이론"은 이 이론의 주창자들이 국가기구를 장악하는 위치에 올랐지만 다시는 부활되지 않았다. 아주 밀접하게 연관되어 있는 이 두 이론들이 다른 운명을 가진 이유는 소련 사회의 변화에 있어서 아주 중요한 의미를 갖는다. "프롤레타리아 문화"는 추상적이어서 무게를 측량할 수 없는 문제들과 관련이 있었다. 따라서 관료집단은 노동자계급을 권좌에서 거칠게 밀어내면 낼수록 도덕적인 보상을 제시하는 이 이론에 대해서 그만큼 더 관대했다. 반면에 군사이론은 국방의 이해뿐만 아니라 지배층의 이해에도 아주 핵심적인 문제였다. 여기서는 이론적인 장난을 허용할 여지가 없었다. 짜르군대의 장교들을 군대로 영입하는 것에 반대한 자들은 자신들이 이제 "장군"이 되었다. 국제 군 지휘부를 예견한 이 선지자들은 "일국" 지휘부의 사열대 지붕 아래에서 조용해졌다. "계급 전쟁"은 "집단 안보" 이론으로 대체되었다. 세계혁명의 전망은 현상유지를 신격화하는 정책으로 바뀌었다. 이후에 동맹국이 될 수 있는 나라들의 신뢰를 얻고 지금의 적대국들을 가능하면 자극하지 않기 위해서는 어떠한 대가를 치르더라도 자본주의 국가의 군대들과 가능하면 차이가 없게 만드는 것이 필요했다. 이론과 겉모습의 변화 뒤에는 역사적인 중요성을 가진 사회변화가 일어나고 있었다. 1935년이란 해는 군대에 일종의 이중 혁명의 해였다. 민병대 체계 그리고 군 지휘부에 관련하여 일어난 혁명이 이것이다.

4. 민병대의 해체와 장교계급의 부활

20년이 지난 이제 적군은 어느 정도 볼셰비키당의 군대 강령을 실현했는가?

프롤레타리아 독제체제를 수호하는 군대는 강령에 따르면, "공공연하게 계급적 성격을 가지고 있어야 한다. 즉 노동자계급과 농민의 반프롤레타리아층으로만 구성되어야 한다. 계급이 철폐될 때는 계급 군대가 사회주의 전국 민병대로 전환될 것이다." **전국적** 성격의 군대를 미래의 일로 연기했으나 당은 **민병대** 체제를 결코 거부하지 않았다. 이와 반대로 1919년 3월 제8차 당 대회 결의문은 이렇게 말했다 : "우리는 민병대를 계급적 토대에 두면서 소비에트 민병대로 전환시킨다." "노동자계급의 노동조건과 밀접한 방식으로" 군대를 서서히 창설하는 것이 군사사업의 목적이었다. 장기적으로 군대의 모든 단위는 "지방 단위의 지휘부, 무기와 보급품 창고를 보유하며" 지역적으로 공장, 광산, 마을, 농촌공동체, 그밖의 다른 유기체적 집단과 일치하게 될 것이다. 지역, 학교, 산업, 체육 등 각 단위에서 청년이 유기적으로 결합되면서 군대에서 각인되는 집단정신을 실천할 것이고 더욱이 직업장교단을 창설하지 않으면서 의식적인 규율을 각인할 것이었다.

그러나 사회주의 사회와 아무리 잘 조응된다고 하여도 민병대를 유지하기 위해서는 높은 수준의 경제적 기반이 조성되어야 한다. 정규군을 창설하기 위해서는 특별한 상황이 존재해야 한다. 따라서 지역 군대는 나라의 실제 현실을 훨씬 더 직접적으로 반영한다. 문화의 수준이 낮으면 낮을수록 농촌과 도시의 구별이 날카로우면 날카로울수록 민병대는 더욱더 불완전하고 이질적일 것이다. 자동차도로, 자동차, 철도, 고속도로, 수로 등이 결여되어 있기 때문에 지역 군대는 전쟁의 아주 결정적인 첫 몇 주 또는 몇 달

동안 기동력이 매우 저조할 것이다. 자원의 동원, 전략적 이동, 병력의 집중 시기에 전선을 확실히 방어하기 위해 지역군과 함께 정규군이 있어야 한다. 적군은 애초부터 이 두 체제를 필요에 의해 타협하면서 정규군에 강조점을 두고 창설되었다.

1924년 당시 전쟁성을 지휘한 필자는 다음과 같이 썼다 : "우리는 항상 두 가지 상황을 염두에 두어야 한다. 소비에트 체제의 확립에 의해 민병대 체제로 전환할 가능성이 처음으로 대두되었지만 이 변화의 속도는 기술, 통신수단, 문자해독률 등 나라의 일반적인 문화수준에 의해 결정된다. 민병대를 유지할 경제적·문화적 조건이 매우 낙후한 반면에 정치적 조건은 확고히 마련되었다." 필요한 물질적 조건이 마련되어 있을 경우 지역 군대는 정규군보다 열등하지 않을 뿐만 아니라 훨씬 우세할 것이다. 소련은 국방에 많은 자원을 투입해야 한다. 왜냐하면 저렴한 민병대 체제를 유지하기에 충분한 자원을 보유하고 있지 않으므로 정규군에 자원을 투입해야 하기 때문이다. 이 점은 하나도 이상할 것이 없다. 소련 사회가 아주 비용이 많이 드는 관료집단을 목에 걸고 있는 이유는 바로 사회의 빈곤 때문이다.

경제적 기반과 사회적 상부구조(정치체제) 사이의 불균형은 거의 모든 분야가 절대적으로 같은 수준으로 발전하도록 하였다. 소련 내 모든 사회적 관계의 기반은 생산력의 낮은 수준과 원칙적으로 사회주의적인 소유형태 사이의 괴리이다. 새로운 사회주의적 사회관계는 문화수준을 높여준다. 그러나 불충분한 문화는 사회주의적 형태들을 갉아 먹는다. 소련의 현실은 이 두 경향 사이의 균형에 의해서 결정된다. 군대에서는 체계가 너무도 명확하기 때문에 결과는 충분히 정확한 수치를 통해 측정될 수 있다. 정규군과 민병대 사이의 상호관계는 사회주의로 나아가는 운동의 정도를 현실적이고 공정하게 나타내 줄 수 있다.

자연 조건과 역사적 과정에 의해 소련은 낮은 인구밀도와 나쁜 도로를 사이에 두고 국경이 1만 킬로미터나 떨어져 있는 국가가 되었다. 1924년 10월 15일 구 군사지도부는 재임을 한 달 남겨 놓고 있었는데 다시 한번 현실을 상기시켰다: "앞으로 몇 년 동안 민병대의 창설은 필연적으로 준비적 성격을 띨 것이다. 이전의 성공이 앞으로의 정책을 밑받침할 수 있도록 정책의 성과가 면밀하게 입증되어야 한다." 그러나 1925년에 새로운 시대가 개막되었다. 과거 프롤레타리아 군대이론을 주창했던 자들이 권력을 잡았다. 핵심에 있어서 "공격주의"와 "기동주의"는 지역 군대의 개념과 매우 모순되었다. 그러나 이들은 이미 세계혁명의 과업을 잊어먹기 시작하고 있었다. 새로운 군 지휘부는 세계 부르주아지를 "중립화"하면서 전쟁을 피하고자 하였다. 이후 몇 년 동안 군대의 74퍼센트는 민병대로 재조직되었다!

독일이 무장해제의 상태에 있을 뿐만 아니라 "우방"처럼 행동하는 한 소련 군 지휘부의 계산은 바로 인접한 나라들의 군사력에 기반하고 있었다. 루마니아, 폴란드, 리투아니아, 라트비아, 에스토니아, 핀란드 등이 서부 인접국인데 이들은 가장 강력한 적대국인 프랑스의 물질적 지원을 받고 있는 것 같았다. 1933년에 끝난 이 시기에 프랑스는 불행하게도 "평화의 친구"가 아니었다. 인접국들은 모두 합쳐서 보병 120사단 즉 약 3백5십만 병력을 전쟁에 동원할 수 있었다. 적군의 동원 계획은 서부 전선에 같은 숫자의 일급 병력을 확보하는 것이었다. 극동전선의 경우는 수백만이 아니라 수십만의 병력으로 충분하였다. 대체로 1년 동안 100명의 병사에 대해서 75명의 병사가 보충되어야 한다. 병원에서 회복되어 다시 현역으로 복귀하는 병사들을 제외하면 전쟁은 2년 동안 농촌으로부터 1천만 내지 1천2백만 명의 성인 남성을 데리고 간다. 1935년까지 적군은 55만 2천 명의 병사를 거느리고 있었다. 그리고 비밀경찰에 딸린 병사까지 포함하면 전부 62만 명이었으며 장교는 4만 명이었다. 더욱이 1935년이 시작될 때 이미 말한 바 있듯이 74퍼센트는 지역 군대에 편성되어 있었고 26퍼센트만이 정규군에 속해 있었다. 100퍼센트는 아니지만 최소한 74퍼센트가 민병대이므로 사회주의 민병대가 군대를 "최종적으로 그리고 돌이킬 수 없을 정도로" 장악한 것은 명확하지 않은가?

그러나 위에서 제시한 모든 계산은 그 자체로만 해도 조건적이었으나 히틀러가 독일에서 정권을 장악한 후 모두 허공으로 날아가 버렸다. 독일은 열정적으로 무장하기 시작했으며 특히 주로 소련에 대항하여 전쟁준비를 하고 있었다. 자본주의 세계와 평화적으로 동거하겠다는 전망은 즉시 사라졌다. 시시각각으로 다가오는 전쟁위험은 소련으로 하여금 총병력을 1백30만 명으로 늘리고 적군의 체계를 근본적으로 바꾸도록 강요하였다. 현재 적군의 77퍼센트는 정규군이며 23퍼센트만이 지역 민병대이다. 지역 군대를 대대적으로 청산한 것은 민병대 체제의 포기인 것처럼 보인다. 물론 군대는 평화의 시기가 아니라 전쟁 위협의 시기에 필요하다는 사실을 유념해야 한다. 이렇게 농담이 전혀 허용될 수 없는 분야의 역사적 경험은 사회의 생산적 기반에 의해 사회주의의 이 정도만이 "최종적으로 그리고 돌이킬 수 없이" 성취되었다는 사실을 가차 없이 보여주었다.

그러나 74퍼센트에서 23퍼센트로 민병대의 비율이 하락한 것은 과도한 것처럼 보인다. 이 과정은 프랑스 군 지휘부의 "우정어린" 압력이 아니었다면 발생하지 않았을 것이다. 한편 관료집단이 이런 방향으로 나아가고자 했는데 갑자기 좋은 구실이 저절로 생겼다고 볼 수도 있다. 군대의 정규군화는 상당한 정도로 정치적 고려에 의해서 강제되었다. 민병대 조직은 민병대의 성격 그 자체로 인해 대중에게 직접적으로 의존할 수밖에 없다. 사회주의적 관점에서 보면 이 측면은 민병대 체제의 주요한 장점이다. 그러나 크렘린궁의 관점에서 보면 이것이야말로 위험 요소임에 틀림없다. 선진 자본주의 국가들이 생산력 수준으로 보면 민병대를 조직할 수 있음에도 불구하고 거부하는 것은 민병대와 인민 간의 밀접한 관계가 지배계급의 입장에서는 바람직하지 않기 때문이다. 제1차 5개년 계획 기간 동안 적군이 당국에 대해 날카로운 불만을 가지고 있었던 점이 의심할 여지 없이 지역 민병대를 해체하는 심각한 동기로 작용했다.

적군이 군대의 체계를 개편한 이전과 이후의 정확한 계획서를 보면 이 생각은 틀림없이 올바르다. 그러나 그러한 자료는 없다. 그리고 자료가 입수되었다 하더라도 공개할 수 없었을 것이다. 그러나 모든 사람들에게 다른 해석을 허용하지 않는 사실이 하나 있다. 소련 정부가 군대 내에 민병대의 비중을 51퍼센트로 낮추었을 때 짜르 군대에서 유일한 민병대였던 코사크 기병대를 부활시켰다! 기병대는 언제나 군대의 특권 보수 집단이다. 그리고 코사크

부대는 모든 군대 내에서 가장 보수적인 존재였다. 전쟁과 혁명 기간 동안 코사크 부대는 처음에는 짜르 다음에는 케렌스키의 경찰 병력이었다. 소비에트 권력하에서 이들은 언제나 반동적이었다. 더욱이 코사크족에게 도입된 집단화는 특별 폭력수단들을 동원하였으나 아직도 이들의 전통과 성격을 바꾸지 못했다. 더욱이 특별법에 의해 이들은 개인 소유의 말을 보유할 수 있게 되었다. 물론 다른 특혜조치들도 한없이 많았다. 이 초원의 말 탄 병사들이 다시 피억압자에 대해 특권 억압층의 편이 된 것을 의심할 수 있을까? 청년노동자들 사이에 존재하는 체제 저항 경향을 끊임없이 억압하고 있는 상황에서 코사크 기병대의 부활은 테르미도르 반동의 가장 명확한 표현의 하나임에 틀림없다.

◆◇

10월 혁명의 원칙에 대한 더욱 치명적인 타격은 부르주아적 분위기를 있는 그대로 살린 장교단을 부활하는 포고령에 의해서 가해졌다. 적군의 지휘부는 불충분한 측면도 가지고 있고 측량할 수 없는 강점도 가지고 있지만 어쨌든 혁명과 내전을 통해 탄생하였다. 독립적 정치활동이 금지되어 있는 청년은 적군에게 능력 있는 병사들을 적잖이 공급하는 인구집단임에 틀림없다. 반면에 국가기구의 누진적인 퇴보는 지휘부의 광범위한 층에서 반영되지 않을 수 없었다. 어느 공개 회의에서 보로쉴로프는 지휘관이 병사들에게 모범이 되어야 한다는 당연한 말을 하면서 이렇게 자백하지 않을 수 없었다:"불행하게도 나는 특히 자랑할 것이 없다";"지도적 위치에 있는 장교들이 뒤로 처지고 있는 동안" 하급장교들은 성장하고 있다. "빈번하게 지휘관들은 새로운 문제들을 적절한 방식으로 해결하지 못하고 있다" 등등. 최소한 공식적으로는 군대에서 가장 책임 있는 지도자가 한 고백인데 그 내용이 놀랍기보다는 차라리 경고를 담고 있다. 보로쉴로프가 지휘관들에 대해서 하고 있는 말은 모든 관료들에게도 해당한다. 물론 발언자 자신은 관료집단의 상층부가 "뒤에 처지는" 축에 속한다고 감히 생각하지는 않을 것이다. 이들이 언제나 어느 곳에서나 모든 사람들에게 고함을 지르고 화가 나서 발을 쿵쿵 밟으면서 "최선을 다하라"고 명령을 내리는 현상은 하나도 이상할 것이 없다. 간단한 사실이지만 소련 사회의 후진성과 타성을 지속시키는 주요한 원인이며 보로쉴로프 자신이 속해 있는 집단은 바로 이 통제에서 벗어나 있는 "지도자" 집단이다.

군대는 사회의 복사판이며 사회의 질병을 더 고열로 앓고 있다. 전쟁을 수행하는 직업은 너무나 엄격한 것이어서 허구나 모방이 들어설 자리가 없다. 군대는 비판이라는 신선한 공기가 필요하다. 지휘부는 민주적인 통제가 필요하다. 적군의 조직가들은 애초부터 이 점을 잘 알고 있었기 때문에 지휘부의 선거와 같은 절차들을 준비할 필요가 있다고 생각했다. 군사문제에 대한 당의 기본 결정사항이 이렇게 말하고 있다 : "부대 내부의 단결을 도모하고 비판적인 태도를 발전시키면 지휘부의 선거 원칙이 더욱 광범위하게 적용될 수 있는 조건이 조성될 것이다." 이 결정이 채택된 후 이미 15년이 흘렀다. 이 정도 시간이면 단결과 비판정신이 충분히 성장했을 것이다. 그런데 관료 지배층은 이와 정반대의 길을 걷고 있다.

1935년 9월 소련의 우방과 적대국을 포함하여 문명세계는 깜짝 놀랄 만한 소식을 들었다. 적군이 소위에서 총사령관까지 장교 제도를 도입했다는 것이다. 전쟁성의 실제 지도자인 투하체프스키는 말했다: "장교 직함의 도입은 지휘 및 기술 분야의 간부들을 개발시킬 수 있는 좀 더 안정적인 기반을 제공한다." 그러나 이 설명은 고의적으로 애매하다. 지휘급 간부들은 무엇보다 병사들의 자신감에 의해 강화된다. 바로 이 때문에 적군은 장교단을 일소하기 시작한 것이다. 위계체제의 부활은 조금도 군대의 이해에 의해 요구되지 않았다. 중요한 것은 계급이 아니라 지휘할 수 있는 위치이다. 엔지니어와 의사들은 계급이 없다. 그러나 사회는 이들을 필요한 위치에 배치시키는 수단을 찾아낸다. 지휘권은 연구, 자질, 성격, 경험 등에 의해서 보장되며 더욱이 이에 대한 지속적이고 개별적인 평가가 필요하다. 소령이라는 계급은 대대 지휘관에게 실제 아무 도움도 되지 않는다. 5명의 고위 지휘관을 총사령관으로 승진시킨다고 해서 이들이 새로운 재능이나 보충적인 권한을 갖는 것은 아니다. "안정적인 기반"을 부여받는 것은 군대가 아니라 장교집단일 뿐이다. 더욱이 지휘관들은 병사 대중들과의 유대감을 상실하는 대가를 치러야 한다. 군 제도의 개혁은 지휘관들의 중요성을 증대시킨다는 순전히 정치적인 목적을 추구하고 있을 뿐이다. 더욱이 단순히 계급제도를 도입하는 것에서 그치지 않는다. 지휘관들의 사옥 건설이 더욱 빠른 속도로 진행된다. 1936년에 47,000채의 가옥이 건설되어야 한다. 그리고 지난해에 비해 봉급 지급 예산이 57퍼센트 더 증가되어야 한다. "지휘관 간부들의 중요성을 신장시키는 일"은 군대의 도덕적 유대를 약화시키면서 장교들을 지배집단과 더 밀접하게 유착하도록 한다.

군개혁가들이 부활된 계급제도와 관련하여 새로운 직함들을 발명하는 것이 필요하다고 생각하지 않는 점이 주목된다. 한편 이들은 서방 자본주의 군대와 보조를 맞추기를 원했다. 동시에 이들은 장군이란 직함을 감히 부활시키지 못하는 데에서 자신들의 치명적인 약점을 드러냈다. 장군이란 이름은 러시아 사람들에게 너무도 아이러니컬한 어감을 가지고 있다. 5명의 군대 요인들을 총사령관의 직위로 승격시키는 사실을 알리면서 소련의 언론은 독자들에게 짜르 군대에 존재했던 "계급과 직책에 대한 숭배 그리고 아첨"을 상기시키는 것을 잊지 않았다. 사실 5명이 총사령관으로 승진된 기준은 재능이나 헌신성보다 스딸린에 대한 충성심이었다. 그러면 왜 짜르 군대를 노예같이 모방하는가? 새로운 특권층을 만들면서 관료집단은 언제나 구시대 특권을 폐지할 때 등장한 논거를 든다. 새로운 시대에 새로운 제도가 있어야 한다는 것이다. 거만과 비겁이 서로 돌아가며 등장한다. 그리고 위선의 수위는 점점 올라간다.

언뜻 보기에 "계급과 직책에 대한 숭배와 아첨"이 공식적으로 부활한다는 사실이 아무리 놀라운 일이라 해도 정부가 다른 선택의 여지를 가지고 있지 않다는 상황을 인정하지 않을 수 없다. 개인적인 자질에 의한 지휘관들의 승진은 군대 내에 자유로운 발의와 비판이 존재하고 대중의 여론이 군대를 통제하는 상황에서만 실현될 수 있다. 엄격한 규율은 광범위한 민주주의와 아주 잘 어울리며 사실 이것에 직접적으로 의존하기조차 한다. 그러나 어떤 군대도 군대를 양성하는 사회체제보다 더 민주적일 수는 없다. 형식과 화려함으로 치장된 관료주의의 원천은 특별한 군사적 필요보다 지배층의 정치적 필요에 있다. 군대는 이러한 필요를 가장 완성된 형태로 표현할 뿐이다. 혁명에 의해 철폐된 지 18년 만에 부활된 장교제도는 통치자들과 피통치자들을 갈라놓고 있는 깊은 골을 잘 드러내고 있다. 또한 적군의 "적"敵자에 걸맞은 주요한 특성 즉 공산주의적 평등원칙을 소련군이 상실했다는 사실과 타락의 결과들을 법으로 영구화하는 관료집단의 냉소주의를 증명하고 있다.

한편 부르주아 언론들은 이 개악을 있는 그대로 평가하고 있다. 프랑스의 관영신문 『르땅』*Le Temps* 지는 1935년 9월 25일 다음과 같이 논평했다 : "이 외적인 변모는 소련 전체가 겪고 있는 심대한 변화의 징후 가운데 하나이다. 이제 확고하게 구축된 체제는 점차 안정되어가고 있다. 혁명적 습관과 풍습은 소련 가족과 사회 내에서 소위 자본주의 국가에서 지배적인 감정과 풍습들로 대체되고 있는 중이다. 소련은 부르주아 국가가 되어가고 있다." 이 정확한 판단에 덧붙일 말은 거의 없을 것이다.

5. 전쟁 상황의 소련

군사적 위험은 소련이 나머지 세계에 의존하고 있다는 사실을 나타내는 또 하나의 표현에 지나지 않는다. 그리고 결과적으로 고립된 사회주의 사회가 가능하다는 유토피아적 사고를 거부하는 주장이 된다. 그러나 이 불길한 "주장"은 바로 지금 제기되고 있다.

국가들 사이에 곧 다가올 치열한 싸움의 요인들을 미리 나열하는 것은 가망 없는 일이다. 만약 이러한 선험적인 계산이 가능하다면 이해관계의 충돌은 언제나 장부 정리인의 평온한 계산으로 끝날 것이다. 피비린내 나는 전쟁에는 미리 알 수 없는 요인들이 너무도 많다. 어쨌든 소련의 경우 과거로부터 물려받았거나 새로운 체제에 의해 창조된 유리한 요인들이 대단히 많이 존재한다. 내전 기간 동안 제국주의 간섭전쟁이 야기한 경험에 의하면 러시아의 가장 커다란 장점은 광활한 영토였으며 계속 그러할 것이라는 것을 증명하고 있다. 제국주의 세력은 소비에트 헝가리를 며칠 내로 전복시켰다. 물론 불쌍한 벨라 쿤$^{Bela Kun}$ 정부의 잘못된 정책도 이 결과에 일조했다. 소비에트 러시아는 애초부터 인접 국가들로부터 고립되었으나 3년 동안 제국주의 세력의 개입에 대항하여 투쟁하였다. 어떤 시점에는 혁명정부의 영토가 거의 옛날 모스크바 공국의 영토로 축소되었었다. 그러나 이 좁은 땅도 러시아가 계속 버티는 데 충분하다고 입증되었으며 결국 제국주의 간섭전쟁은 패배했다.

러시아의 두 번째 커다란 장점은 인적 자원이다. 매년 인구는 3백만 명이 늘어나면서 현재 총인구는 1억 7천만을 넘어섰다. 매년 1백3십만 명이 징집대상이다. 신체적으로 그리고 정치적으로 걸러내어도 40만 명 이상이 군대에 입대할 수 있다. 따라서 예비군은 이론상으로 1천8백만 명에서 2천만 명으로 추산되는데 실제로는 거의 무제한적인 자원이라고 할 수 있다.

그러나 자연과 인간은 전쟁의 재료에 불과하다. 소위 군사적 "잠재력"은 주로 나라의 경제력에 의존한다. 이 점에서 옛날 러시아에 비해 소련이 갖는 장점은 어마어마하다. 이미 말했듯이 지금까지 계획경제는 군사적으로 거대한 장점이 되고 있다. 특히 시베리아 등 변방의 공업화는 초원과 삼림지역에 완전히 새로운 가치를 부여하였다. 그러나 여전히 소련은 낙후한 나라이다. 낮은 노동생산성, 제품의 낮은 품질, 수송수단의 허약함 등은 영토의 크기, 풍부한 천연자원, 많은 인구에 의해서 부분적으로만 벌충되고 있을 뿐이다. 평화 시에는 두 적대적 사회체제 사이의 경제력 측정은 정치제도에 의해 특히 외국무역의 독점으로 영원히는 아니더라도 비교적 장기간 연기될 수 있다. 그러나 전쟁이 터지면 누가 강한지는 전장에서 직접 판가름 날 수밖에 없다. 여기에 위험이 도사리고 있다.

군사적 패배는 보통 거대한 정치적 변화를 동반하지만 언제나 사회의 경제적 토대에 혼란을 조성하는 것은 아니다. 부와 문화의 더 높은 발전을 보장하는 사회체제는 총칼에 의해 타도되지 않는다. 반대로 승리자는 정복된 자의 제도와 풍습을 물려받는다. 소유형태는 나라의 경제적 기반과 날카롭게 갈등을 일으키고 있을 때에만 군사력에 의해 타도될 수 있다. 독일이 소련에게 패배할 경우 히틀러뿐만 아니라 자본주의 체제가 필연적으로 압살될 것이다. 반면 소련이 패배할 경우 관료지배층뿐만 아니라 사회적 토대도 치명적인 타격을 입을 것이 틀림없다. 현재 독일의 불안정한 체제는 독일의 생산력이 자본주의 소유형태를 이미 오래전에 능가했기 때문에 나타나고 있다. 반면 소련의 불안정한 체제는 소련의 생산력이 사회주의 소유형태에 걸맞지 않게 한참 뒤떨어지고 있기 때문에 나타나고 있다. 소련의 사회적 기초가 평화 시에 관료집단의 등장과 외국무역의 독점을 요구할 만큼 허약하기 때문에 군사적 패배는 소련의 사회적 기초를 위협한다.

그러나 소련이 다가올 세계대전에서 패배하지 않을 것이라고 예상할 수 있을까? 이 솔직하게 제기된 질문에 대해 역시 솔직하게 대답해보자. 만약 전쟁이 전쟁으로만 수행된다면 소련의 패배는 불가피하다. 기술수준, 경제력, 군사력 등에서 제국주의 세력은 소련과 비교할 수 없이 강하다. 제국주의 세력이 노동자 혁명에 의해서 마비되지 않는다면 제국주의 세력은 10월 혁명에 의해 탄생한 체제를 쓸어버릴 것이다.

"제국주의"는 모순들로 갈가리 찢겨 있으므로 추상적인 개념에 지나지 않는다고 대답할 사람이 있을지 모르겠다. 이 대답은 대단히 올바르다. 이러한 모순들이 없었다면 소련은 이미 오래전에 사라졌을 것이다. 소련의 외교적·군사적 협정들은 부분적으로 이러한 모순들에 기초하고 있다. 그러나 이러한 모순들이 가라앉는 한계점들을 보지 못한다면 치명적인 오류가 될 것이다. 가장 반동적인 정당에서 사회민주주의 정당에 이르기까지 부르주아 및 쁘띠부르주아 정당들의 암투가 임박한 프롤레타리아 혁명의 위협 앞에서 가라앉듯이 제국주의 세력들 간의 적대관계는 소련의 군사적 승리를 저지하기 위해 항상 타협안을 찾을 것이다.

어느 재상이 한때 이성적으로 말했듯이 외교적 합의는 "종이쪽지"에 지나지 않는다. 전쟁 발발의 시점까지 이것이 살아남을 것이라는 보장은 어디에도 없다. 유럽의 어느 곳이든 사회혁명의 임박한 위협이 있을 경우 소련이 자본주의 세력들과 맺은 어떠한 협정도 살아남지 못할 것이다. 프랑스는 제쳐놓더라도 스페인의 정치 위기가 혁명적 단계로 진입한다고 하자. "구세주 히틀러"라는 말로 로이드 조오지가 표명했던 희망이 모든 부르주아 정부들을 거역할 수 없으리만큼 사로잡을 것이다. 반면 스페인, 프랑스, 벨기에 등의 불안정한 상황이 반동의 승리로 끝날 경우에도 역시 소련과 맺은 협약은 흔적도 남지 않을 것이다. 마지막으로 "종이쪽지"가 전쟁의 초기에 효력을 유지한다면 전쟁의 결정적인 국면의 세력연합 관계는 외교관들의 선서보다 비교할 수 없이 훨씬 강력한 요인들에 의해 결정될 것이다. 거짓말을 밥 먹듯이 해대는 것이 외교관의 일이기 때문이다.

그런데 소련이 전쟁의 참호에서만 아니라 계급전쟁의 참호에서도 부르주아 동맹국들과 같은 편에 선다는 뚜렷한 보장이 있다면 물론 상황은 근본적으로 달라질 것이다. 소련이 제국주의 세력과 세계노동자계급 사이의 포화에 끼어 있을 경우 물론 자본주의 "평화의 친구들"은 소련의 난관을 이용하여 소련의 외국무역 독점과 소유법에 균열을 내기 위해 모든 조치를 다 취할 것이다. 프랑스와 체코슬로바키아에 있는 러시아 반동 망명자들 사이에는 "조국방어" 운동이 점점 커지고 있는데 이 운동도 이러한 조치들을 최대한 이용하려 들 것이다. 만약 세계 차원의 투쟁이 군사적인 수준에서만 진행된다면 연합국들은 자신들의 목표를 달성할 좋은 기회를 갖게 될 것이다. 혁명이 제국주의 세력들을 훼방 놓지 않는다면 소련의 사회적 기초는 소련이 패배할 경우뿐만 아니라 승리할 경우에도 압살당할 것이다.

지금부터 2년도 더 전에 발표된 강령 「제4인터내셔널과 전쟁」은 이러한 전망을 다음과 같이 개괄하고 있다: "필수품에 대한 국가의 급박한 필요 때문에 농민경제의 개인주의적 경향은 상당히 지원을 받을 것이다. 그리고 집단농장 내의 원심적 경향은 달이 갈수록 증가할 것이다.… 열띤 전쟁 분위기 속에서 소련은… 연합국의 자본을 유치하고 외국무역 독점과 복합기업에 대한 국가의 통제를 완화하게 될지도 모른다. 그리고 복합기업들 간에 또한 복합기업과 노동자들 간에 분쟁이 일어날지도 모른다 등등… 다른 말로 하면 전쟁이 장기간 지속되고 세계 노동자계급이 수동적인 태도에서 벗어나지 못하면 소련 내부의 사회모순들은 반드시 부르주아 보나파르트 반혁명을 낳을 것이다." 지난 2년의 사건들은 이 예상의 설득력을 배가시켰다.

그러나 지금까지의 예상이 소위 "비관적인" 결론을 이끄는 것은 결코 아니다. 자본주의 세계가 보유하고 있는 엄청난 물질적 우월성, 제국주의 "연합국들"의 소련에 대한 불가피한 배반, 소련 체제의 내적 모순 등에 대해 눈을 감기를 원치 않는다면 한편 자본주의 체제의 안정성을 과대평가하지도 않게 될 것이다. 전쟁이 지구전으로 들어가 경제력의 상호관계를 바닥까지 드러내기 오래 전에 각 체제의 상대적 안정성은 시험대에 오르게 될 것이다. 사람을 살육할 전쟁을 진지하게 연구하는 모든 이론가들은 혁명의 가능성 아니 어쩌면 불가피성을 전쟁의 결과로 고려하고 있다. 소수 "직업" 군인들의 생각 - 그것은 특정의 서클들에서 여러 차례 반복해서 제시된 바 있다 - 은 비록 다윗과 골리앗의 이야기에 나타나는 개인적 영웅들에 관한 생각보다는 덜 현실적이지만, 무장한 인민들에 대한 두려움의 현실성을 바로 그 환상성 속에서 드러낸다. 히틀러는 서방에서 전쟁이 일어날 경우 새로운 볼셰비키주의의 폭풍우가 몰아칠 수밖에 없다고 말하면서 자신의 "평화 애호" 정신을 더욱 강력하게 선전하고 있다. 당분간 전쟁의 열화를 억제하고 있는 힘은 국제연맹도 아니고 상호안전보장 조약들도 아니며 평화주의 국민투표도 아니다. 지배계급의 혁명에 대한 자기보호의 본능적 두려움만이 전쟁을 연기시키고 있다.

다른 모든 현상들과 마찬가지로 사회체제도 비교해서 고려해야 한다. 모든 모순에도 불구하고 소련 체제는 가상의 적대국들보다 더 안정성을 보유하고 있다. 이것이 소련의 대단한 장점이다. 나치가 독일을 통치하는 이유는 독일 내에 존재하는 사회적 적대관계의 참을 수 없는 날카로움 때문이다. 이러한 적대관계들은 파시즘이라는 뚜껑에 의해서 제거되거나 약화된 것이 아니라 억압되고 있을 뿐이다. 전쟁은 이들 적대관계들을 표면으로 들어 올릴 것이다. 히틀러는 빌헬름 2세보다 전쟁을 승리로 이끌 수 있는 가능성이 훨씬 적다. 독일이 전쟁에 끼어들기 이전에 발생하는 혁명만이 독일의 새로운 패배를 미연에 방지할 수 있다.

세계 언론은 최근 일본 장교들이 장관들을 유혈이 낭자하게 공격한 사태에 대해 너무도 열화 같은 애국심이 신중하지 못하게 표현되지 못한 것뿐이라고 논평하였다. 그러나 이러한 공격적 행동들은 이념의 차이에도 불구하고 짜르 관료들에게 폭탄을 투척한 러시아 허무주의자들의 행동과 역사적 유형이 같다. 일본 인민은 아시아식 농업주의와 초현대 자본주의의 결합된 멍에 아래에서 질식하고 있다. 조선, 만주, 중국 등은 군국주의의 세력이 약화되는 첫 순간에 일본의 학정에 대항하여 봉기할 것이다. 전쟁은 일본 미카도Mikado 제국에게 가장 커다란 사회적 재앙을 안겨줄 것이다.

폴란드의 상황도 거의 마찬가지이다. 필수드스키Pilsudski 정권은 모든 정권 중에서 가장 성과가 없는 정권인데 농민의 토지노예제를 약화시키는 조치조차 취할 수 없다는 사실이 증명되었다. 서우크라이나(갈리시아)는 지독한 민족적 억압 속에서 살고 있다. 노동자들은 계속적인 파업과 봉기로 나라를 뒤흔들고 있다. 프랑스와 연합하고 독일과 우호조약을 체결하여 자신의 입지를 확고히 하고자 하는 폴란드 부르주아지는 전쟁을 재촉하고 전쟁을 통해 즉사하는 것 이외에 다른 조치를 취할 능력이 없다.

전쟁의 위험과 소련의 패배는 현실로 다가왔다. 그러나 혁명 역시 현실로 다가왔다. 혁명이 발생하여 전쟁을 막지 못한다 할지라도 전쟁은 혁명을 도울 것이다. 두 번째 출산은 첫 번째 출산보다 대체로 덜 고통스럽다. 새로운 전쟁에서 2년 6개월도 지나지 않아 첫 번째 봉기가 일어날 것이다. 더욱이 혁명은 일단 시작되면 이번에는 도중에 멈추지 않을 것이다. 소련의 운명은 장기적으로 군 지휘부의 지도 위에서가 아니라 계급투쟁의 지도 위에서 결정될 것이다. 자국 지배계급 부르주아지 그리고 "평화의 친구들"에 대해 사정없이 저항하고 있는 유럽의 노동자계급만이 소련을 멸망이나 "연합국들"의 배신에서 보호할 수 있다. 다른 나라에서 노동자계급이 승리할 경우 소련의 군사적 패배는 작은 에피소드에 지나지 않을 것이다. 반면에 제국주의가 살아남는다면 어떠한 군사적 승리도 10월 혁명의 남아 있는 성과를 구해낼 수 없을 것이다.

소련 관료집단의 심복들은 우리가 소련의 내적 동력이나 적군의 위력을 "과소평가"하고 있다고 말한다. 이들은 우리가 일국에서 사회주의 건설 가능성을 "부인"한다고도 말한 적이 있다. 이러한 주장들은 너무도 수준이 낮아서 논쟁을 할 경우 어떠한 결실도 맺기 힘들다. 적군이 없을 경우 소련은 중국처럼 압살당하고 분할될 것이다. 적군이 미래의 자본주의적 적敵들과 완강하고 영웅적으로 저항할 경우에만 제국주의 진영 내의 계급투쟁이 발전할 호조건을 만들어 낼 수 있다. 따라서 적군赤軍은 대단히 중요한 요인이다. 그러나 이것은 적군만이 유일한 역사적 요소임을 의미하지는 않는다. 이것은 적군이 혁명에 강력한 자극을 줄 수 있다는 것 정도를 의미하는 데 그친다. 오직 혁명만이 주요한 과업을 성취할 수 있다. 이 과업을 적군 혼자 성취하려면 어림도 없을 것이다.

어느 누구도 소련 정부가 국제적으로 모험을 하고 비합리적인 행동을 저지르며 무력을 통해 세계 정세의 전개과정을 강요하기를 요구하지 않는다. 이와 반대로 이러한 시도들이 과거 불가리아, 에스토니아, 중국의 광동 등지에서 있었을 때마다 관료집단은 반동 세력에게 이용당했을 뿐이다. 그리고 좌익반대파로부터 제때에 비판을 받았다. 문제는 소련의 일반적 노선이다. 소련의 대외정책과 세계 노동자계급/식민지 인민의 이해가 빚어내는 모순은 코민테른이 보수적인 관료집단의 새로운 종교 즉 무기력증에 빠져 있는 현상에서 가장 재앙적으로 표현되고 있다.

유럽의 노동자계급과 식민지 인민들은 제국주의에 대항하여, 그리고 전쟁 ― 이것은, 다 자란 태아가 임신의 현 상태를 깨뜨리는 것만큼 불가피하게 현 상태를 깨뜨리고 내팽개칠 것임에 틀림없다 ― 에 대항하여 봉기할 수 있다. 근로인민들은 자신들을 지배하는 부르주아지의 명령하에서건 혹은 그들에 대항하는 혁명적 봉기 속에서

건 현재의 국경선들, 특히 유럽의 국경선들을 방어하는 데에 추호의 이해관계도 가지고 있지 않다. 유럽의 침체는 유럽이 거의 40개에 달하는 준국가들에 의해서 경제적으로 분할되어 있기 때문에 나타나는 현상이다. 각기 다른 관세제도, 여권, 화폐제도, 그리고 민족적 특성을 옹호하는 끔찍할 정도의 군대들이 인류의 경제적·문화적 발전의 길에 거대한 장애물을 조성해 왔다.

유럽 노동자계급의 과업은 현재의 국경선을 영구화하는 데에 있는 것이 아니라 반대로 이것들을 혁명으로 철폐하는 데에 있다. 그리고 현상유지의 옹호가 아니라 사회주의 유럽합중국 건설에 나서는 데에 있다!

9장

소련의 사회적 관계

소련의 공업에서는 생산수단의 국가소유가 거의 지배적인 지위를 점하고 있다. 농업의 경우에는 농지의 10퍼센트에도 미치지 못하는 국영농장에서만 국가소유가 지배하고 있다. 집단농장에서는 협동조합이나 그룹 소유group ownership 1가 국가소유 및 개인소유와 다양한 정도로 결합되어 있다. 토지는 법적으로는 국가소유이지만 "영원히" 사용할 수 있도록 집단농장에 이전되어 있기 때문에 실제로는 그룹소유가 지배하고 있다. 트랙터를 비롯한 정밀기계류는 국가소유이다. 그러나 소형 장비들은 집단농장의 소유이다. 더욱이 집단농장에 속한 농민들은 집단농장에서 일정 시간 노동을 마친 후 각자 개인적으로 농사를 짓고 있다. 마지막으로 농민의 10퍼센트 이상이 전적으로 개인소유 토지에서 영농을 하고 있다.

1934년 인구조사에 의하면 인구의 28.1퍼센트는 국가에서 운영하는 기업이나 기관에서 일하는 노동자였다. 가족을 제외한 공업 및 건설업 노동자는 1935년 750만 명에 달했다. 인구조사가 진행될 당시 집단농장과 수공업 협동조합은 인구의 45.9퍼센트를 포괄하였다. 학생, 적군 병사, 연금생활자 그리고 기타 직접적으로 국가에 생계를 의존하는 인구는 3.4퍼센트에 달했다. 모두 합쳐서 인구의 74퍼센트는 "사회주의 부문"에 속해 있었고 이 부문은 소련 내 생산수단의 95.8퍼센트를 장악하고 있었다. 1934년 개인소유 농민과 수공업자는 아직도 인구의 22.5퍼센트나 되었지만 4퍼센트를 약간 상회하는 생산수단을 이용하고 있을 뿐이었다!

---

1. [옮긴이] 몇몇 개인들이 집단을 이루어 토지를 공동으로 이용하는 소유형태.

1934년 이후 인구조사는 진행되지 않았다. 다음 인구조사는 1937년에 실시될 것이다. 그러나 의심할 여지 없이 지난 2년 동안 개인소유 부문은 더 많이 "사회주의" 부문에 흡수되었다. 관변 경제학자들의 계산에 의하면 개인소유 농민과 수공업자는 약 1,700만 명으로 인구의 10퍼센트를 차지하고 있다. 이들의 경제적 비중은 인구 비중보다 훨씬 더 낮아졌다. 1936년 4월 당 중앙위원회 비서 안드레예프Andreyev는 다음과 같이 밝혔다 : "1936년 사회주의 생산의 상대적 비중은 98.5퍼센트에 이를 것이다. 즉 겨우 1.5퍼센트 정도가 아직도 비사회주의 생산부문에 속하고 있다." 이 낙관적인 통계수치들은 언뜻 보면 사회주의의 "최종적이고 돌이킬 수 없는" 승리에 대한 반박할 수 없는 증거인 것처럼 보인다. 그러나 통계수치 뒤에 도사리고 있는 사회현실을 보지 못하는 사람에게 재난이 닥칠지어다!

우선 이 수치들은 약간 과장되어 있다. 집단농장 옆에 조성된 개인 텃밭이 "사회주의" 부문으로 집계되어 있는 사실 하나만 지적하여도 충분할 것이다. 그러나 이것이 문제의 핵심은 아니다. 국가적·집단적 소유형태의 의심의 여지 없는 절대 우세는 소련의 미래를 위해서 중요하기는 하지만 더없이 중요한 또 다른 문제를 해결하지는 못한다. 즉 농업과 공업의 "사회주의" 부문 내에는 부르주아적 경향이 아주 강력하게 위세를 떨치고 있다. 이미 성취된 물질적 수준은 모든 분야에서 많은 수요를 창출하고 있으나 이 수요는 충족되지 못하고 있다. 따라서 경제가 역동적으로 발전하면서 농민과 "정신"노동에 종사하는 사람들뿐만 아니라 노동자계급의 상층부에서도 쁘띠부르주아적 욕구를 발현시키고 있다. 개인 토지소유자와 집단농장 농민, 개인 수공업자와 국영기업 등을 단순 대비시킬 경우 이러한 부르주아적 욕구의 폭발적인 위력은 전혀 드러나지 않는다. 그러나 이 욕구는 경제 전체를 뒤덮고 있다. 이 욕구는 각자가 가능하면 가장 적게 사회에 기여하고 대신 가능하면 가장 많은 것을 사회로부터 가지고 가겠다는 전반적인 사회 분위기로 표현되고 있다.

따라서 말 그대로 사회주의 건설에 투여되는 만큼의 활력과 창의력이 개인 축재자와 소비자들을 통제하는 일에 투여되고 있다. 사회적 노동생산성이 매우 낮은 것도 부분적으로는 이런 상황에 기인한다. 국가 행정기구는 이러한 원심력적 경향의 팽창에 대해 계속 투쟁하고 있다. 그러나 지배층 자체가 합법적·불법적 개인 축재의 주요한 온상이 되고 있다. 새로운 법적 규범들로 위장하고 있기 때문에 부르주아적 경향이 통계에 잘 잡히지 않는 것은 물론이다. "사회주의" 관료집단이란 말은 노골적인 형용모순인데 괴물처럼 계속 커지고 있는 왜곡된 사회현상을 대표하는 말이 되었다. 사회악의 원천이 되는 이 관료집단이야말로 부르주아적 경향이 경제생활을 압도적으로 지배하고 있는 현실을 뚜렷하게 설명해주고 있다.

뒤에서 자세히 살펴보겠지만 새로운 헌법은 관료집단을 국가와 그리고 국가를 인민과 동일시하고 있는데 "… 국가소유 즉 전 인민의 소유"라는 구절을 보아도 명백히 이 점이 드러난다. 그런데 이 동일시야말로 관변 이론이 구사하는 궤변의 바탕을 이루고 있다. 맑스를 필두로 해서 모든 맑스주의자들이 노동자국가와 관련하여 국가소유, 인민소유, 사회주의 소유를 단순 동의어로 보고 있는 것은 완전히 사실이다. 물론 역사를 커다란 범위로 바라보면 이러한 용법은 특별히 불편할 일이 없다. 그러나 새로운 사회가 발전해 나가는 과정에서 확실히 결과를 알 수 없는 미지의 첫 시기들을 단계로 설정할 때 그리고 특히 자본주의 국가들보다 경제적으로 낙후한 고립된 사회를 연구할 때 이러한 동의어를 무차별적으로 사용하는 것은 조야한 오류의 원천이 될 뿐만 아니라 엄연한 기만행위가 된다.

애벌레가 나비가 되려면 번데기 단계를 거쳐야 하듯이 개인소유는 사회주의 소유가 되기 위해 국가소유 단계를 어쩔 수 없이 거쳐야 한다. 그러나 번데기가 곧 나비인 것은 아니다. 수많은 번데기들은 나비가 되기도 전에 죽어 없어진다. 사회적 특권과 계층적 분화가 사라지고 국가가 존재할 필요가 없을 때가 되어야 국가소유는 "전체 인민"의 소유로 변화된다. 다시 말하면, 국가소유는 국가소유임을 지양하는 만큼 사회주의 소유가 된다. 그리고 이것의 역도 성립한다 : 소비에트 국가가 인민들 위로 더 높이 솟아올라 그것이 자신을 소유의 수호자로서 소유의 탕진자인 인민들에 더욱 첨예하게 대립시키면 시킬수록 그 국가는 이 국가소유의 사회주의적 성격을 더욱더 분명하게 부정하게 된다.

도시와 농촌, 정신노동과 육체노동의 분화가 여전히 존재하는 현실을 가리키며 관영 언론은 "계급이 **완벽하게** 철폐되려면 아직도 먼 길을 가야 한다"고 고백한다. 관료집단이 자신의 수입을 "정신"노동이라는 멋들어진 범주로 분류하여 그 실체를 숨긴다는 점을 감안하면 이러한 순수한 학문적 고백은 값어치가 있다. 소련에 우호적인 서방의 "친구들"에게는 진실보다는 플라톤이 더 귀중한 존재인데 이들도 옛날의 불평등이 아직도 살아남아 있다고 학문적으로 인정하는 데 머물고 있다. 그러나 현실에서 자주 들먹거려지는 "살아남아 있다"는 말은 소련의 현실을 설명하는 데 전혀 적합하지 못하다. 어떤 측면에서는 도시와 농촌의 차이가 완화되었지만 다른 측면에서는 이 차이가 상당히 심화되었다. 도시가 팽창하고 있으며 도시에 거주하는 소수 인구의 안락을 도모하는 도시문화가 급속하게 증가하고 있기 때문이다. 대중들로부터 과학 분야 간부들이 새로이 충원되었음에도 불구하고 육체노동과 정신노동 사이의 사회적 격차는 최근 몇 년 동안 좁혀진 것이 아니라 오히려 넓혀졌다. 세련된 도시인과 거친 농민, 과학의 초능력과 일용노동자의 미숙련 노동 등이 공존하고 있다. 동시에 일상적으로 모든 사람들의 삶을 규정하는 천 년이나 오래된 장벽들은 완화된 형태로 보존되어 왔을 뿐만 아니라 상당한 정도로 새로이 발전되어 점점 더 완고한 성격을 띠고 있다.

"간부들이 모든 것을 결정한다"는 악명높은 구호는 스딸린이 원하는 것보다 소련 사회의 성격을 훨씬 더 솔직하게 나타내고 있다. 간부들은 근원적으로 지배와 명령의 기관이다. "간부" 숭배는 무엇보다도 관료집단, 행정부, 기술 귀족층 등에 대한 숭배를 의미한다. 다른 경우와 마찬가지로 간부들을 치켜올리고 개발하는 일에 있어서 소비에트 체제는 선진 자본주의 국가들이 이미 오래전에 해결한 문제들을 이제서야 해결하고 있을 뿐이다. 그러나 소비에트의 간부들은 사회주의라는 깃발을 들고 당당하게 등장하면서 거의 신적인 존경과 높아만 가는 봉급을 요구한다. 따라서 "사회주의" 간부층의 개발은 부르주아적 불평등을 새로 조장하면서 진행되고 있다.

생산수단 소유의 관점에서 보면 사령관과 가정부 소녀, 복합기업 책임자와 일용 노동자, 인민위원의 아들과 집 없는 아동 사이의 차이는 전혀 존재하지 않는 것처럼 보인다. 그러나 전자는 호화 아파트에 살면서 나라의 여러 곳에 여름 별장을 여러 개 가지고 있으며 최고급 승용차를 타고 다니고 자기 구두 닦는 법을 이미 오래전에 잊어 먹었다. 후자는 칸막이도 없는 나무로 된 막사에서 반 기아상태에서 살면서 맨발로 다녀야 하기 때문에 구두를 닦을 필요가 없다. 관료들에게는 이 차이가 아무런 관심거리도 아닐 것이다. 그러나 일용 노동자에게 이 차이는 당연하게도 매우 중요하다.

물론 피상적인 "이론가들"은 부의 분배가 부의 생산에 부차적인 요인이기 때문에 이 현실을 편안한 마음으로 바라볼 수 있다. 그러나 상호작용의 변증법은 이 경우에도 완전한 효력을 나타낸다. 장기적으로 보면 생활상의 차이가 어느 방향으로 나아가느냐에 따라 국가소유 체제의 운명이 결정될 것이다. 어떤 배가 집단소유라고 선언되었는데 승객들은 여전히 일등, 이등, 삼등으로 계속 나누어질 경우 삼등 승객이 느끼는 생활상의 차이는 소유의 법적 변화보다 한없이 더 중요하기 때문이다. 반면 일등 승객은 커피와 시가cigars를 즐기면서 집단소유야말로 세상에서 가장 귀중한 것이고 편안한 객실은 아무것도 아니라고 계속 생각할 것이다. 이러한 현실에서 발생하는 적대관계는 불안한 집단소유 체제를 당연히 해체시킬 것이다.

모스크바 동물원에서 어느 조그만 소년이 "저 코끼리는 누구 것이지요?"라는 질문에 "국가소유예요"라고 대답했다. 그러면서 "그러니까 일부는 내 것이에요"라고 즉시 결론지었다. 이 일화를 소련 언론은 만족스럽게 보도하고 있다. 그러나 코끼리가 실제 분할된다면 값비싼 상아는 선택된 극소수에게 돌아갈 것이고 몇몇은 코끼리 햄을 즐길 것이고 다수는 발굽과 내장으로 만족할 것이다. 속아서 자기 몫도 챙기지 못한 소년들은 국가소유를 자기 소유라고 전혀 생각하지 않을 것이다. 집 없는 아동들은 국가로부터 훔친 물건만을 "자기 것"으로 간주할 것이다. 동물원에 있던 그 조그만 "사회주의자" 소년은 아마 "짐은 곧 국가이다"라는 공식에서 결론을 이끌어내는 데 익숙해 있는 어떤 저명한 관료의 아들일지도 모른다.

알기 쉽게 설명하기 위하여 사회주의적 관계를 시장의 언어로 번역해보자. 소련 인민은 나라의 재화 전체를 소유하고 있는 회사의 주주라고 볼 수 있을 것이다. 회사의 재산이 모든 사람들의 것이라면 "주식"이 동등하게 분배되고 따라서 모든 "주주들"에게 같은 배당금이 분배될 권리가 주어질 것이다. 그러나 인민들은 국가기업에 "주주"로서만이 아니라 생산자로서도 참여한다. 사회주의라고 부르는 공산주의의 낮은 단계에서는 노동의 대가는 여전히 부르주아적 규범에 따라 지불될 것이다. 즉 기술 숙련도, 노동강도 등에 따라 지불 액수가 다를 것이다. 따라서 인민 각자의 수입은 예를 들어 이론적으로 갑과 을의 두 부분으로 구성될 것이다. 갑은 주식에 대한 배당금이고 을은 임금이다. 기술수준이 높고 산업의 조직이 더 완벽하면 할수록 갑이 을보다 더 많은 부분을 차지하고 실생활에서 개인노동의 차이가 더 적은 영향을 미칠 것이다. 소련의 임금 격차가 자본주의 국가들보다 더 크다는 사실로부터 소련 인민의 몫이 균등하게 분배되지 못하고 있으며 배당금뿐만 아니라 임금도 균등하게 지불되지 않고 있다고 결론 내릴 수 있다. 미숙련 노동자는 을만을 받을 것이며 이것은 자본주의 기업에서 같은 조건에 있을 경우 그가 받는 최저임금과 같을 것이다. 그러나 스타하노프 운동원이나 관료는 갑의 2배와 을, 또는 갑의 3배와 을을 받을 것이다. 더욱이 을도 2배나 3배를 받을 경우도 있을 것이다. 다시 말하면 수입 격차는 개인이 보유한 생산성뿐만 아니라 타인의 노동생산물을 은폐된 방식으로 전유하는 것에 의해서 결정된다. 소수 특권층 주주들은 다수의 가난한 주주들을 희생시키면서 살고 있다.

소련의 비숙련 노동자가 기술과 문화수준이 비슷한 자본주의 기업에서 일할 경우보다 소련에서 더 많은 수입을 올리고 있다고 가정해보자. 즉 그가 여전히 소규모 주주라고 가정하면 그의 수입은 갑과 을을 합한 것이다. 그보다 더 높은 수준의 주주들은 갑의 3배와 을의 2배, 갑의 10배와 을의 15배 등을 받을 것이다. 즉 비숙련 노동자가 주식 1주, 스타하노프 운동원이 3주, 전문가가 10주를 갖게 되는 셈이다. 더욱이 임금의 비율도 1:2:15 정도가 될 것이다. 성스러운 사회주의 소유에 대한 찬가는 보통 노동자나 집단농장 농민보다 기업의 책임자나 스타하노프 운동원에게 더욱 감격스럽게 들릴 것이다. 그러나 보통 노동자들이 인구의 절대다수를 점하고 있다. 사실 사회주의는 새로운 귀족층이 아니라 바로 이들 다수 노동자들을 위해서 고안된 것이었다.

"소련의 노동자는 임금노예도 아니고 노동력이라는 상품을 파는 자도 아니다. 그는 자유로운 일꾼이다."(『프라우다』) 지금 이 번지르르한 말은 전혀 인정할 수 없는 허풍에 지나지 않는다. 공장을 국가소유로 넘긴 것은 법적으로만 노동자의 상황을 변화시킨 것이다. 그런데 실제로 그는 궁핍 속에서 생활하면서 주어진 임금을 받기 위해 주어진 시간에 일을 해야만 한다. 과거 노동자가 당과 노동조합에 대해서 가지고 있었던 희망은 혁명이 수행된 후 그가 창조한 국가로 넘어갔다. 그러나 국가라는 도구의 유용한 기능은 기술과 문화수준에 의해서 제약을 받고 있다는 사실이 증명되었다. 이 수준을 올리기 위해 새로운 국가는 노동자의 근육과 신경을 혹사시키는 옛날 방식에 의존했다. 노동자를 노예로 부리는 집단이 등장했다. 산업의 관리는 초超관료적으로 되었다. 노동자는 이제 공장 관리에 대한 모든 통제력을 상실했다. 도급제의 도입, 각박한 생존조건, 자유로운 거주이전의 금지, 모든 공장생활에 침투한 경찰의 탄압 등으로 인하여 노동자가 자신을 "자유로운 일꾼"이라고 느끼기는 힘들다. 그에게는 관료집단은 공장 책임자이며 국가는 고용주에 지나지 않는다. 자유로운 노동은 관료적인 국가의 존재와는 양립할 수 없다.

필요한 변화를 가하면 위에서 말한 것은 농촌에도 그대로 적용된다. 당국의 이론에 의하면 집단농장 소유는 사회주의 소유의 특별한 형태이다. 집단농장은 "근본적으로 국영기업과 같은 유형이며 따라서 사회주의 소유"라고 『프라우다』는 밝히고 있다. 그러나 곧 이어서 농업의 사회주의적 발전은 "볼셰비키당이 집단농장을 관리하는" 경우에 보장된다고 덧붙인다. 즉 『프라우다』는 경제를 논하다가 갑자기 정치로 초점을 돌리고 있다. 결국 사회주의적 관계는 인간 사이의 현실적 관계에서 실현된 것이 아니라 당국의 너그러운 마음속에서 실현된 셈이다. 노동자들은 이들의 바로 그 마음에 대하여 경계의 시선을 놓치지 않는 것이 좋을 것이다. 실제로 집단농장은 개인경제와 국가경제의 중간단계이다. 그리고 여기에 존재하는 쁘띠부르주아적 경향은 집단농장 농민이 가꾸는 개인 텃밭의 급속한 증대로 아주 만족스럽게 지지받고 있다.

개인적으로 경작되는 농지는 4백만 헥타르에 지나지 않고 집단농장의 1억 8백만 헥타르와 비교하면 전체 농지의 4퍼센트에 지나지 않는다. 그러나 집약 농법과 특히 원예농업을 채택하면서 이 왜소한 규모의 농장은 농민에게 가장 중요한 소비재를 제공한다. 뿔 달린 소, 양, 돼지의 대다수는 집단농장이 아니라 농민에게 속해 있다. 농민들은 종종 개인 텃밭을 중심 농장으로 변화시키고 이익이 되지 않는 집단농장을 부차적인 지위로 낮추어 버렸다. 반면에 노동에 대해서 후하게 지불하는 집단농장들은 더 높은 사회적 수준을 획득하면서 부유한 농민층을 탄생시키고 있다. 집단농장 내의 원심력은 사멸하고 있는 것이 아니라 오히려 더 강력해지고 있다. 어쨌든 집단농장은 농촌의 경제관계 특히 수입의 분배방식을 법적으로만 변화시켰을 뿐이다. 옛날의 오두막집, 채소밭, 헛간 앞마당의 잡일, 농민의 과중한 노동 일과 등은 거의 바뀐 것이 없다. 그리고 국가에 대한 오래된 관념도 상당한 정도 그대로 남아 있다. 물론 국가는 지주나 자본가를 위해 존재하지는 않는다. 그러나 도시인의 이익을 위해 너무 많은 것을 농촌에서 빼앗아가고 있으며 탐욕스러운 관료들이 너무 많이 자리를 차지하고 있다.

1937년 1월 6일 실시할 예정인 인구조사는 다음과 같은 범주

를 설정하고 있다 : 노동자 ; 사무직 노동자 ; 집단농장 농민 ; 개인소유 농민 ; 개인 수공업자 ; 자유직업 종사자 ; 종교인 ; 기타 비노동분자. 공식 논평에 의하면 소련에는 계급이 존재하지 않기 때문에 이번 인구조사는 다른 사회계급을 대상으로 하지 않는다. 그러나 실제로 이 방침은 특권 상류층과 극빈층을 숨기고자 하는 직접적인 의도를 담고 있다. 인구조사가 정직하게 진행된다면 사회 범주는 다음과 같아야 할 것이다 : 부르주아처럼 생활하는 관료집단의 지배층, 전문가집단 등 ; 쁘띠부르주아층에 해당하는 중하층 ; 쁘띠부르주아적 상층 노동자와 농업귀족 ; 중간 근로대중 ; 집단농장의 중간층 ; 개인소유 농민과 수공업자 ; 룸펜프롤레타리아로 이전하고 있는 하층 노동자와 농민 ; 집 없는 아동, 창녀 등.

소련의 새로운 헌법은 소련에서 "인간의 인간에 대한 착취가 철폐되었다"고 선언하는데 이것은 거짓말에 불과하다. 새로운 사회분화는 인간에 대한 착취를 부활시키는 조건을 가장 야만적인 형태로 조성하고 있다. 그것은 개인적 목적으로 인간을 노예로 매입하는 형태이다. 새로 실시되는 이번 인구조사의 범주에는 하인이 전혀 언급되지 않고 있다. 물론 하인은 "노동자"라는 일반적인 범주에 포함되어 있다. 그러나 이 점에 대해서 많은 의문들이 제기된다 : 사회주의 시민이 하인(하녀, 요리사, 보모, 여자 가정교사, 자가용 운전사 등)을 부리고 있는가? 부리고 있다면 몇 명을 부리고 있는가? 자동차를 소유하고 있는가? 방은 몇 개나 소유하고 있는가? 등등. 타인노동을 착취하는 자는 정치적 권리를 박탈당한다는 과거의 법규가 부활한다면 예상 밖으로 지배층의 최상층부가 소련 헌법의 보호영역 밖에 놓이게 될 것이다. 다행스럽게도 … 하인과 주인 모두에게 완벽한 권리 평등이 확립되었다! 소비에트 체제의 심연 속에서 두 가지 상반된 경향들이 성장하고 있다. 부패하고 있는 자본주의와는 달리 한편으로는 생산력이 발달하는 정도에 비례하여 사회주의의 경제적 기반이 마련되고 있다. 또 한편으로는 관료집단 상층부의 이익을 위해 부르주아 분배규범을 극단적으로 표현하는 정도에 비례하여 자본주의로의 복귀가 준비되고 있다. 소유형태와 분배규범 사이의 격차가 무한정 계속 증대될 수는 없다. 부르주아 규범이 어떤 형태로든 생산수단을 지배하든가 아니면 분배규범이 사회주의 소유체제와 일치하든가 둘 중의 하나로 결판이 날 것이다.

관료집단은 이 양자택일의 상황이 인민에게 노출되는 것을 끔찍이도 두려워하고 있다. 언론, 연설, 통계, 관변문인의 소설과 시, 그리고 마지막으로 새로운 헌법 조항 등 모든 것을 동원하여 언제나 모든 곳에서 관료집단은 사회주의 사전에서 빌려온 추상적인 낱말들을 활용하여 도시와 농촌에서 실제 존재하는 관계들을 공들여서 은폐한다. 관변 이론이 그렇게도 생동감과 재능이 결핍되어 있으며 거짓투성이인 이유가 바로 여기에 있다.

1. 소련이 국가자본주의 체제인가?

사람들은 종종 익숙하지 못한 현상들에 대해 익숙한 용어를 사용함으로써 곤란에서 벗어나려고 한다. 소련을 "국가자본주의" 체제라고 부르면서 소련 체제가 드러내고 있는 미지의 현상들을 감추려는 시도가 있어 왔다. "국가자본주의"라는 용어는 아무도 그 뜻을 정확히 알지 못하는 이점利點을 가지고 있다. 원래 이 용어는 부르주아 국가가 수송수단이나 기업들을 직접 운영할 때 나타나는 모든 현상들을 지칭하기 위해서 등장했다. 이러한 조치들은 생산력이 자본주의 생산관계를 능가했다는 것을 의미하며 자본주의가 현실에서 부분적인 자기부정을 수행하고 있다는 것을 의미한다. 그러나 이미 없어져야 할 자본주의 체제가 자신을 부정하는 요소와 함께 계속 존재하고 있다.

물론 자본가계급 전체가 주식회사를 구성하여 국가를 수단으로 일국 경제 전체를 운영하는 상황을 구상하는 것이 이론적으로 불가능한 것은 아니다. 이런 체제의 경제 법칙은 어떠한 수수께끼도 제시하지 않을 것이다. 잘 알려져 있듯이 한 자본가는 자기 회사 노동자가 창출한 잉여가치를 직접 이윤으로 취하는 것이 아니고 일국 경제 전체에서 창출된 총 잉여가치 중 자신의 자본크기에 비례하는 만큼의 잉여가치를 취한다. "국가자본주의"가 경제 전체를 지배할 경우 이 이윤균등분배 법칙은 자본들 간의 경쟁이라는 우회로가 아니라 국가 회계라는 방식을 통해 직접적으로 즉시 실현될 것이다. 그러나 이러한 체제는 지금까지 존재해 본 적이 없으며 자본가들 사이에 존재하는 심대한 모순 때문에 결코 존재할 수 없을 것이다. 더욱이 국가가 자본주의 소유형태의 보편적인 담지자가 되면 사회혁명의 대단히 매력적인 대상이 될 것이다.

1차 세계대전 동안 그리고 특히 파시즘 경제가 실험되고 있는 동안 "국가자본주의"라는 용어는 국가의 개입 및 통제 체제를 의미하는 것으로 이해되어 왔다. 프랑스인들은 이것에 대해 국가주의étatism라는 더 적당한 용어를 쓰고 있다. 의심의 여지 없이 국가

자본주의와 "국가주의"state-ism는 공통되는 지점들이 있다. 그러나 하나의 체제로서 보면 이 둘은 동일하기보다는 정반대에 서 있다. 국가자본주의는 사적 소유를 국가소유가 대체했다는 의미이며 바로 이 이유로 인해 부분적인 성격을 띠고 있다. 한편 국가주의는 이탈리아의 무솔리니, 독일의 히틀러, 미국의 루즈벨트, 프랑스의 레옹 블랭 등 어디에서 누가 실시하든 간에 사적 소유를 보존하고자 하는 목적으로 사적 소유에 기초하여 국가가 개입한다는 것을 의미한다. 정부의 정책이 어떻든 간에 국가주의는 부패하는 자본주의 체제의 손실을 강자로부터 약자에게 필연적으로 전가한다. 국가주의는 대자본의 보존을 위해 필요한 정도까지만 소자본을 완벽한 파산으로부터 "구출한다." 국가주의의 계획경제 조치들은 생산력의 발전에 따른 요구에 부응하는 것이 아니라 사적 소유에 반란을 일으키는 생산력을 희생하면서 사적 소유를 보존하고자 하는 의도를 가지고 있다. 국가주의는 기술수준의 발전에 제동을 걸고 생존능력이 없는 기업을 회생시키면서 기생적인 사회 계층을 영구히 보호하는 것을 의미한다. 다시 말하면 국가주의는 그 성격상 완전히 반동적이다.

이와 관련하여 무솔리니가 한 말이 있다 : "이탈리아 경제의 4분의 3은 국가의 손에 장악되어 있다."(1934년 5월 26일) 그러나 그의 말을 액면 그대로 받아들일 필요는 없다. 파시즘 국가는 기업의 소유자가 아니라 소유자들 사이의 중개자에 불과하다. 양자는 동일한 대상이 아니다. 이탈리아 『인민』*Popolo d'Italia* 지는 이 주제에 대해서 다음과 같이 말하고 있다 : "조합주의 국가corporative state는 경제를 관리하고 통합할 뿐 직접 운영하지는 않는다. 이 체

제는 생산을 독점할 경우 집단주의 체제에 지나지 않는다."(1936년 6월 11일)

농민과 소자본가 일반에 대해서 파시즘 관료집단은 하인을 협박하는 주인과 같은 태도를 취한다. 그러나 대자본가에 대해서는 전권을 위임받은 대사의 태도를 취한다. 이탈리아의 맑스주의자 페로치Feroci는 다음과 같이 올바른 지적을 하고 있다 : "조합주의 국가는 독점자본의 점원에 지나지 않는다. … 무솔리니는 기업의 위험부담을 전부 부담하면서 착취의 결과 발생하는 이윤은 자본가에게 넘겨준다." 그리고 히틀러 역시 무솔리니가 하는 짓을 똑같이 반복하고 있다. 파시즘 국가가 자본가계급의 지배에 기초하고 있기 때문에 계획경제의 실제 내용뿐만 아니라 원칙의 한계는 이미 정해진다. 여기서 문제가 되는 것은 자연에 대한 인간의 지배력을 증가시키는 것이 아니라 극소수의 이해를 위해 사회 전체를 착취하는 것이다. 무솔리니는 자랑한다 : "내가 이탈리아에서 국가자본주의나 국가사회주의를 시행하기를 원한다면 필요하고 적절한 객관적 조건들을 현재 전부 갖추고 있다." 그러나 하나의 조건은 결여되어 있다. 즉 자본가계급 전체가 보유한 생산수단 전부를 국가는 몰수하지 않았다. 이 조건을 실현하려면 파시즘은 계급투쟁의 바리케이드에서 노동자 편으로 넘어가야 한다. "그런데 실제 이런 일은 일어난 적이 없다." 이것은 무솔리니의 말을 인용한 것이다. 물론 이런 일은 일어나지 않을 것이다. 자본가계급의 모든 생산수단을 몰수하는 일은 다른 세력, 다른 지도자와 간부들을 필요로 할 것이다.

생산수단을 국가의 손에 쥐여준 첫 번째 역사적 경험은 사회혁명을 성취한 노동자계급에 의해서 실현되었다. 국가에 생산수단을 의탁하는 방법을 통해 자본가계급이 실현한 것이 결코 아니다. 이 간단한 분석을 통해 소련의 체제를 자본주의적 국가주의와 동일시하는 것이 얼마나 어처구니없는 짓인지를 충분히 보였다. 전자는 진보적이며 후자는 반동적이다.

2. 관료집단이 지배계급인가?

계급은 경제체제에서 차지하는 위치에 의해서 그리고 생산수단과 맺는 관계에 의해서 주로 결정된다. 문명 사회에서는 소유관계가 법에 의해서 효력을 인정받는다. 토지와 공업 생산수단, 수송, 교환 등의 국유화 그리고 외국무역의 독점이 소련 사회체제의 기초를 이룬다. 프롤레타리아 혁명에 의해 확립된 이러한 관계들을 통해 노동자국가인 소련의 성격이 기본적으로 규정되었다.

중개 및 통제 기능, 사회의 위계질서를 유지하고자 하는 관심, 개인적 목적을 위한 국가기구의 활용 등의 측면에서 소련 관료집단은 다른 모든 관료집단 특히 파시즘 관료집단과 비슷하다. 그러나 이들 관료집단과는 대단히 다르기도 하다. 다른 어떤 체제에서도 관료집단이 소련의 경우만큼 지배계급으로부터 독립한 적이 없다. 부르주아 사회에서 관료집단은 교육을 받은 유산 지배계급의 이해를 대변한다. 지배계급은 관료집단의 행정 활동을 통제할 수 있는 일상적이며 수없이 많은 수단들을 장악하고 있다. 그러나 소련의 관료집단은 지배나 명령과는 무관했으며 궁핍과 몽매로부터 아직도 벗어나지 못한 러시아 노동자계급 위에 군림하고 있다.

파시즘 관료집단은 정권을 장악할 경우 공동의 이해, 친분, 결혼 등의 유대를 통해 대자본가들과 유착한다. 그러나 소련 관료집단은 토착 부르주아 계급이 없는 가운데에서 부르주아 관습을 습득한다. 이런 의미에서 이들은 단순한 관료집단을 능가하는 무엇을 가지고 있다. 이들은 말 그대로 소련 사회에서 유일한 특권 지배층이다.

또 다른 중요한 차이점이 있다. 소련 관료집단은 자신만의 고유한 방식으로 사회혁명의 성과를 옹호하기 위해 노동자계급을 정치적으로 타도했다. 그러나 주요 생산수단이 국가의 손에 들어간 나라에서 정치권력을 장악했다는 사실로 인해 관료집단과 소련의 재화 사이에 새롭고 여태까지 알려지지 않은 관계가 성립한다. 생산수단은 국가에 속해 있다. 그러나 국가는 말하자면 관료집단의 손에 "장악되어 있다." 그런데 이렇게 완전히 새로운 관계들이 노동자계급의 저항이 존재하든 그렇지 않든 공고히 정착되고 규범이 되어 법으로 고정된다면 장기적으로 이 관계는 프롤레타리아 혁명의 사회적 성과들의 완전한 해체로 귀결될 것이다. 그러나 이 결과가 나타나리라고 예견하기에는 아직도 때가 너무 이르다. 왜냐하면 노동자계급이 아직도 최종적인 발언을 하지 않고 있기 때문이다. 역사 이래 지금까지 관료집단은 자신의 지배를 사회적으로 지탱해 줄 수 있는 특별한 소유형태를 창조한 적이 없다. 따라서 권력과 수입의 원천인 국가소유를 방어하지 않을 수 없다. 자신의 이익을 위해서 국가소유를 옹호하는 측면에서 보면 관료집단은 아직도 프롤레타리아 독재의 무기로 남아 있다.

소련 관료집단을 "국가자본주의" 계급으로 바라보려는 시도는 비판의 화살을 견뎌내지 못할 것이 뻔하다. 관료집단은 주식이나 채권을 가지고 있지 않다. 자기 자신에게 고유한 특별한 소유관계를 구비하지 못한 채 행정적 위계체계를 통하여 성원을 충원하고 갱신한다. 개별 관료는 자식들에게 국가기구를 활용할 권한을 물려줄 수 없다. 그리고 권한을 남용하는 형태로 자신의 특권을 누린다. 그리고 자신의 수입을 은폐한다. 특별한 사회집단으로 자신이 존재한다는 사실을 애써 감춘다. 사회총생산량 중 엄청난 양을 가로채는 행위는 사회적 기생행위social parasitism의 성격을 가지고 있다. 이런 모든 특징들 때문에 이들이 권력을 완전히 독점하고 있고 자신의 정체를 숨기는 아첨의 연막술을 노동자계급에게 구사하고 있음에도 불구하고, 이들의 지위는 가장 높은 정도로 모순에 가득 차 있으며 애매모호하고 존엄성이 결여되어 있다.

부르주아 사회는 자신이 이끌어온 역사시기 전체를 통해 자신의 사회적 기초를 변화시키지 않으면서도 수많은 정권과 관료주의 집단들을 갈아치워 왔다. 그리고 자본주의 생산방식의 우월성을 통해 봉건적·길드적 관계들의 복귀에 대항하여 자신을 보존하여 왔다. 국가권력은 자본주의 발전에 협력하거나 이것에 제동을 걸 수 있었다. 그러나 대체로 사적 소유와 경쟁의 기초 위에서 자본주의 생산력은 자신의 운명을 개척해 왔다. 이에 반해서 사회주의 혁명이 탄생시킨 소유관계는 이 소유관계의 담지자인 새로운 국가와 분리될 수 없는 밀접한 관계를 맺고 있다. 쁘띠부르주아 경향에 비하여 사회주의적 경향이 우세하기 위해서는 경제의 자동적 작동이 아니라 프롤레타리아 독재가 행사하는 정치적 조치들이 필요하다. 왜냐하면 경제의 자동적 작동이 사회주의적 경향을 강화하려면 사회주의 체제가 안정적으로 구축되어야 하는데 이 시점에 도달하려면 아직도 한참 멀었기 때문이다. 따라서 경제의 성격은 대체로 국가권력의 성격에 의존할 수밖에 없다.

소련 체제의 붕괴는 불가피하게 계획경제의 붕괴와 국가소유의 철폐로 이어질 것이다. 복합기업과 이것에 속해 있는 공장 사이에 존재하는 강제적인 연관도 떨어져 나갈 것이다. 좀 더 채산성이 있는 기업들은 독립에 성공하여 일부는 주식회사로 될 것이고 일부는 예를 들어 노동자가 이윤 획득에 참여하는 이행기적 소유형태를 갖게 될지도 모른다. 동시에 집단농장은 훨씬 쉽게 해체될 것이다. 따라서 관료집단의 독재체제가 사회주의 권력에 의해서 대체되지 않는다면 소련 체제는 산업과 문화가 대규모로 쇠퇴하는 자본주의 복귀의 길을 걸을 수밖에 없다.

계획경제의 보존과 발전을 위해 사회주의 정부는 절대로 필요하다. 그러나 현재 소련 정부가 어떤 세력에 존재기반을 가지고 있으며 당국의 사회주의적 정책이 어느 정도 보장되는가 하는 문제는 이 때문에 더욱 중요하다. 1922년 3월 제11차 당 대회에서 레닌은 실질적으로 당에 작별인사를 고하면서 지도부에게 다음과 같은 말을 하였다 : "인류 역사는 모든 종류의 변화를 목도하였다. 따라서 확신, 헌신, 기타 다른 훌륭한 정신적 자질 등을 정치세계에서는 진지하게 고려할 필요가 없다." 존재가 의식을 규정한다. 지난 15년 동안 소련 정부는 자신의 사상보다 구성인자들을 더 심도있게 변화시켰다. 소련 사회에 존재하는 모든 계층들 중에서 관료집단은 자신의 문제들을 가장 잘 해결해 왔고 현 상황에 대해서 완벽하게 만족하고 있다. 따라서 정책에 있어서 사회주의 노선을 주관적으로 결코 보장할 수가 없다. 관료집단은 노동자계급을 두려워하는 한에서만 계속해서 국가소유를 보존하고 있다. 자신의 존재를 보장하는 데 필요한 이 두려움은 볼셰비키-레닌주의 지하당의 존재에 의해서 계속 유지되고 커지고 있다. 그런데 이 당이야말로 테르미도르 관료집단의 부르주아적 반동에 저항하는 사회주의 경향의 가장 의식적인 표현이다. 의식적인 정치세력으로서 관료집단은 혁명을 배신했다. 그러나 다행스럽게도 승리한 혁명은 강령, 깃발, 정치제도만이 아니라 또한 사회관계의 체제이다. 혁명을 배신하는 것으로는 충분하지 않다. 혁명은 타도되어야 한다. 10월 혁명은 관료 지배층에 의해서 배신당했으나 아직도 타도되지는 않았다. 확립된 국가소유, 노동자계급의 살아 있는 힘, 노동자계급 최상 분자의 의식, 세계 자본주의의 교착상태, 세계혁명의 불가피성 등과 함께 10월 혁명은 아직도 거대한 저항력을 보유하고 있다.

3. 소련의 사회 성격은 아직도 결정되지 않았다.

현재 소련 사회의 성격을 더 잘 이해하기 위하여 두 가지 상이한 가정을 해보자. 구볼셰비키당의 모든 속성을 간직하고 있으면서도 최근 세계적 투쟁의 경험에 의해 더 풍부해진 혁명정당에 의해서 소련 관료집단이 타도되었다고 우선 가정해보자. 이 당은 먼저 노동조합과 각급 소비에트에 민주주의를 회복시킬 것이다. 그리고 소비에트에 기반한 정당들의 활동을 보장할 수 있을 것이며 보장해야 한다. 대중과 함께하면서 대중의 선두에 서서 국가기구에 대한 가차 없는 숙청을 실시할 것이다. 계급과 훈장, 모든 종류의 특권을 철폐할 것이다. 경제와 국가기구의 유지에 절대 필요한 경우 이외에는 임금의 불평등을 철폐할 것이다. 독립적으로 사고하고, 배우고, 비판하고, 성장할 수 있도록 청년들에게 자유로운 기회를 부여할 것이다. 노동자와 농민 대중의 이해와 의지에 기반하여 소득분배 방식을 크게 바꿀 것이다. 그러나 소유관계에 관한 한 새로운 정부는 혁명적 조치에 의존할 필요가 없을 것이다. 오직 계획경제의 실험을 그대로 유지하고 더욱 발전시킬 것이다. 관료집단을 타도하는 정치혁명이 있은 후 노동자계급은 아주 중요한 일련의 경제개혁을 도입해야만 한다. 그러나 이때에 또 다른 사회혁명은 불필요하다.

그러나 만약 부르주아 정당이 소련 지배층을 타도할 경우를 생각해보자. 그러면 현재의 관료, 행정가, 기술자, 책임자, 당 비서 그리고 일반적으로 특권 상층부에서 부르주아 체제를 위해 즉시 적지 않은 수의 적극적인 협조자들이 등장할 것이다. 물론 이 경우에도 국가기구의 숙청은 필요할 것이다. 그러나 자본주의의 복귀 상황에서는 혁명정당이 권력을 장악한 경우보다 훨씬 적은 수의 사람들만 숙청하면 될 것이다. 새로운 권력의 주요한 과업은 생산수단의 사적 소유를 회복시키는 일이다. 우선 허약한 집단농장으로부터 강력한 농민들을 양성하고 강력한 집단농장을 부르주아 유형의 생산자 협동조합과 농업 주식회사로 변화시킬 조건들을 조성할 필요가 있을 것이다. 공업에서는 민영화가 경공업과 식품공업에서 시작될 것이다. 이행기 동안 국가권력과 개인"기업"(즉 소련의 공업 책임자, 망명한 구체제의 유산자, 외국 자본가 사이에 자본가가 될 가능성이 있는 자) 사이에 일련의 타협이 진행되면서 계획경제의 원칙은 변화할 것이다. 관료집단이 자본주의 복귀를 준비하는 과정을 꽤 진척시켰음에도 불구하고 새로 등장하는 부르주아 정권은 소유형태와 산업운영 방식에서 개혁이 아니라 사회혁명을 도입해야 한다.

그리고 세 번째로 사회주의 혁명정당이나 부르주아 반혁명정당 중 어느 누구도 권력을 장악하지 못할 경우를 생각해보자. 그럴 경우 관료집단은 계속해서 국가의 수반으로 남아 있을 것이다. 그러나 이런 상황에서도 사회적 관계들은 굳어지지 않을 것이다. 사회주의적 평등을 위해 관료집단이 평화적으로 자의에 의해 자신의 권력과 특권을 포기할 것이라고 기대할 수는 없다. 현재 관료집단이 불편하기는 하지만 계급과 훈장 제도를 도입했다면 미래에는 스스로 살아남기 위해 소유관계를 통한 지지기반을 구축해야 한다. 돈만 많이 들어온다면 대관료는 지배적인 소유형태에 대해 신경 쓰지 않을 것이라고 주장하는 사람이 있을지도 모른다. 그러나 이 주장은 관료가 갖는 권한의 불안정성뿐만 아니라 그의 후계자 문제를 무시하고 있다. 가족에 대한 새로운 숭배는 갑자기 하늘에서 뚝 떨어진 것이 아니다. 특권은 자식에게 상속되지 않는다면 값어치가 반으로 떨어진다. 그러나 유언장을 남길 권리는 소유권과 분리될 수 없다. 복합기업의 책임자가 되는 것만으로는 충분하지 않다. 주주가 되는 것이 필요하다. 이 결정적인 싸움에서 관료집단이 승리한다면 이들은 새로운 소유계급으로 전환할 것이다. 반면 관료집단에 대한 노동자계급의 승리는 사회주의 혁명의 소생을 보장할 것이다. 결과적으로 세 번째 가정은 명확성과 단순성을 위해 도입한 첫 두 가정들로 다시 환원된다.

◆◇

소비에트 체제를 이행기적 또는 중간적이라고 규정하는 것은 소련사회가 자본주의(따라서 "국가자본주의")나 사회주의라는 완결된 사회적 범주에 속한다는 사고를 기각하는 것을 의미한다. 이 두 범주를 소련에 적용하는 것은 그 자체로 완전히 불합리할 뿐만 아니라 현재 소련 사회가 사회주의로 이행할 수밖에 없다는 잘못된 생각을 이끌어낼 수 있다. 실제로 소련이 자본주의로 복귀하는 것은 전적으로 가능하다. 소련 사회를 좀 더 완전하게 규정하려는 시도는 복잡하고 거북스러울 뿐이다.

소련은 자본주의와 사회주의의 중간에 위치한 모순적인 사회체제이다. 특징을 살펴보면 (ㄱ) 국가소유에 사회주의적 성격을 부여하기에는 생산력이 아직도 너무 불충분하다 ; (ㄴ) 궁핍에 의해 조성된 본원적 축적primitive accumulation을 향한 경향이 계획경제의 수많은 숨구멍을 통해 솟아나고 있다 ; (ㄷ) 부르주아적 성격을 보존하고 있는 분배 규범이 새로운 사회분화의 기초가 되고 있다 ; (ㄹ) 경제성장은 근로인민의 상황을 호전시키고 있지만 특권층의 급속한 형성을 촉진하고 있다 ; (ㅁ) 사회적 적대관계를 활용하면서 관료집단은 사회주의에 적대적인 독립적인 계층으로 전환했다 ; (ㅂ) 사회혁명은 지배정당에 의해서 배신당했지만 소유관계와 근로대중의 의식 속에 여전히 남아 있다 ; (ㅅ) 모순이 더 축적될 경우 소련은 사회주의로 나아갈 수도 있고 자본주의로 다시 후퇴할 수도 있다 ; (ㅇ) 자본주의 복귀를 위한 반혁명은 노동자들의 저항을 분쇄해야 한다 ; (ㅈ) 사회주의로 나아가는 과정에서 노동자들은 관료집단을 타도해야만 한다. 결국 소련의 사회성격은 국내 및 국외의 살아 움직이는 사회세력들 간의 투쟁에 의해서 최종적으로 결정될 것이다.

물론 교조주의자들은 이러한 전제들이 도출하는 결론에 대해 만족하지 못할 것이다. 이들은 딱 부러지는 정식을 좋아할 것이다 : 옳으면 옳고 그르면 그른 것이지 뭐가 이리 복잡한가! 그러나 만약 사회현상들이 항상 완결된 성격을 가지고 있다면 사회학 문제들은 확실히 지금보다 더 단순하게 해결될 것이다. 논리적인 완벽성을 추구하기 위해 판에 박힌 정식을 구상할 수는 있다. 그러나 오늘 이 정식의 내용을 훼손하고 또 내일 이 정식의 내용을 완전히 뒤집어엎을 요인들을 현실 밖으로 던져버리는 것만큼 위험한 일은 없을 것이다. 지금까지 우리는 역사상 유례도 없고 유비類比도 존재하지 않는 역동적인 소련 사회의 성격을 강제적으로 도식에 맞추면서 훼손하려는 시도를 무엇보다도 피했다. 정치적 과제뿐만 아니라 과학적 과제도 과정이 완료되지 않은 대상을 완벽하게 규정하는 것이 아니라 모든 단계들을 예의 주시하면서 그 진보적인 경향을 반동적인 경향과 분리시키는 것이다. 그리고 양자의 상호관계를 드러내어 이후 전개될 사태의 다양한 측면들을 예측하며 이 예측을 통해 행동의 기초를 마련하는 것이다.

10장

새로운 헌법을 통해서
바라본 소련

1. "능력에 따른" 일과 개인 재산

1936년 6월 11일 당 중앙집행위원회는 새로운 소련 헌법의 초안을 승인하였다. 이 초안은 "세계에서 가장 민주적인 헌법"이라고 스탈린이 선언했는데 그의 선언은 일상적으로 모든 언론 매체를 통해서 반복되었다. 물론 헌법 초안이 마련되는 과정만 보아도 그의 선언에 대해 의구심을 느끼지 않을 수 없다. 그동안 언론이나 집회에서는 이 거대한 개혁에 대해서 일언반구도 없었다. 더욱이 1936년 3월 1일 이미 스탈린은 그와 인터뷰를 한 미국인 로이 하워드에게 선언했다 : "올해 말에는 반드시 새로운 헌법을 채택할 것입니다." 이것을 보면 스탈린은 새로운 헌법이 언제 채택될지를 너무도 정확하게 알고 있었다. 그런데 이때까지 일반 대중 가운데 이 사실을 알고 있었던 사람은 하나도 없었다. "세계에서 가장 민주적인 헌법"이 그다지 완전하지 못한 민주적 방식으로 마련되었다는 결론을 내리지 않을 수 없다. 물론 같은 해 6월에 소련 인민이 "숙고"할 수 있도록 초안이 공개되었다. 그러나 세계 육지의 6분의 1이나 되는 이 넓은 영토에서 중앙위원회의 창설을 감히 비판할 공산주의자나 당의 제안을 거부할 비당원 시민을 찾는 일은 헛수고에 지나지 않을 것이다. 헌법에 대한 논의는 결국 "행복한 삶"을 가능하게 해준 스탈린에게 감사를 전하는 결의문을 보내는 것으로 모아졌다. 물론 결의문의 내용과 문체는 구헌법 체제하에서 철저하게 준비되었다.

"사회구조"라고 제목이 달린 제1절은 이렇게 끝맺고 있다 : " '각자 능력에 따라 일하고, 각자 노동한 만큼 소비한다'는 사회주의 원칙이 소련에서 실현되었다." 이 내적 논리도 갖추어지지 않은 넌센스는 스딸린이 그동안 행한 연설과 신문 기고문에서 선정되어 면밀하게 준비된 국가기본법의 내용이 되었다. 믿거나 말거나 이것은 사실이다. 이 사실은 법초안자들의 이론적 수준이 완벽하게 낮다는 것과 지배층의 거짓 면모가 헌법에마저 가득 차 있음을 증명하고 있다. 이 새로운 "원칙"의 기원을 추측하는 것은 그리 어렵지 않다. 공산주의 사회를 특징적으로 말하기 위해 맑스는 다음과 같은 유명한 말을 했다 : "각자의 능력에 따라 일하고, 각자의 필요에 따라 소비한다." 이 정식의 두 구성부분은 분리될 수 없다. 자본주의적이 아니라 공산주의적 의미에서 "각자 능력에 따라 일하는 것"은 일이 더 이상 괴로운 의무가 아니라 각 개인들의 필요가 되었으며 사회는 개인에게 일을 하도록 어떠한 강제도 행사할 필요가 없다는 것을 의미한다. 병자나 장애인만이 일하기를 거부할 것이다. 스스로에게 어떠한 폭력도 가하지 않고 가지고 있는 육체적·정신적 능력을 발휘하여 "각자 능력에 따라" 일하면 사회의 성원들은 높은 기술수준 덕분에 사회가 필요한 재물을 충분히 생산할 수 있다는 것이다. 그러면 사회는 모두에게 "각자의 필요에 따라" 굴욕적인 통제가 없이 관대하게 이 생산물을 나누어 줄 수 있다는 내용이다. 이 양면적인 그러나 분리할 수 없는 공산주의 정식은 풍요, 평등, 인격의 전면화, 높은 수준의 문화적 훈련을 전제로 하고 있다.

모든 사회적 관계에 있어서 소련은 공산주의 사회라기보다는 후진적인 자본주의 사회에 훨씬 가깝다. 따라서 재화를 "각자 필요에 따라" 모두에게 분배하는 것은 생각도 할 수 없다. 바로 이 이유 때문에 소련은 인민에게 "각자 능력에 따라" 일하도록 허용할 수가 없는 것이다. 따라서 도급제를 시행할 수밖에 없는 처지에 있다. 도급제의 원리는 이렇게 표현될 수 있을 것이다:"모든 사람에게서 가능하면 많은 노동량을 빼내고 가능하면 적게 생산물을 나누어 주어라." 물론 소련에서 절대적 의미에서 자신의 "능력" 즉 육체적·정신적 잠재력을 능가하면서 일하는 사람은 없다. 그러나 이것은 자본주의에서도 마찬가지이다. 가장 세련되고 가장 야만적인 착취방식도 자연이 설정한 한계를 넘어설 수는 없다. 채찍을 맞으면서 일하는 나귀조차도 "능력에 따라" 일한다. 그렇다고 채찍이 나귀의 사회적 원리라고 말하는 것은 아니다. 소련에서조차 임금노동은 굴욕스러운 노예의 징표를 달고 있다. "각자 일한 만큼" 임금을 지불하는 것은 실제로는 육체노동 특히 미숙련 노동을 희생시키면서 정신노동이 이익을 보는 임금지불 방식인데 다수에게는 불공평, 억압, 강제를 가져다주며 극소수에게는 특권과 "행복한 삶"을 가져다준다.

노동과 분배의 부르주아 규범이 아직도 소련에서 지배하고 있다는 사실을 솔직하게 인정하는 대신 헌법 기초자들은 이 공산주의 원칙을 둘로 잘라서 두 번째 구성부분을 시기가 정해지지 않은 미래로 연기하고 첫 구성부분은 이미 성취되었다고 선언했다. 그리고 여기에다가 기계적으로 자본주의적 도급제 원리를 접합시켰다. 그리고 이것을 전부 "사회주의 원칙"이라고 이름 붙이고 이 거짓에 근거하여 헌법을 만들었다!

경제와 관련하여 가장 중요한 부분은 의심의 여지 없이 제10조이다. 이 조항은 대부분의 조항들과 달리 관료집단의 침해에 대해서 인민의 개인 재산을 보장하는 내용을 가지고 있다. "가사용품"을 제외하면 이런 종류의 재산에 붙어 있는 탐욕과 시기를 제거하면 이러한 재산은 공산주의에서도 보호될 뿐만 아니라 사상 유례없이 증대될 것이다. 물론 문화수준이 높은 사람이 부담을 느끼면서 사치품을 좋아할지는 의심해 볼 필요가 있다. 그러나 안락을 보장하는 문명 성과들을 그는 포기하지는 않을 것이다. 공산주의의 첫 과제는 모든 사람에게 안락한 삶을 보장하는 것이다. 그러나 소련에서 개인 재산은 여전히 공산주의적 측면이 아니라 쁘띠부르주아적 측면을 가지고 있다. 농민과 가난한 도시인의 재산은 관료집단의 터무니없는 자의적 행위의 표적이 되고 있다. 그런데 하층 관료들은 빈번하게 이러한 방식을 통해 자신들의 상대적 안락을 보장받는다. 농촌에서도 이제 물질적 상황이 개선되었으므로 개인 재산을 몰수할 필요는 없어졌다. 그리고 정부는 노동생산성을 올리는 자극제인 개인의 재산 축적을 옹호하지 않을 수 없다. 동시에 농민, 노동자, 사무직 노동자의 오두막집, 소, 가재도구나 물품이 법으로 보호됨으로써 관료의 공회당, 여름 별장, 자동차, 그리고 기타 "개인 소비와 편의 물품"이 합법화되고 있다. 이것은 관료집단에게는 사소한 일이 아니다. 물론 이 물품들은 모두 "각자 능력에 따라 일하고 각자 일한 만큼 소비한다"는 "사회주의적" 원칙에 따라 관료 자신이 벌어들인 것이다. 관료의 승용차는 새로운 기본법에 의하여 농민의 마차보다 더 효과적으로 보호받을 것이 틀림없다.

2. 소비에트와 민주주의

정치분야에서 새로운 헌법이 구헌법에 비해서 두드러지는 점은 계급과 산업그룹별로 선거가 이루어진 기존의 소비에트 체제가, 원자화된 개인들이 소위 "보편, 평등, 직접"의 원칙에 기반하여 선거를 치르는 부르주아 민주주의 체제로 회귀한 것이다. 이것은 간단히 말해서 프롤레타리아 독재를 법적으로 청산하는 것을 의미한다. 새로운 헌법의 기초자들에 의하면 자본가가 없으면 노동자도 없으며 따라서 국가도 노동자계급의 국가에서 전체 인민의 국가로 변모했다. 이 주장은 겉으로 보면 상당히 매력이 있는데 19년 늦은 생각이거나 시대에 대단히 앞선 생각이다. 자본가를 몰수하면서 노동자계급은 계급으로서의 자신을 청산하는 작업에 실제로 들어섰다. 그러나 원칙적인 청산이 아니라 실제로 사회 내부로 해소되는 과정은 좀 더 장기간을 요하는 과업이다. 그리고 새로운 국가가 자본주의의 기본적인 사업들을 수행하지 않을 수 없을 때는 이 기간이 더욱 길어진다. 소련의 노동자계급은 농민, 기술 인텔리, 관료집단과 아직까지 매우 다른 특징을 가지고 있다. 더욱이 노동자계급은 사회주의의 승리가 달성될 때까지 투쟁할 유일한 계급이다. 새로운 헌법은 노동자계급이 경제적으로 사회 속에 해소되기 오래전에 이미 정치적으로 "인민" 속으로 이 계급을 해소하기를 원한다.

헌법 기초자들은 물론 약간 동요하다가 국가를 과거와 같이 소비에트라고 부르기로 결정했다. 그러나 이것은 나폴레옹 제국이 계속 공화국으로 불린 것과 마찬가지로 정치적 고려에서 나온 조야한 술수에 지나지 않는다. 소비에트는 본래 계급지배의 기구이며 다른 어떤 것도 될 수 없다. 지방자치를 위해서 민주적인 선거에 의해 성립되는 단체들은 시, 듀마, 젬스트보, 아니면 무엇이든지 될 수 있다. 그러나 소비에트는 아니다. 민주적인 절차에 따라 성립된 일반적인 국회는 한참 늦은 지각의회이거나 그것의 우스꽝스러운 형태에 지나지 않을 뿐이며 소비에트의 가장 높은 기관은 결코 아니다. 소비에트 제도의 역사적 권위를 빌리기 위해 헌법 기초자들은 새로운 국가행정의 기본단위들이 원래 이름을 갖지 않도록 조심하고 있다.

경제와 문화의 일반적 상태에 의해서 노동자계급이 나라 전체에 미치는 영향력이 충분히 보장되어 있다면 노동자와 농민이 정치권리를 평등하게 소유하고 있어도 국가의 사회적 성격은 파괴되지 않는다. 확실히 사회주의는 이러한 방향으로 발전해 나가야 한다. 그러나 노동자계급이 인구의 소수를 구성하고 있으며 정치적 지배력을 갖지 않았는데도 사회주의로의 발전이 이루어진다면 이것은 국가의 강제력 자체가 소멸되고 대신 문화적 훈련이 사회주의 발전의 원동력이 되었다는 것을 의미한다.

선거의 불평등이 철폐되려면 국가의 강제적 기능들이 명확히 약화되어야 한다. 그러나 이것에 대해서 새로운 헌법은 아무 말도 하지 않고 있다. 더 중요한 것은 일상 현실이 아무 말도 하지 않고 있다는 것이다.

물론 새로운 헌법은 인민에게 소위 표현, 언론, 집회, 시위의 "자유"를 "보장하고 있다." 그러나 이런 보장들의 각론에서는 무거운 재갈이나 족쇄가 채워져 있다. 언론의 자유는 선거에 의해 뽑히지 않은 중앙위원회 비서가 잔인한 사전 검열을 계속 시행한다는 것을 의미한다. 따라서 물론 비잔틴 제국에서 나타났던 비굴한 아양의 자유가 완전히 "보장된다"는 것을 의미한다. 한편 "유언장"을 마지막으로 장식한 레닌의 수없이 많은 논문, 연설, 편지들은 새로운 헌법하에서도 계속 공개되지 않고 자물쇠가 채워진 금고 속에서 낮잠을 자고 있을 것이다. 왜냐하면 레닌의 저작들은 새 지도자들을 잘못된 방향으로 이끌기 때문이다. 레닌의 경우에도 이러한데 다른 사람들에 대해서는 말할 필요도 없을 것이다. 과학, 문학, 예술에 대한 조야하고 무식한 통제는 계속될 것이다. "집회의 자유"는 과거와 마찬가지로 특정 집단들이 미리 준비된 결의문을 채택하도록 당국에 의해 소집될 자유를 의미할 것이다. 구헌법에서와 마찬가지로 새로운 헌법에서도 수백 명의 외국 공산주의자들이 소련의 "망명권"을 믿고 국내에 들어왔다가 감옥과 집단수용소에 갇힐 것이다. 이들의 죄목은 지도자의 무오류에 대항한 범죄이다. "자유"에 관한 한 모든 것은 과거와 다름없을 것이다. 소련의 언론조차도 이 점에 대해서만은 어떠한 환상도 대중에게 심지 않으려고 한다. 이와 반대로 새로운 헌법의 주요한 목표는 "독재를 더욱 강화하는 것"이라고 선언되고 있다. 그러나 누구의 독재이며 누구에 대한 독재인가?

당국이 이미 말했듯이 사회의 모든 구성원에게 정치적 평등이 주어질 조건은 계급모순의 철폐로 준비되었다. 이제 계급독재는 "인민" 독재로 전환해야 한다. 그러나 독재의 담지자가 계급모순으로부터 해방된 인민이 된다면 독재가 해체된다는 것을 의미할 뿐이다. 그리고 무엇보다도 관료집단의 청산을 의미한다. 맑스주의 이론은 우리에게 이렇게 가르치고 있다. 어쩌면 당국이 실수하고 있는 것이 아닐까? 그러나 아주 조심스럽게 새로운 헌법의 기초자들은 레닌이 작성한 당 강령을 가리키며 자신들의 주장이 옳다고 말한다. 그러나 당 강령이 말하는 바는 바로 이것이다: "… 정치적 권리의 박탈과 자유에 대한 모든 제한조치들은 오직 임시조치에 지나지 않는다. … 인간의 인간에 대한 착취가 사라지는 객관적인 가능성이 커지면 커질수록 이러한 임시조치들의 필요성도 같은 정도로 점점 사라질 것이다." 따라서 "정치적 권리의 박탈"을 포기한다는 것은 "모든 자유에 대한 제한"을 철폐하는 것과 분리될 수 없다.

소련이 사회주의 사회에 도달했다는 증거는 농민들이 노동자와 평등해졌고 부르주아 출신의 시민들 일부에게도 정치적 권리들이 회복되었다는 것에 의해 특징지어질 뿐만 아니라 무엇보다도 인구의 100퍼센트에게 실질적 자유가 확립되어졌다는 사실에 의해 특징지어진다. 계급의 일소와 함께 관료집단과 독재뿐만 아니라 국가 자체가 사멸한다. 그러나 어떤 신중하지 못한 사람이 이러한 논리를 제시했다고 하자. 그러면 비밀경찰은 새로운 헌법에서 그를 수없이 많은 강제수용소들 중의 하나로 보낼 적절한 근거를 찾을 것이다. 계급은 철폐되었다. 소비에트는 이름뿐이다. 그러나 관료집단은 아직도 존재하고 있다. 노동자와 농민의 정치적 권리의 평등은 실제로는 관료집단 앞에서 똑같이 권리를 박탈당하고 있다는 것의 다른 표현에 지나지 않는다.

비밀투표의 도입도 역시 중요한 사항이다. 새로운 정치적 평등이 이미 달성된 사회적 평등과 조응한다고 생각한다면 풀리지 않는 문제가 하나 있다. 그렇다면 왜 투표가 앞으로는 비밀에 의해서 보호받아야 하는가? 사회주의 국가의 인민은 정확히 누구를 두려워하고 있으며 누구의 모략으로부터 보호받아야 하는가? 소련의 구헌법은 선거권을 불평등하게 부여했을 뿐만 아니라 공개투표를 실시하여 부르주아 및 쁘띠부르주아 적들을 통제하였다. 이제 반혁명분자 소수를 위해 비밀투표가 도입되고 있다고 생각할 수는 없다. 비밀투표의 실시는 확실히 인민의 권리를 보호하기 위해서 취해진 조치이다. 그러나 누가 짜르, 귀족, 부르주아지를 최근에 타도한 사회주의 인민들 때문에 두려움에 떨고 있는가? 관료집단에게 아양을 떠는 자들은 이 문제에 대해서 생각조차 하지 않는다. 그러나 이 문제에는 바르뷔스Barbus, 루이스 피셔, 두란티Duranty, 웹Webb 그리고 기타 이들과 같은 부류들이 남긴 모든 저술들보다 더 많은 의미가 담겨 있다.

자본주의 사회에서 비밀투표는 피착취자들을 착취자의 테러로부터 보호하기 위해서 시행된다. 부르주아계급은 대중의 압력을 받고 마침내 이러한 개혁을 시행하였다. 최소한 부분적으로는 자신의 국가를 보호하기 위해서 부르주아 독재체제에 대한 대중의 두려움을 해소해야 했기 때문이다. 그러나 사회주의 사회에서는 착취자의 테러가 존재하지 않는다. 그렇다면 누구로부터 소련 인민을 보호하는 것이 필요한가? 대답은 명확하다: 관료집단으로부터 보호하는 것이 필요하다. 스딸린은 정직하게 이 점을 인정했다. 왜 비밀선거가 필요한가라는 질문에 그는 정확히 다음과 같이 대답했다: "소련 인민이 자신이 뽑고자 하는 사람에게 표를 던질 수 있는 안전한 자유를 부여하고 싶기 때문입니다." 따라서 이제 인류는 오늘날 "소련 인민"이 자신이 원하는 사람에게 표를 던질 권리가 없다는 것을 이 권위 있는 인물의 말을 듣고 확실히 알았다. 이로부터 새로운 헌법이 소련인민에게 장차 원하는 사람을 뽑을 수 있는 권리를 정말로 부여할 것이라고 결론 내리는 것은 성급할 것이다. 그러나 바로 지금 우리는 이 문제의 다른 측면에 정신이 쏠려 있다. 정확히 누가 인민에게 자유로운 투표권을 주거나 빼앗거나 할 수 있는가? 스딸린이 대표로서 말하고 행동하는 관료집단이 바로 소련 인민에게 이러한 권리를 주거나 빼앗을 수 있는 유일한 집단이다. 스딸린은 자신의 정체를 폭로함으로써 국가와 당의 정체 역시 폭로했다. 왜냐하면 인민이 원하는 사람을 뽑을 수 있게 하지 못하는 체제의 도움으로 당 총서기의 직위를 차지하고 있는 사람이 바로 스딸린이기 때문이다. "소련 인민에게 선거의 자유를 부여하고 싶다"는 말은 구헌법과 새로운 헌법을 다 합친 것보다 비교할 수 없을 만큼 더 중요한 의미를 담고 있다. 왜냐하면 이 부주의한 말 한마디에서 문서상으로가 아니라 실제 살아 움직이는 세력들의 투쟁에 의해서 작성된 실제 헌법이 존재하기 때문이다.

3. 민주주의와 당

소련 인민에게 "선출하고 싶은 사람에게 표를 던질" 자유를 주겠다는 약속은 정치적인 정식이라기보다는 시적인 수사에 지나지 않는다. 당의 중앙과 지방의 지도자들이 제시하는 후보자들 중에서 "대표"를 선출한 권리만 인민에게 있을 뿐이다. 물론 소비에트 정권 초기에 볼셰비키당도 정치활동을 독점했다. 그러나 이 두 현상을 동일하게 보는 것은 외양을 현실과 혼동하는 것과 같다. 야당의 활동을 금지한 것은 내전, 제국주의 세력의 경제봉쇄와 군사적 개입, 기아 등의 상황 때문에 강요된 것이었다. 집권당은 당시 진정한 프롤레타리아 전위부대였는데 당 내부에서는 제한 없는 활발한 정치활동이 전개되고 있었다. 당내 그룹과 분파의 투쟁은 어느 정도 정당들 사이의 투쟁을 대신하고 있었다. 현재 사회주의가 "최종적으로 돌이킬 수 없이" 승리한 상황에서 분파의 구성은 집단수용소에 보내지거나 총살형에 처해지는 범죄가 되었다. 야당의 금지는 일시적인 필요조치에서 이제 하나의 원칙으로 격상되었다. 그리고 새로운 헌법이 출간되는 바로 그 순간에 공산주의청년동맹은 정치 문제를 다룰 권리가 철회되었다. 더욱이 소련 시민들은 18세부터 참정권을 부여받지만 1936년까지 존재했던 공산주의청년동맹의 가입 연령제한선(23세)은 이제 완전히 철폐되었다. 정치는 대중의 통제를 받지 않는 관료집단의 독점물이라고 최종적으로 선언되었다.

새로운 헌법에 명시된 당의 역할에 대한 로이 하워드의 질문에 대해 스딸린은 다음과 같이 대답했다: "계급이 없고 계급 사이의 장벽이 사라지고 있는 상황에서 사회주의 사회에 존재하는 다양한 소규모 계층 사이의 차이는 근본적인 것이 아닙니다. (계급이 없다고 해놓고 계급 사이의 장벽이 사라지고 있다고 말하다니!) 정당들이 설립되고 서로 투쟁할 객관적 근거가 없습니다. 계급이 없는데 여러 개의 정당이 존재할 수는 없습니다. 왜냐하면 정당은 계급의 일부이기 때문입니다." 이 말은 전부 틀리다. 스딸린에 의하면 계급은 모두 동질성을 갖추고 있다. 계급 간의 경계는 아주 명확히 그리고 영원히 구분되어 있다. 계급의 의식은 자신의 사회적 위치에 엄격하게 조응한다 등등. 이렇게 해서 정당의 계급적 성격에 대한 맑스의 가르침은 우스꽝스러운 몰골을 띠게 되었다. 행정적 이해관계를 위해서 정치의식이 역사적 과정에서 배제되어 있다. 실제로 계급은 내부 구성이 이질적이다. 그리고 계급 내부의 적대에 의해서 찢겨져 있으며 경향, 그룹, 정당 등이 그 내부에서 진행하는 투쟁을 통해서만 공동의 문제들을 해결할 수 있다. 약간의 유보조항을 덧붙일 경우 "당이 계급의 일부이다"라고 인정하는 것은 가능하다. 그러나 계급은 많은 구성부분으로 나뉘어져 있으며 미래를 바라보는 진보적인 부분과 과거를 회상하는 반동적인 부분이 있다. 따라서 똑같은 계급이 여러 개의 정당을 만들 수도 있다. 같은 이유로 해서 하나의 정당이 각기 다른 계급들의 부분들로 구성될 수도 있다. 하나의 계급에 조응하는 하나의 정당은 정치역사상 존재해 본 적이 없다. 물론 경찰의 억압상황을 현실과 혼동하지 않을 경우에만 이 말은 의미가 있을 것이다.

사회에서 차지하는 위치에 의해 노동자계급은 자본주의 사회에서 가장 이질성이 적은 계급이다. 그러나 노동귀족이나 노동관료 등의 "소규모 계층"의 존재로 인해 기회주의 정당들이 등장하여 부르주아 계급지배의 무기로 전화한다. 스딸린주의 사회학에서 노동귀족과 노동대중 사이의 차이가 "기본적"인지 아니면 "약간 그런 성격이 있는 것"인지는 알 수 없다. 그러나 사회민주주의 정당들과 결별하여 제3인터내셔널을 창립할 필요성이 제기된 것은 바로 이 차이로부터 나온 것이다. 소련 사회에서 "계급이 존재하지 않는다" 하더라도 이 사회는 최소한 자본주의 국가의 노동자계급보다는 비교할 수 없이 더 이질적이고 복잡한 구성을 보이고 있다. 그리고 결과적으로 여러 정당들이 활동할 비옥한 토양을 제공할 수 있다. 신중하지 못하게 이론 영역에 뛰어들면서 스딸린은 자신이 원하고자 했던 것보다 더 많은 것을 입증했다. 그의 논지에 의하면 소련에는 다른 정당들이 존재할 수 없을 뿐만 아니라 단 하나의 정당도 존재할 수 없다. 왜냐하면 계급이 존재하지 않는 곳에서는 정치도 일반적으로 존재하지 않기 때문이다. 그러나 자신이 만든 법칙을 통해 스딸린은 자신이 총서기직을 맡고 있는 정당을 옹호하는 "사회학적" 결론을 이끌고 있다.

부하린은 다른 각도에서 이 문제를 접근하려고 시도하고 있다. 그에 의하면 소련이 자본주의로 다시 돌아갈 것인가 아니면 사회주의로 전진할 것인가의 문제는 소련 내부에서는 논의 대상이 될 수 없다. 따라서 "이미 일소된 적대 세력들이 정당을 구성하는 것이 허용될 수 없다." 사회주의가 승리한 나라에서 자본주의 세력들은 정당을 구성할 능력이 없는 우스꽝스러운 돈키호테에 지나지 않을 뿐만 아니라 현재 존재하고 있는 정치세력들은 사회주의 지향 또는 자본주의 지향의 범주 속에 결코 들어갈 수 없다는 것이다. 그러나 물론 다른 문제들이 있다. 어떻게 사회주의로 나아갈 것이냐 그리고 어떤 속도로 나아갈 것이냐 등등. 길을 선택하는 것은 목표를 선택하는 것만큼 중요하다. 누가 길을 선택할 것인가? 정당이 성립할 수 있는 비옥한 토양이 정말로 사라졌다면 정당활동을 금지할 이유가 없다. 정말 당 강령에 따라 "자유에 대한 어떤 종류의 제한"도 철폐해야 할 때가 되었다.

로이 하워드가 품을 자연스러운 의구심을 해소시키기 위해 스딸린은 새로운 제안을 내놓았다:"후보자 명단은 공산당뿐만 아니라 모든 종류의 사회단체들이 제출할 것입니다. 그러면 후보는 수백 명이 됩니다.…그러면 수없이 많이 존재하는 사회단체들을 통해 소규모 계층 하나하나가 자신의 특별한 이해를 반영할 수 있습니다(혹시 표현한다는 말을 쓰는 것이 더 낫지 않을까?)." 이 궤변은 다른 궤변들만큼이나 설득력이 없다. 소련의 사회단체인 노동조합, 협동조합, 문화단체 등은 "소규모 계층"들의 이해를 조금도 반영하지 못하고 있다. 왜냐하면 이들 단체들은 모두 하나같이 똑같은 위계체제를 갖추고 있기 때문이다. 심지어 노동조합이나 협동조합과 같이 대중의 이해를 대변하는 단체의 경우도 적극적인 역할은 언제나 상층 특권집단이 독점적으로 행사하고 있으며 결국 최종 결정은 "당"에서 내린다. 즉 관료집단이 이들 단체들을 철저히 통제하고 있다. 헌법은 대중들이 투표로 선택할 후보자를 폰티우스Pontius에서 빌라도Pilate로 바꾸었을 뿐이다.[1]

기본법은 당이 정치활동을 독점하는 체계에 완벽한 정밀성을 부여하였다. 정치체제와 관련하여 헌법의 축을 형성하는 126조는 모든 남성과 여성이 노동조합, 협동조합, 청년단체, 체육단체, 국방단체, 문화단체, 기술단체, 과학단체 등에 가입할 "권리를 보장하고 있다." 그러나 권력 집중체인 당은 모든 인민의 권리에 속하는 문제가 아니라 소수가 누리는 특권에 속하는 문제이다. "…(관료지배층에서 보기에) 가장 활동적이고 의식적인 시민들은 공산당으로 통일되어 있다.…당은 모든 사회 및 정부 기구의 지도적 중핵

---

1. [옮긴이] 폰티우스 빌라도는 예수의 처형을 승인한 유태인 출신 로마총독이었다.

을 형성하고 있다." 이 놀라울 정도로 정직한 발언이 바로 헌법에 명시되어 있다. 결국 관료집단에게 철저히 통제되어 있는 하부기관인 "사회단체"의 정치적 역할이 얼마나 허구에 지나지 않는지를 전체적으로 보여주고 있다.

정당들 사이의 투쟁이 존재할 필요가 없다고 해도 혹시 일당 내에 존재하는 분파들이 이러한 민주적인 선거에 모습을 나타낼 수 있지 않을까? 당내 분파의 문제에 대한 어느 프랑스 언론인의 질문에 대해 몰로토프는 다음과 같이 대답했다 : "당내에 … 특별 분파들을 구성하려는 시도가 있어 왔습니다. … 그러나 상황이 근본적으로 변한 지 이미 몇 년이 지났습니다. 그래서 공산당은 실제로 하나의 통일적인 단위가 되었습니다." 이 발언은 계속되는 숙청과 집단수용소의 존재에 의해서 가장 잘 증명되었다. 몰로토프의 논평에 따르면 민주주의 절차는 완벽하게 명쾌하다. 빅토르 세르쥬Victor Serge가 묻는다 : "요구를 제출하거나 비판적인 견해를 표현한 모든 노동자가 감옥에 갇힌다면 10월 혁명이 남긴 것이 무엇인가? 감옥에 다 집어놓고 나서 하고 싶은 대로 비밀투표를 실시하면 되겠지!" 사실이다. 히틀러조차도 비밀투표를 침해하지는 않았으니까.

계급과 당의 관계에 대해서 헌법 기초자들은 머리카락을 가르듯이 세세하게 이론적으로 논의했다. 그러나 이것은 사회학적 문제가 아니라 물질적 이해관계의 문제이다. 소련에서 모든 것을 독점하는 집권당은 관료집단의 정치기구이다. 그런데 관료집단은 얻을 것은 하나도 없고 잃을 것은 적지 않다. 이들은 자신들 혼자만을 위해서 정당활동의 "비옥한 토양"을 보존하기를 원한다.

◆◇

　혁명의 마그마가 아직도 식지 않은 나라에서 특권을 소유하고 있는 자들은 마치 얼치기 도둑이 금시계를 훔쳐서 크게 당하는 것처럼 특권을 보유하면서 크게 당하고 있다. 소련의 지배층은 부르주아들이 대중을 두려워하는 것과 똑같이 대중에 대한 두려움을 배우고 있다. 스딸린은 코민테른의 도움을 받아 관료지배층의 점점 증대되는 특권에 "이론적" 합리화를 제공하고 있다. 그리고 대중의 불만을 강제수용소로 다스리고 있다. 이런 방식이 계속해서 작동하도록 유도하기 위해 스딸린은 가끔 관료집단에 대항해서 "인민"의 편에 서지 않을 수 없다. 물론 관료집단은 그의 행위를 암묵적으로 승인하고 있다. 국가기구를 잡아 삼키고 있는 부패를 최소한 부분적이나마 척결하기 위해 비밀투표에 의존하는 것이 도움이 된다는 사실을 그는 배우고 있다.

　이미 1928년에 라코프스키는 표면에 드러나고 있던 관료들의 조직적 부정에 대해 많은 예를 들고 있다: "비리 스캔들이 퍼지고 있는 가운데서 가장 특징적이며 가장 위험한 현상은 일반 대중보다 특히 평당원들이 더 수동적인 반응을 보이고 있다는 사실이다. … 권력층에 대한 두려움이나 단순히 정치적인 무관심으로 인해 이들은 이런 사건들에 대해 항의도 하지 않고 그냥 모른 체하고 있다. 아니면 단순히 혼자서 불평하는 것으로 그치고 있다." 이때 이후 이미 8년이 지났는데 상황은 비교할 수 없이 더 나빠졌다. 정치기구의 부패는 모든 곳에서 드러나고 있는데 이제 국가의 존립 자체를 위협하고 있다. 국가는 더 이상 사회주의 건설의 도구가 아니며 이제는 지배층의 권력, 수입, 특권의 원천에 지나지 않는다.

스탈린은 개혁을 시행하는 동기를 암시하지 않을 수 없었다. 그는 로이 하워드에게 말했다: "전혀 효율성이 없는 기구들이 적지 않게 존재합니다.…소련의 비밀투표는 대단히 비효율적인 권력기구에 대해 대중이 채찍을 휘두르는 것과 같은 효과를 가질 것입니다." 대단히 놀라운 고백이다! 관료집단이 자신의 손으로 사회주의 사회를 건설했는데 이제…채찍이 필요하다니! 이것이 헌법 개정을 해야 하는 동기들 중의 하나이다. 그리고 이와 못지않게 중요한 동기가 또 있다.

소비에트를 해체함으로써 새로운 헌법은 노동자를 일반 대중 속으로 해소시켜 버렸다. 물론 정치적으로 소비에트는 이미 오래 전에 의의를 상실했다. 그러나 새로운 사회적 적대관계가 증대하고 있으며 새로운 세대가 각성하고 있는 상황에서 소비에트는 다시 소생할지도 모른다. 활기차고 많은 것을 요구하는 공산주의자 청년들이 점점 많이 참여하고 있는 도시 소비에트가 관료집단에게는 물론 가장 큰 두려움의 대상이다. 도시에서는 사치와 결핍의 대비가 너무도 뚜렷하게 눈에 보인다. 관료집단의 첫 번째 관심은 노동자와 적군 소비에트를 제거하는 것이다. 농촌에 산재한 인구는 불만을 가지고 있어도 처리하기가 훨씬 쉽다. 집단농장의 농민들을 도시 노동자에게 대항하도록 부추길 수 있으며 어느 정도 성공을 기대할 수도 있다. 관료 반동집단이 도시와 투쟁하기 위해서 농촌에 의존하는 경우가 이번이 처음은 아니다.

새로운 헌법이 대부분 부르주아 국가들의 민주헌법보다 정말 우월한 점이 있을 수는 있다. 그러나 이 우월한 측면도 10월 혁명이 탄생시킨 기본적인 문서들에 물을 타서 멀겋게 만든 것에 지나지 않는다. 그동안 성취된 경제적 성과들에 대한 평가도 현실을 왜곡하고 거짓 전망을 수립하거나 단순히 허풍을 떠는 것에 지나지 않는다. 그리고 마지막으로 자유와 민주주의에 관한 한 헌법 전체에는 월권과 냉소의 분위기가 철저히 스며들어 있다.

새로운 헌법은 사회주의 원칙에서 부르주아 원칙으로 엄청나게 후퇴하고 있는 현실을 나타내고 있을 뿐이다. 그리고 관료 지배층의 의도에 맞게 자르고 꿰맨 누더기에 지나지 않는다. 국제연맹을 위해 세계혁명 전망을 포기하고, 부르주아 가족을 부활시키며, 민병대를 상비군으로 대체하고, 군대에서 계급과 훈장을 부활시키고, 불평등을 증대시키는 등 관료집단의 정치 궤적을 그대로 표현하고 있을 뿐이다. "특별 계급"인 관료집단의 절대주의를 법적으로 강화시키면서 새로운 헌법은 새로운 유산계급의 탄생을 위한 정치적 전제들을 만들어 내고 있다.

11장

소련은 어디로 가고 있는가

1. 보나파르트 체제 : 정치적 위기의 산물

이미 앞에서 다음과 같이 문제를 제기한 적이 있다 : "수없이 많은 오류를 저지른 관료지배층이 어떻게 무제한적인 권력을 장악할 수 있었는가?" 이 문제를 다른 말로 표현해보자 : "테르미도르 반동을 주도한 집단의 지적인 빈곤과 이들의 물질적 위력 사이에 존재하는 모순을 어떻게 설명할 수 있는가?" 이제 이 문제에 대해서 좀 더 구체적이고 단정적인 대답을 시도해 보자. 소련 사회는 결코 평온하지 않다. 어느 한 계급·계층에게 죄악이 되는 것은 그 적대 계급·계층에게는 미덕이 된다. 사회주의적 소유형태의 관점에서 보면 관료집단의 정책은 놀라우리만치 모순과 비일관성으로 가득 차 있다. 그러나 관료 지배집단의 입장에서 보면 똑같은 정책이 자신들의 권력기반을 강화시킨다는 점에서 매우 일관된 것으로 보인다.

1923년부터 1928년까지 당국은 쿨락 즉 부농을 지지했는데 이 정책은 사회주의의 미래를 위해서는 치명적인 위협이었다. 그러나 이때 쁘띠부르주아 계급의 지원을 받은 관료집단은 프롤레타리아 전위부대의 손과 발을 묶고 볼셰비키 좌익반대파를 탄압하는 데 성공했다. 사회주의의 관점에서 보면 명백한 "오류"인 이 정책은 관료집단으로서는 순도 100퍼센트의 승리였다. 그러나 급성장한 쿨락이 관료집단을 직접 위협하기 시작하자 관료집단은 쿨락에게 총칼을 들이대었다. 쿨락의 증대된 세력에 깜짝 놀란 관료집단은 반격을 가했는데 이 공격은 쿨락뿐만 아니라 중농도 타격 대상으로 삼았다. 이 결과 제국주의 세력의 개입전쟁만큼이나 경제에 치명적인 손실이 발생했다. 그러나 관료집단은 자신의 정치적 요새를 지키는 데 성공했다. 과거의 동맹군을 전멸시키는 데 겨우 성공하자 이들은 모든 힘을 다해서 새로운 귀족층을 양성하기 시작했다. 그렇다면 일련의 사태는 사회주의 미래에 손상을 입히지 않았는가? 물론 그렇다. 그러나 어쨌든 관료 지배층은 권력기반을 강화할 수 있었다. 소련의 관료집단은 다른 모든 지배계급과 동일하다. 정치 일반의 영역에서 이들은 자신들의 지도자들이 가장 조야한 수준의 오류를 범해도 눈을 감아줄 용의가 있다. 이 오류투성이의 지도자들이 자신들의 특권을 방어하는 데 무조건적인 충성을 바치기만 하면 만사형통인 것이다. 새로운 지배집단이 자신을 위협하는 세력에 대해 경계심을 곤두세우면 세울수록 자신들이 정당하게 얻은 권리를 조금이라도 위협하는 세력들에 대한 가차 없는 공격을 그만큼 더 좋아한다. 바로 이 가차 없는 무자비함이야말로 새로운 지도자의 자질이 되어야 한다. 이제 스딸린이 정치적 성공을 거둔 비결이 어디에 있는지를 알 수 있을 것이다.

그러나 관료집단의 권력과 자율성에도 한계가 있다. 총사령관이나 심지어는 총서기보다도 더 강력한 역사적 요인들이 존재한다. 정확한 계정이 없는 합리적인 경제운영은 생각할 수 없다. 그러나 정확한 계정은 관료집단의 자의적 성격과 양립할 수 없다. 안정적인 루블화를 복권시키려면 "지도자들"의 자의가 통화정책에 개입되지 말아야 한다. 따라서 관료집단의 전제정치는 생산력의 발전에 점점 커다란 모순으로 작용하고 있다. 마치 유럽의 절대왕정이 당시 확립되고 있던 부르주아적 시장 질서와 화해할 수 없었던 것과 마찬가지이다. 루블화를 안정시켜야 한다는 절대적 필요가 관료집단의 정치를 억누르고 있다. 그러나 화폐 계정은 국민 총생산량의 분배에 대한 다양한 계층들의 투쟁에 좀 더 공개적인 성격을 부여하지 않을 수 없다. 식량배급표가 시행되던 시기에 무관심의 대상이었던 임금 수준은 이제 노동자들에게는 아주 결정적인 사안이 되고 있으며 이와 함께 노동조합의 중요성도 새로이 등장하고 있다. 노동조합 관료들을 상부에서 지명하는 방식은 일반 노동자들의 점점 더 커다란 저항에 직면하지 않을 수 없다. 더욱이 도급제하에서는 노동자들이 공장 관리자들의 정확한 주문에 대해 직접적인 관심을 가질 수밖에 없다. 스타하노프 운동원들은 생산조직의 문제점들에 대해서 더욱 크게 불평하고 있다. 공장 책임자와 엔지니어를 임명하는 데 관행으로 존재했던 관료적 친·인척 등용은 더욱더 참을 수 없는 일이 되고 있다. 협동조합과 국가의 상거래는 과거보다 더 크게 제품 구매자에게 의존하고 있다. 집단농장과 개인소유 농민들은 꼼꼼한 계산을 통해 국가와 거래하는 법을 배우고 있다. 지방 관료집단과 친분이 있다는 이유만으로 지도자가 상부에 의해 빈번하게 임명되는 현상을 이들은 더 이상 비굴하게 좌시하지 않는다. 그리고 화폐 계정을 통해 가장 비밀스러운 영역에 속하는 관료들의 합법적·불법적 수입 내역이 밝혀지고 있다. 따라서 정치활동이 철저하게 억압당하고 있는 나라에서 화폐 유통은 반체제 세력들을 동원하는 중요한 지렛대가 되고 있으며 소련판 "계몽" 절대주의enlightened absolutism의 종말이 시작되는 시점을 예측해주고 있다.

공업이 발전하고 농업이 국가계획 영역으로 들어오면서 당국의 과업은 대단히 복잡한 성격을 띠게 된다. 그리고 제품의 품질 문제가 전면에 제기된다. 그러나 관료주의는 품질의 개선을 가능하게 하는 창발성과 책임의식을 파괴한다. 관료주의의 궤양은 거대공업에서는 그리 뚜렷하게 드러나지 않을 수도 있다. 그러나 이것은 협동조합, 경공업, 식품공업, 집단농장, 소규모 지방공업 등 인민의 생활에 가장 가까운 경제부문들을 파괴하고 있다.

자본주의 기술의 가장 중요한 요소들이 소련에 도입되는 과정에서 관료집단의 진보적인 역할이 모습을 드러냈다. 혁명이 다져 놓은 집단적 소유의 기반 위에 자본주의 선진 기술의 도입, 모방, 이전, 접목 등 거친 작업이 수행되었다. 기술, 과학, 예술 분야에서 자본주의의 성과들이 이식되면서 소련은 신조어를 발명할 필요가 전혀 없었다. 관료적 명령에 의해 서방의 유형을 그대로 딴 거대한 공장들이 건설될 수 있다. 물론 자본주의 모국에 비교해서 이들 공장들은 세 배나 더 많은 비용을 잡아먹는다. 그러나 경제 발전이 진척되면 될수록 품질 문제가 점점 중대 사안으로 등장한다. 그리고 이 문제는 마치 그림자처럼 관료집단의 통제에서 벗어난다. 소련의 제품들은 (품질에 대한) 무관심이라는 회색 상표를 부착한 것처럼 보인다. 국유화 경제에서는 생산자와 소비자가 다같이 민주주의, 비판의 자유, 창발성을 발휘해야 품질 개선이 이루어질 수 있다. 그러나 당연히 이러한 필요조건들은 두려움, 거짓말, 아첨이 지배하는 전체주의 체제에서는 존재할 수 없다.

기술과 문화를 독창적으로 창조하는 문제는 품질 개선의 문제보다 더 복잡하고 규모가 큰 문제이다. 투쟁은 모든 사물의 아버지라고 어느 고대 철학자가 말했다. 생각이 자유롭게 투쟁하는 것이 불가능한 곳에서는 어떠한 새로운 가치도 창조될 수 없다. 물론 자유를 엄격하게 제한하는 것이 혁명적 독재의 핵심이다. 따라서 혁명의 시기에는 문화 창조의 좋은 여건이 마련되지 않았다. 다만 문화 창조의 장애물을 제거하고 새로운 환경을 제공했을 뿐이다. 프롤레타리아 독재는 독재적 성격을 지양하는 정도에 따라 인간의 천재성에 더 넓은 공간을 마련해 준다. 국가가 사멸하는 것과 비례하여 사회주의 문화가 융성할 것이다. 그러나 이 단순하지만 제거될 수 없는 역사법칙은 현재 소련의 정치체제에 사형선고를 내리고 있다. 소비에트 민주주의는 추상적인 정책적 요구가 아니며 추상적인 도덕률은 더더욱 아니다. 이것은 사회 발전의 사활을 결정하는 문제이다.

새로운 국가가 사회 전체의 이익만을 추구한다면 국가의 강제력이 사멸하는 과정은 점차 고통스럽지 않게 될 것이다. 그러나 국가는 단순한 귀신이 아니다. 특정 기능들이 특정 기구들을 만들어 내었다. 대체로 관료집단은 국가의 기능보다는 이 기능이 가지고 오는 재물에만 관심이 있다. 따라서 관료지배층은 국가라는 강제기구를 강화시키고 영구화하려고 노력한다. 자신의 권력과 수입을 보장하기 위해서 이들은 수단과 사람을 가리지 않는다. 정세가 자신에게 불리하면 할수록 이들은 인민의 선진층에 대해서 더욱 가차 없는 폭압을 자행한다. 카톨릭 교회처럼 관료집단은 멸망이 가까워 오자 무오류의 도그마를 제시했다. 그러나 로마 교황이 꿈도 꾸지 못할 정도로 이 도그마를 격상시켰다.

끈질기게 도가 더해가는 스딸린의 신격화는 우스꽝스러운 모든 요소에도 불구하고 체제를 지탱하는 데 더없이 필요한 요소이다. 오류를 범할 수 없는 초능력의 심판관 또는 황제까지는 안가더라도 제1집정관이 관료집단에게는 필요하다. 그리고 이 지배집단은 자신의 지배권력을 가장 잘 대변해주는 자를 자신의 어깨 위에 지도자로 올려놓는다. 서방의 아마추어 문학 애호가들을 사로잡는 지도자의 "강인한 성격"은 실제로 자신의 지위를 방어하는 일에 관한 한 아무것도 꺼리지 않는 계층의 집단적 압력을 전부 합한 것에 지나지 않는다. 이들 각자는 "짐은 곧 국가이다"L'état—c'est moi라고 생각하고 있다. 스딸린을 통해 이들은 자기자신을 발견한다. 그러나 스딸린 역시 이들 한 사람 한 사람에게서 자기 모습의 일부를 본다. 스딸린은 관료집단의 인격화이다. 실제로 관료집단은 그의 정치적 성격을 규정하고 있다.

사회의 양대 적대계급이 서로 우위를 가릴 수 없는 격렬한 투쟁을 벌이는 시기에 국가권력은 사회 위에 군림하여 이들 계급들로부터 완전히 독립된 존재인 것처럼 보인다. 그러나 실제로 이 국가권력은 특권계급을 방어하는 데 필요한 자유를 부여받은 것에 지나지 않는다. 이 역사적 순간에 케사르 체제Caesarism 또는 이것의 부르주아적 형태인 보나파르트 체제가 등장한다. 정치적으로 원자화된 사회 위에 경찰과 장교집단을 버팀대로 삼고 군림하면서 어떠한 세력의 통제도 받지 않는 스딸린 체제는 보나파르트 체제의 변종에 지나지 않는다. 그러나 과거에 등장해 본 적이 없는 새로운 유형의 보나파르트 체제이다.

케사르 체제는 사회 내부의 투쟁에 의해서 흔들거리는 노예제 사회에 기반해서 등장하였다. 보나파르트 체제는 자본주의 체제의 중대 국면에 등장하는 부르주아 계급의 정치적 무기 가운데 하나이다. 스딸린 체제는 이러한 체제의 변종이다. 그리고 조직력과 무장력을 겸비한 소련의 지배층과 무장력이 없는 근로대중 사이의 적대관계에 의해 분열을 겪고 있는 노동자국가에 기초하고 있다.

역사가 증명하듯이 보나파르트 체제는 보통선거권이나 비밀선거권을 허용해도 아주 잘 운영된다. 이 체제의 민주적인 의례는 국민투표이다. 때때로 시민들에게 다음과 같은 질문이 던져진다 : 지도자를 지지할 것인가 아니면 거부할 것인가? 그리고 유권자는 자신의 양어깨 사이에 권총의 총구를 느낀다. 시골뜨기 출신의 정치 아마추어처럼 보이는 나폴레옹 3세 이래 이 방식은 대단히 발전했다. 국민투표에 기초한 보나파르트 체제를 확립하기 위해 소련 관료지배층은 새로운 헌법을 제정하였다. 결국 새로운 헌법은 이 체제의 모습을 완성하는 왕관인 셈이다.

소련의 보나파르트 체제는 노동자계급의 세계혁명이 늑장을 부리는 바람에 등장했다. 그러나 자본주의 국가에서는 똑같은 이유로 파시즘이 등장했다. 소련에서는 무제한적인 권력을 휘두르는 관료집단이 소비에트 민주주의를 압살하고 있으며 서방에서는 파시즘이 부르주아 민주주의를 압살하고 있다. 이 두 현상은 동일한 원인 즉 역사가 제기한 문제들을 세계 노동자계급이 제대로 해결하지 못하고 질질 끄는 상황에 의해서 발생했다. 이 결론은 처음에는 예상하지 못한 바이지만 실제로는 불가피할 뿐이다. 스딸린 체제와 파시즘 체제는 사회적 기초는 판이하지만 동일한 현상이다. 이 두 체제의 특징은 지독히도 비슷하다. 유럽 혁명운동의 성공은 이 두 체제를 즉시 뒤흔들 것이다. 국제혁명에 등을 돌림으로써 스딸린 관료집단은 자신의 이해에 일치하는 행동을 실행에 옮겼을 뿐이다. 자신을 보존해야 한다는 목소리에 귀를 기울였기 때문이다.

2. "계급의 적"에 대한 관료집단의 투쟁

소비에트 정권이 수립된 후 첫 시기에는 당이 관료주의에 대한 투쟁을 수행했다. 관료집단이 국가를 운영했지만 당은 여전히 관료집단을 통제했다. 불평등이 필요 이상으로 증대되는 것을 막기 위해 매우 경계를 하면서 당은 항상 관료집단과 공개적으로 또는 비공개적으로 투쟁하였다. 스딸린 분파의 역사적 역할은 이 이중적 구조를 깨뜨리고 당을 관료집단의 휘하에 두고 이후 국가기구마저 장악하는 데에 있었다. 결국 지금 존재하는 전체주의 체제가 등장하였다. 관료집단에게 매우 중요한 이 역사적 역할을 바로 스딸린 자신이 수행했기 때문에 스딸린의 정치적 승리는 보장되었다.

첫 10년 동안의 투쟁에서 좌익반대파는 당에 대항하여 권력을 장악하는 강령을 제출하였다. 그러나 이 과정에서 당의 이데올로기를 장악하는 강령을 버리지는 않았다. 이 분파의 구호는 혁명이 아니라 개혁이었다. 그러나 이미 관료집단은 민주적인 개혁에 대항하여 자신을 방어하기 위해 어떠한 형태의 혁명도 수행할 용의가 있었다. 1927년 투쟁이 특히 치열한 단계에 도달했을 때 당 중앙위원회 회의에서 스딸린은 좌익반대파에 대해 다음과 같이 선언하였다 : "좌익반대파 간부들은 내전을 통해서만 제거될 수 있다!" 당시 스딸린이 선언한 이 협박은 유럽 노동자계급의 패배로 인해 역사적 사실이 되었다. 따라서 개혁의 길은 이제 혁명의 길로 바뀌었다.

당과 소비에트 조직에 대한 계속적인 숙청은 대중의 불만이 명확한 정치적 표현을 획득하는 것을 막기 위한 조치였다. 그러나 탄압은 생각을 죽일 수는 없으며 단지 지하로 내몰 수 있을 뿐이다. 공산주의자들뿐만 아니라 비당원 시민들도 두 가지 사고체계를 흔히 보유하고 있다. 하나는 공식적인 사고체계이며 또 하나는 비밀스러운 사고체계이다. 첩자질과 소문 퍼뜨리기는 소련 전역에서 사회적 관계들을 좀먹고 있다. 관료집단은 자신의 적을 언제나 사회주의에 대한 적으로 포장한다. 법률적 날조행위는 관행이 되어 버렸는데 이 방법을 동원하여 사람들에게 마음 편한 대로 죄를 뒤집어씌운다. 총살형에 처한다는 협박을 통해 나약한 사람들로부터 자백을 강제로 받아내고 이것을 토대로 좀 더 강인한 사람들을 법정에 내세운다.

1936년 6월 5일 『프라우다』는 "세계에서 가장 민주적인 헌법"에 대해 논평하면서 우리에게 설교하고 있다 : "소련에서 계급은 철폐되었다. 그러나 사회주의에 적대적인 계급 세력들이 자신들의 패배를 인정했다고 가정하는 것은 용서할 수 없는 어리석음이며 동시에 범죄행위이다. … 투쟁은 계속되고 있다." 그러면 "적대적인 계급 세력"은 누구인가? 여기에 대해서 『프라우다』는 답변한다 : "반혁명 그룹들의 잔당, 모든 색조의 백위군, **특히** 뜨로츠키-지노비에프 파벌이다." 뜨로츠키-지노비에프 파벌(!)이 저지른 "첩자질, 음모, 테러행위"를 불가피하게 언급한 후 이 스딸린의 기관지는 이렇게 약속한다: "인민의 적인 뜨로츠키 파벌의 파충류들과 포악한 자들을 미래에 반드시 때려누이고 제거할 것이다. 이들이 아무리 변장을 잘해도 우리는 이 일을 해내고야 말 것이다." 이러한 위협은 소련의 언론에 일상적으로 반복되고 있는데 비밀경찰의 작업과 병행되고 있다. 1918년 이래 당원이었으며 내전에 참여하였고 이후 소련의 농업전문가이자 우익반대파의 일원이었던 페트로프Petrov는 1936년 유형지에서 탈출하여 어느 자유주의자 망명신문에 글을 실었다. 그는 소위 뜨로츠키주의자들을 이렇게 특징짓고 있다: "좌익이라고? 심리적으로는 마지막 남은 진정한 열정적인 최후의 혁명가들이다. 음험한 협상을 하지 않으며 어떠한 타협도 거부하였다. 대단히 존경스러운 사람들이다. 그러나 바보 같은 생각들을 가지고 있었다 … 이들은 세상이 대난大難을 겪고 있다고 허풍떨고 있었다." 그들의 "생각들"은 논외로 하자. 그러나 우익의 좌익에 대한 이 도덕적·정치적 평가는 아주 훌륭한 증거가 아닌가? 비밀경찰의 대령과 장군들이 제국주의 첩자이며 반혁명 분자들이라고 낙인찍으며 심문을 벌이고 있는 사람들은 바로 "진정하고 열정적인 최후의 혁명가들"이다.

볼셰비키 좌익반대파에 대한 관료집단의 증오심은 히스테리로 발전하였다. 이 히스테리는 부르주아 출신성분에 대한 사회적 제한을 해제하는 조치와 관련하여 특별히 날카로운 정치적 의미를 갖는다. 부르주아 출신성분들의 고용, 일, 교육과 관련된 유화적인 포고령은 구지배계급의 저항은 신질서의 안정성이 확립되는 것과 비례하여 소멸한다는 당국의 사고에서 나왔다. 1936년 1월에 열린 당 중앙집행위원회 회의에서 몰로토프는 과거 이들에 대한 제한 조치가 더 이상 필요 없다고 설명했다. 그러나 동시에 가장 지독한 "계급의 적들"은 평생 사회주의를 위해 투쟁한 사람들이란 것이 드러났다. 그리고 특히 이들은 지노비에프나 카메네프와 같이 레닌의 가장 가까운 동료들로부터 시작된다. 부르주아 계급과 구별되는 "트로츠키주의자"들은 『프라우다』에 의하면 "무계급 사회주의 사회의 특징들이 더 뚜렷하게 드러날수록" 더 절망적이 된다. 이 철학의 정신착란적 성격은 새로운 사회관계들을 낡은 정식으로 은폐해야 할 필요에서 나온다. 그러나 당연히 사회적 적대관계의 진정한 변화를 은폐할 수 없다. 한편 "신사" 계층의 창조는 부르주아 계급의 좀 더 야망있는 자식들에게 출세할 수 있는 넓은 기회를 제공해 준다. 따라서 이들에게 동등한 권리를 주는 것은 조금도 위험하지 않다. 반면 이러한 현상은 대중 특히 청년 노동자들 가운데서 대단히 위험스러운 불만을 조성한다. 바로 이러한 상황 때문에 "파충류와 포악한 자들"에 대한 일소 캠페인이 벌어지고 있는 것이다. 프롤레타리아 독재의 칼날은 원래 구 부르주아 계급의 특권을 부활시키려는 자들에게 가해졌으나 이제는 관료집단의 특권에 대항하는 사람들에게 가해지고 있다. 이제 공격을 당하는 쪽은 노동자계급의 적들이 아니라 노동자계급의 전위부대이다. 과거 정치경찰은 볼셰비키 당원들 중에서 특히 헌신적이고 자기희생적인 분자들로부터 충원되었으나 이제는 관료집단의 가장 타락한 분자들로 구성되고 있다.

혁명가들을 박해하는 과정에서 테르미도르 반동의 주동자들은 자신들의 과거를 생각나게 하고 미래를 두렵게 만드는 사람들에게 모든 증오심을 퍼붓고 있다. 감옥, 시베리아와 중앙아시아의 벽촌, 급격히 늘어나는 강제 수용소 등은 볼셰비키당의 가장 강인하고 진실한 최우수 당원들을 가두고 있다. 심지어 시베리아의 독방 감옥에서도 좌익반대파 성원들은 여전히 수색, 우편물 금지, 배고픔 등의 박해를 받고 있다. 저항을 깨뜨리고 전향을 유도하려는 유일한 목적을 위해 유형 중인 남편은 부인과 강제로 떨어지도록 조치하고 있다. 그러나 전향하는 사람들도 구제되지는 않는다. 조금이라도 의심스럽거나 끄나풀이 암시만 주어도 이들은 갑절로 벌을 받아야 한다. 친척들이 유형수들을 도와주는 것조차 범죄가 된다. 상호부조는 모의죄로 처벌받는다.

이러한 상황에서 자기방어를 할 수 있는 수단은 단식투쟁밖에 없다. 비밀경찰은 이에 대해 강제 급식을 시키거나 아예 죽도록 내버려 둔다. 최근 수백 명의 러시아인 또는 좌익반대파의 외국인 성원들이 총살, 단식투쟁, 자살 등으로 사망하였다. 지난 12년 동안 당국은 좌익반대파가 마침내 근절되었다고 수십 번이나 전 세계에 선언했다. 그러나 1935년 12월과 1936년 상반기에 걸쳐 진행된 "숙청"과정에서 수십만 명의 당원들이 출당처분을 받았다. 이들 중에는 수만 명의 "뜨로츠키주의자"가 포함되어 있었다. 특히 이들 중 가장 적극적인 분자들은 즉시 체포되어 감옥과 강제수용소에 처넣어졌다. 출당조치된 나머지 사람들에게는 일자리를 제공하지 말라고 스딸린이 직접 『프라우다』 지면을 통해 지방당국에게 조언했다. 국가가 유일한 고용주인 나라에서 일자리를 주지 말라는 것은 서서히 굶어 죽게 내버려 두라는 말밖에 되지 않는다. 일하지 않는 사람은 먹지도 말라는 옛날의 원리는 당국에 의해서 복종하지 않는 자는 먹지도 말라는 새로운 원리로 바뀌었다.

보나파르트 체제가 시작된 1923년 이래 얼마나 많은 볼셰비키들이 출당처분, 체포, 유형, 사형 등에 처해졌는지는 스딸린 체제 정치경찰의 문서들을 검토하면 그 정확한 숫자가 드러날 것이다. 그리고 관료집단이 붕괴하기 시작할 때 이들 중 얼마나 많은 숫자가 지하활동에 가담했는지가 드러날 것이다.

2백만의 당원을 거느린 당에서 2만 내지 3만의 반대파가 어느 정도 의미가 있을까? 단순한 수치 비교는 이 문제의 경우 별 의미가 없다. 격화되는 정치적 상황에서는 10명의 혁명가만 있어도 일개 연대가 인민의 편으로 넘어올 수 있다. 바로 이 때문에 군 당국은 아주 작은 지하써클이나 개인들에 대해서도 끔찍한 두려움을 가지고 있다. 이 반동적인 군 당국의 두려움은 스딸린 체제 관료집단 전체에 확산되어 있는데 이들이 자행하는 탄압과 가증스러운 비방의 광적인 성격이 이로써 설명된다.

소련에서 관료집단의 탄압을 끝까지 견뎌 내었던 빅토르 세르쥬는 혁명에 대한 충성과 혁명 파괴세력에 대한 적대감을 품으며 고문의 고통을 견디고 있는 혁명가들의 놀라운 소식을 서방에 전했다. 그는 다음과 같이 쓰고 있다 : "나는 조금도 과장하지 않는다. 그리고 단어 하나하나를 조심스럽게 선택하고 있다. 내가 한 말 하나하나를 비극적인 증거와 피해자의 이름을 통해 증명할 수 있다. 다수의 순교자들과 반대자들은 현재 대개의 경우 침묵을 강요받고 있다. 이들 중에서 특히 심정적으로 나에게 가까운 영웅적인 소수 혁명가들이 있다. 이들은 활력, 통찰력, 인내, 위대한 시대의 정치사상인 볼셰비키주의에 대한 헌신 등으로 다른 어떤 분자들보다 소중한 사람들이다. 소비에트 공화국의 창건자인 레닌과 뜨로츠키의 동지들인 수천 명의 혁명 공산주의자들은 체제의 퇴보에 저항하며 사회주의의 원칙을 수호하고 있다. 그리고 최선을 다하여 노동자계급의 권리를 방어하고 있다. 이들은 생각할 수 있는 모든 희생을 전부 치르고 있다. 이것만이 이들이 할 수 있는 유일한 정치적 행동이다. … 여러분들에게 감옥에 있는 사람들의 소식을 전한다. 이들은 무슨 수단을 써서라도 끝까지 저항할 것이다. 이들이 혁명의 새로운 먼동을 볼 수 없다고 하더라도 … 서방의 혁명가들은 이들을 믿을 수 있다. 감옥 안에서나마 혁명의 불꽃은 계속 타오를 것이다. 마찬가지로 이들은 여러분을 믿고 있다. 여러분과 우리는 세계에서 노동자 민주주의를 수호하기 위해서 그리고 프롤레타리아 독재의 해방 정신을 부활시키기 위해서 이들을 방어해야 한다. 이 결과 미래에 소련은 도덕적 위대성과 노동자의 신뢰를 다시 회복할 것이다."

3. 새로운 혁명의 불가피성

국가의 사멸에 대해서 논의하면서 레닌은 "만약 분노, 저항, 봉기 등을 불러일으키는 요소가 사라져서 인민을 억압할 필요가 전혀 없다면" 사회생활의 규칙을 준수해야 한다는 관습은 모든 강제성을 완전히 상실할 것이라고 말했다. 문제는 이 "만약"에 있다. 현재 소련의 체제는 모든 곳에서 저항을 불러일으키고 있다. 이 저항은 억압당하고 있기 때문에 더욱 격렬하다. 관료집단은 강제력 행사의 기구일 뿐만 아니라 또한 저항을 촉발하는 끊임없는 원천이다. 탐욕스러우며 거짓말을 예사로 하는 냉소적인 지배집단의 존재 자체가 불가피하게 인민의 분노를 은밀하게 불러일으키고 있다. 노동자의 물질적 상황이 개선되어도 당국에 대한 이들의 분노는 가라앉지 않는다. 이와 반대로 노동자들이 점점 더 긍지를 갖고 정치 일반의 문제에 대해 자신들의 생각을 자유롭게 표현할 경우 이들은 관료집단과 공공연하게 투쟁하게 될 것이다.

"연구"와 "기술 획득"의 필요성, "교양의 자발적 습득" 그리고 다른 멋진 일들에 대해서 성명을 발표하는 것을 "지도자들"은 아주 좋아한다. 더욱이 이들은 선거나 그 밖의 방식으로 교체되지도 않는다. 그러나 이들은 무식하고 교양이 전혀 없다. 진지하게 연구하지도 않으며 사회생활에서 거만하며 충실하지 못한 모습을 보인다. 이 집단이 사회생활의 모든 영역을 보호하는 듯이 생색을 내며 협동조합 상점뿐만 아니라 음악 작곡에 대해서까지 명령을 내리려고 설치는 것은 더욱 참을 수 없는 일이다. 자신의 권력을 빼앗은 이 집단의 굴욕적인 지배에서 해방되지 않으면 소련 인민은 더 높은 문화수준에 도달할 수 없다.

관료집단이 노동자국가를 집어삼킬 것인가 아니면 노동자계급이 이들을 쓸어 없애버릴 것인가? 이 문제에 소련의 운명이 달려 있다. 소련 노동자의 절대다수는 아직까지도 관료집단에 대해서 적대감을 품고 있다. 농민 대중 역시 이들에 대해서 건강한 인민의 증오심을 품고 있다. 농민과는 대조적으로 노동자들이 공개적 투쟁의 길로 나서지 않았다 하더라도, 그래서 저항하는 농촌 마을들을 혼란과 무기력 속에 빠뜨리고 있다 하더라도 그것은 억압 때문만은 아니다. 노동자계급은 관료집단을 타도하면 동시에 자본주의의 복귀에 길을 터주는 것이 아니냐는 두려움을 가지고 있다. 국가와 계급 사이의 관계는 속류 "민주주의자들"이 설명하는 것보다는 훨씬 복잡하다. 계획경제가 없다면 소련은 수십 년을 후퇴할 것이다. 이런 의미에서 관료집단은 계속해서 필요한 역할을 수행하고 있다. 그러나 문제는 이들이 혁명의 성과를 완전히 무無로 돌릴 정도로 체제 전체의 폭발을 준비하면서 자신의 역할을 수행하고 있는 데에 있다. 노동자들은 현실적이다. 관료 지배층과 최소한 자신들과 가까이 있는 하급 관료집단을 이들은 현실적으로 평가하고 있다. 즉 당분간 관료집단이 노동자계급이 달성한 혁명의 성과 중 일부만이라도 지켜줄 것이라고 믿고 있다. 노동자들은 다른 대안을 찾아내는 순간 이 정직하지 못하고, 버릇이 없으며, 믿을 수 없는 혁명의 파수꾼을 몰아낼 것이 틀림없다. 바로 이 이유 때문에 서방이나 동방에서 혁명의 아침이 한 번 더 도래해야 한다.

크렘린궁의 친구들이나 하수인들은 노동자의 정치투쟁이 눈에 나타나지 않으면 체제가 "안정"을 유지하고 있다고 생각한다. 그러나 실제로 관료집단은 일시적인 안정을 누리고 있을 뿐이다. 대중의 불만이 깊은 골을 파고 있는 상황에서 젊은 세대들은 이 "계몽 절대주의"enlightened absolutism의 멍에를 특히 괴롭게 느끼고 있다. 그리고 계몽의 성격보다는 절대주의의 성격이 더 강한 것이 소련의 관료집단이다. 비판적인 생각이 조금이라도 느껴지면 점점 더 감시의 눈을 불길하게 치켜뜨는 관료집단의 히스테리와 동시에 "지도자"의 은덕에 대한 칭송의 노래가 참을 수 없이 증대되는 현상은 국가와 사회가 점점 더 분리되고 있음을 증명하고 있다. 사회 내부의 모순이 꾸준하게 격화되어 국가에 대해 강한 압력으로 작용하고 있다는 결론이 지금까지 살펴본 사실들에 의해서 도출되고 있다. 결국 이 압력은 필연적으로 분출될 수밖에 없을 것이다.

테러행위가 빈번하게 권력층의 대표자들에게 가해지고 있는데 이 현상은 현재 상황을 올바르게 파악하는 데 있어서 아주 중요한 의미를 가지고 있다. 명석하지만 일말의 양심도 없는 레닌그라드의 독재자 키로프Kirov는 관료집단의 전형적인 인물이다. 그런데 그의 암살은 테러행위의 가장 잘 알려진 경우이다. 그러나 테러행위자들은 보나파르트 체제의 과두집단을 타도할 능력이 전혀 없다. 물론 개별 관료들은 테러주의자의 권총이 자신의 심장을 겨누는 것을 두려워한다. 그러나 테러행위를 빙자하여 이들은 자신들의 폭력행위를 정당화할 수 있으며 이 과정에서 정적들을 테러행위의 가담자로 몰아 제거할 음모를 꾸미기도 한다. 지노비에프, 카메네프 그리고 여타 볼셰비키 인사들이 바로 이렇게 제거되었다. 테러행위는 참을성이 없고 쉽게 절망하는 개인들이 사용하는 무기이다. 그리고 바로 관료집단의 자식 세대들이 가장 자주 의거하는 방식이다. 그러나 짜르시대의 경우와 마찬가지로 정치 암살은 의심할 여지 없이 폭풍 전야의 징후이며 공공연한 정치적 위기의 시작을 예고한다.

새로운 헌법을 도입하면서 관료집단은 이 위험을 자신이 느끼고 있으며 이에 대한 예방책을 강구하고 있음을 보여주고 있다. 그러나 흔히 역사에서 보듯이 관료집단은 "자유주의적" 개혁을 통해 위기를 모면하려고 하지만 실제로는 자신을 약화시켰을 뿐이다. 새로운 헌법은 보나파르트 체제를 폭로하면서 동시에 이 체제에 대한 투쟁을 반합법적으로 수행할 수 있는 은폐물을 마련해 주었다. 선거 시기에 관료집단의 분파들이 경쟁할 경우 정치투쟁의 가능성이 좀 더 커질 수 있다. 스딸린에 의하면 새로운 헌법은 "비효율적으로 운영되는 권력기관"에 대한 채찍질이 될 것이다. 그리고 이것은 보나파르트 체제에 대한 채찍으로 변할 수도 있다. 지금까지 나타난 모든 징후들은 문화수준이 높은 인민 세력과 과두 관료집단이 불가피하게 충돌할 수밖에 없음을 똑같이 예견하고 있다. 이 위기에 대한 평화적인 해결책은 존재하지 않는다. 스스로 발톱을 자른 악마는 없었다. 소련의 관료집단은 싸움 한번 하지 않고 자신의 지위를 포기하지는 않을 것이다. 결국 사태의 진행은 명백히 혁명의 길로 나아가고 있다.

인민 대중에 의한 강력한 압력과 이런 상황에서 불가피하게 발생하는 국가기구의 이완으로 인해 권력층의 저항은 생각보다 훨씬 약할지도 모른다. 그러나 앞으로의 상황에 대해서는 가설만이 존재할 뿐이다. 어쨌든 관료집단은 혁명세력의 힘에 의해서만 타도될 수 있다. 그리고 혁명세력의 공세가 강하고 대담할수록 충돌과정에서 발생하는 희생자는 더 적을 것이다. 혁명을 준비하면서 유리한 역사적 상황에서 대중의 선두에 서는 과업은 바로 제4인터내셔널 소련 지부의 몫이다. 현재 이 지부는 매우 허약하며 지하로 숨어들어가지 않을 수 없는 상황에 있다. 그러나 당의 비합법적 존재도 존재인 것은 틀림없다. 다만 어려운 상황의 존재방식일 뿐이다. 억압은 정치무대로부터 사라지고 있는 계급들에 대해 매우 효과적일 수 있다. 1917년에서 1923년까지 있었던 혁명적 독재시기가 이것을 완벽히 증명하였다. 그러나 소련의 일반적 정세가 이런 식으로 지속될 경우 이미 존재이유가 소멸한 관료집단이 혁명적 전위에 대한 폭력적 탄압을 통해 자신의 목숨을 부지할 수는 없다.

관료집단이 자기 무덤을 파기 위해 준비하고 있는 혁명은 1917년 10월 혁명과 같은 사회혁명은 아니다. 사회의 경제적 토대를 변화시키고 특정 소유형태를 다른 소유형태로 대체하는 혁명이 아니기 때문이다. 역사를 보면 봉건체제를 대체하여 부르주아체제를 등장시킨 사회혁명뿐만 아니라 사회의 경제적 토대를 파괴시키지 않은 채 구 지배집단을 일소한 정치혁명도 있었다. 1830년과 1848년의 프랑스 혁명과 1917년 2월에 일어난 러시아 혁명 등은 이런 예에 속한다. 보나파르트 관료집단의 타도는 심대한 사회적 영향을 가져올 것이지만 그 자체로는 정치혁명의 테두리 내에 머물 것이다.

노동자의 혁명에 의해서 탄생한 국가가 생존한 경우는 소련이 처음이다. 따라서 이 국가가 거쳐야 할 발전단계는 어디에도 기록되어 있지 않으므로 앞길을 전혀 알 수가 없다. 소련의 이론가들과 창건자들은 완전하게 대중에 의해 통제되고 신축성이 있는 소비에트 체제가 사회의 경제적·문화적 발전과 함께 평화적으로 해체와 사멸의 길을 걸을 수 있을 것이라고 희망했다. 이것은 사실이다. 그러나 다시 한번 현실은 이론보다 더욱 복잡하다는 것이 증명되었다. 후진국의 노동자계급이 첫 번째 사회주의 혁명을 성취할 운명을 타고났다. 이 역사적 특권을 관료집단의 절대주의 체제에 대항하는 제2차 보완적 혁명으로 되갚아야 한다는 사실이 모든 증거들을 통해 드러나고 있다. 새로운 혁명의 강령은 혁명 당시의 상황, 나라의 발전 수준, 국제적 정세에 따라 주로 결정된다. 강령의 기본 내용들은 이미 명확해졌으며 이 책 전체를 통해 소련 체제의 모순을 분석하면서 객관적 추론으로 이미 제시되었다.

문제는 한 지배집단을 또 다른 지배집단으로 대체시키는 것이 아니라 나라의 경제와 문화를 운영하고 인도하는 방법 자체를 바꾸는 것이다. 관료적 전제체제는 소비에트 민주주의로 대체되어야 한다. 비판의 자유를 회복시키고 진정으로 자유로운 선거를 실시하는 것이 나라의 발전에 필요한 조건이다. 이것은 볼셰비키당을 비롯한 소비에트 내 정당들의 자유로운 활동을 회복시키고 노동조합을 부활시키는 것을 의미한다. 산업활동에서 민주주의를 도입한다는 것은 근로대중의 이해에 부합하도록 기존 계획을 근본적으로 수정한다는 것을 의미한다. 경제문제를 자유로이 논의하는 것을 통해 관료적 오류와 좌충우돌의 결과 발생하는 전체 비용이 감소될 수 있다. 소비에트 궁전, 새로운 극장, 전시용 지하철 등 실속은 없으면서 비용만 많이 드는 사업들은 노동자 주택단지를 건립하는 과정에서 점차 소멸되어야 한다. "부르주아 분배 규범"은 엄격하게 필요한 영역 내로 제한되고 사회적 부의 증대와 함께 사회주의적 평등에게 자리를 내주어야 한다. 군대 내의 계급은 즉시 철폐될 것이다. 훈장의 번쩍거리는 쇳조각은 도가니 속에 집어넣어질 것이다. 청년은 자유롭게 숨 쉬고 비판하고 오류를 범하면서 성장할 수 있는 기회를 부여받을 것이다. 과학과 예술은 쇠사슬로부터 풀려날 것이다. 마지막으로 대외정책은 혁명적 국제주의의 전통으로 다시 돌아갈 것이다.

과거 어느 때보다도 지금 10월 혁명의 운명은 유럽과 전 세계의 운명과 밀접히 결부되어 있다. 소련의 문제는 이제 스페인 반도, 프랑스, 벨기에 등지에서 결정되고 있다. 이 책이 출판되는 시점에는 마드리드의 성벽 아래에서 내전이 벌어지고 있는 지금보다 상황이 비교할 수 없이 명확해질 것이다. 배신적인 "인민전선"people's front 정책을 통해 소련 관료집단이 스페인과 프랑스의 반동세력에게 승리를 보장할 경우 그리고 코민테른이 이 방향으로 모든 노력을 경주할 경우 소련은 파멸의 벼랑으로 내몰릴 것이다. 관료집단에 대한 노동자의 봉기가 아니라 부르주아 반혁명이 대세를 이룰 것이다. 개량주의자들과 공산주의 "지도자들"의 공동 사보타지에도 불구하고 서유럽의 노동자계급이 권력으로 향하는 길을 찾을 경우 소련 역사는 새로운 지평을 맞이할 것이다. 유럽 혁명의 첫 승리는 전기충격처럼 소련의 대중을 일깨워 이들의 독립적 정치행동을 고양시킬 것이다. 그리고 1905년과 1917년의 전통을 일깨우고 보나파르트 관료집단의 지위를 침식할 것이다. 이 상황은 10월 혁명이 제3인터내셔널에게 가졌던 의미만큼이나 제4인터내셔널에게 중요한 의미를 부여할 것이다. 오직 이러한 전망을 통해서만 인류 역사상 첫 노동자국가는 사회주의의 미래를 맞이할 수 있을 것이다.

:: **보론 : "일국 사회주의" 이론**

    자급자족 경제autarky의 반동적인 경향은 쇠잔한 자본주의가 자신에게 부여된 역사적 과업을 수행하지 못하면서 반사적으로 자신을 방어하는 표현에 지나지 않는다. 즉 사적 소유와 일국적 차원의 경제운영이라는 족쇄로부터 경제를 해방시키고 전 세계적 차원의 계획을 통해 경제를 재조직하라는 역사적 과업에 대한 무기력한 반응인 것이다.

    단명했던 제헌의회의 승인을 받기 위해 인민위원 소비에트가 제출한 「근로 피착취 인민의 권리 선언문」에서 레닌은 새로운 소비에트 체제의 "기본적 과업"을 다음과 같이 규정하였다 : "사회주의 사회를 조직하고 모든 나라에 사회주의가 승리하도록 한다." 이로써 혁명의 국제적 성격이 새로운 정권의 기본 문서에 새겨졌다. 당시에 어느 누구도 이와 다른 방식으로 문제를 제기할 수 없었을 것이다! 그런데 1924년 4월 레닌이 죽은 지 3개월 후에 스탈린은 「레닌주의의 기초」라는 팜플렛에서 다음과 같이 주장했다 : "부르주아 계급을 타도하는 일은 한 나라의 노력만 있으면 된다. 이 점은 우리 혁명 역사가 증명하고 있다. 사회주의의 최종적인 승리, 사회주의 생산의 조직을 위해서는 어느 한 나라 특히 우리처럼 농민국가의 노력만으로는 부족하다. 이 과업을 완수하기 위해서는 여러 선진국 노동자계급의 노력이 있어야 한다." 이 글에 대한 논평은 따로 필요 없을 것이다. 그런데 이 글이 실린 팜플렛은 시중에 유통되기도 전에 회수되었다.

유럽 노동자계급의 대대적인 패배와 소련이 이룩한 아주 적은 첫 경제적 성공은 1924년 가을 스딸린에게 소련 관료집단의 역사적 임무는 한 나라에서 사회주의를 건설하는 것이라는 생각을 갖게 하였다. 이 문제와 관련하여 논쟁이 진행되었는데 이것이 피상적인 사람들에게는 학구적인 것으로 보인 것 같다. 그러나 실제로 이 논쟁은 제3인터내셔널의 퇴보를 알렸으며 이후 제4인터내셔널을 준비하는 성격을 가지고 있었다.

이미 언급한 바 있듯이 한때 공산주의자였으며 현재 백위군 망명객인 페트로프Petrov는 자신의 회고록에서 행정기구의 젊은 세대들이 얼마나 격렬하게 소련이 국제혁명에 의존해야 한다는 이론에 반대했는지를 말해주고 있다. "우리나라에서 우리가 행복한 삶을 건설할 수 없다는 생각이 어떻게 가능한가?" 맑스가 우리와 견해가 다르다면 그것은 "우리가 맑스주의자가 아니라 러시아 볼셰비키주의자라는 것"을 의미할 뿐이다 등등. 1920년대 중반에 있었던 논쟁을 회상하면서 페트로프는 덧붙인다 : "지금 생각하면 일국 사회주의 이론은 단순히 스딸린이 발명한 것이 아니었다." 완전히 옳은 말이다! 이 이론은 당시 관료집단의 분위기를 잘 보여주고 있을 뿐이었다. 이들에게 사회주의의 승리는 곧 관료집단의 승리를 의미했다.

맑스주의의 국제주의 전통과 단절하는 자신을 정당화하는 가운데 스딸린은 자신의 무지를 드러내는 실언을 하였다. 레닌이 발견한 것으로 알려진 자본주의의 불균등 발전 법칙law of uneven development of capitalism을 당시 맑스와 엥겔스는 알지 못했다는 것이다. 지적인 호기심을 자극하는 어록에서 그의 이 말은 아주 상위에 위치해야 할 것이다. 발전의 불균등성은 인간 역사 전체에 걸쳐 특히 자본주의 역사에서 관철되고 있다. 솔른체프Solntzev는 러시아의 젊은 역사가이며 경제학자인데 좌익반대파의 일원이라는 죄목으로 소련 관료집단의 감옥에서 고문으로 죽었다. 그는 대단한 재능과 도덕적 능력을 가졌는데 1926년에 맑스의 불균등 발전 이론에 대한 아주 훌륭한 이론적 연구를 하였다. 물론 그의 연구 결과는 소련에서 출판될 수 없었다. 비록 정반대의 이유이긴 하지만 역시 출판금지가 내려진 것은 죽은 지 이미 오래되었고 우리의 뇌리에 잊혀진 독일의 사회민주주의자 폴마르Vollmar의 저작이다. 그는 이미 1878년에 러시아가 아니라 독일에 "고립된 사회주의 국가"를 건설하는 전망을 이론적으로 발전시켰다. 스탈린에 의하면 레닌 이전까지 알려지지 않았던 불균등 발전 "법칙"을 폴마르는 이미 언급하고 있다.

게오르크 폴마르는 다음과 같이 주장한다 : "사회주의는 무조건적으로 경제가 발전한 사회관계를 전제로 하고 있다. 이것만이 문제라면 사회주의는 경제발전 수준이 가장 높은 나라에서 가장 강력하게 존재할 것이다. 그러나 실제로는 전혀 그렇지 않다. 영국은 의심할 여지 없이 경제적으로 가장 발전한 나라이다. 그러나 이 나라에서 사회주의는 아주 부차적인 역할만을 담당할 뿐이다. 반면 경제적으로 영국에 비해서 덜 발달한 독일에서는 사회주의가 이미 대단한 위력을 발휘하여 낡은 사회 전체가 이미 불안감을 느끼고 있다." 사태의 발전을 결정하는 역사적 요인들의 다양함을 언급하면서 그는 계속 주장한다 : "수없이 많은 세력들의 상호관계가 작용하기 때문에 일반적인 인간 운동의 발전은 두 나라의 경우에 있어서도 그 시간과 형태에 있어서 동일할 수 없었고 지금도 마찬가지이다. 따라서 모든 나라에 대해서 말한다면 너무도 당연한 결론이 나온다. … 사회주의도 이와 똑같은 법칙을 존중한다. … 모든 문명국에서 동시에 사회주의가 승리한다는 가정은 절대적으로 배제된다. 역시 같은 이유로 어느 사회주의 국가의 예를 나머지 모든 문명국이 즉시 그리고 불가피하게 모방한다는 가정은 성립될 수 없다. … " 마지막으로 그는 결론을 내린다 : "고립된 사회주의 국가의 건설로 논의가 결론지어진다. 이 현상이 유일한 가능성은 아니라 하더라도 가장 커다란 개연성probability을 가지고 있음을 지금까지 증명했다고 나는 믿는다." 레닌이 8세 아동이었을 때 나온 이 저작은 1924년 가을에 나오기 시작한 소련의 아류 이론가들의 글보다 불균등 발전 법칙에 대해서 훨씬 더 정확한 해석을 내리고 있다. 폴마르는 사실 이류 이론가에 지나지 않는데 이 주제와 관련해서 엥겔스의 사상을 풀어서 설명하고 있을 뿐이다. 그런데 엥겔스가 자본주의의 불균등 발전 법칙을 "알지 못했다고" 스탈린은 말한다.

"고립된 사회주의 국가"는 더 이상 역사적 가정이 아니며 독일이 아닌 러시아에서 현실로 나타났다. 또한 사회주의 국가의 고립은 세계 자본주의의 상대적 우위와 세계 사회주의의 상대적 열세를 정확하게 표현하고 있다. 고립된 "사회주의" 국가에서 국가가 사멸한 사회주의 사회로 이행하려면 장구한 세월이 필요할 것이며 이 과정은 국제혁명의 과정과 정확하게 일치한다.

한편 베아트리스-시드니 웹 부부는 맑스와 엥겔스가 고립된 사회주의 국가를 건설할 가능성을 믿지 않았다고 우리에게 확인시켜 준다. 과학적 사회주의의 시조인 이 두 사람 중 어느 누구도 외국무역의 독점과 같은 강력한 무기를 "꿈도 꾸지" 못했기 때문이라는 것이다. 그런데 이 노년 부부의 글을 읽으면서 우리는 당혹감을 느끼지 않을 수 없다. 국가가 상업은행과 기업, 철도, 상선 등을 접수하는 것은 수출산업 부문을 포함한 생산수단을 국유화하는 것만큼이나 필요한 사회주의 혁명의 조치이기 때문이다. 외국무역의 독점은 수출과 수입의 물리적 도구들을 국가가 장악하는 것에 불과하다. 맑스와 엥겔스가 외국무역의 독점에 대해서 "꿈도 꾸지 못했다"고 말하는 것은 이들이 사회주의 혁명을 꿈도 꾸지 못했다고 말하는 것과 같다. 이 문제를 매듭짓기 위해서 덧붙이자면 폴마르는 아주 올바르게 외국무역의 독점을 "고립된 사회주의 국가"의 가장 중요한 수단들 가운데 하나라고 주장한다. 웹 부부에 의하면 맑스와 엥겔스는 이 비밀을 폴마르로부터 배웠음에 틀림없다. 물론 폴마르가 애초에 이들로부터 이 비밀을 배우지 않았다면 말이다.

일국 사회주의 "이론"은 사실 스딸린 자신도 상세히 설명하거나 이론적 기초를 제시하지 않은 "이론"이다. 이 이론은 무미건조하고 비역사적인 사고 방식이라고 결론지을 수 있다. 천연자원이 풍부하기 때문에 사회주의 사회가 소련이라는 지리적 테두리 내에서 건설될 수 있다는 것이다. 천연자원이 풍부하다는 논지를 확대하면 지구의 인구가 현재보다 12분의 1로 줄어들면 사회주의가 전 세계에서 승리할 수 있다는 결론에 도달할 것이다. 그러나 실제로 이 새로운 이론의 목적은 인민의 의식 속에 훨씬 구체적인 사고체계를 주입시키는 데에 있다. 즉 혁명은 완전히 완성되었다 ; 사회 내부의 모순들은 꾸준히 완화될 것이다 ; 쿨락은 서서히 사회주의로 성장할 것이다 ; 외부 세계에서 일어나는 사건에 관계없이 사회 발전은 전반적으로 평화적이고 계획적인 성격을 보존할 것이다 등등. 부하린은 이 이론에 기초를 제공하기 위해서 다음 사실이 공고하게 증명되었다고 선언했다 : "우리는 우리 조국 내부의 계급적 차이와 우리의 기술적 후진성 때문에 망하는 법을 없을 것이다 ; 이렇게 빈약한 기술적 기반을 가지고도 사회주의를 건설할 수 있다 ; 사회주의의 성장 속도는 대단히 느릴 것이다 ; 거북이의 걸음으로 기어갈 것이다 ; 그러나 어쨌든 우리는 이 사회주의 체제를 건설하고 있다 ; 그리고 우리는 사회주의를 기필코 건설할 것이다." "사회주의를 이렇게 빈약한 기술적 기반을 가지고도 건설한다"는 사고를 우리는 주목한다. 그리고 다시 한번 청년 맑스의 천재적인 직관을 기억하자 : 낮은 기술적 수준하에서는 "오직 궁핍만이 일반화될 것이고 생활필수품에 대한 투쟁이 다시 시작되며 모든 넌센스들이 부활할 수밖에 없다."

1926년 4월에 열린 당 중앙위원회 전원회의에서 좌익반대파는 거북이걸음 이론에 대한 수정안을 다음과 같이 제출했다 : "자본주의 세계 체제에서 우리가 원하는 자의적인 속도를 가지고 소련이 사회주의로 나아갈 수 있다는 사고는 근본적인 오류이다. 소련의 산업을 선진 자본주의 국가의 산업과 분리시키고 있는 격차를 넓히는 것이 아니라 명확하고 구체적으로 좁힐 수 있을 경우에만 사회주의로의 전진은 보장될 것이다." 당연히 스딸린은 자신의 의도에 따라 이 수정안이 일국 사회주의 이론에 대한 "위장된" 공격이라고 선언했다. 그리고 국내 산업발전의 속도를 국제적 산업발전 상황과 연결시키려는 의도 그 자체를 단도직입적으로 거부했다. 전원회의의 속기록에는 그가 한 말이 한자도 빠뜨리지 않고 다음과 같이 기록되어 있다 : "국제적인 요인을 여기에 끌어들이려는 사람들은 누구나 문제 자체를 이해하지 못하고 있다. 만약 이 문제를 이해하지 못하기 때문에 혼란되어 있는 경우가 아니라면 의식적으로 문제를 혼동시키려는 의도가 다분히 개재되어 있다." 결국 좌익반대파의 수정안은 거부되었다.

그러나 강력한 적들이 포위하고 있는 상황에서 대단히 빈약한 기반을 가지고 거북이 속도로 사회주의를 건설하겠다는 환상은 비판의 화살을 그리 오래 견디지 못하였다. 같은 해 제15차 당대회는 언론에 귀띔도 주지 않은 채 "상대적으로(?) 최단의 역사 시기 내에 선진 자본주의 국가들의 산업발전 수준을 따라잡거나 추월하는 것이" 필요할 것이라고 시인했다. 어쨌든 이로써 좌익반대파의 논지는 "추월당했다." 그러나 이 구호를 제출함으로써 거북이 속도를 제창했던 어제의 이론가들은 관료집단이 그렇게도 미신적인 두려움을 가지고 있는 국제적 요인의 포로가 되었다. 그리하여 8개월 만에 스딸린주의 이론의 최초의 판^版이자 가장 순수한 판이 파산되었다.

1927년 3월 불법으로 배포된 좌익반대파의 문서는 다음과 같이 주장했다 : 사회주의는 모든 영역에서 자본주의를 반드시 "추월하기" 마련이다 ; "그러나 지금 문제는 사회주의와 자본주의의 관계 일반이 아니라 독일, 영국, 미국과 비교한 소련의 경제발전이다 ; '최단의 역사적 시기'는 무엇을 의미하는가? 미래에 5개년 계획을 계속 실시하더라도 소련은 서방 선진국의 수준에 한참 못 미칠 것이다 ; 이 기간 동안 자본주의 세계에서는 무슨 일이 일어나고 있을까? … 자본주의가 수십 년의 기간 동안 새로이 호황을 누릴 가능성을 인정한다면 소련이라는 후진국에서 사회주의를 이야기하는 것은 농담에 지나지 않을 것이다 ; 이런 상황이 실제 벌어진다면 이 시대 전체를 자본주의 쇠퇴의 시대라고 진단한 우리가 오류를 범한 것이라고 말할 필요가 있을 것이다 ; 그리고 소비에트 공화국은 파리 꼬뮌 이후 더 광범위하고 더 성과가 있었으나 어쨌든 프롤레타리아 독재의 제2차 실험에 지나지 않았다고 증명될 것이다 ; … 그러나 이렇게 우리 시대 전체를 결정적으로 재평가하고 국제혁명의 고리로서 10월 혁명의 의미를 재평가해야 할 심각한 근거가 존재하는가? 그렇지 않다! … 1차 세계대전이 끝난 후 어느 정도 완결된 재건의 시기를 경과한 후 … 자본주의 국가들은 비교할 수 없이 더 날카로운 형태로 국내와 국외에서 전쟁 이전의 모순들을 재생산하고 있을 뿐이다 ; 이것이 프롤레타리아 혁명이 일어나야 할 근거이다 ; 우리가 사회주의를 건설하고 있는 것은 사실이다 ; 전체는 부분보다 일반적으로 더 크다 ; 따라서 더 작은 사실이 아니라 더 커다란 사실은 유럽과 세계혁명이 준비되고 있다는 것이다 ; 부분은 전체와 함께 갈 때에만 승리할 수 있다 ; … 유럽의 노동자계급은 소련이 기술 수준에서 유럽과 미국을 따라잡는 데 필요한 시간보다 더 적은 시간으로 권력을 장악하기 위해 도약할 수 있다 ; … 한편 우리는 소련의 노동생산성과 나머지 세계의 노동생산성 사이에 존재하는 간격을 체계적으로 좁혀나가야 한다 ; 우리가 이 측면에서 전진하면 할수록 낮은 가격의 제품과 결과적으로 군대를 동원한 서방 자본주의 세계의 개입 가능성을 줄일 수 있다 ;… 소련 노동자와 농민의 생활수준을 더 높이면 높일수록 유럽의 노동자 혁명은 더 앞당겨질 것이며 이 혁명은 소련에게 세계적 수준의 기술을 제공할 수 있을 것이다 ; 그럴 경우 유럽과 세계 사회주의 건설의 일부분인 소련에서의 사회주의 건설은 진정 더욱 가열차게 앞으로 전진할 것이다." 당 지도부는 다른 문서들과 마찬가지로 이 문서에 대해서도 묵묵부답으로 일관했다. 다만 좌익반대파에 대한 출당조치와 체포가 뒤따랐을 뿐이다.

거북이 속도 이론이 포기된 후에 이 이론과 결부된 쿨락의 사회주의로의 전화 이론도 포기하는 것이 필요했다. 그러나 국가 행정력을 동원한 쿨락의 일소는 일국 사회주의론에 새로운 활기를 불어넣었다. 계급들이 "근본적으로" 일소되었으므로 사회주의도 "근본적으로" 달성되었다는 것이다(1931년). 핵심적으로 말하면 이 정식은 "대단히 빈약한 기초" 위에 사회주의를 건설한다는 사상을 부활시켰다. 우리가 기억하기로는 바로 이때에 어느 관변 언론인이 어린애에게 줄 우유가 없는 것은 젖소가 부족하기 때문이지 사회주의 체제에 문제가 있어서 그런 것이 아니라고 설명했다.

그러나 노동생산성에 대한 관심은 더 이상 1931년의 마취제 같은 정식에 기댈 것을 허용하지 않았다. 이 정식은 완벽한 농촌 집단화에 의해서 야기된 경제적 황폐를 보상하기 위한 도덕률에 지나지 않았기 때문이다. 스타하노프 운동과 관련하여 갑자기 스딸린이 선언했다 : "인민이 거지생활을 하면서라도 물질적인 평등을 이루면 사회주의가 강화될 수 있다고 생각하는 사람들이 있다. 그러나 이것은 사실이 아니다.··· 실제로 사회주의는 자본주의보다 더 높은 노동생산성에 기반해서만 승리할 수 있다." 완전히 옳은 말이다! 그러나 바로 이때 공산주의청년동맹 대회가 1936년 4월에 개최되었다. 이 대회는 청년동맹이 그나마 가지고 있던 정치적 권리마저 박탈하는 결의안을 통과시켰다. 이때 동시에 공산주의청년동맹의 새로운 강령이 채택되었는데 소련의 사회주의적 성격을 다음과 같이 단정적으로 규정하였다 : "전국의 경제는 사회주의화되었다." 어느 누구도 동시에 등장했으나 내용은 정반대인 두 가지 다른 선언들의 모순을 좁혀보려는 시도를 하지 않았다. 선언 하나하나는 순간의 요구에 부응하여 선포된다. 그러나 이것은 전혀 문제가 되지 않는다. 왜냐하면 어느 누구도 감히 비판을 제기할 엄두를 내지 못하기 때문이다.

대회의 대변인은 새로운 강령이 공산주의청년동맹에게 아주 필요하다는 주장을 다음과 같이 설명했다 : "구 강령은 러시아가 **'세계 노동자 혁명을 통해서만 사회주의에 도달할 수 있다**'는 반레닌주의적인 심대한 오류를 포함하고 있다. 구 강령의 이 내용은 근본적으로 오류이다. 이것은 뜨로츠키주의자의 견해를 반영하고 있다." 그런데 스딸린은 이 반레닌주의적 뜨로스키적 견해를 1924년 4월에 여전히 옹호하고 있었다. 이외에도 레닌이 참여한 정치국에 의하여 꼼꼼하게 검토되어 부하린 명의로 제출된 1921년의 강령이 15년이 지난 후에 "뜨로츠키주의자"의 견해로 돌변하여 정반대로 개정되어야 했다는 사실은 아직도 해명되지 않고 있다! 그러나 논리적인 주장도 이해관계가 개입되었을 경우는 무기력하다. 자국의 노동자계급으로부터 독립을 달성한 관료집단은 소련이 세계 노동자계급의 투쟁에 의존하고 있다는 사실을 인정할 수 없다. 불균등 발전 법칙에 의거하여 기술력과 자본주의 소유관계 사이의 모순이 세계에서 가장 약한 고리를 끊었다. 후진 러시아 자본주의는 세계 자본주의의 파산에 대해서 맨 처음 대가를 지불해야 했다. **불균등** 발전uneven development 법칙은 역사 전체에 걸쳐서 **결합** 발전combined development 법칙에 의해 보완되었다. 러시아 부르주아 계급의 붕괴는 프롤레타리아 독재를 가져왔다. 즉 후진국이 선진국을 멀찌감치 앞서서 혁명을 성취한 것이다. 그러나 후진국에서 사회주의적 소유형태가 확립되기 위해서는 기술과 문화의 낮은 수준을 극복해야 했다. 세계적 생산력의 높은 수준과 자본주의 소유형태 사이의 모순에 의해서 탄생한 10월 혁명은 러시아에서 낮은 일국적 생산력과 사회주의 소유형태 사이의 모순을 발생시켰다.

물론 소련의 고립은 우려한 것처럼 직접적으로 위험한 상황을 낳지는 않았다. 자본주의 세계는 너무도 무질서와 마비상태에 빠져 있었기 때문에 자신의 잠재력을 완전히 활용할 수 없었다. "숨 쉴 수 있는 여지"는 비판적인 낙관주의가 감히 희망할 수 있는 기간보다 더 긴 것으로 판명되었다. 그러나 소련은 제국주의 세력의 개입전쟁으로 인해 세계로부터 고립되었으며 1913년부터 외국무역량이 4배 또는 5배나 감소했기 때문에 자본주의적 토대 위에서 세계 경제의 자원을 활용하는 것조차 불가능하였다. 따라서 내전에 의해서 지출된 엄청난 군사비용 때문에 생산력이 지극히 불리하게 할당되었고 대중의 생활수준은 매우 느리게 개선될 뿐이었다. 그러나 고립과 후진성의 더 극악한 결과는 관료주의라는 문어

octopus로 나타났다.

혁명에 의해서 시행된 법적·정치적 조치들은 후진 경제에 진보적인 영향을 미쳤으나 또 한편 이러한 조치들은 후진성에 의해서 효과가 더 적었다. 소련이 자본주의 세계에 의해서 포위되는 상황이 길면 길수록 사회체제의 퇴보는 더욱 깊이 진행된다. 소련의 고립이 계속해서 진행되면 일국적 공산주의로의 전진이 아니라 자본주의로의 후퇴가 불가피할 것이다.

부르주아 계급이 평화적으로 사회주의적 민주주의로 성장할 수 없듯이 사회주의 국가는 세계 자본주의체제와 평화적으로 통합될 수 없다. "일국"이 평화적으로 사회주의로 발전하는 것이 아니라 전쟁과 혁명이라는 세계적 차원의 격동이 오랜 기간 지속되면서 대세를 이루고 있다. 소련 내부에서도 격동은 불가피하다. 관료집단이 계획경제를 실현하기 위해서 쿨락을 일소할 수밖에 없었듯이 노동자계급은 사회주의를 향한 투쟁에서 관료집단을 일소하지 않을 수 없다. 관료집단의 무덤 묘비명은 "여기에 일국 사회주의가 편히 쉬고 있노라"가 될 것이다.

1. 소련의 "친구들"

사상 처음으로 어느 강력한 정부가 해외에서 품위 있는 우익이 아니라 좌익과 극좌익 언론을 자극하고 있다. 위대한 혁명에 대한 인민 대중의 공감이 소련 관료집단에 의해 이용되도록 아주 능숙하게 요리되고 있다. 소련에 대해 "공감하는" 서방의 언론은 자기도 알지 못하게 소련의 지배층을 기분 나쁘게 만들지도 모르는 내용을 퍼뜨릴 권리를 잃고 있다. 크렘린궁이 싫어할 책들은 악의적으로 언급이 회피되고 있다. 대신 요란하고 평범한 소련 옹호자들의 저작들이 많은 나라의 언어로 번역되고 있다. 우리는 지금까지 이 책 전체에서 공식적인 소련의 "친구들"이 만들어 낸 저작들을 의도적으로 언급하지 않았다. 세련된 외국의 아류보다는 조야한 러시아 원저작을 택해서 비판을 가했다. 그러나 코민테른의 저작을 비롯한 소련의 "친구들"의 저작 중에서 가장 조야하고 저속한 부분을 양으로 따지면 엄청나다. 그리고 이 부분이 정치에서 담당하는 역할도 무시할 수는 없다. 이 주제에 대해 몇 페이지를 할애하고자 한다.

현재 사상의 보물창고에 주요하게 기여한 저작은 웹의 저서 "소비에트 공산주의"라고 선언되고 있다. 그동안 소련이 성취한 내용과 이 결과들이 어떤 방향으로 나아갈 것인가를 말하는 대신 웹 부부는 1,200페이지에 걸쳐 소련 행정부서들이 계획하고 제시하는 내용들과 법전에서 상세하게 설명하는 것들을 주로 다루고 있다. 이들의 결론은 이렇다: 프로젝트, 계획, 법 등이 실행에 옮겨지면 공산주의는 소련에서 실현될 것이다. 이것이 이 저작의 내용인데 다 읽고 나면 우울한 느낌밖에 남는 것이 없다. 소련 행정부서들의 보고서나 소련 언론의 기념식 기사들을 재탕하고 있기 때문이다.

소련 관료집단에 대한 우정은 프롤레타리아 혁명에 대한 우정이 아니라 반대로 이 혁명이 일어나지 않도록 하는 예방책이다. 물론 웹 부부는 공산주의 체제가 언젠가는 지구 전역에 확산될 것이라고 인정할 준비가 되어 있다. "그러나 어떻게, 언제, 어디서, 어떤 형태로, 폭력혁명을 통해서 아니면 평화적인 침투를 통해서, 아니면 의식적인 모방을 통해서 등의 문제들은 우리들이 대답할 수 있는 성질이 아니다." 이런 외교적 외양을 갖춘 응답 거부나 실제로 애매모호한 응답 등은 소련의 "친구들"의 특징을 가장 잘 드러내주고 있으며 이 우정의 실제 대가가 무엇인지를 말해주고 있다. 만약 혁명의 문제에 대해서 대답하기가 지금보다 한없이 어려웠을 때인 1917년 이전에 이 문제에 대한 대답을 모든 사람이 회피했다면 소비에트 국가는 존재할 수 없었을 것이고 영국의 소련의 "친구들"은 우정이 담긴 기금을 다른 대상에 할애했을 것이다.

웹 부부는 가까운 미래에 유럽 혁명을 기대하는 것을 뭔가 허영에 들뜬 망상으로 보고 있으며 일국 사회주의 이론의 올바름을 편안하게 증명할 자료를 얻고 있다. 10월 혁명을 완벽한 그리고 더욱이 불쾌한 놀라움으로 받아들인 사람들의 잘난 권위의식을 가지고 이들은 다른 전망이 없는 상황에서 소련에서 사회주의 사회를 건설할 필요성에 대해서 연설을 늘어놓고 있다. 이들의 주장에 대해서 반박하고 싶은 마음이 드는 것은 어쩔 수 없다! 실제로 웹 부부와 우리의 논쟁은 소련에 공장을 건설하고 집단농장에 광물비료를 주어야 할 필요성에 대한 것이 아니라 영국에서 혁명을 준비할 필요가 있는가 그리고 어떻게 이 혁명이 진행될 것인가에 대한 것이다. 이 질문에 대해서 학식이 풍부한 이 노년 사회학자들은 대답한다: "우리도 모릅니다." 물론 이들은 이 문제 자체가 "과학"과 양립할 수 없다고 간주하고 있다.

레닌은 스스로 사회주의자라고 생각하는 보수적 부르주아 특히 영국의 페이비언 사회주의자들Fabians에 대해서 대단히 적대적이었다. 그의 전집에 수록되어 있는 인명사전을 보면 그가 평생 웹 부부에 대해서 변함없는 격렬한 적대감을 품고 있었다는 사실을 쉽게 알 수 있다. 1907년 그는 웹 부부에 대해서 처음으로 글을 쓰면서 이들을 "영국 노동운동의 혁명적 시기에 탄생한 차티즘 Chartism을 단순히 유치한 것으로 묘사하려고 애쓰는" "영국 속물주의의 난해한 찬양자들"로 보았다. 그러나 차티즘이 없었다면 파리 꼬뮌도 없었을 것이다. 그리고 이 둘이 없었다면 10월 혁명도 없었을 것이다. 웹 부부는 소련을 행정기구와 관료적 계획의 측면에서만 바라보고 있다. 이들은 차티즘, 공산주의, 10월 혁명을 소련에서 찾지 않았다. 오늘날 이들에게 혁명은 과거의 경우와 마찬가지로 정말 "단순히 유치한 행위"가 아니면 자신들에게 이질적이고 적대적인 일에 지나지 않는다.

기회주의자들에 대한 논쟁에서 레닌은 잘 알려져 있듯이 살롱의 예절에 대해서 문제 삼지는 않았다. 그러나 이들에 대한 그의 독설적인 형용사들 예를 들어 "부르주아 계급의 하수인들", "배신자들", "지배계급의 장화나 핥는 녀석들" 등은 페이비언주의의 전도사였던 웹 부부에 대한 오랫동안 면밀하게 계산된 평가에 근거한 것이었다. 페이비언주의는 현재 존재하는 것에 대한 숭배와 전통적인 품위를 의미한다. 어쨌든 최근 몇 년 동안에 이들의 견해가 갑자기 변화하는 것은 불가능할 것이다. 1차 세계대전 동안 자국의 부르주아 계급을 지지했고 나중에 왕으로부터 파스필드 Passfield 경이란 칭호를 받은 웹은 단일한 나라에서의, 그리고 게다가 외국에서의 공산주의를 지지하는 과정에서 아무것도 버리지 않았으며 아무것도 바꾸지 않았다. 시드니 웹은 식민지 장관 즉 영국 제국주의의 주요한 간수장이었는데 바로 이때 소련 관료집단과 친분을 갖게 되었으며 소련 행정부서의 자료들을 받아서 이것을 기초로 두 권짜리 자료집을 만들었다.

1923년이 되어서도 웹 부부는 볼셰비키주의와 짜르주의 사이에서 별반 차이점을 발견하지 못하였다. 예를 들어『자본주의 문명의 쇠퇴』(1923년)를 참고해보라. 그러나 이제 이들은 스딸린 정권의 "민주주의"를 완전히 인정했다. 이들의 모습에는 어떠한 모순도 없다. 혁명적 노동자계급이 "교육받은" 집단의 활동의 자유를 금지하자 페이비언주의자들은 분노하였다. 그러나 소련 관료집단이 노동자계급에게 행동의 자유를 금지하자 이들은 이 조치를 당연한 것으로 보고 있다. 이것이 사실 노동당의 노동관료 집단의 기능이 아니었던가! 예를 들어 웹 부부는 소련에서 자유로운 비판이 완벽히 허용되고 있다고 맹세한다. 이런 부류의 사람들로부터 유머 감각을 기대해서는 안 된다. 공식적인 의무의 일부로서 법의 일부가 되었으며 그 방향과 한계를 정확하게 예상할 수 있는 악명 높은 관료집단의 "자기비판"을 이들은 완벽한 진지함을 가지고 언급한다.

단순소박함일까? 엥겔스나 레닌은 시드니 웹을 단순소박하다고 보지 않았다. 차라리 품위라고 말하는 것이 나을 것이다. 결국 그것은 이미 들어선 정권이 무엇이며 그곳의 주인들이 자신을 환대하는가 않는가의 문제이다. 웹 부부는 현존하는 것들에 대한 맑스의 비판을 극단적으로 거부하였다. 이들은 좌익반대파의 파괴공작으로부터 10월 혁명의 유산을 보존하기 위해 자신들이 부름을 받은 것으로 보고 있다. 그리고 그의 정체를 완전하게 드러내는 일화를 하나 소개하겠다. 파스필드 경인 시드니 웹은 노동당 정부 시절 장관으로 있으면서 필자가 영국 비자를 신청했을 때 이를 거부하였다. 그는 당시 소련에 대한 책을 준비하고 있었는데 이론적으로 소련을 외부 침략으로부터 방어하는 체했지만 실제로는 대영제국을 방어하고 있었다. 이 두 가지 경우 모두 그는 자신의 이해에 충실했다.

◆◇

글이나 그림에 정통하지 못한 쁘띠부르주아지의 많은 사람들에게 공식적으로 등록된 소련에 대한 "친선클럽"은 보다 고상한 정신적 이해관계를 과시하는 일종의 자격증이라고 할 수 있다. 프리메이슨Freemason 지부나 평화주의자 회원 자격은 "소련의 친구들" 써클 회원자격과 아주 공통점이 많다. 왜냐하면 회원자격을 획득할 경우 동시에 두 가지 삶을 사는 것이 가능하기 때문이다. 일상적인 관심사를 다루는 써클 생활과 영혼을 고상하게 만드는 휴가생활이 모두 가능하다. 때때로 "친구들"은 소련을 방문한다. 이들은 트랙터, 탁아소, 공산주의 소년소녀단, 행진, 낙하산 소녀 등 한마디로 새로운 귀족층을 제외한 모든 것을 기억 속에 저장시킨다. 이들 중에 가장 좋은 부류는 자본주의 반동에 대한 적대감으로 새로운 귀족층을 외면한다. 앙드레 지이드André Gide는 이 점을 솔직하게 시인한다 : "소련에 대한 어리석고 부정직한 공격이 행해지기 때문에 우리는 소련을 완고함을 가지고 방어한다." 그러나 적들이 보이는 어리석음과 부정직 때문에 자신의 눈을 맹목적으로 감는 것이 정당화되지는 않는다. 어쨌든 노동대중은 명확한 눈을 가진 친구들을 필요로 하고 있다.

부르주아 급진주의자들과 사회주의적 부르주아들이 전염병에 걸린 것처럼 소련 지배층에 대해 공감하는 데에는 중요한 이유가 있다. 강령상의 모든 차이에도 불구하고 직업 정치가들은 이미 성취된 또는 쉽게 성취될 수 있는 "진보"에 대해서는 절대다수가 우호적이다. 세상에는 혁명가들보다는 개량주의자들이 비교할 수 없을 만큼 많이 있고 현실에 화해하지 않으려는 자들보다는 적응하려는 자들이 훨씬 많다. 대중들이 운동에 나서는 예외적인 역사적 시기에만 혁명가들은 고립에서 벗어나 전면에 나서며 이때 개량주의자들은 물에서 나온 물고기 신세가 된다.

1917년 4월 이전이나 한참 뒤까지 프롤레타리아 독재가 러시아에서 가능하다는 사고를 황당하다고 간주하지 않은 사람은 현재 소련 지배층 가운데 하나도 없다. 당시에 이 "황당한 생각"은 … 뜨로츠키주의라고 불렸다. 수십 년 동안 외국의 소련 "친구들"의 구세대들은 러시아 멘셰비키들을 현실 정치가Realpolitiker라고 보았다. 멘셰비키들은 자유부르주아지와 함께 하는 "인민전선"을 주창했으며 프롤레타리아 독재를 터무니없는 미친 생각으로 간주하여 거부했다. 그러나 프롤레타리아 독재가 이미 성취되었고 심지어는 관료적으로 더럽혀졌을 때 이것을 인정하는 것은 – 아주 다른 문제이다. 이 상황은 이들 소련 "친구들"에게 그대로 적용된다. 이들은 소비에트 국가에 대해서 경의를 표할 뿐만 아니라 적들에 대해서 이 국가를 옹호하기조차 한다. 물론 과거를 동경하는 자들에 대해서 반대하는 것이 아니라 미래를 준비하는 세력에 대해서 반대한다. 이들 "친구들"이 프랑스인, 영국인, 벨기에인 그리고 다른 나라의 개량주의자들처럼 활발한 애국자일 경우에는 소련의 방어에 대해 관심을 표시하면서 자신들이 부르주아 계급과 연대를 맺고 있는 사실을 아주 편리하게 숨긴다. 반면에 이들이 어제의 독일과 오스트리아 사회애국주의자들처럼 별 의도가 없이 소련의 패배를 위해 일할 수밖에 없을 경우에는 소련과 프랑스의 동맹관계가 자신들이 히틀러나 슈스니크Schussnigg와 한패가 되는 데 도움이 되기를 희망한다. 레옹 블랭은 볼셰비키주의가 영웅적인 투쟁을 벌일 시기에 볼셰비키에 대한 적이었으며 10월 혁명을 공개적으로 괴롭히려는 명확한 목적으로 『인민』 *Le Populaire* 지를 창간하였는데 이제는 소련 관료집단의 진짜 범죄를 폭로하는 데 단 한 줄도 할애하려고 하지 않는다. 기독교 성서에 나오는 모세는 여호와의 얼굴을 보고 싶어서 안달하고 있는데 하느님의 뒷부분만을 보면서 절을 하도록 허용되었다. 이와 마찬가지로 명예로운 개량주의자들은 이미 달성된 사실에 대해 찬사를 보내는 사람들인지라 혁명의 성과 중에서 관료적으로 타락한 뒷부분만을 이해하고 시인할 수 있다.

현재 공산주의 "지도자들"은 본질에 있어서 개량주의자들과 같은 유형이다. 원숭이 춤과 얼굴 찡그리기를 오랫동안 실천한 후에 갑자기 이들은 기회주의의 엄청난 장점들을 발견하였다. 그래서 이들 특유의 무지에 합당한 활력을 가지고 기회주의를 부여잡았다. 크렘린궁 지배층에 대해서 노예처럼 그리고 계산속을 가지고 머리를 조아리는 바람에 이들은 혁명적인 주도성을 발휘할 능력을 완전히 상실했다. 이들은 자신들에 대한 비판에 대해 이빨을 드러내고 짖는 것밖에 할 수가 없다. 더욱이 주인의 채찍질을 받으면서도 꼬리를 흔들어댄다. 위험의 시간이 다가오면 사방으로 흩어질 가장 매력이 없는 이들은 우리를 노골적인 "반혁명분자"라고 간주한다. 그러나 이들에 대해서 신경 쓸 이유가 있을까? 역사는 비록 준엄하지만 가끔 웃기는 연극을 동반하는 법이다.

소련의 "친구들" 중 좀 더 정직하고 눈이 열린 자들은 최소한 머리를 맞대고 대화를 나눌 때는 소련의 태양에 흑점이 있다는 것을 시인한다. 그러나 변증법적 분석 대신에 숙명적인 분석에 의존하는 이들은 주어진 상황 속에서 "어느 정도의" 관료적 타락은 역사적으로 불가피하다고 말하면서 스스로를 위로한다. 정말 그렇군! 그러나 이 타락에 대한 저항은 하늘에서 갑자기 떨어진 것이 아니다. 필연은 두 가지 결말을 가지고 있다 : 반동적인 결말과 진보적인 결말이 이것이다. 필연의 양쪽 끝에서 줄을 잡아당기는 인물들과 정당들은 결국 바리케이드의 반대편에서 서로 모습을 나타낸다고 역사는 가르치고 있다.

소련의 "친구들"의 마지막 주장은 반동 세력들이 소련에 대한 어떠한 비판도 이용해 먹을 것이라는 것이다. 이것은 당연하다! 이들은 심지어 지금 필자가 쓴 이 책을 이용하여 뭔가를 해보려고 시도할 것이다. 그렇지 않은 경우가 언제 있었던가? 『공산주의자 선언』은 봉건 반동세력들이 자유주의 세력에 대항하여 사회주의자들의 비판을 화살로 이용한다는 사실을 경멸조로 말하고 있다. 그러나 반동세력들은 혁명적 사회주의가 자신의 길을 가는 것을 막지는 못했다. 우리의 길도 막지 못할 것이다. 물론 코민테른의 신문은 소련에 대한 우리의 비판이 소련에 대한 제국주의 세력의 군사적 개입을 준비하고 있다고까지 주장하고 있다. 자본주의 정부들은 우리의 저작으로부터 소련 관료집단의 타락상을 알고 나서는 짓밟힌 10월 혁명의 원칙들에 대해 복수하기 위해 즉시 징벌 원정을 준비할 것이다! 코민테른의 논쟁가들은 날카로운 칼 대신에 마차의 끌채나 더 무딘 도구로 무장하고 있을 뿐이다. 실제로 맑스주의자의 비판은 사물의 이름을 그대로 부르는 것인데 그것은 부르주아 계급의 눈에 소련 외교의 보수적 성격을 더욱 부각시킬 따름이다.

그러나 노동자계급과 노동자계급을 진실로 옹호하는 지식인들은 소련에 대한 우리의 비판을 부르주아 계급과는 다르게 이해한다. 우리의 저작은 이들에게 혁명에 대한 의구심과 불신이 아니라 권력을 노동자계급의 손에서 빼앗아 간 자들에 대한 의구심과 불신을 불러일으킬 것이다. 바로 이것이 우리가 설정한 목표였다. 진보의 원동력은 거짓말이 아니라 진실이기 때문이다.

:: 후기

 "테러주의자들"의 음모에 대한 재판이 모스크바에서 열린다는 소련 정부의 공식 발표가 있기 전에 이 책은 완성되어 출판사에 보내졌다. 따라서 당연하게도 재판의 진행에 대한 평가를 이 책은 실을 수가 없다. 이 책 페이지 페이지는 "테러주의자" 재판의 역사적인 논리를 암시하고 있다. 그리고 베일에 싸인 재판의 비밀이 소련 당국에 의한 의도적인 술책이라는 것을 또한 미리 폭로하고 있다. 이 자체가 이 책의 의미를 더 값지게 하고 있지 않은가?

1936년 9월

◀ 시베리아 유형 시절의 뜨로츠키 (1900년)

▶ 페뜨로그라드에 도착하여 기차에서 내리는 뜨로츠키 (1917년 5월 4일)

▲ 러시아 내전 당시 폴란드 전선의 트로츠키 (1919년)

▲ 트로츠키, 레닌, 카메네프 (스베들로프 광장 집회, 1919년)

▲ 붉은 광장 집회에 참석한 트로츠키 (1920년경)

▲ 코민테른 2차 대회에서 발언하는 트로츠키 (1920년)

▲ 병사들과 함께 있는 레닌과 트로츠키 (페트로그라드, 1921년)

▲ 코민테른 3차 대회의 트로츠키 (1921년)

▲ 멕시코 코요야칸에 있는 뜨로츠키 묘비
▶ 러시아 내전 당시 장갑 열차 위에서 연설하는 뜨로츠키 (1923년)
▼ 멕시코 망명 당시 미국 뜨로츠키주의자들과 함께 있는 뜨로츠키 (1940년 4월 5일)

:: 뜨로츠키 연보

1879년 10월 26일 레프 다비도비치 브론시테인, 남우크라이나 야노프카에서 출생.
1881년 차르 알렉산더 2세, 농민공동체 미르를 자신들의 사회적 단위로 채택하면 러시아가 서구 노선의 산업혁명을 거치지 않을 수 있다고 믿는 인민주의자에 의해 암살되다.
1883년 플레하노프, 베라 자수리치, 파벨 악셀로드 등이 러시아 최초의 맑스주의 조직인 노동해방 그룹 창립.
1895년 레닌과 마르토프가 노동계급해방투쟁 동맹 창립.
1897년 레프 다비도비치 브론시테인과 구 나로드니키들(인민주의자들)에 의해 창립된 남러시아노동자연합이 맑스주의를 받아들이다.
1898년 레프 다비도비치 브론시테인 체포되어 여러 감옥으로 이송되다. 이 무렵 오데사 감옥의 간수 이름인 '뜨로츠키'를 필명으로 사용하기 시작하다.
1900년 러시아사회민주당 창당되다. 뜨로츠키, 시베리아에서 4년형 선고받고 자신을 맑스주의에 입문시켜준 알렉산드라 르보브나 소콜로브스카야와 결혼.
1902년 레닌, 『무엇을 할 것인가』 집필. 뜨로츠키 시베리아에서 탈출.
1903년 러시아사회민주노동당, 볼셰비키와 멘셰비키로 분리. 뜨로츠키는 멘셰비키 쪽에 섰다.
1904년 뜨로츠키 멘셰비키 분파에서 탈퇴.
1905년 1월 22일 피의 일요일. 노동자들의 평화시위를 학살함으로써 일 년 혁명 시작되다. 뜨로츠키, 러시아로 돌아와 페테르부르크 소비에트의 제2의장이 되었고 12월에 체포되다.
1906년 뜨로츠키, 감옥에서 연속혁명 이론을 처음으로 발전시킨 『평가와 전망』 집필하다.
1907년 뜨로츠키, 시베리아에서 두 번째로 탈출하여 비엔나에 정착한 후 『프라우다』지 편집을 하면서 볼셰비키와 멘셰비키의 재통합을 역설하다.
1914년 1차 세계대전 발발. 러시아사회민주당 지도자들이 제2인터내셔널의 결의를 무시하고 그들 자신의 정부를 지지. 오직 러시아, 불가리아, 세르비아의 당들만이 전쟁에 반대하다. 뜨로츠키, 스위스로 가서 『전쟁과 인터내셔널』을 집필하여 전쟁을 비판하다.
1915년 2월 뜨로츠키, 『나쉐 슬로보』에서 멘셰비즘을 공공연히 비판하다.
1915년 9월 11개국에서 온 38명의 사회주의자 대표들이 전쟁에 반대하기 위해 짐머발트에 모이다. 뜨로츠키가 전쟁에 반대하는 짐머발트 선언을 작성하다. 하지만 제국주의 전쟁을 내전으로 전환시키자는 레닌의 국제주의적 입장을 지지한 좌파에는 가입하지 않았다.

1916년 키엔탈 회의가 좌파와 평화주의자 사이의 결렬을 확인. 프랑스 정부가 뜨로츠키의 참석을 방해하다.

1916년 9월 뜨로츠키, 프랑스에서 추방되어 스페인을 거쳐 미국에 도착하다.

1917년 3월. 2월 혁명 발발 소식을 들은 뜨로츠키가 러시아로 향하던 중 증기선이 노바 스코샤의 핼리팩스에 정박했을 때 영국 정부가 그를 전쟁 포로로 억류하다.

1917년 4월 레닌, 페뜨로그라드에 도착하여 '모든 권력을 소비에트로!'와 프롤레타리아 혁명을 주장한 4월 테제 발표. 많은 볼셰비키 지도자들이 이 테제를 받아들이지 않다.

1917년 4월 29일 억류에서 풀려난 뜨로츠키, 5월에 러시아에 도착하여 5월 7일 레닌과 만나 러시아에서 프롤레타리아 혁명이 일정에 올랐다는 데 동의하다. 뜨로츠키, 볼셰비키와 멘셰비키의 화해가 더 이상 가능하지 않다고 판단하다.

1917년 7월 크론슈타트의 선원들이 볼셰비키의 영향을 받다. 7월에 볼셰비키가 불법화되고 뜨로츠키는 레닌에 대한 지지를 표명한 후 구속되다. 코르닐로프 장군의 쿠데타 시도 이후 인민 동원의 필요 때문에 케렌스키가 볼셰비키를 재합법화하다.

1917년 9월 뜨로츠키, 볼셰비키 중앙위원회에 선임된 후 23일에 페뜨로그라드 소비에트의 의장으로 선임되다.

1917년 10월 뜨로츠키, 케렌스키 정부를 타도하자는 레닌의 요구를 지지하다. 24일 페뜨로그라드 소비에트 군사혁명위원회 의장인 뜨로츠키, 케렌스키가 노동계급에 대한 예방파업을 시도했을 때, 권력 장악을 조직하다.

1917년 11월 뜨로츠키, 외무인민위원이 되다.

1917년 12월 뜨로츠키 브레스트-리토브스크에서 독일과의 평화협정 협상하다.

1918년 뜨로츠키, 전쟁인민위원으로서 적군을 조직하다. 8월 27일 뜨로츠키, 백위군에 대항하는 내전에서 적군을 모으면서 전선에서 전선으로 달리는 기차에서 살기 시작하다. 약 2년 동안 뜨로츠키는 그 기차를 떠나지 않았다. 뜨로츠키, 적색테러에 대한 멘셰비키의 비판에 대한 응답으로 『테러리즘과 공산주의』 집필하다.

1920년 12월 내전으로 3백만 명의 프롤레타리아들이 죽다. 뜨로츠키, 전시공산주의를 '노동의 군사화'로 대체하자고 제안하다.

1921년 아마데오 보르디가가 이탈리아 공산당의 지도적 인물이 되다. 3월에 전시공산주의를 신경제정책으로 대체하다. 노동자반대파와 같은 분파는 공식적으로 금지되다. 크론슈타트 반란 진압되다. 독일 3월 행동의 실패로 포위된 소비에트 공화국의 즉각적 구제의 희망이 끝나다.

1922년 지노비에프가 스딸린을 공산당 총서기로 제안하다.

1923년 이탈리아에서 보르디가가 체포되다. 레닌, 스딸린과 뜨로츠키 모두를 비판하면서도 스딸린의 축출을 촉구하는 유언장 작성. 6월 코민테른 확대집행위원회가 이탈리아 공산당의 혼합 지도부 구성.

1924년 1월 레닌 사망.

1924년 5월 그람시 이탈리아 공산당 지도부를 맡기 위해 이탈리아로 돌아오다.

1924년 6월 코민테른 5차 대회, 공산당들의 볼셰비키화를 요구.

1924년 11월 뜨로츠키 『10월의 교훈』 출판.

1925년 뜨로츠키, 전쟁인민위원직에서 해임되다.

1926년 영국 총파업 실패.

1927년 중국 노동계급의 패배. 뜨로츠키, 통합반대파에서 지노비에프, 카메네프와 합세. 세 사람 모두 당에서 축출되다.

1928년 뜨로츠키 알마아타로 보내지다. 스딸린이 이제 소련의 당과 국가에 대한 전권을 쥐다.

1929년 7월 『좌익반대파 회보』 제1호가 발간되다. 이 회보는 맨 처음 파리에서 발간되었다. 이후 베를린, 파리, 미국 등지에서 계속 발간되었다. 이 회보는 국제좌익반대파(볼셰비키-레닌주의)를 결집하기 위해서 발간되었다. 국제좌익반대파는 레닌주의의 원칙과 실천을 회복하기 위해 투쟁하는 코민테른 내의 분파임을 천명하였다.

1929년 11월 『연속 혁명론』의 집필을 끝내다.

1930년 4월 국제좌익반대파의 제1차 총회가 열리다.

1930년 5월 스페인의 왕정이 무너지고 공화정이 성립하기 거의 1년 전에 스페인 혁명을 주제로 한 논문, 팜플렛, 편지 등을 집필하기 시작하다. 이 작업은 그가 암살될 때까지 계속되다. 이 결과 『스페인 혁명』이 그의 사후 출간되다.

1930년 9월 히틀러가 정권을 장악하기 2년도 더 전에 독일의 스딸린주의자들과 사민주의자들이 히틀러의 집권을 허용할 것이라는 내용의 논문들과 팜플렛들을 집필하기 시작하다. 이 결과 『독일 파시즘에 대한 투쟁』이 그의 사후 출간되다.

1931년 『러시아 혁명사』 3권 중 제1권이 출간되다.

1932년 『날조를 일삼는 스딸린 일당』이 출간되다.

1932년 2월 20일 스딸린 정권에 의해서 소련 시민권을 박탈당하다.

1932년 11월 학생들 대상의 강연을 위한 덴마크 코펜하겐 방문이 허용되다. 강연 내용은 『러시아 혁명을 방어하며』로 출간되다.

1932년 6월 『중국 혁명의 제문제』를 출간하다.

1933년 1월 히틀러가 독일 수상으로 임명되다.

1933년 3월 독일 공산당이 총 한 방 쏘지 않은 채 히틀러의 집권을 허용하고 이것을 코민테른이 승인하다. 뜨로츠키는 이에 대해 독일 공산당이 더 이상 개혁될 수 없음을 인정하고 새로운 레닌주의 정당의 창설을 주장하다.

1933년 7월 코민테른이 더 이상 개혁될 수 없음과 새로운 인터내셔널의 창립 필요성을 인정하다. 국제 공산주의자 동맹이 창립되다.

1933년 7월 17일 뜨로츠키와 그의 부인 나탈리아 세도바는 프랑스 비자를 발급받다. 터키를 떠나다.

1933년 7월 24일 프랑스에 도착하다. 프랑스 정부, 스딸린주의자들, 파시스트들 그리고 병환이 그를 괴롭히다.

1933년 10월 1일 소련의 노동자 민주주의를 부활시키기 위해 정치혁명이 필요하다고 선언하다.

1934년 2월 러시아 국내의 좌익반대파 지도자들 중에서 마지막으로 크리스티안 라코프스키가 스딸린에게 굴복하다. 프랑스의 파시스트들이 정부 전복을 기도하였으나 실패로 끝나다. 그러나 이 결과 프랑스 정부는 더욱 우경화되다.

1934년 4월 뜨로츠키의 추방을 명령하는 프랑스 정부의 포고령이 발동되다. 그러나 그를 받아줄 정부가 나서지 않아 추방은 1년 이상 지체되다.

1934년 11월 저작집 『프랑스는 어디로』의 제1부를 집필하다.

1934년 12월 소련의 지도자 세르게이 키로프가 암살되다. 이 기회를 이용하여 스딸린은 반대파들을 새로이 숙청하고 뜨로츠키를 포함한 이들을 테러죄로 기소하다. 뜨로츠키는 이에 대해 『키로프 암살』이라는 제목의 팜플렛을 발간하여 대응하다.

1935년 레닌 전기 『청년 레닌』의 제1부를 집필하다.

1935년 6월 노르웨이 정부가 비자를 발급하다. 나탈리아 세도바와 함께 마지막으로 프랑스를 떠나다.

1935년 6월 18일 노르웨이에 도착하다. 노동당 정부에 의해서 정치적 망명이 허용되다.

1936년 봄 파업의 물결이 레옹 블럼이 주도하는 인민전선 정부의 프랑스를 강타하다. 스페인에서 내전이 시작되다.

1936년 7월 국제 공산주의자 동맹의 주도하에 제4인터내셔널 창립을 위한 첫 회의가 유럽에서 개최되다.

1936년 8월 『배반당한 혁명』의 집필을 완료하다. 제1차 모스크바 재판이 열리다. 뜨로츠키는 이 재판이 조작된 것임을 폭로하기 시작하다. 노르웨이 정부는 소련의 압력에 굴복하여 그를 침묵시키려고 시도하다. 그러나 여의치 않자 그를 가택연금에 처한다. 그는 세상으로부터 완전히 차단된다.

1936년 12월 11일 뜨로츠키는 마침내 법정에서 자신을 방어할 기회를 갖게 된다. 그러나 노르웨이 정부의 조치로 언론이나 일반인이 방청을 할 수 없게 되다.

1936년 12월 19일 노르웨이 정부가 뜨로츠키 부부를 멕시코행 유조선에 승선시키다.

1937년 1월 9일 멕시코에 도착하다. 라자로 카르데나스 정부가 그의 정치적 망명을 허용하다.

1937년 1월 제2차 모스크바 재판이 열리다. 뜨로츠키와 그의 아들 레온 세도프는 파시스트의 첩자로 기소되다. 이제 뜨로츠키는 비로소 언론을 통해 이 재판을 공격할 수 있게 되다. 아들 세르게이가 소련에서 체포되어 이후 강제 수용소에서 사망하다.

1937년 2월 9일 뉴욕에서 열린 집회에서 전화를 통해 연설할 내용을 준비하다. 그리고 그에 대한 모스크바 재판의 기소내용에 대해 국제조사위원회가 유죄를 인정할 경우 모스크바로 가겠다고 제안하다. 그러나 이 일은 성사되지 않고 연설 내용이 『내 목숨을 걸겠다』라는 제목의 팜플렛으로 출간되다.

1937년 4월 10~17일 존 듀이가 이끌던 조사위원회에서 증언하다. 이 위원회가 개최한 공청회의 회록이 『레온 뜨로츠키 재판』이라는 제목으로 출간되다.

1937년 9월 듀이 조사위원회는 뜨로츠키와 그의 아들에 대한 제1차 모스크바 재판의 기소 내용이 조작되었으며 따라서 이들이 무죄임을 선언하다.

1938년 2월 16일 아들 레온 세도프가 파리의 어느 병원에서 의문사하다. 소련비밀경찰의 소행임을 입증하는 증거들이 드러나다. 뜨로츠키는 『레온 세도프 — 아들, 친구, 투사』를 집필하다. 그리고 『저들의 도덕률과 우리의 도덕률』을 그에게 바치다.

1938년 3월 부하린, 리코프, 라코프스키 등 21명을 피고인으로 하는 제3차 모스크바 재판이 열리다. 뜨로츠키는 이 재판, 스딸린 정부의 날조와 모순들을 폭로하다.

1938년 4~5월 제국주의 세력의 멕시코 내 원유 채굴권을 멕시코 정부가 몰수하자 이 조치를 방어하다. 미국 뜨로츠키주의자들과 제4인터내셔널의 강령에 대한 토론회를 갖다. 이 결과 『사회주의 혁명을 위한 이행기 강령』으로도 불리는 『자본주의의 단말마적 고통과 제4인터내셔널의 임무』가 집필되다.

1938년 6~7월 앙드레 브레통 디에고 리베라와 함께 혁명적 예술에 대한 선언문을 작성하다. 이 선언문은 『레온 뜨로츠키의 문학 예술론』에 실려 출간되다.

1938년 7월 뜨로츠키의 비서였던 루돌프 클레멘트가 파리에서 제4인터내셔널 창립대회를 준비하던 중 소련 비밀경찰에 의해 납치되어 살해되다.

1938년 9월 유럽에서 제4인터내셔널 창립총회가 열리다. 뮌헨 위기를 통해 히틀러는 프랑스, 영국과 합의하여 체코슬로바키아를 분할하다. 뜨로츠키는 당시의 위기상황과 곧 임박할 2차 세계대전의 성격을 『신선한 교훈』이란 글에서 분석하다. 이 글은 『레온 뜨로츠키 저작집』에 실려 그의 사후 출간되다.

1939년 3월 『우리 시대의 맑스주의』를 『칼 맑스의 살아 움직이는 사상』의 서문으로 출간하다.

1939년 4월 미국 흑인들의 투쟁이 갖는 성격에 대해 세 차례의 토론회를 갖다. 이 결과는 그의 사후 『레온 뜨로츠키의 흑인 민족주의와 자결권』으로 출간되다.

1939년 8월 22일 뜨로츠키가 예상한 대로 스딸린과 히틀러가 독소불가침조약을 체결하다.

1939년 9월 2차 세계대전이 발발하다. 제4인터내셔널 미국 지부인 사회주의노동자당 내부에서 소련을 제국주의 세력에 대해 계속 방어할 것인지에 대한 투쟁이 돌발하다. 이 사안과 관련된 뜨로츠키의 저술들은 그의 사후 『맑스주의를 방어하며』라는 제목으로 출간되다.

1940년 5월 24일 소련 비밀경찰 소속 깡패들이 밤을 틈타 뜨로츠키의 저택에 잠입, 뜨로츠키 가족을 암살하려고 기도하나 실패에 그치다. 그러나 저택을 보호하던 미국인 로버트 쉘던 하트가 납치되어 살해되다.

1940년 5월 제4인터내셔널의 임시총회가 뉴욕에서 열리다. 뜨로츠키가 작성했으며 제국주의를 반대하고 제4인터내셔널의 소련에 대한 입장을 재확인하는 선언문이 채택되다. 이 선언문은 그의 사후 『레온 뜨로츠키 저작집』에 수록되어 출간되다.

1940년 8월 20일 소련 비밀경찰에 소속된 어느 깡패가 등산용 곡괭이로 뜨로츠키의 머리를 내리치다.

1940년 8월 21일 뜨로츠키 사망하다. 『스딸린 – 인물과 그의 영향력에 대한 평가』가 중요한 미완성 저작으로 남다.

:: 찾아보기

ㄱ

가족 125, 127, 207, 212~217, 219, 221~228, 248, 303, 314, 335, 356
개인농장 87
결합 발전의 법칙 389
경공업 64, 68, 334, 361
경제 8, 15, 19, 20, 22, 37~40, 43, 48, 49, 51, 54~59, 61, 64, 65, 67, 70, 72, 73, 75, 76, 78, 80, 82~90, 93, 94, 97~99, 101, 103~105, 110, 115~119, 122, 126~134, 136~141, 143, 145, 147, 153, 165, 166, 172~174, 178~180, 185, 187~189, 191, 192, 194, 198, 200, 204, 206, 213, 214, 218, 223, 228, 230, 231, 234, 237~239, 242, 243, 246~251, 255, 256, 258, 265, 271, 278, 283, 284, 292, 294, 295, 304~308, 312, 315~317, 322, 323, 325~329, 331, 332, 334~336, 341, 343, 344, 349, 356, 358, 359, 361, 373, 376, 377, 379~381, 385, 387~390
계급 8, 19~25, 27, 29~31, 33~35, 37, 40, 41, 43, 44, 48, 51, 54, 55, 57, 59, 70, 75, 78, 80, 84, 86, 87, 91, 92, 102, 106, 107, 109, 110, 113, 116, 118~121, 125, 150~154, 156, 159, 165~167, 169, 170, 173~176, 180, 187, 189~191, 195, 196, 204, 207, 208, 213, 218, 226, 229, 230, 233, 237, 247, 248, 251, 252, 261~268, 270, 272, 275, 278~281, 288~294, 298, 301, 302, 307~312, 315, 317, 324, 326, 328~331, 333~335, 343~347, 349~351, 353, 356, 358, 359, 363~368, 371~373, 375~380, 384, 386~390, 393, 394, 397, 399
계획 13, 14, 20, 37, 44, 45, 55, 56, 61, 64, 65, 73, 74, 76, 79, 82, 84~86, 89~92, 96~98, 115, 118, 120, 125~127, 129, 131, 132, 134, 136~139, 141, 143, 182, 183, 188, 190, 198, 213, 214, 224, 228, 234, 238, 242, 247, 252, 253, 259, 265, 279, 284, 285, 296, 298, 304, 327, 328, 332, 334, 335, 336, 360, 373, 377, 379, 384, 385, 390, 391, 393
곡물 60, 63, 74, 76~78, 80, 83, 87, 90, 91, 94, 96, 198, 199, 201
곡물봉쇄 87
곡물징발 77
공산당 9, 10, 15, 23, 24, 36, 37, 90, 154, 156, 160, 214, 261, 263, 274, 352, 353, 398
공산주의 9, 15, 23, 27, 31, 45, 49, 73~76, 101~103, 110, 111, 114, 115, 117, 125, 131, 135, 144, 145, 164, 165, 167, 168, 173, 176, 182, 196, 205, 207, 214, 221, 224~227, 230, 234, 236~240, 247, 252, 255, 258, 273, 280, 283, 303, 320, 339~342, 345, 349, 355, 366, 371, 378, 380, 388, 390, 391, 393, 395, 397
『공산주의자 선언』(맑스·엥겔스) 114, 398
공산주의 청년동맹 207, 224, 225
공업화 80, 82, 83, 84, 86, 89, 90, 134, 174, 305
관료 12, 13, 16, 18~20, 22~27, 31, 33, 36~41, 43~45, 66, 80, 86, 93~97, 99, 105~109, 112, 113, 116~122, 129, 132, 133, 137, 139, 140, 142, 145~147, 149,

153~159, 161~163, 165, 166, 168~173, 175~180, 183, 184, 187~190, 192, 193, 195, 196, 200, 201, 203~205, 207~211, 215, 216, 218, 220~229, 232~234, 237~243, 247~250, 255, 257, 259, 261, 266, 267, 269, 270, 272, 273, 275, 279, 282, 285, 291~293, 295, 298, 300, 302, 303, 305, 309~311, 316~325, 328~337, 341~343, 345~350, 352~356, 358~368, 370~378, 380, 381, 385, 388~391, 393, 394, 396~398

관료주의 31, 116, 117, 153, 175, 176, 178, 189, 204, 242, 250, 302, 331, 361, 365, 389

국가 7, 8, 11, 15, 17~23, 25~38, 40, 41, 44~46, 49, 52, 54~56, 63, 64, 66, 68~71, 73~80, 82, 84~87, 91, 93, 94, 96~98, 100, 102, 103, 106~113, 115~119, 122, 125, 126, 128, 131, 133, 134, 137, 138, 141~146, 156, 158~161, 164, 165, 167, 169, 171~173, 175, 177, 179, 182, 184, 189, 190, 193, 197~200, 203~207, 210, 211, 214, 219~221, 223, 231, 232, 238, 242, 245, 247, 249, 254, 256, 263~265, 267~269, 271~277, 280, 283, 287~290, 292, 293, 296, 298, 299, 303, 304, 307, 308, 312, 314~323, 325~336, 340, 343, 344, 346~348, 350, 354, 355, 360, 362~365, 369, 371~373, 375, 376, 378, 379, 381~387, 390, 392, 396

『국가와 혁명』(레닌) 18, 106, 107, 116

국가자본주의 26, 27, 31, 32, 325~328, 330, 336

국가주의 231, 232, 326, 327, 329

국제연맹 14, 15, 264, 269~272, 274~279, 281, 309, 356

군대 26, 32~34, 36, 38, 41, 61, 107, 108, 156, 174, 184, 195, 232, 246, 247, 255, 260, 268, 269, 277, 280, 282~290, 293~304, 312, 356, 377, 387

군수산업 62, 73, 284, 286

기근 8, 74, 87, 94, 120, 252, 265

ㄴ

노동생산성 17, 18, 32, 59, 60, 66, 67, 96, 103, 104, 119, 121, 122, 124, 125, 128, 132, 136, 139, 141, 144~146, 182, 194, 201, 265, 305, 316, 342, 386~388

노동자계급 8, 19~24, 27, 31, 33, 37, 40, 41, 44, 54, 57, 59, 75, 80, 86, 87, 102, 106, 107, 113, 120, 150~154, 156, 159, 166, 167, 170, 190, 191, 195, 196, 207, 208, 230, 247, 251, 252, 261~268, 270, 272, 275, 278, 280, 281, 288, 291~294, 307, 308, 310~312, 315, 329~331, 333~335, 343, 344, 350, 364, 366, 368, 371~373, 376, 378~380, 386, 388~390, 394, 399

노동자국가 7, 18, 20, 21, 25, 26, 28, 29, 33, 40, 44, 46, 52, 97, 102, 108, 109, 111, 112, 118, 143, 159, 167, 172, 175, 179, 190, 263, 264, 268, 272, 287, 289, 316, 329, 364, 372, 378

노동조합 24, 25, 41, 88, 144, 164, 195, 196, 205, 206, 209, 210, 226, 247, 266, 271, 272, 283, 322, 333, 352, 360, 377

농업 57, 60, 67, 76~81, 83, 84, 90~95, 102, 119, 121, 126, 134~136, 169, 177, 197, 198, 203, 206, 215, 286, 309, 314, 315, 322~324, 334, 360, 367

ㄷ

대외정책 16, 23, 260, 261, 265, 267, 311,

377
도급제 142~146, 182, 192, 196, 235, 249, 322, 341, 360
독일 9, 14, 15, 19, 27, 29, 30, 49, 55, 57, 58, 60, 67~69, 75, 86, 103, 120, 128, 154, 156, 164, 248, 262, 263, 267, 269, 270, 272~274, 276~278, 296, 297, 305, 309, 310, 327, 381, 382, 385, 397
뜨로츠키주의(자) 16, 17, 21, 22, 24, 30, 36, 46, 81, 85, 90, 159, 367~369, 388, 396

ㄹ

러시아 7, 8, 10, 13~16, 19, 20, 33, 37, 39, 41, 47, 48, 54~56, 58, 70, 71, 85, 88, 103, 106, 114, 116, 117, 126, 146, 151, 152, 165, 169, 186, 211, 241, 245~250, 258, 262, 278~280, 282, 284, 288, 302, 304, 307, 309, 329, 369, 376, 380~382, 388, 389, 391, 396
러시아 혁명 14, 16, 248, 376
「레닌주의의 기초」(스딸린) 379
루블화 56, 65, 66, 128~132, 134, 136, 138~140, 142~144, 221, 222, 359, 360
룸펜프롤레타리아 324

ㅁ

맑스주의 16, 30, 42, 43, 46, 47, 101, 103, 174, 256, 280, 291, 316, 328, 345, 380, 399
매춘 217, 218, 222, 227
멘셰비키 106, 229, 396
무장해제 265, 277, 278, 296
문학 221, 233, 253~255, 258, 259, 345, 363
문화 16, 17, 20, 21, 51, 57, 58, 62, 67, 69, 71, 73, 98, 99, 101~103, 108, 110, 113, 115, 117, 119, 128, 135, 140, 141, 144, 147, 164, 165, 168, 169, 172, 178, 179, 194, 196, 200, 209, 210, 212~214, 219, 221, 224, 228, 235, 238, 239, 241~254, 258, 282, 291~295, 305, 312, 318, 321, 322, 332, 340, 342, 344, 352, 361, 362, 372, 375~377, 389
미국 8, 9, 12, 18, 24, 29~34, 37, 41, 42, 45, 47, 54, 56, 57, 61, 63, 66~69, 110, 115, 119, 141, 144, 146, 186, 245, 263, 275, 280, 327, 339, 385, 386
민병대 41, 45, 46, 108, 221, 293~298, 356
민족문제 241, 242
민주주의 8, 9, 13, 20, 22, 26, 29~31, 33, 34, 36~38, 43, 54, 58, 75, 77, 78, 80, 83, 88, 112, 117, 127, 150, 159~161, 164, 170, 175, 229, 233, 263, 278, 279, 302, 306, 333, 342, 343, 348, 350, 353, 356, 361, 362, 364, 371, 373, 377, 381, 390, 394

ㅂ

보나파르트 150, 308, 358, 363, 364, 370, 374~376, 378
볼셰비즘 50, 281
볼셰비키당 11, 17, 18, 32, 40, 41, 74~78, 107, 108, 112, 116, 119, 150, 151, 158~161, 163~165, 170, 207, 229, 230, 241, 263, 265, 270, 289, 292, 293, 322, 333, 348, 369, 377
부르주아 혁명 54, 106, 152, 155
불균등 발전 380~382, 389
불평등 43, 51, 102, 111, 112, 116, 118, 178, 179, 181, 182, 186, 190, 191, 193, 196, 219, 228, 318, 334, 344, 347, 356, 365
브레스트-리토프스크 조약 262, 263, 268
비밀경찰 11, 165, 170, 200, 204, 205, 232,

297, 346, 367, 369
비숙련 노동자 193, 194, 321
빈농 78, 79, 81, 82, 90, 91

ㅅ

사멸 18, 19, 106, 108, 113, 119, 125, 171, 172, 231, 323, 346, 362, 371, 376, 382
사회민주주의 8, 9, 58, 75, 83, 117, 279, 306, 350, 381
사회애국주의 279, 397
사회주의 8~10, 12, 13, 16~21, 23, 24, 30, 33~37, 40~45, 48~52, 54, 57~71, 73, 77~79, 81~87, 89, 98~106, 109~113, 115, 117~123, 125, 127~132, 134~138, 140, 141, 143~145, 152, 155, 156, 162, 169, 171~175, 177, 179, 182, 184, 187, 189, 190, 193, 194, 196~200, 202~204, 211, 213~216, 218~222, 225, 227, 228, 231, 232, 235, 236, 244, 245, 247, 248, 250~252, 254, 258, 261, 267, 270, 273, 274, 279, 280, 283, 287~289, 292, 294~298, 303, 305, 310, 312, 314~318, 320~322, 324, 325, 328, 331~333, 335, 336, 339, 341~344, 346, 347, 349, 351, 354~356, 358, 359, 362, 366, 368, 371, 376~390, 392, 396, 398
산업 20, 55, 61, 62, 65, 66, 73, 74, 95, 127, 128, 132, 138, 139, 146, 183, 185, 186, 188, 195, 205, 210, 238, 242, 243, 251, 277, 283~286, 294, 320, 322, 332, 335, 343, 377, 383~385
생산비용 38, 59, 61, 63, 67, 132, 133, 136, 137, 139, 141
생산수단 31, 32, 54, 55, 70, 74, 110, 111, 126, 145, 169, 172, 198, 246, 265, 314, 319, 325, 328~330, 334, 383

생활수준 67, 70, 141, 182, 202, 208, 245, 387, 389
소비에트 12, 41, 45, 80, 91, 97, 108, 112, 118, 119, 121~123, 125, 127, 136, 153, 160, 161, 164~166, 169, 172, 175, 184, 205, 206, 208, 232, 233, 237, 287, 288, 294, 295, 299, 304, 317, 318, 325, 333, 336, 342~344, 346, 348, 355, 362, 364~366, 370, 376, 377, 379, 386, 391, 392, 396
숙련 노동자 66, 193, 194, 321
스딸린주의 9, 16, 22~24, 27, 35, 37~41, 44, 113, 350, 385
스타하노프 운동 122, 140, 142~147, 173, 192, 193, 195, 196, 207, 217, 231, 235, 321, 360, 387
식량 75, 91, 96, 130, 137, 174, 208, 214, 286, 287, 360
신경제정책 73, 76, 90, 129, 130, 132~134, 136, 153, 165, 166, 187, 214, 234
실질임금 189~191

ㅇ

여성 17, 63, 136, 167, 169, 176, 185, 187, 188, 207, 213~221, 223, 225~229, 245, 352
연속혁명 154~156
영국 9, 15, 24, 29~31, 34, 42, 43, 56, 61, 67, 68, 103, 106, 154, 166, 213, 248, 262, 269, 271~273, 276, 277, 279, 281, 381, 385, 392~396
예술 210, 247, 251~255, 257~259, 345, 361, 377
우익반대파 367
운송 184
유럽 혁명 364, 378, 392

이혼 222, 223, 227
인민전선 15, 23, 378, 396
일국 사회주의 86, 117, 379, 380, 383, 384, 387, 390, 392
임금 102, 107, 125, 132, 133, 143, 178, 179, 189~195, 201, 218, 225, 320~322, 334, 341, 360

ㅈ

자본주의 8, 17, 20~22, 26, 27, 29, 31, 32, 38~44, 50, 51, 54~61, 66, 68~71, 73, 75, 76, 79, 83, 84, 97~99, 102~104, 109~111, 113, 115, 117~119, 121, 122, 125~128, 140~144, 146, 152, 159, 167, 169, 171, 172, 175, 179, 182, 184, 187, 190, 193, 196, 220, 225, 244~246, 248, 263~265, 267, 270~274, 277, 281, 290, 292, 293, 297, 298, 302, 303, 305~309, 311, 317, 318, 321, 325~336, 340, 341, 343, 347, 350, 351, 361, 363, 364, 372, 379~382, 384~390, 394, 395, 398
『자본주의 문명의 쇠퇴』 394
자코뱅 163, 167, 171, 273
적군 26, 61, 62, 153, 184, 262, 281, 282, 284~288, 290, 293, 295~301, 303, 310, 311, 314, 355
전시 공산주의 73~76, 182
정치혁명 20, 24, 40, 334, 376
제1차 5개년 계획 90, 132, 141, 214, 224, 234, 252, 259, 265, 284, 298
제2인터내셔널 279
제2차 5개년 계획 90, 118, 190, 234, 259, 265
제3인터내셔널 279, 350, 378, 380
제4인터내셔널 16, 21, 30~33, 42, 307, 375, 378, 380

「제4인터내셔널과 전쟁」 307
제국주의 8, 11, 14, 15, 19, 21~23, 25, 26, 28~41, 44, 52, 55, 57, 59, 114, 152, 156, 174, 263~265, 268, 270, 274~279, 281, 288, 304, 306~308, 310, 311, 349, 358, 367, 389, 394, 398
제헌의회 379
좌익반대파 13, 15, 77, 81~90, 93, 95, 119, 134, 149, 155, 156, 158, 163, 164, 202, 209, 254, 261, 311, 358, 365, 367, 369, 381, 384, 385, 387, 394
중공업 56, 62, 64, 68, 191
중국혁명 154, 155, 267, 268, 272, 281
집단농장 81, 82, 91~95, 120, 135, 136, 169, 175, 183, 187~190, 194, 197~203, 206~208, 210, 215, 219, 230, 232, 244, 283, 307, 314~316, 321~324, 332, 334, 355, 360, 361, 392
집단화 60, 81, 82, 86, 88, 91~96, 102, 121, 126, 134, 135, 169, 174, 177, 197, 198, 201, 203, 215, 286, 299, 387

ㅊ

차티즘 393
초공업화 82, 84, 134

ㅋ

코민테른 15, 23, 43, 88, 121, 122, 155, 156, 160, 162, 173, 215, 261, 263~267, 269, 272, 274, 279~281, 288, 311, 354, 378, 391, 398, 399
쿨락 19, 73, 78~80, 83, 84, 86, 87, 89~93, 96, 105, 118, 121, 129, 134, 156, 169, 173, 174, 177, 198, 202, 203, 237, 358, 384, 387, 390

크론슈타트 161

ㅌ

탁아소 17, 213~216, 232, 395
테러주의 237, 374, 400
토지 32, 78~81, 92, 197, 198, 200, 241, 249, 310, 314, 316, 329
특권 13, 25, 27, 38, 39, 43, 44, 68, 70, 106, 108, 111~113, 116, 118, 142, 165, 166, 167, 171, 172, 178~180, 182, 189, 193, 196, 202, 204, 208~210, 218, 219, 227, 229, 240, 245, 250, 266, 298, 299, 302, 317, 321, 324, 330, 331, 334~336, 341, 352, 354, 359, 363, 368, 376

ㅍ

파리 꼬뮌 386, 393
파시스트 12, 15, 28~30, 41, 49
파시즘 117, 229, 241, 272, 273, 309, 326~330, 364
페이비안 사회주의 49, 106
프랑스 11~15, 24, 26, 29, 30, 56, 60, 61, 67~69, 103, 150, 151, 163, 165, 166, 171, 224, 248, 262, 269~274, 276, 277, 282, 285, 287, 296, 298, 303, 306, 307, 310, 326, 327, 353, 376, 378, 396, 397
프랑스 대혁명 150, 151, 171, 282, 287
프롤레타리아 독재 18, 54, 81, 107~109, 116~118, 121, 251, 253, 254, 330, 331, 343, 362, 368, 371, 386, 389, 396
프롤레타리아 문화 251, 252, 291~293
프롤레타리아 혁명 19, 57, 106, 107, 113, 114, 126, 152, 241, 306, 329, 330, 386, 391

ㅎ

헝가리 304
화폐 56, 65, 74, 76, 90, 125~131, 133, 134, 136, 138, 139, 185, 190, 218, 312, 360

기타

2월 혁명 150
10월 혁명 13, 18, 21, 24, 33, 37, 38, 40, 41, 49, 50, 57, 69, 78, 83, 85, 96, 117, 152, 157, 158, 169, 213, 223, 228, 230, 232, 240, 241, 247, 259, 265, 266, 279, 281, 287, 299, 306, 310, 333, 353, 355, 376~378, 386, 389, 392~394, 397, 399